62

62

献给寇妮（Connie）、佩妮（Penny）和梅迪（Maddie）。
你們是我的明星隊球員。
永遠全力以赴。

CONTENTS 目次

FORWORD

　　大聯盟全壘打紀錄對我來說意義重大。我父親在我三歲時，和隊友米奇‧曼托（Mickey Mantle）一起競逐貝比‧魯斯（Babe Ruth）在三十四年前創下的單季六十轟紀錄。我父親在球季的最後一天打出第六十一號全壘打，改寫單一球季最多轟的紀錄，這項紀錄過了近四十年都沒有人能夠追平。

　　因為我父親超越早期洋基隊傳奇的紀錄，當時有很多人對我父親非常不滿，但他一直認為紀錄就是用來被打破的，而貝比‧魯斯的英雄地位永遠不會動搖。我想他說的一點都沒錯。

　　他的單季最多全壘打的紀錄維持了三十七年，沒有被撼動。在九〇年代後期之前，沒有人單季擊出五十二支全壘打。一九九八年，球迷瘋狂地關注馬克‧麥奎爾（Mark McGwire）和山米‧索沙（Sammy Sosa），兩人用全壘打狂轟濫炸，打破了我父親在一九六一年創下的紀錄。麥奎爾改寫紀錄的那天，我人在聖路易的布希球場（Busch Stadium）見證，這座球場我很熟。在一九六七到一九六八年間，那時我九、十歲，常常在這裡看我父親打球，當時他效力於聖路易紅雀隊，

連續兩年打進世界大賽，後來就退休了。

麥奎爾在一九九八年那年打了七十支全壘打，而索沙轟出六十六發。隔年，麥奎爾繳出六十五轟的成績單，索沙則是擊出六十三支全壘打。然後到了二〇〇一年，貝瑞・邦茲（Barry Bonds）敲出七十三發紅不讓，而索沙打出六十四發全壘打。這些全壘打成績確實優異，可是後來大家知道那個時代禁藥猖獗，因此很多人認為他們的紀錄並不純。在我心中，單季的全壘打紀錄仍然是我父親的六十一轟。

二〇一七年，邁阿密馬林魚隊的吉安卡羅・史坦頓（Giancarlo Stanton）精彩的表現，擊出五十九支全壘打，離追平父親的紀錄只差兩支。自從史坦頓升上大聯盟之後，我一直是他的粉絲。剛好那一年是亞倫・賈吉（Aaron Judge）在大聯盟第一個完整賽季，當年他也轟了五十二發全壘打。後來那年冬天，洋基隊把史坦頓交易過來，一下子我最喜歡的兩位球員在同一隊了。我很期待史坦頓和賈吉能夠攜手努力，就像當年我父親和米奇・曼托一樣。

在二〇二二年球季開打時，我認為賈吉和史坦頓有能力打破我父親創下的美國聯盟單季全壘打紀錄[1]，這項紀錄已經高懸六十一年了。史坦頓在明星賽時，獲選為最有價值球員，可是他不久之後就受傷了。賈吉在球季開始的狀況就不錯，我想他必須要保持健康，在球季後段加把勁，才有機會打破紀錄。

洋基隊邀請我在九月二十日那天，到紐約的現場看球，那天我目睹賈吉轟出第六十號全壘打。大家開始熱烈討論賈吉可能追平我父親的全壘打紀錄。接下來的八場比賽，我都在現場觀戰，看能不能見證追平紀錄的歷史一轟。在多倫多打客場三連戰時，我坐在賈吉的母親佩蒂（Patty）旁邊，就在洋基隊休息區的正後方。在第三戰的第七局上半，賈吉打出第六十一號全壘打。球一打出去，我就知道那是一支全壘打。我轉身給佩蒂一個擁抱表示恭喜。

賽後，我和賈吉見面，我們握手並擁抱彼此，很快就被記者和攝影機團團圍住。我和他說，我的父親會開心，不只是因為他在場上打球的態度，還有場外的行為。我也跟他說，請把破紀錄的第六十二號全壘打留在洋基球場，一定超棒的。賈吉向我道謝，感謝我三連戰都

1. 前面提到的貝瑞・邦茲、馬克・麥奎爾和山米・索沙，都是屬於國家聯盟的球員。現今的大聯盟為美國聯盟和國家聯盟兩個聯盟組成。一九六一年時，馬里斯創下的紀錄是美聯紀錄，也是大聯盟紀錄。

在現場支持。

那天的賽後記者會，我被問到，我是否會認為賈吉追平不只是美國聯盟紀錄，而是大聯盟紀錄嗎？我認為是，而且大部分人也認為如此。

十月四日賈吉在德州擊出第六十二號全壘打，是二〇二二年倒數第二場例行賽，在那支全壘打之後，我在推特上發文——

「亞倫．賈吉轟出歷史性第六十二發全壘打！恭喜他和他的家人，這絕對是永生難忘的一個球季。你打球的態度很棒而且值得尊敬。『絕大多數的』球迷現在總算可以慶祝『真正乾淨的新科全壘打王』了！」

想到二〇二二年，就想到破紀錄的六十二支全壘打，多精彩的球季啊！

原紀錄保持人後代　小羅傑．馬里斯
ROGER MARIS JR.

PREFACE

引言

　　我實在很難想像沒有亞倫‧賈吉的洋基隊。

　　自從我第一天接掌洋基隊兵符開始，我就覺得賈吉天生就屬於洋基隊。他在二○二二年的表現，是我打棒球以來看過最特別的。不只是對於我來說，對於球團來說，賈吉真的無比特別。他在場上攻守兩端的能力，都是當今棒球界的佼佼者。

　　賈吉不只有全壘打和精彩防守表現，我更欣賞他在場下的為人。他總是想成為一位好隊友，而且對勝利保持渴望。保持這樣的核心精神，很多事情對他來就很單純。和他相處的這五年以來，他每一天都保持同樣的心態，不會把自己想得比團隊還重要，隊上能有這樣的明星球員真的很棒。

　　如果你重播賈吉這個歷史性的超凡球季，仔細看那些精彩片段中其他人的反應，尤其是他的隊友，他們比賈吉本人還更享受這一切的一切。賈吉對每個人都一視同仁，不管你是剛升上大聯盟的菜鳥，還是超級球星，賈吉都一樣和善，不會有差別待遇。

　　但可別以為他就好欺負喔。他雖然真誠待人，但就像其他偉大的

0
0
9

球員一樣，上了場就是要拚個你死我活。我很喜歡他打球散發魅力和自信心。一直以來，他在上場前會給我一個眼神，或是對我說「今天我挺你」，每次他說這句話，我就知道接下來的比賽又有好戲可以看了。

在辛苦贏球後與隊友互相握手的那種感覺，是我喜歡棒球的其中一個原因，我知道賈吉也是。握手的意義不只是表面上的勝利而已，它代表了我們在長期的休賽季準備，還有這場比賽的短期決策，付出得到了好的結果。勝利並非理所當然，贏球一點也不容易，我們試著每場比賽都保持感激之心。

過了二十年、三十年、甚至四十年之後，當我們回顧這一切時，大家談論到賈吉的時候，都會給他正面的評價。賈吉未來會在洋基球場中外野的紀念碑公園（Monument Park）有一席之地，還會帶著洋基隊球帽進到棒球名人堂。有一天，他會帶領洋基隊高舉世界大賽冠軍獎盃。

我們很幸運能有他在隊上。我想不到有未來比他更適合當看板人物的球員了。

紐約洋基隊總教練　亞倫・布恩
AAROB BOONE

RECOMMENDATION

感謝二十張出版社邀請我為這本書寫推薦介，受邀當下，許多三十年前的美好回憶瞬間湧上心頭。跟大多數台灣人因為王建民而愛上洋基隊不同，我是因為憧憬紐約而愛上洋基隊——紐約當然還有大都會隊，但誰能抗拒洋基隊帥氣簡約的條紋制服？不幸的是，那時候洋基是大爛隊，導致看板球星唐‧麥汀利（Don Mattingly，後來歷任洛杉磯道奇隊與佛羅里達馬林魚隊總教練）在一九九五年季末終於不耐久等（十幾年是多麼漫長的歲月啊！）而宣布退休。但棒球之神就是愛開玩笑，隔年換上托瑞（Joe Torre）之後馬上擊敗超強的亞特蘭大勇士隊，取得睽違十八年的世界大賽冠軍。總之，一九九六年之後，當洋基球迷是很開心的，直到二〇〇九年球隊拿下第二十七次（最近一次）世界大賽冠軍為止——但隔年王建民與綽號「哥吉拉」的日籍強棒松井秀喜離隊，後來基特（Derek Jeter）等「四核心」（Core Four）球員又陸續離隊，我自己也因為進入學術圈而分身乏術，自然也不太關注洋基隊的賽事了。

不過，「法官大人」賈吉的橫空出世，點燃了我這個老球迷熄滅

已久的棒球熱情。即便賈吉並非一般所謂的敗犬（underdog），但至少我們可以說，他不是那種各界（尤其球隊）普遍看好的球員，連球衣背號（99）都不是球隊特意挑選或他自己挑的，才會在二〇一六年以二十四歲的「高齡」（運動員的生涯何其短暫啊！）升上大聯盟，甚至還在那年留下打擊率一成七九（僅有四轟）的難堪紀錄。二〇二二年注定成為洋基隊史上的傳奇年：賈吉在季初與球團協商薪資，但談判不太順利，畢竟他想要的是長約，但各方都很懷疑他是否還有辦法複製二〇一七年的五十二轟表現。命運之神再度決定出手，偏偏他就在這年持續有穩定的火力輸出，不但成為明星賽的最高票球員，而且五、六、七月分別從藍鳥、太空人、皇家三隊手裡轟出生涯第一、二、三次再見轟，追平傳奇外野手米奇·曼托的單季再見轟次數。最後，賈吉在這球季的倒數第二場比賽終於打破羅傑·馬里斯於一九六一年創下的紀錄，以六十二支全壘打成為美國聯盟的新任單季全壘打王。

　　當然，有些人可能會覺得這成就沒什了不起，畢竟運動家隊麥奎爾與小熊隊索沙不是早就在一九九八年上演過史詩級的全壘打大對決，後來分別以七十轟與六十六轟做收？甚至，巨人隊邦茲不是也在二〇〇一年寫下令人血脈賁張的七十三轟紀錄？我不是想要否認他們的成就（但這三位的確都有使用藥物來增強表現的疑慮，可能勝之不武），不過同隊成員之間的全壘打競爭向來更為刺激，不是嗎？一九六一年，當時被暱稱為「巧克力男孩」（M&M Boys）的曼托與馬里斯就進行過一次讓人津津樂道的君子對決，甚至有些老球迷比較偏好曼托勝出，畢竟他已經在球隊當了十年主砲，是洋基隊自己培養出來的大明星，但馬里斯卻是在兩個球隊待過後才來到洋基沒幾年的新隊員。但棒球之神硬是不讓這些球迷如願，馬里斯就這樣寫下紀錄，只是他的表現逐年下滑，最後兩年甚至從洋基轉戰聖路易紅雀隊，大聯盟生涯通算也只有二七五轟，數量是曼托的一半。這大概是出於棒球之神喜歡捉弄人的習慣吧？就像一九四九年多明尼克·狄馬喬（Dom DiMaggio）寫下連續三十四場安打的紀錄，居然是斷送在自己哥哥喬（Joe DiMaggio，曾於一九四一年寫下連續五十一場安打的紀錄）的精湛守備上。

　　二〇二二年的賈吉就是在各界矚目下與已經作古的大前輩馬里斯

競爭，讓洋基球迷看得目眩神迷。雖然洋基隊後來在美聯冠軍戰被太空人羞辱，遭到四比零清盤，賈吉自己也只有一成三九的悲慘打擊率，僅僅打出五支安打（包括兩轟），但這一切彷彿都不重要了。他不但在十二月六日與球團簽下九年三億六千萬美金的大約，等同要讓他在洋基隊退休，還在同月下旬被任命為洋基隊隊長，追隨洋基前輩貝比·魯斯、路·蓋瑞格（Lou Gehrig）、唐·麥丁利等人的腳步，也讓基特退休後（二〇一四年）就懸缺近十年的榮譽職務有了新主人。這本書的作者是報導洋基隊長達二十年，書名也取得非常帥氣，原文是 62: Aaron Judge, the New York Yankees, and the Pursuit of Greatness，同時包含了棒球數據、棒球人物、棒球歷史、運動榮譽等各種元素，非常值得推薦。雖然我無法繼王建民的傳記與托瑞的球隊管理作品之後翻譯第三本有關洋基隊的著作，但能夠有機會寫這樣一篇推薦序，我個人也是非常心滿意足的。

資深翻譯家暨老洋基迷　陳榮彬
RICHARD CHEN

INTRODUCTION

前言

　　球季倒數第二天，運動界見證了棒球史上最偉大的單季表現。洋基隊右外野手擊出的那發高仰角全壘打，永遠活在球迷心中。經過好幾個月摧殘美國聯盟的眾家投手之後，這位重砲手在史冊上留下了驚嘆號，把單季全壘打紀錄推向另一個人類極限。

　　他在繞壘時，全場不分男女老幼為他慶祝，歡呼聲直朝休息區而去，球迷呼喊著這位重砲手的名字，他露出微笑，揮手向全場致意。當他退場時，許多球迷喊著他的名字要他留步簽名。隨著他走向休息室，球迷的聲音越來越小，只剩下釘鞋踩在水泥地上嘎嘎聲作伴。他走向等待已久的記者們和攝影師們，一群人團團圍住，渴望記錄下這歷史性的發言。

　　這畫面並不是發生在亞倫·賈吉擊出第六十二號全壘打之後，而是一九二七年九月的一個下午[2]。主角是喬治·赫曼·魯斯（George Herman "Babe"），大家都叫他「貝比」（Babe）。因為他實在太強了，所以被賦予的綽號比球迷家裡的襪子還要多。

　　他還有「聖嬰」（the Bambino）、「猛打蘇丹王」（Sultan of Swat）[3]、「打

0
1
4

2. 一九二七年九月三十日。
3. 原指在十二世紀到十六世紀巴基斯坦斯瓦特地區的蘇丹王，因為斯瓦特（Swat）和「猛擊」（swat）同字，是一個雙關語用法，與伊斯蘭教蘇丹王並無關係。

擊巨人」（the Colossus of Clout）和「轟擊之王」（the King of Crash）等等稱號。如果你有機會造訪紐約市的麥克索利老愛爾酒吧（McSorley's Old Ale House），你也可以說「恐怖的泰坦神」（Titan of Terror）、「打擊之王」（the King of Swing）、「大貝哥」（the Big Bam）或是「偉大的赫曼」（Herman the Great），那邊的客人都知道你說的是貝比·魯斯。如果在當時，你還滿有機會在酒吧遇到本尊現身。有些隊友還會改他的名字，叫他「金吉」（Jidge），跟一百年左右之後同樣在洋基隊守右外野的球星只差一個母音。

「六十了！寫下來，六十轟！」魯斯從華盛頓參議員隊（Washington Senators）投手湯姆·柴克里（Tom Zachary）敲出單季第六十號全壘打的那天，他向記者說：「我們等著看有哪個混帳東西可以追上我！」

三十四年後，羅傑·馬里斯（Roger Maris）和米奇·曼托（Mickey Mantle）在嬰兒潮時期，一起追逐棒球界神聖的全壘打紀錄；在魯斯說出那段話的六十五年後，一對住在加州的學校老師佩蒂·賈吉（Patty Judge）和韋恩·賈吉（Wayne Judge）完成領養文件，領養了一個男嬰，將他取名為亞倫。這對夫妻把亞倫視為生命中的奇蹟。在他打球那段時期，魯斯毫無疑問地是全國的焦點。在他加入洋基隊的第二個球季，就打出五十九支全壘打，當時球迷和專家都認為這個紀錄遙不可及，永遠不會被改寫。但事實並非如此。

當時沒有人像魯斯一樣那麼會轟全壘打。魯斯一開始是在波士頓紅襪隊當先發投手，在一九一九年開始固定鎮守外野，他用高仰角的打擊方式展現破壞力。自此之後，棒球比賽被他徹底改寫，用球棒宰制了棒球界。魯斯身高六呎，體重兩百一十五磅，以當時一九二七年的身材標準放到二〇二二年可能很不起眼，特別是跟賈吉相比。賈吉是六呎七吋、兩百八十二磅的大塊頭。在魯斯那個年代，洋基隊上只有菜鳥後援投手克雷格·魏斯爾特（Greg Weissert）的身材可以跟他相比，魏斯爾特身高六呎二吋，體重兩百一十五磅。當時大聯盟球員的平均身高大約是五呎二吋，體重大約落在一百六十五磅到一百七十五磅的區間。試想你坐在充滿歷史感的大聯盟球場裡，像是波士頓的芬

威球場（Fenway Park）和芝加哥的威格利球場（Wrigley Field），你會感覺到一百年前的世界小得多，而魯斯在當時是個巨人。

一九二○年一月，魯斯被交易到洋基隊。這筆交易後來被認為是棒球史上最大的搶劫之一，跟荷蘭人彼得‧米努伊特（Peter Minuit）從美國原住民萊納佩人（Lenape）買下曼哈頓島差不多一樣扯，當時米努伊特只花六十魯爾特（荷蘭貨幣），相當於二○二三年的美金一千元，就買下曼哈頓。洋基隊花了十萬元美金買下魯斯，和當時為了興建芬威球場的三十萬貸款。最廣為人知的傳說是紅襪隊老闆哈利‧佛雷茲（Harry Frazee）手頭緊，用交易掉魯斯的錢去資助百老匯奄奄一息的一齣歌劇《不，不，娜內特》（No, No, Nanette）。但這並不是真的，那齣歌劇在一九二五年才在百老匯初亮相，那時候魯斯早就是洋基隊球員了，而且當時票房相當成功。不管如何，佛雷茲在一九一六年買下紅襪隊後，一直很難賺錢。一九一九年的票房也不理想，那一年紅襪隊在美國聯盟八支球隊中，戰績只排第六。

就像萊納佩人一開始認為自己賺到一樣，至少當時在波士頓，大家認為交易並不虧。魯斯豪飲、玩女人和賭博的方面已經是傳奇人物，加上第一次世界戰爭已經開打，魯斯在一九一九年季前和紅襪隊簽下三年總值三萬的合約，那年後來他為紅襪隊打出二十九支全壘打，魯斯認為自己做了錯誤的決定：他威脅紅襪隊重新議約，否則拒絕上場打球。在媒體公開交易新聞的那天，佛雷茲說：「魯斯無疑是棒球界最強的打者，但他也是最自私、最魯莽的球員。」洋基隊投手鮑伯‧蕭基（Bob Shawkey）則有不同看法，他直言不諱地說：「我很高興不用再面對到他。每次面對他的時候，都覺得小命不保。」

有趣的是，「貝比魯斯的詛咒」這一詞直到一九九○年才出現，是因為《波士頓環球報》專欄作家丹‧蕭納西（Dan Shaughnessy）出版了一本同名書籍。十二年前（一九七八年），紅襪隊浪費掉十四場半的領先優勢，例行賽結束時，和洋基隊並列美聯東區分區冠軍，最後加賽一場，被沒有什麼長打能力的巴奇‧丹特（Bucky Dent）擊出三分打點全壘打而輸球[4]。這本書問世的四年前，紐約大都會隊的打者穆奇‧威爾森（Mookie Wilson）在世界大賽第六戰擊出一壘方向滾地球，紅

---

4. 一九七八年，紅襪隊與洋基隊戰績相同，必須加賽。在加賽中，洋基隊丹特在七局上擊出三分砲，將比數逆轉。最終洋基隊以五比四贏球，前進美聯冠軍戰。

襪隊一壘手比爾・巴克納（Bill Buckner）讓球從雙腳中穿過，這次「火車過山洞」也讓大都會隊贏得第六戰[5]，最終在第七戰爆冷贏得世界大賽。巴克納在二○一九年過世，即使他有二十二年的大聯盟輝煌生涯，他有生之年飽受那次失誤的折磨。此外，紅襪隊管理階層的一些操作失誤，例如老闆湯姆・亞齊（Tom Yawkey）的種族歧視偏見，錯過了有實力的黑人球員傑奇・羅賓森（Jackie Robinson）[6]和青少年時期的威利・梅斯（Willie Mays）[7]，這些比賣掉魯斯、丹特的左外野三分全壘打[8]、巴克納的火車過山洞，事實上對球隊造成更大的傷害。

鏡頭拉回一九二七年的洋基球場，九月三十日的那個星期五下午。一九二七年對於紐約市來說已經別具意義，查爾斯・林柏（Charles Lindbergh）飛越大西洋，他駕駛「聖路易精神號」（Spirit of St. Louis）從紐約羅斯福機場（Roosevelt Field）飛到法國巴黎勒布爾熱機場（Le Bourget Aerodrome）。當年九月，林柏才接受滿天紙花的遊行表揚，月底輪到魯斯成為全市焦點。洋基隊當年以整季一百零一勝的成績，晉級隔週一的世界大賽。那年的打線贏得「殺人打線」（Murderers' Row）的美名。排名第三的華盛頓參議員隊拿到八十五勝，那年還沒有季後賽外卡制度，他們早早在六月就已經放棄追趕。洋基球場是他們季末客場鐵路之旅的最後一戰，球員們離釣魚、打高爾夫和獵野雞的寒假只有幾局之隔。

來自北卡羅萊納州鄉下的左投手柴克里，並不是速球派投手，主要靠控球，以及他的變速球和曲球。比賽來到八局下半，雙方戰成平手，柴克里在這場比賽只讓魯斯打出兩支一壘安打，送出一次四壞球保送。三壘上有跑者馬克・柯尼格（Mark Koenig）干擾投手，柴克里面對魯斯投出一記「慢速螺旋球」，球往好球帶下方、魯斯的內角方向而去，魯斯大棒一揮，打成沿著右外野邊線的平飛球，進到右外野觀眾席，主審比爾・丁尼恩（Bill Dinneen）蹲在界外邊線上，睜著眼仔細地確認，他判斷魯斯的深遠的平飛球落在從右外野最上層算來第十五排的座位，離界外不到六吋的距離。魯斯回到本壘，露出他招牌的斜嘴笑容，洋基隊隊友從休息區衝出來迎接他。這時柴克里氣噗噗地把手套往草地上砸。

5. 一九八五年世界大賽第六戰，十局下的再見失誤。大都會因為失誤得到致勝分，以六比五贏得勝利，將戰局扳平。
6. 大聯盟史上第一位黑人球員。羅賓森在一九四五年登上大聯盟。紅襪隊直到一九五九年才有第一位黑人球員龐普西・格林（Pumpsie Green），是全大聯盟最晚有黑人球員登場的球隊。
7. 史上最偉大的黑人球員之一。名人堂球員。大聯盟生涯擊出六百六十支全壘打，三千兩百九十三支安打。
8. 美國新英格蘭地區球迷因此給他的中間名，成為巴奇・「他媽的」・丹特（Bucky Fucking Dent）。

那天現場只有八千名觀眾，即使那一年球季洋基整季都宰制美國聯盟，而且還是一場可以見證魯斯堆高紀錄的比賽，仍然沒辦法填滿球場座位。一星期之後的世界大賽，超過一萬六千名觀眾擠進剛落成四年的洋基球場，一賭洋基四連勝，橫掃由保羅・瓦納（Paul Waner）和派・崔納（Pie Traynor）[9]領軍的匹茲堡海盜隊。九月三十日那天，球場外野的觀眾席有些人在熱切地等待魯斯的全壘打，球迷站在看台和包廂區慶祝全壘打歡呼著，把帽子和手帕往空中丟。全壘打球最後被一位來自曼哈頓，叫做喬・佛納（Joe Forner）的男子撿到，依照當時的慣例，他的名字出現在隔天的報紙上。當魯斯踏上本壘板時，他高舉球帽揮舞著，向觀眾致意，舉起雙手像在對大家說：「嘿！我很厲害吧？」

真的很厲害。以紀錄來說，魯斯一直以來是棒球界的王者，離他擊出第七百一十四轟已經將近一世紀，他的紀錄還是很難被超越。在其他的運動中，幾乎近期都有出現史上最強的選手，例如籃球界的麥可・喬丹（Michael Jordan）、冰球界的韋恩・格雷茨基（Wayne Gretzky）和高爾夫球界的老虎伍茲（Tiger Woods）。魯斯則是一個例外。自從一九二七年以來，棒球比賽已經被魯斯給改變了，之前只要彈進外野座位就算是全壘打，但魯斯是紮實地把飛球打進座位裡，一九二七年的六十支全壘打，每一球都飛越過全壘打牆。有些記者認為他可能在隔年敲出六十一或是六十二轟，但是六十轟在紀錄上也滿好看的。在一九二七年當時，魯斯還沒有受到那麼多的關注，那年負責報導洋基隊的知名體育記者佛雷德・李伯（Fred Lieb）曾說，一直到「過了勞動節好一陣子之後」他才注意到全壘打紀錄。球季中，記者都在談論盧・蓋瑞格可能單季超過兩百分打點，最後蓋瑞格以一百七十三分打點作收，領先全大聯盟。

魯斯在一九三六年入選美國棒球名人堂，他是第一屆入選的成員。他後來在一九四八年八月因為癌症過世，也因為他的地位夠偉大，他的遺體停在洋基球場廣場給大家瞻仰兩天。魯斯的直率笑容在一九六一年的球季再度被想起，他的笑容纏著馬里斯和曼托，當時的報紙天天

9. 兩位都是名人堂球員。

載記著兩位洋基隊重砲手，拿他們和一九二七年的魯斯全壘打進度相比。

還有另一個都市傳說需要破除：導演比利‧克里斯多（Billy Crystal）在二〇〇一年推出的電影《棒壇雙雄》（61*），考證相當細心，事實上在大聯盟紀錄史冊中，羅傑‧馬里斯的六十一轟紀錄旁邊從來沒有註記任何星號。無論如何，在當年七月時，大聯盟主席福特‧C‧弗里克（Ford C. Frick）的確有提過這件事情，因為當時的美國聯盟例行賽從一百五十四場增加到一百六十二場[10]，弗里克在聲明中說到，如果有球員在球隊第一百五十四場之後，擊出第六十支全壘打，「需要在紀錄本上特別註記貝比‧魯斯的單季六十轟紀錄是在一百五十四場的例行賽賽制中完成的，然而在新的一百六十二場賽制下，全壘打紀錄仍然是有效的。」《紐約日報》（New York Daily News）迪克‧楊（Dick Young）堅稱弗里克說的「特別註記」，指的就是星號。

克里斯多的電影破除了這個傳說，弗里克並不是公正無私的。弗里克原本是科羅拉多州的體育記者，繼肯尼索‧蒙特‧蘭迪斯（Kenesaw Mountain Landis）和「快樂」錢德勒（Happy Chandler）[11]之後，成為大聯盟的第三任聯盟主席，有著非典型的職涯發展軌跡。他在一九二二年加入《紐約美國人》（New York American）報社，負責幫魯斯代筆寫專欄，以及一九二八年出版的《魯斯的棒球書》（Babe Ruth's Own Book of Baseball）。弗里克和魯斯情比金堅，他宣稱自己在魯斯過世前一天，還守在他的床榻旁邊。後來弗里克頒布命令，為了維持公平性，魯斯的全壘打紀錄必須在一百五十四場比賽或更少場數之內打破，這也增加了曼托和馬里斯的壓力。

曼托在九月的時候受傷，停下了追逐紀錄的步伐，馬里斯一肩扛起破紀錄的壓力。隨著第一百五十四場例行賽過去，第一百六十二場也結束了，馬里斯只剩下最後一場的機會可以追平魯斯的紀錄。在四月二十二日，紐約洋基隊對上巴爾的摩金鶯隊的比賽因為打成五比五平手[12]，最後在十月一日加賽，也讓洋基隊有了第一百六十三場的比賽。比賽在一個冷冽的下午舉行[13]，馬里斯面對紅襪隊的投手崔西‧史多爾德（Tracy Stallard），擊出一支右外野方向的全壘打，球飛進洋基

10. 一九六一年，美國聯盟因應兩支擴編球隊加入，將例行賽賽程增加到一百六十二場，一直沿用至今。新增兩支伍分別是華盛頓參議員隊（現在的德州遊騎兵隊）和洛杉磯天使隊。
11. 本名是艾伯特‧班傑明‧錢德勒（Albert Benjamin Chandler）。
12. 比賽打到第七局兩出局時，就因雨被裁定平手。
13. 因為紅襪隊在例行賽最後作客洋基球場，而四月二十二日比賽已經於九月十九日重新補打完成。參考來源
https://sabr.org/journal/article/maris-and-ruth-was-the-season-games-differential-the-primary-issue/ 註解 16

球場的觀眾席裡。

馬里斯第一時間的反應有點戲劇化，就像貝比‧魯斯在一九二七年，擊出三百六十英尺全壘打後繞壘時的反應。擊出全壘打後，全場球迷鼓掌。當天現場的進場人數有兩萬三千一百五十四人，離滿場還有好一段距離。馬里斯回到休息區後，隊友把他推回場上，馬里斯勉為其難地脫帽致意，揮手揮了三次，接受全場再次歡呼。球迷讓馬里斯回到休息區坐下。他坐在板凳區，頭往後靠著牆，深深嘆了一大口氣，身心俱疲。

挑戰紀錄的路走來並不順，但至少他超越了貝比‧魯斯的紀錄，誰也無法否認。

「當我擊出第六十一號全壘打的時候，真的爽翻了。」馬里斯說。「我覺得球季好像就這樣結束了，我不知道如果球季繼續下去會怎麼樣。」

魯斯和馬里斯是不同世代的球星，而且都鎮守洋基隊右外野，但人生際遇很不一樣。魯斯渴望受到注目，穿的都是當時最好的衣服，甚至曾經說過自己的薪水應該要比總統賀伯‧胡佛（Herbert Hoover）還高。魯斯曾說過：「因為我這一年做得比他好。」而馬里斯則是來自美國中西部的直率小伙子，對隊友、對手和媒體都一樣。記者採訪他時，他的回答都很無趣，很難寫在報導裡。有些記者嫌他無聊，轉而去訪隊友曼托或是其他人，才能寫出有別於其他報紙的新聞。

令人遺憾的是，馬里斯似乎從來沒有好好享受過他的成就。他在聖路易紅雀隊完成大聯盟生涯最後一個打席的十六年之後，一九八四年，洋基球場中外野的紀念碑公園才有他的紀念碑。十六個月後他因為淋巴癌過世，當時他五十一歲。馬里斯的單季六十一轟在禁藥猖獗的九〇年代晚期兩千年初期被打破，馬克‧麥奎爾、山米‧索沙和貝瑞‧邦茲在不同球季都打出過六十二全壘打以上的成績。一九九八年，麥奎爾和索沙的全壘打追逐戰是全國的焦點，麥奎爾擊出七十轟，而索沙敲出六十六支全壘打。在一九九四年球員罷工，因而被迫取消世界大賽之後，兩人為棒球界重新帶來榮光。

當時沒有什麼人質疑麥奎爾和索沙的優異表現。貝瑞‧邦茲在二

○○一年以單季七十三轟打破麥奎爾紀錄時，有一群嬰兒潮世代的球迷和本質棒球迷，開始懷疑這些球員有使用增進表現藥物，更傾向承認弗利克所認可的馬里斯六十一轟紀錄。在二○○七年，邦茲擊出生涯第七百五十六轟，超越漢克‧阿倫（Hank Aaron）的生涯紀錄後，時尚設計師馬克‧艾可（Marc Ecko）在競標會中以超過七十五萬美金的金額標下全壘打球。艾克效法當時馬里斯時代的做法，在那顆球上註記了一個星號，然後把球捐給美國棒球名人堂。那顆球目前還在名人堂博物館展示著。

現在，賈吉成為歷史上第三位，有機會挑戰全壘打紀錄的洋基隊右外野手。二○二二年十月四日，正規球季倒數第二場比賽，賈吉站在右外野草地上，雙眼下方有著兩條遮陽眼膏畫出的黑線，右拳敲了敲手套，嘴裡嚼著剛放進去的泡泡糖。他有一個迷信，當他每次上場打擊出局後，就會吐掉泡泡糖，換新的放進嘴裡。如果那天他表現無可挑剔，到九局下半，他嘴裡有如咬著無味的橡膠。此時，洋基隊在八局上保有一分領先，當天作客德州阿靈頓（Arlington）的全球人壽球場（Globe Life Field）的對手是德州遊騎兵隊。全球人壽球場才剛開幕兩年，空氣中還瀰漫著剛裝潢好的氣味。

這場比賽的勝負並不重要，洋基隊已經打進季後賽了，靠著陣中最強球員在夏天尾聲的一波高峰，拿下美國聯盟東區的王座。對手遊騎兵隊在美聯西區墊底，美聯西區被眾星雲集的休士頓太空人長期霸占。當賈吉往內野方向看去，有些不太專注，一邊心想著對方打者，一邊計算接下來還有多少個出局數，還會不會輪到他上場打擊。

受惠於總教練亞倫‧布恩的棒次設計，賈吉被排到第一棒，這場比賽他已經上場打擊四次，一支一壘安打，跑回來得到一分，他吐掉三次泡泡糖，不過第五局出局那個打席之後，新嚼的那一顆還在嘴裡。八局上半，他擊出中外野方向的安打，微幅提升了賽季打擊率，還有一絲絲希望可以贏得美聯打擊王。他的對手是明尼蘇達的路易斯‧阿雷亞茲（Luis Arraez），阿雷亞茲還在不斷墊高自己的打擊率。擊出安打後，賈吉從三壘狂奔九十英尺 [14]，攻下超前分，比數來到五比四，洋基領先。不過賈吉的隊友們、家人們、現場球迷們，還有全世界的運

---

14. 賈吉靠著隊友觸身球和犧牲觸擊，從一壘進占三壘。

動界所期待的事情還是沒有發生。

六天前，賈吉在對上多倫多藍鳥隊的比賽中，已經追平了馬里斯的單季六十一支全壘打的美國聯盟紀錄，小羅傑‧馬里斯和賈吉的母親佩蒂都在羅傑斯中心（Rogers Centre）下層觀眾席一起見證和慶祝。現在每一個打席都壓力山大，數以萬計的球迷起立，屏息以待，手上拿著手機，按下錄影鍵，希望透過鏡頭記錄歷史瞬間。他們等啊等，等啊等。在追平馬里斯的紀錄後，賈吉已經二十一個打席沒有擊出全壘打了，這期間他面對十一位投手，飛了一千七百四十八英里，從多倫多飛紐約，再到德州阿靈頓，全壘打欄位上還是維持著六十一。

「之後的比賽感覺上變得有一點快。」賈吉說。「通常球季最後幾場比賽會感覺有些漫長，你必須在守備時保持全神貫注。但老實說，這幾場比賽我會看計分板，心想『可惡，第七局了，只剩一個打席，我要想辦法突破啊。』」

如果賈吉真的覺得沮喪，那他天生就善於隱藏。話雖如此，在那個系列戰之前的比賽，他擊出一個不營養的內野高飛球遭到接殺，回到休息區後，狠狠砸了他的打擊頭盔。他之前也有這樣暴怒過，但通常都僅限於休息區的通道裡，轉播單位攝影機拍不到的地方。這次他真的忍不住了。某種程度上來說，賈吉感覺自己正面對六十一年前馬里斯所經歷的，只是這次比較多球迷站在他這邊，而且沒有隊友曼托一起。能與賈吉相提並論的都是傳奇人物。這是一場專屬於「法官」賈吉的大秀。

「要面對媒體和球迷用顯微鏡看你，加上棒球界的愛恨情仇，其實很困難。加上棒球還是世界上數一數二難的運動。」賈吉說。「我完全能同理馬里斯。當時曼托和馬里斯經歷的彼此競爭，正是因為如此，他完成了一件偉大的紀錄。」

洋基隊三代的右外野手：魯斯、馬里斯和賈吉，橫跨黑白底片到4K電視時代，都有著靦腆的微笑和厚實的肩膀，賈吉表示他很榮幸聽到自己的名字和兩位傳奇相提並論，但是他準備好要擺脫他們，要用全壘打終結這場追逐戰。隨著在德州的雙重戰第一戰結束，賈吉很快又在晚間的第二場比賽擔任第一棒打者。他眨了兩次眼，在打擊區擺

出熟悉的打擊準備姿勢，雙腳張開，球棒握得筆直，就在他右肩後面，研究著投手丘上來自委內瑞拉的二十七歲右投手「提諾」黑素斯·提諾可（Jesús Tinoco）。

提諾可催出時速九十五英里的高角度速球，沒有進到好球帶，捕手山姆·賀夫（Sam Huff）得站起身來接。賈吉的腎上腺素飆高。下一球是時速八十八點六英里的滑球，拐進好球帶，主審判好球。賈吉對此點了點頭。賀夫傳遞暗號，要投手再投一顆滑球，然後將左膝跪在地上，提諾可抬腳，往後微傾，用力將球投向當今最危險的打者，這球失投了。

賈吉用球棒狠狠咬中球心，大聯盟數據系統 Statcast 顯示擊球初速高達時速一百點二英里，小白球噴向左外野，遊騎兵隊的左外野手巴巴·湯普森（Bubba Thompson）退到全壘打牆邊，眼睜睜地看著歷史一刻在面前發生。

賈吉繞壘的時候充滿笑容，同時感覺到興奮與疲累，他手指向天空致意，今天球場屋頂是打開的。賈吉的左腳踏上本壘板，吉安卡羅·史坦頓（Giancarlo Stanton）第一個迎接他，其他隊友和教練在他一擊中球，發出巨大聲響的時候，也從休息區衝了出來。

「我當時在想我的太太、家人、隊友還有球迷。」賈吉說。「一直以來，他們都特別支持我，全年無休，我腦袋都在想這些事情。」

小馬里斯大聲疾呼，請棒球迷們把賈吉視為「純正的全壘打王」。大聯盟的紀錄史冊上，並沒有在邦茲的全壘打紀錄加上星號註記，但每個人的看法不同。來自北加州灣區的賈吉，小時候聽的是二〇〇一年邦茲超越麥奎爾單季全壘打紀錄的故事，他也認為單季七十三轟是真的紀錄。「不管大家怎麼看待那時候的棒球，我認為他們真實地擊出七十三支和七十支全壘打。」賈吉說。「對我來說，那就是紀錄。」

如同洋基隊轉播單位 YES 電視網主播麥可·凱（Michael Kay）所形容的，「法官」賈吉挑戰美聯單季全壘打紀錄的壯舉「結案」了！他寫下單季擊出六十二支全壘打的美聯新紀錄，這位穿著背號九十九號球衣的男人，超越了背號九號的馬里斯，而馬里斯的生涯都活在魯斯和曼托的陰影下。另外，賈吉在合約最後一年打出生涯高峰，也繳

出年度聯盟最有價值球員的成績單。他是洋基隊史上，自從德瑞克·基特（Derek Jeter）之後，大家一直期待的看板人物。

　　從這個角度來看，「六十二」代表了所有的事情，代表了賈吉的未來，代表了職業運動界最偉大球隊的方向，還代表了大聯盟。而這只是故事的序章。

「好啦，我可以
出去玩了嗎？」
"OK, CAN I GO OUT AND PLAY?"

「球來啦！」

亞倫‧賈吉累積了二十九年的身體本能反應，對他來說，時速六十五英里的紅中速球，通過本壘板上方，小菜一碟，輕輕鬆鬆，他用木棒的甜蜜點擊中球，發出轟天巨響，還聽得到從外野觀眾席反彈的回音，打出去的球像火箭一樣射向左中外野，全壘打圍欄後方有一群人透過空隙正在看賈吉打擊練習。

其中有一個人大喊，提醒大家小心飛彈來襲，全壘打球落在圍欄後方，兩線道公路旁的一排棕櫚樹附近，一群人衝過去要搶，想把球帶回家當紀念品。時間是二〇二二年二月，在週間的上班時間，這群人維持一兩個小時，透過瑞德‧麥可尤文球場（Red McEwen Field）入口的小洞，不花一毛錢看著大聯盟球員練球。平常這是南佛羅里達大學（University of South Florida）的棒球隊公牛隊的場地，而現在穿著運動服的大聯盟球員在這裡進行訓練。

賈吉上一次代表大學出賽已經是九年前，當年他是弗雷斯諾州大鬥牛犬（Fresno State Bulldogs）的一員。他其實應該在數十英里外的

喬治‧M‧史坦布瑞納球場（George M. Steinbrenner Field）練球才對。史坦布瑞納球場像是一艘用鋼筋水泥打造的戰艦，冷酷而且可怕。一九九六年，喬治‧M‧史坦布瑞納球場正式成為洋基隊春訓球場，那一年剛好是德瑞克‧基特的菜鳥年。

賈吉是當代洋基隊陣容中最知名的球員，可是他卻被拒於史坦布瑞納球場之外，因為大聯盟封館行動持續著，而且越來越難看。直到預定開始春訓的日子，球團老闆們和球員對於勞資協議還沒有達成共識，老闆們禁止所有球員工會的成員進入春訓基地，導致連續三年春訓都無法正常進行。

二○二○年三月十二日，賈吉和隊友們正在如火如荼地進行季前的準備工作，而新冠病毒（COVID-19）疫情爆發，迫使球員各自回家，分散在全美各地。當時宣布可以在春訓基地隔離，可是包含賈吉在內的一小群核心球員，投票決定留在史坦布瑞納球場。大聯盟原本宣布例行賽將延後兩星期開打，很快地就改變計畫，開打日期將會再度被延後。在還沒有疫苗之前，一開始球員和聯盟討論安全與健康的相關規範，結果變成像在利益分配，導致協商變得很難看。醫院在疫情期間超載，對於許多美國人來說，就連去採買日常用品都很危險。

大聯盟主席羅伯‧曼弗瑞德（Rob Manfred）最後決定二○二○年成為只打六十場的縮水賽季，設計出一季只為「電視轉播」的賽程，想一想非常詭異。球員們依照比例領薪水[15]，在空無一人的球場打球，大部分的季後賽賽程選在溫暖的地區，或是有屋頂的中立球場舉辦。在哪裡打影響不大，因為也沒有球迷進場。剛簽下九年三億兩千四百萬合約的洋基隊王牌投手蓋瑞特‧柯爾（Gerrit Cole），在七月二十三日於國民球場（Nationals Park）出戰華盛頓國民隊的投手麥克斯‧薛澤（Max Scherzer），球場近乎空無一人，安靜到詭異的地步。少數在現場的觀眾之一是安東尼‧佛奇博士（Dr. Anthony Fauci），他是白宮新冠病毒小組的召集人，今天暫時離開工作崗位，來現場擔任開球嘉賓。

二○二一年春天，球迷回到球場，雖然因為社交距離的限制，座位得用塑膠繩隔開，進場人數並不多，帶位人員忙來忙去，不停大聲勸告戴上口罩，但並非強制規定。球團因疫情影響前一個球季，收入

15. 如果整季都在球隊名單上，六十除以一百六十二，大約領原本百分之三十七的薪資。

短缺，必須販賣爆米花、汽水和啤酒來填補虧損。球員也需要適應「疫情新生活」，連美國總統喬·拜登（Joe Biden）所領導的政府，都因為疫情安全考量，希望遊說大聯盟延後開幕日。最後多數的球員都有接種疫苗，比賽如期開打。以健康和安全規範的角度來說，大聯盟在二〇二二年的開季就順得多。

　　這次封館就完全是因為錢的關係了。聯盟和球員工會在資淺球員的薪資上討價還價，和限制球隊刻意擺爛，擺爛之後能在業餘選秀會上爭取更高順位。這次封館是棒球界自一九九四年到一九九五年第一次停賽[16]，前一次還取消了世界大賽。這同時是一九九〇年來第一次球團封館。賈吉和隊友在封館期間被禁止跟球團員工聯絡（聯盟建立了通報專線，檢舉用電話或簡訊溝通的球員），所以大多數球員在停賽第一個月黑暗期只能個別訓練。賈吉選擇用南佛羅里達州的設施訓練，離他在坦帕（Tampa）海濱大道（Bayshore Boulevard）的公寓很近。他和其他大聯盟球員提姆·貝克漢（Tim Beckham）、麥可·福特（Mike Ford）、瑞奇·馬丁（Richie Martin）以及路克·沃伊特（Luke Voit）一起訓練。

　　賈吉在每一輪的打擊練習時，他心裡想的都是擺脫去年秋天美聯外卡戰輸球的陰霾。洋基隊王牌投手柯爾腿筋受傷，在出戰紅襪隊的比賽只解決六個人次，最終洋基隊以二比六輸給紅襪隊，整場感覺都追不上。在球季宣告結束的幾分鐘之後，總教練亞倫·布恩在狹窄的芬威球場客隊辦公室拿起筆電，準備去開賽後記者會。大多數的球隊都已經擺脫疫情時期的 Zoom 視訊訪問，但球員休息室仍然不對外開放。布恩穿著全套球衣，穿過芬威球場散場人潮，到四樓的視訊會議室開會，這顯然不太合邏輯。「聯盟其他球隊實力跟我們越來越接近。」布恩有點不滿地說。「我們在各方面應該要表現得更好。」

　　洋基隊自從二〇〇九年之後就沒有打過世界大賽[17]了。那年他們打敗費城費城人，奪得隊史第二十七座冠軍獎盃。那時的陣容已經老化，接近退休的年紀，例如指標人物德瑞克·基特、馬里安諾·里維拉（Mariano Rivera）、荷黑·普沙達（Jorge Posada）和安迪·派提特（Andy Pettitte）都在接下來的幾個球季陸續退休。球隊急需找到在「四核心」

16. 一九九四年到一九九五年是球員方發動的罷工。
17. 大聯盟的冠軍賽。

（Core Four）時代後找到接班人選，隨著球季一年一年過，這樣的急迫感就越來越明顯。洋基隊前大老闆喬治‧M‧史坦布瑞納無法容忍失敗，沒達到就會拍桌怒斥，他的中心思想是「沒拿冠軍就是失敗」，失敗就需要停下來檢討。在二〇一六年，球隊總經理布萊恩‧凱許曼（Brian Cashman）跟小老闆海爾‧史坦布瑞納（Hal Steinbrenner）說，現有的兩億一千三百萬薪資陣容不夠好，無法達成奪冠的終極目標。凱許曼建議，拆掉原有的陣容，擺脫老將和大合約，好打造更強盛的未來陣容。

　　這樣的建議如果發生在七〇年代到八〇年代，大老闆史坦布瑞納一定會發飆大罵。還好，凱許曼面對的是小老闆海爾‧史坦布瑞納，小老闆比較偏好冷靜分析的思維，跟他當過業餘飛行員多少有點關係，能夠從離地三千英尺高的宏觀角度來看整個球隊。

　　「我想了很多，想到如果是我父親的話，他會怎麼做呢？」史坦布瑞納說。「我可能很沒耐心，不過飛行員從不會承認自己缺乏耐心，這是一個缺點。毫無疑問，我跟我父親並不一樣。他對於每件事都親力親為，而我雖然已經很投入了，但我更懂得分權給下屬。這是我們倆不同的地方。可是對於勝利的渴望，還有了解球迷的期待上，我們並無二致。」因此，凱許曼後來獲得老闆許可，以著眼未來的角度來操盤，但並不是要「坦」[18]。洋基隊不會走上太空人的模式，他們在二〇一三年和二〇一四年慘不忍睹，幾乎毫無競爭力，被戲稱為「汰空人」（Dis-Astros）[19]。在尼爾森的電視收視率調查中，有幾場太空人的比賽收視率居然為零。

　　這是砍掉重練獲得成功最快的方式，但洋基隊還是遵循著七〇年代百老匯製作人吉米‧內德蘭德（Jimmy Nederlander）給大老闆史坦布瑞納的建議：「要記住，我們是一台明星跑車，紐約人喜歡明星、崇拜明星，你的球隊一定要有明星來吸引人。」

　　亞倫‧詹姆士‧賈吉是洋基隊藍圖中最大咖的，不管是實力上、體型上，還是未來性上。洋基隊最早是在加州林登區（Linden）看到賈吉的。林登位於距離舊金山東北方大約一百英里處，那裡有核桃樹林、桃子果園和葡萄園。林登自稱是「世界櫻桃之都」（Cherry Capital

---

18. 組建沒有競爭力的陣容來故意擺爛，一方面節省薪資支出，另一方面透過較差的戰績取得較好的選秀順位。
19. 加上 dis 是為了雙關語 disaster「災難」。

of the World），居民之間有著緊密的社群，每年五月都舉辦嘉年華，包括吃派大胃王和五公里趣味跑步比賽。佩蒂和韋恩‧賈吉夫婦在聖華金縣（San Joaquin County）幾個學校教體育和領導學。一九九二年四月二十六日，在加州沙加緬度（Sacramento），亞倫出生的隔一天，賈吉夫婦領養了亞倫，把他帶回家，和同樣被領養的哥哥約翰（John）一起生活。

「全家人相親相愛，小孩能平安長大，家庭就是我人生最偉大的成就。」佩蒂‧賈吉說。

在賈吉第一次小兒科檢查時，他在同齡的小孩之中，手掌和腳掌大小都是頂標。一般建議的四盎司配方奶無法滿足他，佩蒂和韋恩意外地發現餵他燕麥也可以，就加進配方奶裡。

「我們笑他像是米其林輪胎寶寶。」韋恩‧賈吉說。幾年之後，亞倫‧賈吉認為他小時候在鄉下長大，對他來說是「完美的環境」。根據二○一○年人口普查，林登區只有一千七百八十四人。當地居民到林納迪市場（Rinaldi's Market）採買日用品，歷史悠久的林納迪市場從一九四八年營運到現在。餓了可以到披薩普拉斯（Pizza Plus）可以買到起司披薩，到山米燒烤酒吧（Sammy's Bar & Grill）買一份肋排三明治。在加州二十六號公路旁，你看不到林登的街道燈光，不過那邊有兩座教堂、一座義消消防局，和數不清盛開花朵的果樹，以及一個耀眼的運動界明日之星。

在樂樂棒球（T-Ball）的比賽中，對手看到賈吉上場打擊，都在外野等球，最後只能眼巴巴地看著球飛出牆，不然就是害怕他打出的強勁滾地球或平飛球。「我們是一個小社區，」賈吉說。「這條街上每一戶都有我的乾媽，大家都會照顧我、幫助我。在這裡成長是一個很特別的經驗。我總是有地方可以去玩，到哪裡都有朋友。」他回想起小時候，父母對他在學業上很嚴苛，如果他想要出去玩或是打電動遊戲，父母會先問他功課寫完了沒。「小時候我很不喜歡寫功課，但回頭看，我很感謝他們這樣要求我。」

佩蒂說：「亞倫從小就知道要做什麼，他很早就知道是非對錯。」

即使賈吉沒有和生父生母有任何聯繫，他知道生父是黑人，生母

是白人。他在大約十歲的時候，有一天回到家，他問父母那個等了很久的問題，「我記得大概是『媽，我長得不像你。爸，我長得也不像你，這到底是怎麼回事？』」賈吉回憶當時。「他們告訴我，我是被領養的。我好像是說：『好喔，我知道了。你們還是我的父母，我唯一知道的爸爸媽媽。』之後我再也沒多問，也無需多問，一如往常。」當他的父母問他還有沒有要問的，賈吉回答：「好啦，我可以出去玩了嗎？」

差不多同一時間，賈吉經歷了人生的重大時刻。他的父親韋恩自願帶林登高中（Liden High School）的籃球隊，小賈吉很享受傍晚和父親練球的時間。當籃球隊在體育館練球時，賈吉在一旁練習運球，或是在看台上看大家練球。

「某一次練習時，有個人說：『我們在練上籃，你一起來練吧。』」賈吉說。「我就排隊一起練上籃，他們傳球給我，和我擊掌，對於很多人來說這再普通不過了，對我來說卻是永生難忘的三分鐘。」

十多年後，賈吉站在外野草皮或是在等待打擊時，他會望向觀眾席，在空檔的時候和小球迷互動。即使只是簡短的傳接球、一顆練習球或是一次碰拳，他知道這些互動所帶來的漣漪效應能產生多大影響力。

「這就是一切的意義。」賈吉說。「如果我能影響十個或是一百個小朋友的人生，我能啟發他們勇敢追夢，做別人沒做過的事情的話，那真是太棒了。」

在林登高中校隊雄獅隊中，賈吉是傑出的三棲運動員，他穿著藍金白三色配色球衣，打棒球、美式足球和籃球三種球類運動。高二時他六呎三吋，高三到高四他再抽高四吋。「我們在礦脈聯盟（Mother Lode League）的美式足球比賽中，一個六呎七的近端鋒（tight end）對上對方五呎多的防守後衛（defensive back），」在林登高中帶隊多年的美式足球和壘球教練馬克・米勒（Mark Miller）說。「這大概可以說是一種犯規吧。即使他的天分跟對手不同檔次，但你從來不會看到亞倫驕傲自大，他總是尊重隊友和對手。」

打棒球時，賈吉習慣在兩眼下方塗上兩條黑黑的遮陽膏，就跟他震耳欲聾的擊球聲一樣，是每天的日常。高中四年級時，他是球隊的

一壘手，在七十四個打數中，打擊率五成，外帶七轟。在投手丘上，他投四十八局，自責分率〇點八八。多年以後，賈吉回想起高中時光，當時他的祕密武器是指叉球：「對手並不知道我有這個球路。」在美式足球場上，他高四時以單季五十四次接球，總計九百六十碼，並以十七次達陣創下隊史達陣紀錄。籃球場上，他帶領著球隊，而且每場平均能得十八分。

「在高中我是三棲運動員，我只是單純享受打球的時光。」賈吉說。「老實說，我沒有很認真。如果太認真的話，我可能會膩。當美式足球季快結束了，我就想：『我等不及打籃球了。每天被撞實在太膩了。』籃球季快告一段落時，我又想：『我受夠了折返跑，什麼時候可以打棒球？』」有幾次棒球比賽，對手根本不投給賈吉打，這使得教練喬·皮歐姆比歐（Joe Piombio）為賈吉架了一座打擊籠，好讓球探可以看賈吉練打。當賈吉的隊友們打完比賽，沖完澡回家後，球探們邊拿著手套在外野接球，邊看著賈吉拿鋁棒發出一次又一次的巨響。奧克蘭運動家隊是第一支選擇他的職業球隊，在二〇一〇年的年度業餘選秀會上，運動家隊在第三十一輪選擇賈吉。運動家隊的地區球探傑曼·克拉克（Jermaine Clark）在球探報告中以「未開發的猛獸」來描述賈吉。

「他們都是老師，對他們來說教育是最重要的。」賈吉說。「繼續升學是正確的選擇。老實說，當時我還沒有準備好出社會。我需要去念大學，需要變得成熟。」即便賈吉在高中繳出華麗的數據成績，許多球隊認為他還沒有準備好成為職業球員，會有這樣的成績是因為他在的競爭環境有如小池裡的大魚。當克拉克寫球探報告時，他發現運動家隊的資料庫裡沒有礦脈聯盟的資料，沒有林登高中、克拉維拉斯（Calaveras）、桑墨維爾（Summerville）和布雷特哈提（Bret Harte）等高中球隊的紀錄。當時洋基隊的球探提姆·麥可印托許（Tim McIntosh）就住在林登大約十分鐘車程的地方，他去看過賈吉五、六場比賽，完全沒有留下什麼印象。對於麥可印托許這位前大聯盟捕手來說，原本寫賈吉的球探報告是很無聊的工作，「我就把名字輸入到系統裡，搞不好萬一有什麼誇張的事情會發生。」麥可印托許說。

0
3
1

亞倫·賈吉·紐約洋基·與追求卓越的賽季

「然後誇張的事情真的發生了。」

這跟德瑞克‧基特的故事不一樣。當年洋基隊球探迪克‧葛洛許（Dick Groch）在密西根州的卡拉馬祖（Kalamazoo）找到了高瘦的游擊手基特，堅稱基特有一天會進入的名人堂。麥可印托許在這故事裡，也扮演重要的角色，他成功地死纏爛打洋基隊當時的全國球探督導坎道‧卡特（Kendall Carter），拜託他去林登高中看賈吉打擊。

卡特形容賈吉像是「剛出生的長頸鹿」，不只要再長壯一點，還需要機會面對更高強度的競爭才會成長。在和洋基隊業餘球探部門總監戴蒙‧奧本海默（Damon Oppenheimer）簡短討論過後，卡特把賈吉記為未來可以觀察的球員。賈吉幾乎每一天都會收到大學的邀請信。有史丹佛大學（Stanford）、密西根州大（Michigan State）和聖母大學（Notre Dame）寄來的信，希望賈吉能加入美式足球校隊，擔任接球員（wide receiver）或是防守後衛。加州大學洛杉磯分校的教練跟賈吉說，如果賈吉增重三十到四十磅，會考慮讓他改打近端鋒。

弗瑞索諾州大（Fresno State）的棒球隊總教練麥克‧貝特索（Mike Batesole）非常希望賈吉不要打美式足球。當賈吉到弗瑞索諾州大測試的時候，貝特索只看了他三次揮棒，就確定賈吉是戴夫‧溫菲爾德（Dave Winfield）[20] 的複製版。這樣類比很貼切，因為溫菲爾德當年也是三棲球員，他被職業籃球聯盟 NBA 的亞特蘭大老鷹隊選中，也被 ABA 的猶他星隊、職業美式足球聯盟 NFL 明尼蘇達維京人隊選走，溫菲爾德認為棒球對身體負擔比較小，所以選擇打棒球。

溫菲爾德後來成為棒球名人堂球員，賈吉的父親常常在他耳邊提到溫菲爾德。「我父親常常提到他。」賈吉說。貝特索指派隊上的明星一壘手喬丹‧瑞貝拉（Jordan Ribera）帶賈吉去看學校的美式足球賽。前一年瑞貝拉是全美大學聯盟 NCAA 的全壘打王。「我那時想：『這哪來的六呎七呆驢？他要來取代我的位置嗎？』」瑞貝拉回想起當時說。「隔天賈吉就說：『我要去弗瑞索諾州大。』這就是我沾光的故事。」

瑞貝拉確定保住了他一壘手的位置，而賈吉有兩個選擇，守外野或是坐板凳。貝特索很耐心地向賈吉解釋，如果你可以在美式足球場上當接球員，在跑動的情況接到球，在外野也一定沒問題。賈吉聽了

20. 身高六呎六。在七〇、八〇年代棒球界鶴立雞群。

覺得很有道理，所以他綁緊鞋帶，準備當一名外野手。賈吉在大學第一年有一陣子很想家，但他說自己很快就適應了學校生活。

「那是我第一次離家。」賈吉說。「凡事都得自己來，學習那些在家裡父母幫你做的事情。現在只能靠自己，沒人幫你。你必須成長、適應和學習。否則你會一蹶不振，度過很悲慘的大學生活。」

貝特索很快就了解到，弗瑞索諾州大陣中有賈吉這樣的球員很幸運。賈吉在大一就入選路易斯威爾全美大一生第一隊（Louisville Slugger Freshman All-American），還得到西部運動聯盟年度大一生（Western Athletic Conference's Freshman of the Year）殊榮。每年秋天，貝特索都會舉辦觸式美式足球（touch football）[21] 來保持球員們的身體狀態，他們在右外野標竿附近標出一個球場，但這不是好玩而已，他們戴上戰術護腕，認真做紀錄，球員身上都穿著有背號的球衣。當時賈吉體重兩百三十磅，在六打六的比賽中，從頭到尾壓制棒球隊隊友。

「在他大一的時候，我也有下去打，」貝特索說。「他們第一球就做一個傳球掩護，就像貝瑞‧桑德斯（Barry Sanders）那樣。對手根本碰不到他，別忘了那是觸式美式足球。連美國大學第一級的運動員都碰不到他，他的敏捷性和輕盈的動作，根本是怪物。我記得我看到一球，我說：『這傢伙會打大聯盟，而且打很久。』他根本不是人類。」

因為貝特索教練怕賈吉的膝蓋受傷，弗瑞索諾州大後來必須禁止他和大家打美式足球。在練習的時候，貝特索開始叫賈吉「大屁股」（Big Ass Judge），時至今日他還是這樣稱呼賈吉。在二〇一九年，大聯盟「球員週末」（Players Weekend）期間球員可以在球衣背後放上綽號，賈吉選擇「大屁股」的縮寫 BAJ。

「在大一那年，我在球隊中競爭先發外野手的位置。」賈吉說。「第一場比賽前，我去看先發陣容名單，找不到我的名字，我回到球員休息室，準備去打擊籠練習。突然有另外一名外野手跟我說：『嘿，你最好快點去準備上場了。』我回答：『我沒先發啊。』他又說：『再去看一次名單，你打第七棒。』我回頭再確認一次，第七棒那格寫著『大屁股』。」

大一那年，賈吉在球隊裡擔任左外野手和右外野手，最後兩年則

---

21. 一種簡易的美式足球玩法，不用穿著裝備，防守球員只需要觸碰到持球者就算完成擒抱。

是守中外野。他的守備能力和認真態度受到認可，不過他在進攻上的爆發力潛能還無法在比賽中兌現。曾經有一段時間，賈吉認為是因為鋁棒的問題，三十四英寸、三十一盎司的球棒對他來說太短又太輕，「好像在拿牙籤揮棒。」他說。他一直想找一支更大更長的客製化球棒，但一直找不到。「我覺得我能維持高打擊率，同時提升爆發力。」賈吉說。

在大學三年期間，賈吉的盜壘數三十六次，是全壘打數的兩倍（十八支全壘打），已經可以看到賈吉的潛力。二〇一二年七月，夏季聯盟鱈角聯盟（Cape Cod League）在芬威球場舉辦打擊練習測試會，賈吉站在紅襪隊強打者吉姆・萊斯（Jim Rice）和曼尼・拉米瑞茲（Manny Ramirez）曾經踏過的右打者打擊區，他把球打到外野最深的角落，強勁的飛球打在三十七英尺高的「綠色怪物」[22] 上，引起全場關注。

那天的餵球投手是約翰・阿爾托貝里（John Altobelli），他是來自加州科斯塔梅薩（Costa Mesa）橘岸學院（Orange Coast College）知名的棒球教練，當時在鱈角聯盟布魯斯特白帽隊（Brewster Whitecaps）擔任總教練。阿爾托貝里在二〇二〇年一月，和籃球巨星寇比・布萊恩（Kobe Bryant）與其他七人搭乘同一班失事的直升機，墜毀身亡。阿爾托貝里曾經說過：「當時很多球員用盡全力，在打球的時候喊出聲音，想要打飛過挑戰綠色怪物，好跟其他人炫耀。但是賈吉輕鬆地揮棒，特別是現場沒有觀眾，可以清楚聽到他的擊球聲音，跟大家就是不一樣。」

洋基隊負責新英格蘭地區與鱈角聯盟的球探麥特・海德（Matt Hyde），在賈吉念大三之前，曾經洋洋灑灑地寫過賈吉的報告。洋基隊的全國球探布萊恩・巴伯（Brian Barber）也讀過那份報告。巴伯在九〇年代晚期曾經效力於聖路易紅雀隊和堪薩斯皇家隊。在二〇一二年，巴伯現場看過賈吉在布魯斯特白帽隊至少四次出賽，其中一場賈吉擔任中外野手。那場比賽，巴伯看到一發「超大號全壘打」，而且對方的游擊手還跳起來想要攔截，但是球一直往上竄，飛過左外野大牆。

「那時我想：『哇賽，好吧，這就是超級明星開轟的架勢。』」巴伯說。後來巴伯在報告中描述賈吉絕對是選秀會上第一輪的好手。

---

22. 芬威球場左外野的高牆，因為漆成綠色而得名。

球探們都用二十分到八十分來評價球員各項能力，二十分是最低的分數，而八十分則是最高。巴伯給賈吉的打擊能力五十五分，而爆發力則是七十分，跑速和臂力也是七十分。

「他每天在球場上展現各種能力，讓你會越來越愛上他。」巴伯說。「不只是他的爆發力而已，他能守中外野，還守得不錯。他知道怎麼守外野，而且臂力也很強。最後，因為他六呎七的身材，手長腳長，揮棒軌跡還能維持簡短，準確擊中內角球。我當球探之前打了十年球，看到大個子打者，就是攻擊他的內角。可是這招對賈吉並不管用。」

洋基隊球探們回到弗瑞斯諾大學校園，看看賈吉在大學比賽的表現。他們看到賈吉在林登高中畢業後光速成長，在大三那個球季繳出怪物級的整體攻擊指數一點一一六，入選全美第一隊。這樣的表現讓洋基隊區域球探崔伊・艾菲尼爾（Troy Afenir）印象深刻。艾菲尼爾在大聯盟出賽過四十五場比賽，在八〇年代晚期和九〇年代早期效力過休士頓太空人隊、奧克蘭運動家隊和辛辛那提紅人隊。相較起其他洋基隊球探，艾菲尼爾給分很嚴格，因為二〇一三年是他第一年在南加州當球探。艾菲尼爾對於賈吉的高大身材和運動能力留下深刻的印象。

「因為我才剛做球探，我不太清楚這樣的表現到底算怎樣。」艾菲尼爾告訴奧本海默。「但我沒看過有人擊球比他更強勁，沒人比他打得更遠。」

根據艾菲尼爾的建議，奧本海默在二〇一三年二月，某個星期日早晨，從聖地牙哥國際機場出發，要飛到北加州，看弗瑞斯諾州大對史丹佛大學的比賽。那場比賽賈吉五打數五安打，外帶三分打點，在七局時還有一發深遠的左外野方向全壘打。奧本海默坐在使丹佛大學的桑肯球場（Sunken Diamond）本壘後方觀眾席直擊，心想：「哇！不用再多看了吧？」

「那可不是賽前打擊練習的全壘打。」奧本海默說。「他不只是一個很棒的外野手，他打球態度認真，而且能夠把球打到球場各個方向。跑壘也很好。我們看到的是一位全能球員，你忍不住想：『他真的很強。』」

那麼，剩下唯一的未知，就連賈吉自己也無法回答。

大聯盟球探會拿這些業餘球員跟現役或退役球員相比，做一個保守的評估，以賈吉的例子來說，過去並沒有很多像他這樣身材的球員。名人堂球員戴夫·溫菲爾德身高六呎六，是上一代的球星。當時還以「麥可·史坦頓」登錄的吉安卡羅·史坦頓[23]才剛剛上大聯盟，沒有太多前例可循。賈吉有可能成為像他們一樣的球員嗎？洋基隊想要知道答案。

　　洋基隊指派運動心理部門總監查德·柏林（Chad Bohling）到西岸來進行研究任務。柏林在弗瑞斯諾州大校園餐廳和賈吉聊了一小時，研究他的心智狀態和生長背景。柏林在報告裡寫到，賈吉以團隊優先，不太願意聊自己，符合棒球隊教練貝特索平常制定的規矩。如果球員在採訪時說出「我」、「我的」或是「我自己」，就要罰一塊錢。賈吉在弗瑞斯諾州大三年期間，從來沒有被罰過任何一塊錢。

　　「如果你去聽賈吉的訪問，他從來不會提到自己。」瑞貝拉說。「他總是把功勞歸給貝特索和團隊，是團隊一起做到的。他認為如果是你覺得上場打球是為了自己，那你的目標就錯了。賈吉他每天都奉行這樣團隊精神，這就是為什麼他是紐約的看板球星。」

　　貝特索說：「我很喜歡他的團隊精神。這些觀念來自他的父母，根深蒂固。我們試著把他放在適合他個性的位置上，好讓他可以發揮，這本質還是因為家庭教育。我想球迷之所以受他吸引，就是因為他這種個性。」

　　在二〇一三年六月六日，大聯盟年度業餘選秀會當天，賈吉和其他頂尖的業餘球員受邀到大聯盟聯播網（MLB Network）在紐澤西州瑟卡凱斯（Secaucus）的攝影棚。洋基隊的決策團隊聚集在史坦布瑞納球場會議室，會議室裡擺滿資料夾和白板。在白板上，他們把賈吉排在頂尖的大學打者之列。洋基隊擁有第二十六順位、第三十二順位和第三十三順位，後面兩個順位是補償簽，因為前一個休賽季，他們沒有留下外野手尼克·史威許（Nick Swisher）和拉斐爾·索利安諾（Rafael Soriano），史威許和克里夫蘭印地安人隊簽約，而索利安諾則是去了華盛頓國民隊。

23. 根據大聯盟官網，吉安卡羅·史坦頓身高為六呎六。

洋基隊很喜歡賈吉，但業界不全然都持同樣的看法。例如聖母大學的艾瑞克·賈蓋羅（Eric Jagielo）是一個保守的選擇，賈蓋羅是一名左打重砲角落內野手。奧本海默建議在第二十六順位選擇賈蓋羅，他認為第三十二順位時，賈吉還不會被選走。隨著選秀倒數計時越來越近，紅人隊選擇了外野手菲利浦·厄文（Philip Ervin），紅雀隊挑了投手羅伯·卡明斯基（Rob Kaminsky），光芒隊選走投手萊恩·史坦尼克（Ryne Stanek），遊騎兵隊撿走游擊手崔維斯·德米爾提（Travis Demeritte），勇士隊則是選了投手傑森·赫許（Jason Hursh）。

「其他球隊有很多人跟我說他們多喜歡賈吉，但他們球團裡內部意見分歧。」奧本海默說。「有些球隊的某些球探很喜歡，其他人則覺得還好。對我們來說，我們很幸運地意見一致。球探去現場看了，賈吉表現很好，球探覺得他有潛力、有未來性。雖然還有長的一段路要走，但他的心態很成熟。心態是讓他出線的原因，我們認為他可以達成很高的期待。」

賈吉身穿深灰色的襯衫，搭配紫色的領帶，坐在指定的位置上，坐立難安，偶爾和父母講悄悄話。在聯盟主席巴德·席列格（Bud Selig）宣布赫許的名字時，賈吉想要起身去上廁所，後來打消念頭，他想知道洋基隊會不會選他。其實他心裡並不確定洋基隊的想法。這次到攝影棚，是他人生第一次到大紐約地區，也順便去了洋基球場參觀。他從一壘側球員休息區看到球場內部，後來他回憶，當時想著：「如果能在這裡打球真是太棒了。」

可是在當時，他並不認為自己一定會穿上洋基隊條紋球衣。賈吉對紐約「大蘋果」的印象是「忙碌又鬧哄哄的」。在時報廣場逛街時，被附近的 M&M's 巧克力店和裝扮成艾爾摩（Elmo）街頭藝人嚇到了，選秀會前一天，他接受《弗雷斯諾蜜蜂報》的記者採訪，他說：「不確定能不能適應這裡的生活。」後來他回想：「我從加州小鎮來，人行道上都沒有人，這裡摩肩擦踵，這是我對紐約的第一印象。」

洋基隊相信賈吉能夠適應紐約。席列格宣布洋基隊在第三十二順位選擇來自弗雷斯諾州大的中外野手賈吉。賈吉感到很驚訝，然後他擁抱母親。在賈吉第一次試穿洋基隊的球衣時，大聯盟的球評哈洛·

雷諾斯（Harold Reynolds）說：「我覺得他穿不下球衣，這小伙子太大隻了。」他補充說：「說不定美式足球紐約噴射機隊或紐約巨人隊會對他有興趣，這傢伙真的很大隻。」

奧本海默說：「體型對我們來說從不是問題，因為他很柔軟協調，並不是那種手腳笨拙的大個兒。他在大學守中外野，你會對他的運動能力有信心。」

洋基隊後來以一百八十萬美金的簽約金簽下賈吉，賈吉原本要在南方大西洋聯盟的查爾斯頓河狗隊 [24] 展開職業生涯，但他的股四頭肌撕裂傷，讓他無法打球。球隊安排他先到佛羅里達州的坦帕（Tampa）春訓基地。這跟賈吉預期的職業生涯起步不同，但這次機會讓他有了幸運的巧遇，他回想起當時坐在置物櫃前，德瑞克‧基特剛結束場上訓練，正要穿過球員休息室。

那一年對於基特來說是惡夢一場。他在前一年美國聯盟分區系列賽時，左腳踝骨折受傷，正在努力回到大聯盟賽場。他看著面前的年輕球員，伸出右手，說到：「嘿！亞倫，很高興看到你。」賈吉嚇傻了，他不敢相信基特居然知道他的名字。

「我永遠記得那一刻，因為他可以直直地經過我，但他沒有。」賈吉說。「我從那一刻學習到，未來我也這樣對待我的隊友。」

賈吉的股四頭肌傷勢在休賽季恢復了，他在二〇一四年開季時重回球場，並且在查爾斯頓展開職業生涯。他很快就被拉上佛羅里達州聯盟坦帕洋基隊 [25]。當時擔任洋基隊小聯盟打擊指導的詹姆士‧羅森（James Rowson），回想起當時已經二十二歲的賈吉非常渴望學習打擊的藝術。

「他總是問背後的原因。我認為這是年輕打者最應該要問的問題。」羅森說。

泰勒‧韋德（Tyler Wade）是賈吉在查爾斯頓時最好的朋友，他把賈吉和隊友麥可‧歐尼爾（Michael O'Neil）視為「大哥哥」。當時韋德十九歲，剛從加州木里艾塔谷高中（Murrieta Valley High Schoo）畢業不久。韋德說在職業生涯初期，河狗隊上的隊友都認為賈吉未來能幹大事。

---

24. 為洋基隊小聯盟球隊，屬於 1A 層級。
25. 為洋基隊小聯盟球隊，屬於高階 1A 層級。

「好啦，我可以出去玩了嗎？」

「我第一次和這樣的隊友打球。」韋德說。「他自動自發，舉手投足有明星架勢，存在感很強，總是感覺他上場又有什麼特殊表現。心態和視野方面，他總是渴望進步，他不是口是心非，說說而已，他是真的相信他能做到。那時我想，『天啊，這傢伙未來一定很屬害。』」

在球季結束後，賈吉獲選去打亞利桑那秋季聯盟。頂尖的小聯盟球員會在球季結束後再打一個短期賽季。然後隔年二〇一五年他在 AA崔頓和 AAA 斯克蘭頓／威爾克斯—巴爾打球。小聯盟的巴士旅行、油膩的速食和便宜的旅館，讓賈吉了解如何正確地去面對比賽和知足。「即便我在查爾斯頓、崔頓和斯克蘭頓打球，我都把自己當作在洋基球場打球來準備。」賈吉說。「在小聯盟時，搭十二小時的巴士，實在很難保持鬥志高昂，但你想成：『嘿，我不是在南卡羅納州的查爾斯頓，我是在紐約布朗克斯區的洋基球場，在萬人面前打球。』這樣你就有動力了。」

亞倫・希克斯（Aaron Hicks）記得他二〇一五年第一次遇到賈吉，當時他們都在 AAA 打球，當時左右開弓的希克斯還在明尼蘇達雙城隊，已經上過大聯盟，因為受傷復原後在 AAA 的羅徹斯特紅鷹隊（Rochester Red Wings）打復健賽。

「我當時守中外野，他把球打向我，球飛得有夠快。」希克斯說。「我想：『這球飛這麼快，小伙子力量還真大。』只要他學會正確地把球打往空中，他的打擊表現會很可怕。我想那是我第一次這樣評價一位球員：『兄弟，你是怎麼能把球打得這麼強勁啊？』他回答說：『老哥，我只是做我該做的。』」

二〇一六年春天，賈吉在洋基隊春訓營引起關注，預計他會從 AA開季。名人堂球員瑞吉・傑克森（Reggie Jackson）當時是球隊的特別顧問，他看到賈吉在打擊練習時，把球打到左外野的計分板最上方，認為這個年輕人有「像威利・史達吉爾（Willie Stargell）[26]的力量」。而賈吉的態度也讓其他人留下深刻印象。

「我記得在二〇一六年春訓時，我和賈吉有一個長專訪。」紐澤西州《博根紀錄》（Bergan Record）資深記者彼特・卡德拉（Pete Caldera）說。「當時他受到關注，但我們相信葛瑞格・博德（Greg

26.. 名人堂球員，生涯擊出四百七十五支全壘打。

Bird）和蓋瑞‧桑切斯（Gary Sanchez）會在大聯盟有更好的表現。因為賈吉的體型太獨特，他有美式足球近端鋒的身材，但他真的很想打棒球，他喜歡棒球鬥智的部分。我記得他說他很喜歡投打對決的感覺，就像下棋一樣，那是棒球吸引他的地方。」

那年夏天，賈吉被拉上 AAA。賈吉看到尼克‧史威許正在為生涯最後一次機會奮鬥著。這位愛講話的老將是左右開弓的外野手，他在大聯盟有超過十年的資歷，曾經在二〇〇九年洋基隊中扮演重要的角色，那是他職業生涯的高峰。當年洋基隊奪得隊史第二十七座世界大賽冠軍。史威許在二〇一六年球季春訓時，被亞特蘭大勇士隊釋出，殘破的雙膝受傷開刀，看起來回到大聯盟的希望相當渺茫。

史威許和洋基隊簽下一紙小聯盟合約，試圖榨乾他身上所剩無幾的精力，還有幫助新生代的球員成長。他常常在賓州斯克蘭頓的戴維斯街（Davis Street）上的鬆餅屋（Waffle House）用餐，他總是點薯餅加上「洋蔥、起司和火腿」，而且招待隊友吃早餐。賈吉也是其中一個被史威許招待的球員。在餐盤碰撞、窗外吵雜的車流背景聲中，史威許常常和賈吉聊天。當時史威許就感覺到賈吉能在大聯盟立足。

「他知道自己是一個怎樣的人，他知道他的目標。」史威許說。「我想是因為他的父母，父母教育他成為一個好人。我自己也有小孩，我希望我的小孩以他為模範。」在 AAA 時，史威許和幾位未來被視為「菜鳥轟炸機」（Baby Bombers）[27] 的球員混在一起，像是賈吉、蓋瑞‧桑切斯和路易斯‧西薩（Luis Cessa）[28]，而洋基隊當時在大聯盟的表現排在美聯東區第四名。洋基隊總教練喬‧傑拉迪（Joe Girardi）在執掌兵符的四年中有三個球季，最後沒有打進季後賽。球隊是時候做一些改變了。其中一項改變發生在八月十二日，洋基隊開鍘，半強迫地要求隊上命運多舛的巨星艾力克斯‧羅德里奎茲（Alex Rodriguez）退休。

羅德里奎茲和球隊高層在退休儀式上假笑著，假裝一切相安無事，即便大家都知道羅德里奎茲一點都不想退休，他雖然四十一歲了，但只差四支全壘打就能達成生涯七百轟的紀錄，他還想繼續打球。

現場廣播員保羅‧歐登（Paul Olden）照著準備好的腳本，朗讀羅德里奎茲生涯的豐功偉業，這時一道閃電閃過，伴隨著轟轟的雷聲巨

---

27. 洋基隊隊史中重砲強打者如雲，因而得到「布朗克斯轟炸機」（Bronx Bomber）的美名，布朗克斯（Bronx）為洋基球場所在的區域。媒體與球迷則稱二〇一五年後幾位新世代打者為「菜鳥轟炸機」，將「布朗克斯」換成「菜鳥」（Baby），仍然保有 B 為字首的押頭韻。
28. 右投手，應該不在「菜鳥轟炸機」之列。

「好啦，我可以出去玩了嗎？」

響，羅德里奎茲跳了一下，不過很快天空又放晴了，好像在暗示什麼。羅德里奎茲、小老闆史坦布瑞納和場上其他工作人員退回到一壘側的休息區。這對於羅德里奎茲來說，還算是光榮的退休儀式。三年前，他曾經因為禁藥被禁賽一整季，在那之前，羅德里奎茲還揚言要告洋基隊球團。

那天比賽打到接近午夜時分，洋基隊在羅德里奎茲生涯最終戰以六比三打敗對手，羅德里奎茲從坦帕灣光芒隊的投手克里斯‧阿契爾（Chris Archer）手中，擊出帶有打點的二壘安打。同時，在紐約州羅徹斯特（Rochester）的一家燒烤餐廳「恐龍BBQ」裡，賈吉和父母，以及當時的女朋友莎曼珊（Samantha），看著電視裡的羅德里奎茲完成生涯最後一場比賽。燒烤餐廳的裝潢品味庸俗，有假復古的啤酒招牌、可能是偷來的鐵路平交道號誌，還有一個號誌寫著，標示他們此刻距離「紐約」三百六十二英里遠。

賈吉手上正拿著起司培根漢堡，搭著通心粉、起司和焗豆一起吃。他在等AAA球隊斯克蘭頓／威爾克斯—巴爾的總教練艾爾‧佩德奎（Al Pedrique）進門。佩德奎在八〇年代晚期效力過匹茲堡海盜隊，打了三個球季，他是一位沒有什麼長打能力的內野手，在兩千年初期轉為教練。曾經在休士頓太空人隊擔任過特助，曾經大聲疾呼要給來自委內瑞拉的小個子內野手荷西‧阿圖維（Jose Altuve）[29]一個機會。

今年是佩德奎在斯克蘭頓／威爾克斯—巴爾執教的第一個球季。佩德奎對賈吉說：「你得快點把晚餐吃完，你明天要在紐約的球場守右外野。」

賈吉眨了眨眼。「羅徹斯特在紐約，對吧？」佩德奎聽了笑出來。「不是啦，你是要去紐約洋基隊的洋基球場。」他很驕傲地說。賈吉等到了這一刻。佩蒂和韋恩擁抱彼此，眼淚流過臉頰。在那一刻，賈吉第一個念頭是擔心要怎麼到球場。明天洋基隊是打下午場的比賽，一點〇五分開打，對手是坦帕灣光芒隊。

那天晚上已經沒有任何從羅徹斯特起飛的班機，賈吉的父母決定最快的方式是開租來的車，開夜車到紐約市。大約早上六點時，一行人抵達紐澤西州帕斯潘尼（Parsippany）的旅館。賈吉在後座整夜難眠，

---

29. 根據大聯盟官網，阿圖維身高只有五呎六，非常不起眼。但最後成為太空人隊名將，帶領太空人兩度拿下世界大賽冠軍（二〇一七年與二〇二二年）。

因為他太大隻，後座不好睡。入住後的一小時，旅館火警鈴聲大作，賈吉決定提早到球場報到。那天人很多，溫度在華氏九十幾度；人也很多，因為當天球團表揚一九九六年的冠軍隊，包括基特、里維拉、派提特、普沙達和伯尼·威廉斯（Bernie Williams）都來共襄盛舉憶當年。

　　球隊將背號九十九號、尺寸五十二號的條紋球衣留給了賈吉，好讓他第一場就能穿上場。賈吉喜歡四十四號，可是在洋基隊已經是退休背號，是名人堂球員瑞吉·傑克森穿的號碼。他第二喜歡的是三十五號，可是隊友投手麥可·皮尼耶達（Michael Pineda）已經挑走了。洋基隊的休息室經理羅伯·庫庫薩（Rob Cucuzza）幫賈吉挑了九十九號，現在九十九號成為家喻戶曉的背號，要記上庫庫薩一筆功勞。賈吉花了一些時間適應這個號碼，他甚至想過要選十三號，十三號是才剛退休的羅德里奎茲穿的背號，空下來甚至不到二十四小時。

　　「他當時好像是說：『我該用九十九號嗎？』」當時隊友CC·沙巴西亞說（CC Sabathia）。「我說，『幹！當然啊！你就用九十九號，因為沒人像你一樣。』現在每一個少棒隊都有九十九號球員了，這可是前所未見。」

　　賈吉大聯盟生涯剛開始就砲聲隆隆，但並不是指他本人，而是前一棒的菜鳥泰勒·奧斯丁（Tyler Austin），跟賈吉同一天上大聯盟。奧斯丁比較早接到通知，可是班機取消，所以也開了五個小時的車到布朗克斯的洋基球場。他跟賈吉一樣都沒什麼睡，但是兩個人的腎上腺素都大爆發。在二局下，奧斯丁面對光芒隊右投手麥特·安德瑞斯（Matt Andriese），他擊出右外野邊線的飛球，剛好落在觀眾席第一排，形成全壘打。奧斯丁繞壘時振臂握拳慶祝，賈吉在本壘迎接他，心裡想著：「我可不要出糗，第一個打席只求把球打進場內就好，第二打席再說。」

　　結果比他設定的結果好多了。現場球迷還在因為上一支全壘打鼓譟著，賈吉在兩好一壞時，相中一顆變速球，大棒一揮，球飛到中外野最深處的地方，是一發四百四十六英尺的超大號全壘打。新洋基球場開幕七年以來，很少有球飛到那裡，賈吉成為史上第三位把全壘打飛過中外野紀念公園玻璃板的球員。史上只有二○○九年的西雅圖水手隊羅素·布萊言（Russell Branyan）和二○一六年當年的休士頓太空

人卡洛斯‧柯瑞亞（Carlos Correa）做到過。

　　他和奧斯丁成為史上第一對在同場生涯首打席就擊出全壘打的隊友。奧斯丁在後來賈吉拿下美國聯盟年度最有價值球員獎的時候，他曾說：「我先開轟，還在還懷疑是不是做夢的時候，他居然背靠背擊出全壘打，更不敢置信。」他接著說。「特別是歷史上從來沒發生過，真的太誇張了。我那時為他感到非常興奮。」

　　多年以後，賈吉認為首打席還是他職業生涯中最喜歡的一刻。「我在打擊等待區的時候就已經瘋了，和隊友擊掌慶祝，其他人看著我，好像在說：『嘿，輪到你打全壘打了喔。』賈吉說。『然後我上場，和好朋友奧斯丁完成背靠背全壘打，我永遠不會忘記那個特別的時刻。我的家人和朋友也在現場，對我來說別具意義。』」

　　那天轉播的 YES 聯播網的賽事主播麥可‧凱回想起當天，他說當時他擔心賈吉的身材，在想大聯盟大個兒的成功案例。當時凱向賈吉自我介紹，稍微了解一下這位洋基隊菜鳥，心想：「他感覺很像基特。」

　　「我知道很多球員的家庭給他們很好的教育」凱說。「巴克‧休瓦特（Buck Showalter）[30] 曾經跟我說基特第一次到球場和他第一次被選中之後，他說：『他一定不會讓洋基隊丟臉的。他的父母心智很堅強，堅強的人培育出堅強的小孩。』我見過賈吉的父母，和他們聊了很多，他們讓我印象深刻。我瞭解他的個性，他不會做出一些蠢事。」

　　賈吉的第一個球季比預期提早結束。在九月十六日[31] 對上洛杉磯道奇隊的比賽時，他拉傷側腹斜肌。除了生涯初登場的全壘打之外，他生涯頭二十七場比賽，實在很難看出來未來他會是全壘打王。他在二〇一六年就只繳出四支全壘打，在八十四打數被三振四十二次，打擊率一成七九。講白一點，他沒打出成績。

　　他在休賽季回到林登，在自我訓練與高中籃球比賽與美式足球比賽的空檔時幫忙父母。他打開 iPhone 手機上的筆記本應用程式。他在程式裡記錄球隊會議、電話內容和打擊訓練菜單、目標、里程碑和一些零碎的想法。在筆記的最上方，他用粗體字標示「一成九七」。

---

30. 洋基隊前總教練，曾經在一九九二年到一九九五年執掌洋基隊兵符。後來帶過亞歷桑納響尾蛇隊、德州遊騎兵隊、巴爾的摩金鶯隊和紐約大都會隊。金鶯隊時期還是旅美投手陳偉殷的總教練。
31. 應為九月十三日。九月十六日對手是波士頓紅襪隊，而且當日他沒有任何出賽紀錄。

「我還沒刪掉。」賈吉在多年後說。「那個文件後來變成棒球相關的筆記，但最上面還是一成九七。接著是一些我平常想提醒自己的，像是用來激勵自己的佳句和短文，幫助我度過一整個球季。」賈吉的確在二○一七年球季前，把自己準備得更周全，但是真正幫助他釋放潛力的關鍵，來自一個任誰也想不到的地方。

「好啦，我可以出去玩了嗎？」

02

　　大衛‧馬崔卡（David Matranga）知道在大聯盟轟出一支全壘打是怎麼樣的感覺，而且他整個大聯盟生涯就只有那麼一支。

　　他的高峰時刻就是生涯首打席，在二○○三年六月二十七日，他在休士頓太空人隊與德州遊騎兵隊的比賽第五局上場代打，他向AAA隊友艾倫‧辛特（Alan Zinter）借了一支球棒，拿這支球棒面對投手丘上的遊騎兵隊投手華金‧班華（Joaquín Benoit）。馬崔卡放掉第一顆好球沒打，然後再選掉一個好球帶外的壞球。

　　下一球在膝蓋的高度，馬崔卡咬中，把球送過美粒果球場左外野大牆，落在克勞佛德區（Crawford Boxes）[32]。

　　在此之前大聯盟歷史上，只有八十三位球員在生涯首打席就開轟。在首打席開轟並不保證接下來會有成功的職業生涯。有像是威爾‧克拉克（Will Clark）、蓋瑞‧蓋提（Gary Gaetti）或是提姆‧華列克（Tim Wallach）這些名將，也有更多的是米契‧林登（Mitch Lyden）[33]、戴夫‧麥奇默爾（Dave Machemer）或是基恩‧史戴奇舒列特（Gene

---

32. 美粒果球場左外野的後方是克勞佛街（Crawford Street），全壘打牆幾乎和街道平行，因而得名。左外野觀眾席後方原本是休士頓的舊聯合車站，後來球場興建時，將車站大廳融入到球場裡。
33. 後來曾經來台效力過台灣大聯盟台中金剛隊，登錄為「雷騰」。根據台灣棒球維基百科，他曾經在一九九七年為金剛隊單季轟出二十七支全壘打。

Stechschulte）[34] 這些名不見經傳的選手，生涯就這麼一支全壘打。當時二十八歲的馬崔卡，屬於後面這一群的曇花一現。

馬崔卡在加州橘郡高中（Orange High School）是優秀的球員，橘郡高中離安那罕的天使球場不遠。馬崔卡在沛波戴大學（Pepperdine University）時，引起球界關注，使他在一九九八年的年度業餘選秀會上，於第六輪被太空人隊選走。不過他無法用表現擠下隊上的明星球員，例如克雷格・畢吉歐（Craig Biggio）[35]、傑夫・肯特（Jeff Kent）和亞當・埃佛瑞特（Adam Everett），好為自己爭取更多上場時間。馬崔卡在二〇〇三年擊出那一支全壘打之後，其餘的五個打席，全部摃龜。兩年後，他在天使隊重新登上大聯盟，但他只有一個打席的機會。接下來他只能在四支球隊的小聯盟 AAA 層級流轉，沒有上大聯盟的機會。因此，馬崔卡準備好要展開人生的新篇章了。

馬崔卡原本打算去日本延續職業生涯，結果沒有成功，他的經紀人佩吉・歐德（Page Odle）建議他用另外一種方式留在棒球界。於是馬崔卡進入運動經紀產業，在歐德的 PSI 運動管理公司（PSI Management）裡學習各種事務。歐德以前也是職業球員，在八〇年代中期，他在匹茲堡海盜的小聯盟體系打球，後來在一九九二年創立運動經紀公司。

馬崔卡在加州文圖拉（Ventura）的公司總部上班，總部的建築物並不起眼。憑藉著過往的球員資歷，馬崔卡很了解運動員需要什麼。他的第一位客戶是亞利桑那州大的外野手柯爾・卡胡（Kole Calhoun），後來卡胡在二〇一二年登上大聯盟，成為天使隊的外野手。接下來，游擊手傑克・威爾森（Jack Wilson）、投手道格・菲斯特（Doug Fister）和投手詹姆士・雪爾斯（James Shields）都成為他的客戶。在運動經紀產業的池子裡，像史考特・波拉斯（Scott Boras）才是大魚，PSI 只能算是一條小魚，不過他們的客戶也包含亞倫・賈吉。二〇一七年春訓開始前，馬崔卡想到之前認識的打擊教練理查・史蓋恩克（Richard Schenck），馬崔卡是十幾年前在網路留言板看到這個名字的，他覺得史蓋恩克很棒，不過就算當時拜師學藝，也已經來不及拯救他的職業生涯。馬崔卡想，自稱「棒球老師」的史蓋恩克，或許有方法可以釋

34. 大聯盟生涯三年都效力於聖路易紅雀隊，出賽一百一十六場，都是以後援投手身分出賽。大聯盟生涯首打席是以代打身分上場，擊出兩分打點全壘打。
35. 名人堂球員。

0
4
6

放賈吉的打擊潛力。

「亞倫在二〇一六年打得很掙扎,很明顯地,他的打擊機制會影響他的天花板,限制了他真正的實力。」馬崔卡說。

史蓋恩克從來沒有站在打擊區,親眼看過大聯盟投手投球,他只有在球場觀眾席或是電視上看過。他只有打過美國大學聯盟第二級的比賽,沒有更高層級的比賽經驗。一九八九年,史蓋恩克開始在聖路易郊區聖彼得斯(St. Peters)經營撞球館。史蓋恩克曾經教過社會學,當老闆後,他在撞球館裡教學生打撞球。他自有一套教學方法,而且對於擊球的藝術一直很好奇,特別是在教他小孩子的時候,他在想當時最強的棒球界巨星貝瑞‧邦茲是怎麼打棒球的,或許其中的祕訣也能應用在撞球上。

史蓋恩克就像其他車庫裡的瘋狂科學家一樣,他在地下室搞了一個實驗室,要來萃取邦茲打擊的精華。他把邦茲的打擊影片錄下來,在電腦上播放。同時他面對發球機,試著跟邦茲同步做一樣的動作,不同的是,球只有高爾夫球的大小而已。二〇〇六年九月時,邦茲在對上聖路易紅雀隊的比賽上場,史蓋恩克把比賽錄影下來,一格一格地放,史蓋恩克注意到,邦茲的球棒在往前揮棒之前,會瞬間往後帶,在影片中會看到邦茲頭後方有一片模糊,就是那個動作。史蓋恩克也是左打者,跟邦茲一樣,他在地下室模仿邦茲的動作,他發現自己即使五十多歲了,穿著牛仔褲,肚子凸出來,還是能用這樣的動作準確打中發球機投出的球。他把這動作稱之為「快速啟動」(launch quickness)。馬崔卡希望賈吉可以試試看這一套方法。

「我有一點緊張,因為我只是一個來自密蘇里州聖彼德斯的普通人。」史蓋恩克說。「我從來沒有打過職業棒球,現在我要教一位選秀首輪大物而且已經短暫上過大聯盟的球員。不過我感覺不錯,因為馬崔卡大力推薦我。」

他們在二〇一六年十一月初次見面。在亞利桑那皮歐瑞亞(Peoria)先進的 D-BAT 訓練館,史蓋恩克搞了一套設備。訓練館離西雅圖水手隊與聖地牙哥教士隊的春訓基地不遠,距離兩英里的一個辦公園區裡。在和賈吉與馬崔卡握手寒暄後,史蓋恩克請賈吉試試看他的「控制力

訓練」。訓練的方式是打者維持蓄力動作，在聽到「打」的時候才揮棒，史蓋恩克放了兩個打擊 T 座，一個給他自己，一個給賈吉，上面各放一顆球。馬崔卡站在兩人後面發號施令。每一次都是都是史蓋恩克先打到球。

「我身高六呎二，他六呎四，他還比我慢。」史蓋恩克說。「我每次都比他快打到球。最後他看著我說，『你到底怎麼做到的？』」

這並不是爆發力的較量，史蓋恩克的訓練是為了能夠減少賈吉啟動到擊中球的時間。史蓋恩克教賈吉想像自己的揮棒像是電風扇在轉動的樣子，球棒就像扇葉，而手控制角度。為了更一步解釋，史蓋恩克拿出一個粉紅色的指尖陀螺示範，然後拿邦茲與曼尼‧拉米瑞茲揮棒的影片和賈吉做比較。一次一次的練習，史蓋恩克慢慢提升賈吉的打擊威脅性。不只是更快打中球，多出來那百萬分之幾秒可以讓他面對不想打的球路時，還可以及時收棒。史蓋恩克說他看到達斯丁‧佩卓瑞亞（Dustin Pedroia）、鈴木一朗、艾伯特‧普侯斯（Albert Pujols）和麥可‧楚奧特（Mike Trout）這些不同體型、不同站姿的打者，都有類似的動作。

「我並沒有發明這些動作，但我學會了如何去教這些動作。」史蓋恩克說。「我認為所有好的打者，幾乎所有的名人堂球員和現役優秀的大聯盟球員，他們或多或少都有這樣的概念，或是遇到其他教練教過他們，當他們能用蓄力的位置打中球，他們的動作看起來幾乎都一樣。」

在每一年球季結束前，洋基隊都會提供每一位球員客製化的詳細訓練計畫，球隊不鼓勵陣中的大物新秀在冬天時到外部的私人機構接受訓練。當賈吉回到洋基隊在佛羅里達坦帕的春訓基地後，在史坦布瑞納球場一壘觀眾席下方的打擊籠裡，他試著把史蓋恩克的方式融入在日常訓練中，打擊教練艾倫‧卡克瑞爾（Alan Cockrell）笑他，叫他別再這樣做。助理打擊教練馬克思‧譚姆斯（Marcus Thames）回想起當時賈吉在打擊籠裡做一些奇怪的訓練：「他到底在幹嘛啊？」賈吉的訓練引起一陣騷動，他瞄到其他教練站在他身後看著他一直搖頭。總

教練喬‧吉拉迪也不買單。當時是吉拉迪第十年在洋基隊執掌兵符，也是他的最後一年。那一年春訓初期，賈吉和希克斯正在競爭外野的位置，球團也不排除把賈吉送回小聯盟，讓他在小聯盟開季。但是賈吉對史蓋恩克的方式有信心，他告訴教練：「我整個休賽季都在做這個訓練，我感覺很棒。」

「當時有很多負面的反饋，很多人說：『那沒用啦，你不應該再這樣訓練了。』」賈吉說。「但我對這個方法有信心。這是我自己的職業生涯，不是其他人的。如果會失敗，也要用我的方式失敗。」後來，改變揮棒的方式不只讓賈吉打敗了希克斯，贏得先發外野手的位置，還進一步地幫助他在二〇一七年繳出傑出的成績單，創下菜鳥單季最多的五十二發全壘打紀錄（後來被紐約大都會隊的彼特‧阿朗索[36]打破），不但在美國聯盟新人王票選中以全票通過之姿得獎，還在美國聯盟年度最有價值球員票選中得到第二名。

「二〇一七年是瘋狂的一年。」賈吉說。「那年大家也問我：『天啊，你每次站上打擊區一定都是在最佳狀態，才能打這麼多支全壘打。』在明星賽後，我其實有一陣子的表現在全聯盟排名墊底，我根本不想上場打擊。當時我想：『上去三球就下來了吧，回去休息區和準備到右外野守備。』那段期間我很仰賴隊友的幫忙扛著。」

亞倫‧布恩在那年春訓還是掛著媒體證的 ESPN 棒球分析師，每天在 ESPN《今夜棒球》（Baseball Tonight）電視節目中亮相。布恩當時造訪洋基隊春訓營，曾說賈吉的舉手投足，以及周遭的人對他的反應，讓他想起波士頓紅襪隊大衛‧歐提茲（David Ortiz）[37]。

「我站在主場球隊的球員休息區，我知道他是春訓營的焦點之一。」布恩說。「第一眼你會注意到他的體型，然後你看他如何跟其他人互動應對，馬上在我心中留下印象。『喔，哇賽！』那些關於他的話題，還有他的親和力，和小孩的互動，真的是與眾不同。」

賈吉在離開春訓營回到紐約時，他還不確定自己在球隊中的定位。在前幾個主場系列賽，他選擇住在時報廣場附近的旅館，而不是在紐約花一筆不少的錢租公寓套房，因為他有可能隨時被下放回到小聯盟

---

36. 彼得‧阿朗索（Pete Alonso）在二〇一九年以五十三支全壘打刷新紀錄。
37. 名人堂球員。綽號「老爹」（Big Papi）。

AAA。有時候比賽打完，喜歡甜食的賈吉會去街上找優格冰淇淋來吃。老將外野手布雷特·賈德納（Brett Gardner）不喜歡城市的喧囂感覺，有時候賈德納會邀請賈吉到他位在紐約州郊區阿孟克（Armonk）的租屋處，在客房住個一週。賈德納跟賈吉說：「紐約不是只有高樓大廈和霓虹燈。」

「我記得大衛·羅伯森（David Robertson）有時候會住在強尼·戴蒙（Johnny Damon）家裡，差不多一樣的意思。」賈德納說。「但我家是空的，我太太和小孩不在那邊，所以他可以和我學一些東西，也有可能是反過來，我跟他學。我覺得這樣很好啊。我們相處還不錯，他會自己打掃，很有禮貌，守規矩。他會把碗盤放到洗碗機，而且自己會倒垃圾，他在的時候我就讓他做家事。」

賈吉喜歡平靜的生活，住在賈德納家讓他想起森林的小木屋。可是在賈吉把剩下的復活節巧克力都吃完之後，賈德納就不再邀請賈吉到他家作客了，因為搞得小朋友不開心。「他家的小朋友們對我把巧克力吃完這件事不爽。」賈吉說。

賈吉後來待在城市裡的時間越來越多，他也必須這麼做。「我從來不認為他會擊出六十二支全壘打。」當時洋基隊的特別顧問瑞吉·傑克森說。「在二〇一七年時，大家都還在看他能不能在大聯盟生存。的確，每個人都有表達的權利。我說：『如果他能接受單季被三振兩百次的話，他可以比大多數人多轟三十支全壘打。如果他能減少三振，他會成為一位超強的大聯盟球員。』」幾週之後，賈吉成為《運動畫刊》封面主角，在 NBC 電視台的《吉米·法倫今夜秀》（The Tonight Show Starring Jimmy Fallon）亮相。

他在節目中戴上超人克拉克·肯特（Clark Kent）般的眼鏡，到紐約布萊恩公園街訪，問問路人是不是知道洋基隊新來的右外野手是誰。有些人認出他來，但大部分都沒看出來他是誰。還有一位糊塗的球迷稱他是「亞當·賈吉」。同一年的年五月下旬，洋基隊公布「法官席」（Judge's Chambers），在洋基球場右外野全壘打牆三排之後一百〇四區的座位。

「他們告訴我說：『嘿，我們接下來會推出這個。』」賈吉說。「不

050

管是球員還是球迷，來到球場就是要開心，我覺得球迷會喜歡這個點子。」

「法官席」那一區用木紋貼皮圍起來，可以容納十八位球迷，每位球迷都有法官袍，背後還有九十九號背號。「法官席」很快就一砲而紅。對於行銷年輕球員上相對保守的洋基隊球團來說，推出這樣的點子令人感到興奮。在九○年代後期，德瑞克‧基特上大聯盟時，也沒有這樣常設座位區的行銷方式。隨著時代演進，進入到 Instagram 社群時代，球團也開始不再那麼嚴肅，體認到這樣的方式有助於吸引眼球。

大家都想參與有趣好玩的事情。不久之前，「法官席」還吸引到真的法官來體驗。美國最高法院的副法官索妮雅‧索托梅爾（Sonia Sotomayor）坐在特別座位區，觀看洋基隊與紅襪隊的比賽。

「我度過了全世界最棒的一段時光。」出身自布朗克斯當地的索托梅爾說。

賈吉在那一個球季還有一個精彩時刻，是他在馬林魚球場[38]參加全壘打大賽。他打敗東道主馬林魚隊的吉安卡羅‧史坦頓和其他對手，他總共擊出四十七發全壘打，其中有四轟的預計飛行距離超過五百英尺。如果把他所有擊出的全壘打加總，將近四英里，可以從馬林魚球場本壘板飛到比斯凱因灣（Biscayne Bay）[39]。現場多數是支持史坦頓的球迷，在比賽中以噓聲伺候賈吉，但比賽結果出爐時，賈吉贏得全場球迷的心。查理‧布萊克蒙（Charlie Blackmon）是當年代表科羅拉多洛磯隊參加明星賽的外野手。「他就是安安靜靜的，保持簡單，」布萊克蒙說。「他的外型看起來像是高大的食人怪物，可是骨子裡是一個手眼協調極佳的打者。」

儘管賈吉在下半季的力量受到肩膀的傷勢影響，但賈吉的表現對於史蓋恩克來說已經是超棒的廣告。他的「棒球老師」訓練課程新客戶越來越多，包括費城費城人隊的史考特‧金格利（Scott Kingery）和芝加哥小熊隊的伊恩‧哈普（Ian Happ）。職業球員不受到過去史蓋恩克網路上和其他質疑者的辛辣批評影響，開始願意相信他。大聯盟退

38. 邁阿密馬林魚隊主場。
39. 邁阿密東邊的海灣。

役內野手傑夫‧弗萊（Jeff Frye）職業生涯橫跨九〇年代到兩千年初期，弗萊在推特上是主要批評史蓋恩克的人之一，史蓋恩克也常常重砲回應，批評弗萊的揮棒方式，是傳統擊球方式，而不是追求擊球仰角，稱傑夫為「茱蒂」[40]。

洋基隊球團不太在乎史蓋恩克在網路上的言論，他們只在乎賈吉能否延續聯盟頂尖火力的身手。於此同時，史蓋恩克接到助理打擊教練譚姆斯的電話，他問說：「嘿，你能不能給我一些提點，讓我在球季中可以幫助賈吉？」不過自從那次之後，史蓋恩克說，洋基隊再也沒有聯絡過他。

「因為一切都很順利，我們沒有任何不滿。」洋基隊打擊教練迪隆‧勞森（Dillon Lawson）[41]說。「賈吉非常專業。史蓋恩克本人和網路上很不一樣。我們想要了解他訓練背後的思維，因為那是賈吉所信任的觀念。」

那年秋天，洋基隊意外地挺進了美國聯盟冠軍系列賽，被攝影師捕捉到身高六呎七的賈吉站在二壘上，旁邊是五呎六的太空人隊二壘手荷西‧阿圖維，形成一個可愛的新聞點。這對於打少棒的小球員來說，是這正面而溫暖的訊息，不管高矮胖瘦，都可以打棒球，成為大聯盟球員。阿圖維那年奪下美國聯盟最有價值球員，而賈吉排第二名。後來才發現當年太空人隊有偷暗號的醜聞，賈吉就把當時在 Instagram 上恭賀阿圖維的貼文給刪掉了。

麥克‧費爾斯（Mike Fiers）[42]在二〇一七年效力於休士頓太空人隊，費爾斯接受了《運動員》（The Athletic）網站專訪，在二〇一九年十一月揭發了太空人對作弊醜聞。賈吉讀著費爾斯的證詞，讀到反胃。費爾斯提到太空人隊休息室外有一台電視機，播放著中外野攝影機拍到的畫面，讓工作人員即時破解對手的暗號，球員在透過用球棒或是筋膜槍敲打垃圾桶，提示同隊打者下一球是曲球還是變速球，如果是速球，就不敲打垃圾桶，藉此讓打者有更多準備。

「發現他們是靠作弊贏球，而不是靠實力，讓我很不舒服。」賈吉說。

而最後太空人隊只被輕罰，繳了一些罰金和損失幾個選秀籤，沒

40. 在這裡是將傑夫形容成女性。同樣用 J 開頭的「茱蒂」（Judy）來稱呼他。
41. 在二〇二三年遭到洋基隊解職。
42. 曾經來台加入統一 7-Eleven 獅隊，但體檢未過，沒有留下上場紀錄。

有對於當時的球員處以任何禁賽，對於在國聯冠軍賽落敗的賈吉和他所屬的紐約洋基隊來說，還是耿耿於懷。二〇一八年洋基隊又在美國聯盟分區系列賽失望而心碎的落敗，輸給了波士頓紅襪隊。二〇一九年，同樣的戲碼再度上演，在美聯冠軍系列賽對上太空人隊，而且洋基隊又是在阿洛迪斯・查普曼（Aroldis Chapman）手中，把美國聯盟冠軍送給太空人隊，太空人隊的致勝功臣還會有誰？當然是阿圖維。二〇二〇年因為新冠肺炎疫情，是一個縮水賽季，季後賽在空蕩蕩的中立球場舉行，洋基隊於美國聯盟分區系列賽輸給了坦帕灣光芒隊。當賈吉在休賽季為二〇二一年球季準備，他對冬天的訓練成果感到滿意，對史蓋恩克讚譽有加。「我今年可以再擊出五十轟。」史蓋恩克表示同意，但是賈吉的預測早了一年，他在一百四十八場比賽中敲出三十九支全壘打。洋基隊的二〇二一年球季在外卡戰止步，在芬威球場面對紅襪隊輸得一塌糊塗。

如今賈吉已經是超級巨星了，實現了大聯盟主席羅伯・曼弗瑞德在二〇一七年下半年的預言，當時主席說賈吉會成為「棒球界的看板人物」。賈吉毫無疑問是看板人物，他和百事可樂、T-Mobile、愛迪達以及 Oakley 簽下代言合約，還成為熱門電玩遊戲《MLB: The Show》的封面人物。雖然仍然有人質疑賈吉的能否維持健康，賈吉在二〇一八年到二〇二一年四年期間，五百四十六場例行賽期間，因為受傷只出賽三百九十場，占所有比賽的百分之七十一點四。只要聯盟和球員工會談妥條件，允許他上場比賽的話，賈吉很確定二〇二二年會是截然不同的情況。

時間來到二〇二二年，資方封館持續著，非常難熬。前四十三天期間，雙方沒有任何談判。這是一場代價慘重的「懦夫博弈」，雙方在西棕櫚海灘（West Palm Beach）的羅傑・丁恩球場（Roger Dean Stadium）[43] 的會議室展開馬拉松式的談判。對於賈吉來說，至少這個時機點還不是最差的。他還沉浸在和莎曼珊蜜月的幸福回憶中。莎曼珊是他在林登高中小一屆的學妹，他們在高中時就交往，然後一起去念弗雷諾州立大學。莎曼珊主修人體運動學（kinesiology），她的碩士

43. 聖路易紅雀隊和邁阿密馬林魚隊共用的春訓球場。

論文研究的主題是棒球投手的尺側副韌帶（ulnar collateral ligament）受傷的普遍情況。莎曼珊的運動相關知識，幫助了賈吉。賈吉認為她「每一天持續地督促我、激勵我進步。即使是凌晨兩點半，我們還坐在沙發上，分析我的動作影片，她就陪著我看。」小倆口在十二月舉行婚禮，地點在茂伊島（Maui）上的蒙太奇卡帕魯亞灣酒店，除了家人親友外，隊友蓋瑞特．柯爾、柯瑞．庫魯伯（Corey Kluber）、DJ．拉梅修（DJ LeMahieu）、蓋雷伯．托瑞斯（Gleyber Torres）、泰勒．韋德和路克．沃伊特以及其他現役或前洋基隊隊友出席參加。

「我們玩得很開心。」賈吉說。「從以前到現在，我們很享受休賽季在夏威夷的時光，到處看看，遠離棒球。我們認為在夏威夷舉辦婚禮很完美。」

賈吉在打擊區面對大聯盟投手毫無畏懼，他希望自己能把這種膽識帶到婚禮當天。他在婚禮前和親友說：「我打過季後賽，我見過大場面，但今天可完全不一樣。」

「我打算裝酷，把婚禮順順走完，然後去開趴。」賈吉說。「但是，我此時看到她走在紅毯上。攝影師們一點也不挺我，他們拍到我的眼淚奪眶而出。我忍不住，我想要忍住，可是有太多情緒一次湧上來。」

新人互相發表誓言時，背景是那瑪魯灣（Namalu Bay），有鯨魚在游泳，從座位方向看過去，如詩如畫。根據與會的韋德說法，那天氣氛平靜、悠閒又融洽。「非常美的婚禮，辦得很棒。」韋德說。「我稱讚小莎她辦得很棒，一定是她的功勞。」

新婚夫妻迎接人生新篇章的同時，大聯盟的勞資談判還在歹戲拖棚。好幾十年來，大聯盟野手們認為七週的春訓比賽太多了，之所以會這麼多，是為了幫助投手累積投球量，提升耐力，而今年新的勞資談判可能順了野手們的意。在封館九十九天之後，勞資雙方達成協議，球員們紛紛展開縮水春訓，原本新球季的開幕系列賽移到球季最後，對於洋基隊來說，原本一開始到德州阿靈頓打遊騎兵隊，如今則是改在主場迎戰紅襪隊。

洋基隊的陣容跟上個球季沒什麼太大變動。在封館之前，最大的操作是布恩的教練團組成。加入了三位打擊教練和一位投手教練，還有三壘與一壘指導教練。打擊教練迪隆‧勞森說他第一次和賈吉訓練時，感覺像是面試。他們在打擊籠後面聊天，賈吉看起來不太需要人幫忙，反而是問勞森該如何幫助其他隊友解決問題。

「他相信如果自己進入到好的啟動位置，只要他出棒打的是好球，他就能成功。」勞森說。「他在打擊籠裡不會浪費時間，超有效率。他先從 T 座開始打，找一下感覺，確保他進入狀況。我們會拍一些影片給他看，好讓他確認，你就讓他自己練，他多數時候可以當自己的教練。」

布萊恩‧凱許曼和洋基隊對於自由球員市場中滿滿的游擊手不感興趣，包括卡洛斯‧柯瑞亞、柯瑞‧席格（Corey Seager）、馬可思‧塞米安（Marcus Semien）和崔佛‧史托瑞（Trevor Story），讓這些游擊手和其他球隊簽約。洋基隊把目標放在隊上的一對新秀奧斯華德‧佩拉薩（Oswald Peraza）和安東尼‧沃皮（Anthony Volpe）上，這兩位大物新秀是小老闆海爾‧史坦布瑞納欽點的未來之星。賈吉在二〇二二年球季結束後，將會成為自由球員，如果洋基隊可以在年輕球員中找到珍珠，那就有更多錢可以和賈吉談延長合約。

隨著開幕日接近，賈吉和洋基隊多數老將聚在布恩的總教練辦公室，把厚重的鋼門關上，球員圍著總教練的圓形辦公桌站著，小房間被擠得水洩不通。房間裡有幾張皮沙發，後面牆上掛著尤奇‧貝拉（Yogi Berra）、瑞吉‧傑克森、朗‧古德瑞（Ron Guidry）和過去數十年洋基隊傳奇球員的照片。

他們大約聊了三小時，分享個人生活和新賽季的目標。球隊希望不是到了危機大家才開會，在球季還沒開始之前，大家就聯絡一下感情，分享今年遠大的目標。

「當你環顧洋基球場，你不會看到分區冠軍錦旗或是『我們今年打進季後賽』。」賈吉說。「你只會看到世界大賽冠軍錦旗。我從二〇一六年到這裡以來，還沒有貢獻任何一面冠軍錦旗。這令人感到沮喪

氣餒，但這也是化悲憤為力量的機會，激勵大家在今年打出新氣象。」

倒數計時
ON THE CLOCK

距離開幕戰開打剩不到三小時，賈吉能否成為終身洋基人，此時還是未定之天。

四月八日那天，開幕日的紐約又溼又冷。洋基隊主場休息室裡，賈吉在他的置物櫃前，把條紋球褲底下套上深藍色的長襪。賈吉剛剛才搬到休息室的黃金地段，把原本外野手布雷特·賈德納過去十年使用的置物櫃占為己有。

賈吉的新置物櫃有比較大的空間，也可以直接看到休息室的電視。電視上常播著 ESPN 或是大聯盟官方電視聯播網。不過這也表示大家可以更清楚地看到他在做什麼。大約二十多位的記者在等他，記者們感覺有點尷尬，因為他們都被指派要刺探賈吉續約的進度。

「你們猜的跟我知道的差不多。」他邊眨眼邊露出狡猾的笑容說。賈吉守口如瓶，不想透露更多，但是他已經決定要做出人生中重要的賭注，賭上他的天分、表現和健康。他拒絕了洋基隊開出七年兩億一千三百五十萬的延長合約。在春訓最後三週，總經理布萊恩·凱許曼向賈吉的經紀團隊提了幾次合約方案，但都被拒絕。後來不知什

麼原因，就不再有協商的消息了。對於紐約棒球界的生態來說，這不太尋常。

賈吉堅持，一旦球季開打，洋基隊開幕戰投手蓋瑞特・柯爾投出第一球之後，他就不再談延長合約的事情。他告訴經紀人佩吉・歐德，他心裡是想留在洋基隊，但在商言商，如果他沒有拿到期望的價碼，他也準備好投入自由球員市場了。他們兩人都同意，如果在球季中繼續談約，對於球員來說會造成極大的分心。

「我最不想做的是，」賈吉說。「在五月中某個系列賽打得不錯的時候，大家又討論：『你要簽延長約了嗎？』或是在某天四打數沒有安打，別人又說：『你當初應該要點頭簽約的。』」

開幕戰前，洋基隊總教練亞倫・布恩已經交出先發球員名單，對手是波士頓紅襪隊。這場比賽因為前一天紐約地區天候不佳而延後。即便在當天，賈吉已經下定決心，還是有一些不太常採訪賈吉的記者還是在猜延長合約的問題。當賈吉綁好鞋帶，在顴骨上塗遮陽膏，心裡已經做好準備，這可能是他在洋基隊的最後一個球季。

他再三斟酌過球隊的報價，他了解這是一筆天文數字，是世代級的合約，在家鄉林登的親友們不可能想像過，有一天他會領這麼多錢，就連樂透中頭獎都沒那麼多，更別說還要拒絕這樣多的錢。但在職業運動的世界裡，選手把價碼看成是一種尊重，賈吉陣營認為球隊報價低於市場行情。

洋基隊的提案是每年年薪三千零五十萬，以平均年薪來說，賈吉將會成為隊史最高薪的野手，超越艾力克斯・羅德里奎茲在最後一份合約，每年均薪兩千七百五十萬。同時成為隊史上最大張的延長合約，超過德瑞克・基特（價值一億八千九百萬的十年合約）以及 CC・沙巴西亞（價值一億兩千兩百萬的五年合約）。

但賈吉仍不是洋基隊陣中最高薪的球員，柯爾才是。柯爾在二〇二〇年季賽之前，和洋基隊簽下三億兩千四百萬的合約。賈吉和歐德追求的是歷史上最大張的外野手合約，要超越麥克・楚奧特（四億兩千六百五十萬的十二年合約）、穆奇・貝茲（三億六千五百萬的十二年合約）、布萊斯・哈波（三億三千萬的十三年合約）以及吉安卡羅・

史坦頓（三億兩千五百萬的十三年合約）。

　　賈吉的父母韋恩、佩蒂，以及他的太太莎曼珊也提出建議，賈吉只能對洋基隊說：「謝謝你們的好意，但我不會接受。」這是一個高風險的決定。洋基隊考量到賈吉的傷病史，以及他未來在合約期限內的成績走勢。自從二○一七年開幕戰開始，雖然有些受傷是無法預期的，賈吉仍然缺席了近四分之一的比賽（總共七百零九場比賽，缺席一百六十四場）。二○一六年，賈吉的第一個賽季就因為側腹斜肌扭傷提早結束。二○一七年到二○一八年的休賽季，他動了肩膀的關節鏡手術，被認為部分原因是那年明星賽參加全壘打大賽的代價。

　　二○一八年七月，堪薩斯皇家隊的傑卡伯‧究尼斯（Jakob Junis）的速球砸在賈吉的右手上，導致手腕骨折，洋基隊醫療團隊樂觀預期賈吉三週就能回歸，事後看來相當可笑。那次評估錯誤讓賈吉非常沮喪。因為並不是醫療團隊在每場比賽賽後接受記者訪問，不斷地被問到為什麼復原進度落後，遲遲無法上場。賈吉在二○一九年四月，同樣面對堪薩斯皇家隊的另一場比賽中側腹斜肌扭傷，因此休息了兩個月。他怪罪自己在熱身時伸展不足，之後他在賽前熱身都更為用心。

　　從那次經驗之後，賈吉開始注意自己核心肌群的強度和活動力、做棒式[44]、上拳擊課，還有在皮拉提斯機器上訓練。他從隊友艾德溫‧恩卡納西翁（Edwin Encarnación）那裡得到很多寶貴的建議。恩卡納西翁曾經三度獲選參加明星賽，他在二○一九年時效力於洋基隊，主要擔任指定打擊，偶爾客串守一壘。恩卡納西翁建議賈吉減少在打擊籠自主練習的時間：「你不需要揮棒一千次，少即是多。」賈吉有聽進去，並且希望這樣做能幫助他保持更健康的身體狀態。

　　在二○二○年春訓時，賈吉又遇到一次詭異的傷勢。這要從二○一九年九月的一場比賽說起，當時在洋基球場，對手是洛杉磯天使隊，賈吉在接一記帶有下墜尾勁的平飛球時，飛撲造成胸口撞擊草皮地面，自此之後他都覺得右邊肩膀和胸肌受到影響，希望在休賽季時可以透過休息來復原。可是在春訓時一開始揮棒還是覺得關節不太舒服，一直困擾著他。在新冠肺炎疫情爆發導致停賽的前幾週，賈吉被診斷出他肋骨處有壓力性骨折，以及肺塌陷的情況。如果球季如期開打，賈

---

44. 棒式運動是一種鍛鍊核心肌群的方式，在健身訓練中相當廣泛。

吉勢必會缺席幾個月的時間。

　　同時他還有小腿扭傷和下半身痠痛的狀況，總教練布恩認為是飛機的座位太小。波音公司的工程師應該不會以六呎七的身材來設計座位，可是球隊搭乘的是達美航空專機，還有給撲克牌桌以及其他設備（雖然《運動畫刊》後來報導，尷尬地指出洋基隊球員和教練還要付九元美金的機上無線網路費用）。洋基隊搭專機來回主客場時，賈吉可以躺一排三個座位，他不用像電影《一路順瘋》（Planes, Trains and Automobiles）一開始那樣，史蒂夫‧馬丁（Steve Martin）和約翰‧坎第（John Candy）兩人擁擠地並肩而坐。

　　「即使在受傷的年分，六個月裡他只打了四個月，仍然繳出有競爭力的成績，足以和打滿整季的其他球員角逐年度最有價值球員獎項。」洋基隊總經理布萊恩‧凱許曼說。「所以你回想因肋骨受傷、小腿傷勢困擾的那幾年，如果他健康出賽打滿整季，有可能可以擊出六十二支全壘打，無論如何，他仍然繳出高檔表現。所以結論是，他如果能保持健康，他就能繳出很好的數據成績。」

　　二○二一年是賈吉自二○一七年以來最健康的賽季，他認為拒絕延長合約是正確的決定，但也不是一個容易的決定。他向隊友吉安卡羅‧史坦頓尋求建議。史坦頓和賈吉是隊上兩大高個，有如雙子星大樓，兩人體型相當，而且都有非凡的長打能力，對方投手一看他們就知道不好惹。而且史坦頓和他的老東家邁阿密馬林魚隊，也曾經簽下一紙超大張延長合約。

　　二○一四年十一月，馬林魚隊和史坦頓簽下十三年三億兩千五百萬的合約，創下隊史新紀錄，展現十足誠意。當時史坦頓才從傷勢中復原沒幾個月，他因為密爾瓦基釀酒人隊的投手麥克‧費爾斯（對，就是二○一七年太空人作弊事件的吹哨人）觸身球造成臉部多處骨折，還有牙齒受損。

　　史坦頓後來形容當時可怕的情況，他躺在打擊區有如靜止畫面，被觸身球打中後，他的牙齒在口腔的血泊中漂浮著。那天看著史坦頓被擔架抬出場的人，沒有一個敢拍胸脯說，史坦頓健康回歸之後，還能保有一樣的實力。

棒球史上有一些類似的警世故事，像是波士頓紅襪隊外野手湯尼‧康尼格里埃洛（Tony Conigliaro），在一九六七年被一記離譜的觸身球打中之後，職業生涯就此告終，當時康尼格里埃洛才二十二歲。因為康尼格里埃洛的事件，提升了打擊頭盔耳部保護的裝置，現在全聯盟打者都被要求配戴有耳朵保護的頭盔。但康尼格里埃洛在球場上可能達成的成就遠不止如此。

　　史坦頓回歸後，其他隊的投手們對他毫不留情，頻頻以內角高的速球招待他。史坦頓得表現出他毫不畏懼的樣子，而他也做到了。二〇一七年，他以單季五十九支全壘打的表現回報馬林魚隊，史坦頓也獲得國家聯盟年度最有價值球員殊榮。幾週後，經營不善的馬林魚隊換了老闆，當時新任的首席營運長是德瑞克‧基特，他總算如願以償，成為球隊管理階層的一員。基特上任之後做出決定，把史坦頓和剩餘兩億六千五百萬的合約交易到紐約洋基隊。

　　洋基隊將賈吉和史坦頓視為現代版的「M&M男孩」米奇‧曼托和羅傑‧馬里斯，兩門重砲可以帶領球隊重返世界大賽，就像一九六一年的曼托和馬里斯一樣。不過兩人同隊的頭四年，洋基隊都沒有打進季後賽。二〇二二年春訓時，賈吉正在談延長合約時，史坦頓曾說：「和他同隊一起打球很棒，看他在場上和場外都越來越成熟。我希望接下來能跟他一起在洋基隊退休，我想球隊會搞定的。」

　　賈吉的合約還沒搞定，洋基隊已經要來硬的了。二〇二二年也是賈吉薪資仲裁的最後一年，符合三到六年服務年資的大聯盟球員擁有仲裁資格。賈吉這方開出一年兩千一百萬的價碼，比起前一年一千零十七萬五千漲了百分之四十八。洋基隊則是開出一千七百萬的提案，於是兩方走上仲裁法庭。為了更瞭解賈吉提出價碼的脈絡，當年亞特蘭大勇士隊一壘手麥特‧歐森（Matt Olson）、洛杉磯天使隊投手諾亞‧辛德加（Noah Syndergaard）和洛杉磯道奇隊的游擊手崔伊‧透納（Trea Turner）的年薪是兩千一百萬。而休士頓太空人隊投手小蘭斯‧麥可勒斯（Lance McCullers Jr.）、洛杉磯道奇隊投手克蘭頓‧柯蕭（Clayton Kershaw）、波士頓紅襪隊投手納森‧伊沃迪（Nathan Eovaldi）和道奇

隊的野手寇迪‧貝林傑（Cody Bellinger）與三壘手賈斯丁‧透納（Justin Turner）則都是拿年薪一千七百萬的選手。

　　仲裁通常發生在春訓期間。在賈吉的第一個完整球季，二〇一七年時，洋基隊在與後援投手迪倫‧巴坦瑟斯（Dellin Betances）的仲裁案件中獲勝，當時兩造的差距是兩百萬。聽證會於佛羅里達聖彼得堡的維諾伊萬麗旅館（Vinoy Renaissance）會議室舉行，在九十分鐘的期間，巴坦瑟斯感到失望，但還不到沮喪。當天聽證會結束後，過沒多久，洋基隊總裁藍迪‧拉維（Randy Levine）召開記者會宣布勝利，公開說巴坦瑟斯被經紀人吉姆‧莫瑞（Jim Murray）害了，他說莫瑞「粗糙地」膨風後援投手的價值。

　　「實際上，這好像在說『我本人不是洋基隊總裁，我是一名太空人。』」拉維說。「嗯，我當然不是太空人，而且以數據上來看，迪倫‧巴坦瑟斯也不是球隊終結者[45]。」

　　巴坦瑟斯感覺到很不舒服。這位六呎七的火球男外表溫柔，內心有著紐約人的堅毅，他在華盛頓高地出生，並且在曼哈頓下東城的李蘭‧沃德（Lillian Wald）住宅計畫區長大。巴坦瑟斯是布魯克林格蘭街高中（Grand Street Campus High School）的風雲人物，而且還收藏著大衛‧威爾斯（David Wells）在一九九八年投出完全比賽的七塊錢門票票根。完全比賽當天是豆豆娃日（Beanie Baby Day），十歲的巴坦瑟斯坐在外野看台，在下午時分看著來訪的明尼蘇達雙城隊迎戰威爾斯，記憶有點模糊了。他說拉維的一番犀利言論，迫使他體認到棒球只是一門生意。賈吉當時正要準備在大聯盟的第一個完整賽季，他當然也留意到這次事件。

　　「我想雙方都想避免這樣的狀況發生，進到仲裁庭然後互相攻擊。」賈吉說。「我從迪倫的事情學到經驗，我後來有和他聊過，大概了解到仲裁是怎麼進行的。」

　　因為封館的關係，春訓的時程被壓縮，仲裁聽證會延後到球季開打才舉行。賈吉曾經想說，會不會有一天球隊在比賽日早上突然告訴他要開會，然後在聽證會上說他的缺點。根據《富比世》雜誌最近刊出的大聯盟球隊估值分析，洋基隊是全大聯盟估值最高的球隊，高達六十億

45. 把守球隊最後一局的投手，通常是後援投手群裡實力最強的投手。

美金。《富比世》推估，當初大老闆喬治・史坦布瑞納在一九七三年以一千萬買下洋基隊，現在回報率是五萬九千九百倍。洋基隊和職業美式足球聯盟達拉斯牛仔隊的六十五億估值，成為全球最富有的兩支球隊。而這樣的仲裁過程，球隊居然還斤斤計較，看起來令人難以理解。

賈吉重申他想要留在洋基隊，但是他也補充說：「如果最後還是喬不攏，我還是會珍惜在這裡的時光。」棒球界不久前才經歷了衛冕冠軍亞特蘭大勇士隊和弗雷迪・弗里曼（Freddie Freeman）分道揚鑣，震驚業界。原本普遍預料弗里曼會穩穩地和勇士隊續約，結果沒有成真，現在他橫越美國大陸，來到西岸的洛杉磯道奇隊。「永遠」兩個字，不過說說而已。

凱許曼答應賈吉，協商的過程會盡可能保密，但其實凱許曼有別的腹案。因為封館，所以球員名單都無法更動。在封館前，所有球隊總管都加速動了起來，自由球員市場陷入瘋狂，總額超過三十億美金，其中包含弗里曼到道奇隊，游擊手柯瑞・席格到德州遊騎兵，卡洛斯・柯瑞亞回到明尼蘇達雙城隊，而一壘手克里斯・布萊恩特（Kris Bryant）則是和科羅拉多洛磯隊簽約。

封館前的自由球員市場就像是瘋狂大採購一樣，可是洋基隊隔岸觀火，最重要的一筆簽約是以兩年三千兩百萬加上逃脫條款，簽回一壘手安東尼・瑞佐（Anthony Rizzo）。瑞佐這紙合約在當年的自由球員合約中，總值排在第二十七名。凱許曼辯解說，因為洋基隊已經「達到隊史薪資最高峰」。但洋基隊和雙城隊還在談一筆重大交易，洋基隊對於強肩重砲捕手蓋瑞・桑切斯的耐心已經用完，雖然他在三百五十五場比賽就打出一百轟，寫下美國聯盟紀錄，還曾經入選過明星賽，但他的身手已經不如當年，開始有些迷失，過去的兩個球季打擊率只有一成八七。洋基球場本壘後方傳奇包廂區的球迷，已經看夠了他的捕逸日常。

凱許曼多方交涉的過程中，明尼蘇達雙城隊表現出對桑切斯的興趣，提出以三壘手喬許・唐諾森（Josh Donaldson）為交易主菜的方案。唐諾森在二○一五年效力多倫多藍鳥隊時，贏得美國聯盟最有價值球

員，凱許曼相信他在進攻上還是有一定的破壞力，三壘熱區防守方面也保有金手套等級的水準。凱許曼也認為，來自佛羅里達州西北部的唐諾森，能夠制衡休息室裡年輕球員的驕傲心態，他很敏感而且硬派作風，不說廢話。不管是對隊友還是對手，他在業界都是出了名的難搞，直言不諱而且極富自信。

還是有棘手的事情要解決。唐諾森在去年聯盟投手使用「黏性物質」提升投球轉速時，大聲表示不滿，他甚至還特別點名蓋瑞特・柯爾。唐諾森的反應促使了聯盟推行新的執法規定，裁判在比賽中定期在局間檢查投手的手掌、球帽、皮帶和手套。

以前投手常用混合防晒乳和松香，來幫助握球。多年以來，在牛棚很常看到牛蛙牌防晒乳，可以確定在夜間比賽或是室內球場沒有 UV 紫外線，不需要使用防晒乳，但你還是會看到它。打者則是使用松焦油，但投手不被允許使用。最近還記憶猶新的二〇一四年四月，洋基隊投手麥可・皮尼耶達在芬威球場作客時，因為脖子上有厚厚一條松焦油而被驅逐出場。

「蜘蛛膠」（Spider Tack）是一種超黏的漿糊，原本是給菁英舉重選手使用的。研究指出，這種黏性物質不只幫助控球，同時能提升球出手後的轉速，讓球路變得更犀利、更難打。唐諾森的指控促成了一場尷尬的記者會。在明尼蘇達的標靶球場地下室，記者直球對決柯爾，問到有沒有使用過蜘蛛膠。柯爾有點結巴，不停眨眼，空白了六秒鐘才終於回答說：「老實說，我不知道該怎麼回答。」

凱許曼謹慎地考慮這筆交易，最後決定唐諾森是一名「極度具有競爭意識的球員，無所畏懼，或許這是我們球隊目前缺乏的」，他補充說。「或許我們需要一點這樣的優點。」唐諾森不會為了他火爆的個性道歉，洋基隊球員也很快地就體會到，有時候唐諾森是故意要激怒對手的，好讓自己在對戰中占上風。

「棒球這項運動，你必須要反覆練習，才能在短時間內完成這麼多動作。」唐諾森解釋。「你得找到一種機制，好讓自己覺得：『我抓到感覺了。』你會喃喃自語：『我不喜歡他穿球衣的方式，我看不慣他戴球帽的樣子，我想要把他該死的帽子拿掉。』我的腦子裡真的

會有這些想法掠過。」

　　某個週日下午，凱許曼傳訊習給柯爾，提到唐諾森的名字，想聽聽柯爾的意見，試探他真正的想法。凱許曼不是第一次把柯爾推上新聞版面了，這次柯爾很快就回覆：「我沒關係。」洋基隊把內野左半邊換過一批，捕手桑切斯和三壘手吉歐·厄爾薛拉（Gio Urshela）被交易到明尼蘇達，換回唐諾森、游擊手艾西亞·凱納弗拉法（Isiah Kiner-Falefa）和捕手班·羅維特（Ben Rortvedt），這樣一來，也把蓋雷伯·托瑞斯從游擊區移到二壘。洋基隊認為二壘比較適合托瑞斯。

　　唐諾森沒浪費任何一點時間，當桑切斯和厄爾薛拉正在南下到雙城隊在佛州麥爾斯堡（Fort Myers）的春訓基地時，唐諾森和柯爾已經在史坦布瑞納的總教練辦公室握手了，據說整個過程簡短而且融洽。唐諾森說柯爾「對於事件的收尾感覺非常棒」，兩人的口水戰都是過去式了，盡釋前嫌，未來將視對方為一起拚冠軍的隊友。凱許曼相信兩人的專業態度，就像之前他在一九九九年在驚天交易中，送走極受歡迎的大衛·威爾斯，換來羅傑·克萊門斯（Roger Clemens），後來還是接納了克萊門斯。原本洋基隊很討厭克萊門斯，因為他習慣投內角速球，常常砸到打者，在大聯盟裡是惡名昭彰的反派角色。

　　克萊門斯加入洋基隊的第九天，賽前練習時，基特和查克·諾布拉克（Chuck Knoblauch）穿著全套捕手裝備準備走進打擊區。克萊門斯大笑。開玩笑地往打者的頭部後方丟過去。「我知道他們不以為意了。」克萊門斯當時說。「他們很棒，為了回應善意，我也往他們身後丟過去。」後來克萊門斯幫助洋基隊拿下兩次世界大賽冠軍，和三次美國聯盟冠軍。當然，這正是柯爾和唐諾森想看到的結果。

　　「我當時是希望能聽到他的說法，同樣的，我也希望他聽到我說的話。」唐諾森說。「在那次碰面之後，之前的事情已經一筆勾銷了。這對我來說很重要，現在我們是好兄弟了。我的未婚妻會和他太太一起出去玩，小朋友們也混在一起。我愛棒球，蓋瑞特也愛棒球，他喜歡聊棒球，我也是。無論如何，我們以後還有很多可以聊，這感覺很棒。」

洋基隊已經為新球季整裝待發，而他們同分區的對手也準備好了，尤其是多倫多藍鳥隊。「去年只是預告片而已，現在電影要上映了。」一壘手小維拉底米爾・葛雷諾（Vladimir Guerrero Jr.）非常有信心地說。藍鳥隊人才濟濟，是美國聯盟東區的奪冠熱門球隊。

藍鳥隊陣中有許多「星二代」，像是小葛雷諾、凱文・畢吉歐（Cavan Biggio）和波・比薛特（Bo Bichette），他們的父親都曾經是大聯盟的明星球員，初生之犢不畏虎。藍鳥隊和長期精打細算的坦帕灣光芒隊來勢洶洶，而「常勝軍」洋基隊感覺上像是豪華郵輪一樣遲緩，總是仰賴長程砲火來取勝。賭盤認為，美聯東區除了重建中的巴爾的摩金鶯隊之外，每一隊都能繳出五成勝率以上的成績單。柯爾認為美國聯盟東區「一點也不好混」。

開幕戰越來越近，賈吉自己設下的截止期限也在倒數計時。在春訓比賽的每次打席間，賈吉都會看一下手機，看有沒有經紀人的訊息。他對於合約保持樂觀。春訓期間的某個三月早晨，他站在休息室置物櫃前受訪，他說：「談判期並不長，我們靜觀其變。」布恩注意到媒體對合約很在意，和賈吉在辦公室聊了一下，他很高興賈吉並沒有因為外在紛擾而失去專注度。

「最重要的是，我們了解而且尊重職業棒球的商業層面，會想辦法度過這段時間的。」布恩說。

卡洛斯・貝爾川（Carlos Beltrán）在第一次在電視轉播擔任球評，四月四日，他在 YES 聯播網轉播的洋基隊與費城費城人隊比賽中，不小心說溜嘴，暗示賈吉和洋基隊談約已經有最新進展。

「我很高興看到他能夠和洋基隊簽下新合約，繼續待在紐約更長的一段時間。」貝爾川說。

貝爾川聽到了風聲？貝爾川已經退休，他過去曾經待過洋基隊，和賈吉曾經是春訓期間休息室置物櫃的鄰居，現在他則是擔任凱許曼的特別顧問。理所當然，貝爾川有可能知道一些內幕。貝爾川失言之後，他馬上打給凱許曼道歉，然後公開澄清他只是希望賈吉和洋基隊簽約而已。這可能是第一次跟簽約有關的假消息，但不會是最後一次。

「卡洛斯是我的老大哥，」賈吉說。「我想他只是想幫我說好話，

單純想支持我而已。」

此時兩台貨車滿載著洋基隊的裝備，跟著球員的車在九十五號洲際公路上，一路向北，從坦帕開到紐約。春訓結束前，洋基隊提出最後一次方案，也是最優渥的條件。洋基隊踩死七年兩億一千三百五十萬的條件。在接下來的幾個月裡，洋基隊管理階層出現過不同聲音，質疑當時如果能有更好的提案，或許能在開季前就留下賈吉。

四月六日的早晨，紐約市天氣陰雨綿綿。布萊恩‧凱許曼坐在洋基球場的辦公室裡，看著窗外的傑洛米大道（Jerome Avenue）和馬科姆斯水壩大橋（Macombs Dam Bridge）交叉的十字路口。原訂的開幕戰可能因雨延賽，凱許曼翻著公關部門每天準備的厚厚一疊資料打發時間，裡面有各種剪報和列印出來的網路文章。凱許曼覺得很意外，平常固定在跑洋基隊新聞的媒體中，居然沒有一家透露合約細節。他心想，合約數字遲早會走漏的。

凱許曼在擔任洋基隊總經理的二十五年以來，一直想要加強封鎖消息走漏的力道，現在總算讓他享受到成果。關鍵的轉變發生在在二○○○年到二○一○年中期，有一次他和大老闆喬治‧M‧史坦布瑞納攤牌，要求老闆旁的親信不能走漏風聲。一直以來，凱許曼和他在紐約的團隊做出的決定，常常被大老闆史坦布瑞納在佛州坦帕的左右手翻盤。凱許曼似乎永遠無法確定，到底大老闆又從誰那裡聽到了什麼，那些建言可能會直接影響他是否能夠正確地執行工作。二○○五年十月之後，部分在坦帕的洋基隊高層漸漸退出管理團隊，然後原本被冷落的成員慢慢回到決策中心。其中一位是「竹竿」基恩‧麥可（Gene Michael）[46]，麥可曾經在六○、七○年代打過大聯盟，是一名內野手。他也做過球隊總經理、總教練和球探主管。棒球界普遍認為，麥可是打造洋基隊九○年代王朝的推手，具備毅力和遠見，在大老闆史坦布瑞納被聯盟停職時[47]，他仍然對伯尼‧威廉斯、德瑞克‧基特和馬瑞安諾‧里維拉保有耐心。凱許曼建議大老闆史坦布瑞納，以及高層史蒂夫‧史溫德爾（Steve Swindal）找回麥可，麥可應該要加入決策圈，他能提供意見。

46. 因為他的體型瘦長而得到這個綽號。
47. 一九九○年時，史坦布瑞納因為付錢給賭博界人士去潑髒水，抹黑洋基隊球員戴夫‧溫菲爾德，而被當時的聯盟主席菲‧文森（Fay Vincent）將史坦布瑞納放入永久禁制名單，不能參與球隊營運，但仍保有球隊老闆的資格。到一九九三年才從禁制名單中除名。

接下來到二〇〇八年，大老闆史坦布瑞納的健康狀況越來越差，終於將球隊日常營運的權力轉移給了他的兒子漢克（Hank Steinbrenner）和海爾。早在二〇〇三年，大老闆史坦布瑞納就曾經說「讓小象們進到馬戲團裡試試」，而這天總算到了。哥哥漢克就像他爸一樣說話大聲，一手拿著海尼根啤酒狂飲，另一手拿雪茄，好像「叩應」到電台運動節目，滔滔不絕地講著球隊該往哪個方向去，該做些什麼事情。弟弟海爾處事則是一絲不苟，在接手洋基隊之後，他離開獲利豐碩的旅館業，原本旗下在佛羅里達州和俄亥俄州有七家賺錢的旅館，以及提供連鎖旅館萬豪酒店、萬豐酒店與假日酒店的餐飲服務。二〇〇九年時，洋基隊在剛落成不久的新洋基球場拿下冠軍時，海爾·史坦布瑞納已經完全掌握球隊營運，他也是代表球隊從聯盟主席手中接下冠軍獎盃的那一個人。

　　小老闆史坦布瑞納堅守財務底線，很小心控制薪資，不能超過奢侈稅上限連續太多年，強調不需要兩億美金才能打造一支冠軍隊。在二〇二二年春天，隨著通貨膨脹以及棒球界體質改變，這樣的想法有了變化，小老闆史坦布瑞納可能願意花三億美金來組建一支冠軍勁旅。凱許曼和小老闆在討論賈吉的合約時，已經受到關注，加上紐約的媒體市場環境，凱許曼和老闆說這個合約數字可能會被洩漏出去。有可能是洋基隊的相關人士親友、賈吉的經紀人陣營或是大聯盟的決策中心人士。「我知道業界沒有藏得住的祕密。」凱許曼說。凱許曼建議由球隊掌握主導權，先發制人公布數字。小老闆史坦布瑞納也同意他的提議。

　　「我想小凱的意思是，反正都會被洩露出去，」史坦布瑞納說。「不如我們打開天窗說亮話，因為球迷想知道，我們就告訴球迷真實的合約數字，告訴他們我們真的有努力過。」

　　凱許曼跟球隊的公關總監傑森·齊洛（Jason Zillo）說，他想要在開幕戰之前召開記者會。在匆忙而且臨時地情況下，記者會安排在早上十一點十五分舉行，媒體工作人員從場邊和記者室紛紛移動到會議室，他們預期可能要在記者會上正式公布賈吉的延長合約。相反的是，凱許曼開誠布公地告訴大家真實的情況，賈吉拒絕了八年、超過兩

億三千萬的延長合約。合約上有一些球團有意思的操作，其實這個數字包含了二○二二年，原本就要付給賈吉的薪水一千七百萬，所以本質上是七年兩億一千三百五十萬的延長合約。

「我想業界人士會認為『價碼很高』。」凱許曼說。「可是賈吉拒絕了，他要賭自己一把。」

賈吉認為這可能是他職業生涯能拿到的最大張合約的機會，而這個數字太低了。假設七年合約走完，賈吉已經三十八歲，到時候他已經走到職業生涯末期了。賈吉身高六呎七，體重兩百八十二磅，是當時大聯盟最大隻的球員。在歷史上，只有六名體重超過兩百五十磅野手，在他們三十七歲的球季，還能繼續出賽，包含指定打擊金・湯米（Jim Thome）[48] 和米格爾・卡布雷拉（Miguel Cabrera）[49]，剩下四位都是捕手：A.J. 皮爾辛斯基（A. J. Pierzynski）、荷西・莫里納（José Molina）、艾瑞克・克雷茲（Erik Kratz）和克爾基・米勒（Corky Miller）。以上六位沒有一位是外野手。但也有可能賈吉就是異類中的異類？老化的程度誰又說得準呢？

賈吉的確在各方面都算是異類。在洋基隊自家養成的所有球員中，只有四位曾經在洋基隊打出三百支全壘打：路・蓋瑞格、喬・迪馬喬、尤吉・貝拉（Yogi Berra）和米奇・曼托[50]。曼托是最近一位，他在一九六○年七月四日擊出生涯第三百轟。曼托最後一次出賽是在一九六八年，也就是說，洋基隊在七○年代後期以及九○年代後期的兩段王朝期間，都沒有一位像賈吉一樣，是自家產出的重砲手。

在記者會現場，會議室裡的隨隊記者們都發狂地在筆記，然後迅速用手機打字，搶推特上發布合約消息的頭香。台上的凱許曼還在上滔滔不絕地唱獨角戲，台下的一些記者就在交換眼神了，眉宇中透露出訝異的表情。

「當小凱在台上說話的時候，我心想：『啊幹！這會弄得很難看。賈吉一定會不爽的。』」《紐約每日報》（New York Daily News）的克莉絲提・阿克爾特（Kristie Ackert）說。「感覺要打仗了。」

「兩億一千三百五十萬是很大一筆數目。」紐澤西先進媒體（NJ Advance Media）的布蘭登・卡第（Brendan Kuty）說。「但我們不知道

48. 名人堂球員。
49. 準名人堂球員。
50. 這四位都是名人堂球員。

他對洋基隊的票房有多大的影響。他不是麥克‧楚奧特，他是阿諾‧史瓦辛格（Arnold Schwarzenegger），他是布萊德‧彼特（Brad Pitt）、布魯斯‧威利（Bruce Willis）等級的明星。大家會因為電影主角明星去電影院，而賈吉就是洋基隊的明星。」

凱許曼說他向賈吉的經紀人歐德說明球隊的計畫，會在記者會上公布合約提案，但是賈吉對此非常不滿。「我不喜歡公開談數字，我想要私下談。」他說。賈吉發誓他會在球季結束後投入自由球員市場，讓市場上的三十支球隊提出合約價碼。

「我們當時說的大概是『嘿，就我們倆知道就好』。」賈吉說。「當他公布合約數字時，我有點生氣。我心知肚明，這是一種談判的手段，把壓力丟到我這邊，讓球迷和媒體站在球隊那一方說話。這是談判的一環，我並不喜歡。」

開幕戰那天，四萬六千零九十七名球迷準備通過洋基球場外的金屬探測器時，大多數球迷都還很天真地不知道合約的進展。只聽到球場廣播員保羅‧歐登用比念來訪波士頓紅襪隊名單時，更興奮、高八度的聲音來宣布先發名單，念到賈吉名字時，全場歡聲雷動的聲音。

洋基隊在前一年外卡戰之後，再度和紅襪隊在比賽中交手。先發投手柯爾在外卡戰中表現不理想，使得他效力洋基隊的第一個賽季，留下不如人意的結局。柯爾非常認真地鑽研投球的藝術，但他也有點古怪，他在休息區和隊友聊天，常常讓人滿頭問號。來自南加州的柯爾，除了棒球以外，也喜歡紅酒和義大利菜。

兩年前在新冠肺炎疫情停賽期間，他和太太艾咪（Amy）迎接兒子凱登（Caden）出生。這兩年來，柯爾已經完全接受「沒那麼簡單的」新手爸爸生活。當柯爾在形容難纏的對手紅襪隊時，他將基襪兩隊比喻成森林裡的兩頭公鹿，用頭上的鹿角戰鬥著，有人試圖要把兩頭鹿分開，但沒有一方願意退讓。

如同柯爾所說，開幕戰就有好戲可看。雙方鏖戰到延長賽第十一局，由唐諾森擊出穿越兩名紅襪隊內野手的再見安打，紅襪隊二壘手崔佛‧史托瑞在外野草皮上滾，連手套都掉了。艾西亞‧凱納弗拉法

回到本壘攻下致勝分，洋基隊以六比五獲勝，贏得艱辛的一勝。

「球迷充滿活力，氣氛超棒的。」唐諾森說。「沒有什麼比這重要了。」

這場比賽有許多的第一次。包括唐諾森和凱納弗拉法在洋基隊的初亮相，在兩年因為疫情影響的球季後，開幕戰終於回到布朗克斯區。也許對於柯爾來說，場面太過熱鬧了。賽前儀式拖了四分鐘，柯爾一直大喊「快一點！快一點！」。當天邀請到喜劇演員比利‧克里斯托開球，那顆球有點外角偏低。

柯爾稱賽前儀式造成延誤是「一個預料之外的挑戰」。波士頓紅襪隊打者在一局上半痛擊柯爾，讓柯爾不情願地回想到前一年的外卡戰。當柯爾被 J.D. 馬丁尼茲（J.D. Martinez）擊出二壘安打，送回贊德爾‧柏加茲（Xander Bogaerts）到本壘得到第三分後，後來他調整回正軌，投完四局，用了六十八顆球。考量到春訓時間縮短，這已經接近他設定的用球量。

接下來洋基隊用火力展開反攻。安東尼‧瑞佐在球季第一個打席就擊出兩分砲，然後吉安卡羅‧史坦頓轟出一發擊球初速來到每小時一百一十六點三英里的全壘打，有如火箭般迅速劃破空氣，在空中滯留了三點五秒，飛進左外野觀眾席。DJ‧拉梅修在八局下半也敲出一發陽春砲，平常不太激動的拉梅修在繞壘的時候也大聲吼叫，享受著當下的狂喜。格雷伯‧托瑞斯這場坐板凳，因為內野手人才濟濟，但是他在十局下半獲得關鍵打席，在球場日照陰影之下擊出追平高飛犧牲打。

「那一場比賽，」賈吉說。「是我在洋基球場經歷過最棒的開幕戰了。氣氛很震撼，我感覺像在打季後賽。感謝球迷，我想他們等洋基隊等很久了。」

'61 FLASHBACK: THE MVP
回顧一九六一年：年度最有價值球員

一九六○年球季前的某一天，羅傑‧馬里斯走下飛機，穿著馬球衫搭配燈芯絨牛仔褲，腳上穿著白色鹿皮鞋，他剛抵達紐約拉瓜地亞機場（LaGuardia Airport），領完行李後，準備展開他在洋基隊的新生活。大聯盟的每一位球員在成長過程中，都曾經幻想能有一天穿上光榮的洋基隊條紋球衣，在眩目的球場燈光下，熱血地展現自己的球技。

可是馬里斯並不這麼想。一九五七年球季初，他在克里夫蘭印地安人隊升上大聯盟後，隔年他被交易到堪薩斯運動家隊[51]，然後在一九五九年第一次入選全明星賽。他在運動家隊過得很開心，他的太太佩特（Pat）希望能繼續在密蘇里州的雷鎮（Raytown）過寬闊而且舒服的家庭生活。

事情在一九五九年十二月十一日變了調。洋基隊和運動家隊進行一筆七人交易，事後看是一面倒的交易，因此很多人把堪薩斯運動家隊視為洋基隊的農場。運動家隊拿到外野手漢克‧鮑爾（Hank Bauer）、投手唐‧拉森（Don Larsen）、一壘手馬夫‧索恩貝瑞（Marv Throneberry）和諾姆‧賽伯恩（Norm Siebern），送出馬里斯、一壘手肯特‧海德利（Kent Hadley）和內野手喬‧迪梅斯崔（Joe DeMaestri）。

當年休賽季時，馬里斯在密蘇里州的獨立市（Independence）的一家肉品包裝公司打工。在得知被交易的時候，他正在超市裡服務顧客。「有一位客人走過來跟我說，他覺得我能效力洋基隊很棒。」馬里斯說。「我以為他在開玩笑，於是我打電話給太太，看看她那邊有沒有消息。她說她剛剛才在廣播上聽到，嚇到幾乎說不出話來。」

球隊休息室經理彼得‧席李（Pete Sheely）給了馬里斯背號九號的球衣。席李從魯斯時代一直做到現在。馬里斯剛來春訓報到時，完全不會說話，他告訴媒體來到洋基隊一點也不開心。「我喜歡堪薩斯市。」他說。「我原本期待在那邊打到退休。」米奇‧曼托是紐約的寵兒，

---

51. 一九五八年六月十五日，馬里斯被印地安人隊交易到運動家隊。

是明星中外野手，接手從貝比・魯斯、路・蓋瑞格到喬・迪馬喬一脈相承的洋基隊明星光環。

儘管曼托有著奧克拉荷馬人懶洋洋的說話態度，他還是有如洋基隊的金髮超人。他在休息室裡有一疊厚厚的鈔票，置物櫃裡有上好的西裝。而馬里斯平常喝黑咖啡，叼根駱駝牌雪茄，穿平價超市西爾斯（Sears Roebuck）買來的薄外套，留個小平頭。馬里斯沒辦法接受紐約的理髮師推薦的「帥氣男子」造型。

簡單來說，羅傑・尤金・馬里斯出生自明尼蘇達州的西賓（Hibbing），在北達科他州的大佛克斯（Grand Fork）和法戈（Fargo）長大，是一個徹頭徹尾的棒球員。綽號「大茱莉」的艾賽克森（"Big Julie" Isaacson），是個六呎三的布魯克林壯漢，他和幾位球員與記者交好，自願幫忙從機場載馬里斯到四十三街與第八大道路口的旅館。想像一九六〇年的紐約，就像影集《廣告狂人》（Mad Man），男人穿得像主角唐・德雷伯（Don Draper）一樣的夾克、帽子和領帶。

艾賽克森看著馬里斯的白色鞋子，他強調：「聽好了，小伙子。洋基隊球員不會像你這樣穿。你要穿派特・布恩（Pat Boone）那種鞋子。腳上這雙可以丟了。」

當他們到了旅館，馬里斯問艾賽克森附近有沒有湯姆・麥克安（Thom McAn）平價鞋店。當時湯姆・麥克安在六〇到七〇年代很受學生歡迎。根據艾賽克森的建議，馬里斯多買了兩雙派特・布恩的皮鞋，只是為了驗證艾賽克森說的是不是真的。

「管他去死啦！」馬里斯說。「如果他們不喜歡我的穿著，可以把我送到堪薩斯市。」

在一九六一年球季開打時，曼托還是紐約的寵兒。開幕戰這天，是一個星期二下午，馬里斯站在本壘板附近，刺骨的寒風呼呼地吹。現場只有一萬四千六百零七名球迷進場，很多人因為天氣預報而沒有來球場。那天也是明尼蘇達雙城隊成軍首年的第一場比賽，球員在客隊休息區裡穿著鮮紅色與深藍配色的灰底球衣。當年美國聯盟從八隊擴編到十隊，雙城隊和洛杉磯天使隊都是在那年穿著新球衣亮相。

雙城隊其實原本是華盛頓參議員隊改名，從華盛頓特區搬家到明

073

尼蘇達州。這支參議員隊和當年另一支擴編加入的參議員隊不一樣，擴編的參議員隊後來成為德州遊騎兵隊[52]。為了因應新球隊加入，聯盟加了八場例行賽來維持賽程平衡，從一年一百五十四場，增加為一百六十二場。大約有二十四位投手因為實力不夠，原本在一九六〇年還沒有機會上大聯盟，由於擴編的關係，被登錄到大聯盟球員名單中，也因此讓當年的打者有更好的數據表現。

馬里斯沒有想過要追逐魯斯的全壘打紀錄。雖然他在一月的一場紐約州羅徹斯特當地媒體與電台餐會上，曾經被問到這問題。

「沒有人可以追平全壘打紀錄。」馬里斯說。「你看數據，很少人單季能打出五十支全壘打，遑論能追平魯斯在一九二七年的六十轟紀錄。」

馬里斯對於在群眾前講話，感到非常不自在，也不喜歡參加這種宴會場合。他發誓在那年之後再也不要參加類似的活動。

「棒球界第一夫人團」貝比‧魯斯的太太、路‧蓋瑞格的太太和約翰‧麥克格羅（John McGraw）的太太坐在本壘旁的貴賓席，看著馬里斯準備領取一九六〇年美國聯盟年度最有價值球員的獎座。馬里斯以非常接近的積分數打敗隊友曼托，兩百二十五分對兩百二十二分[53]。馬里斯當年打擊率兩成八三，轟出三十九支全壘打，打回一百一十二分打點，打點數和長打率（〇點五八一）領先全美國聯盟打者，還贏得右外野金手套獎。

「對方投手很強，而且防守很好，能有兩成八的打擊率已經不錯了，再加上多打一些全壘打。」馬里斯說。「像那些打很久的球員，泰德‧威廉斯（Ted Williams）[54]、尤吉‧貝拉和曼托也會這樣說。你再也看不到單季四成打擊率的打者了。」

「我想曼托幫了他很多。」湯尼‧庫百克（Tony Kubek）說。「曼托在紐約很照顧他。馬里斯在六〇年拿了年度最有價值球員獎，大家對他在六一年的表現有很高的期待。」

可是馬里斯不了解為什麼凡事要非黑即白，兩人之中一定有一個要是反派角色。他後來曾經跟聖路易紅雀的隊友麥克‧薛能（Mike Shannon）說，他把不滿的情緒都發洩在美國聯盟的投手身上。

---

52. 在一九七二年搬到德州阿靈頓（Arlington）。
53. 當年馬里斯獲得八張第一名選票，而曼托則有十張。
54. 名人堂球員。最後一位單季打擊率超過四成的大聯盟球員。

馬里斯在一九六一年到春訓基地報導時，原本的洋基隊總教練凱西‧史坦戈（Casey Stengel）[55]離隊了。綽號「老教授」的史坦戈在一九六〇年世界賽兵敗第七戰，洋基隊想要讓史坦戈順勢退休離開，但史坦戈立刻就公布了真相。

「我再也不會在七十歲時犯錯了。」史坦戈說。勞爾夫‧浩克（Ralph Houk）在新球季接掌兵符，承諾會比老教頭帶兵更穩定，老教頭常常變陣，針對對方投手來安排左右打，也常常啟用代打，隊上老將感到不滿。綽號「少校」的浩克曾經是陸軍，參加過第二次世界大戰，獲頒銅星勳章、紫心勳章和銀星勳章。浩克叼根雪茄，原本是大聯盟的二號捕手，一點也不好惹的樣子。浩克說，如果他的球員在晚上有比賽的那天，讓他發現有人在白天去打高爾夫球，他會罰球員一大筆錢。他也不喜歡隊上球員打牌、玩骰子或是在公開場合喝烈酒。但浩克承諾大家，他會把打線固定，一整個球季不做變化，而且面對面跟球員溝通，不閃躲。在之前，球員常常要看報紙才知道老教頭史坦戈對他們的想法。

由於擴編的洛杉磯天使隊加入，迫使洋基隊進入了飛機時代。他們是美國聯盟最後一隊搭飛機往返的球隊，之前到最遠的堪薩斯市也是搭火車。現在他們不只是飛入雲霄而已，新任總教練浩克安排有效的棒次策略，把馬里斯和曼托排連兩棒，只要他們保持健康，洋基隊也能一飛沖天，衝擊總冠軍。

可是要曼托健康出賽並不容易。他職業生涯十八年期間，大多數都是帶傷上陣。他在一九五一年世界大賽時，在追威利‧梅斯（Willie Mays）[56]的飛球時，釘鞋卡在水溝蓋上，導致他的右膝蓋前十字韌帶斷裂。中外野手迪馬喬喊開曼托，當時還是菜鳥的右外野手曼托就讓給老大哥處理。「我當時很用力地追，因為賽前總教練史坦戈跟我說，狄馬喬速度有點跟不上了。」曼托曾經說。「好吧，當我到預期落點時，迪馬喬已經在那邊了，他說：『我來。』我可不想撞上他，所以我要踩煞車，我那時用盡全力跑，可是我的釘鞋後跟卡在橡膠墊上，所以我的右膝往前一頂，痛到倒在地上。」

曼托說他的右膝蓋完全毀了。他後來經過幾次手術修復十字韌帶、

55. 名人堂教練。
56. 名人堂球員。

內側副韌帶和半月板。在當時這些傷勢還無法經過手術來完全修復。

如果曼托當時可以有現代的先進醫學技術，他會有什麼表現呢？馬里安諾·里維拉在二〇一二年五月時也受到同樣的傷，他後來完全康復，在生涯最後一個球季繳出二點一二的自責分率。最後一場比賽，他把球交給德瑞克·基特和安迪·派提特後退場，哭成淚人兒。

哎呀，帥氣的曼托一跛一跛的，可不是像比利·克里斯多執導的《棒壇雙雄》電影中是用演的。在曼托的球褲下，膝蓋包得像是木乃伊一樣，從大腿包到腳踝。他常常腳痛到不行，例如隊友有時還得抓著他的手腕把他拉出計程車。

「我希望很多事能夠重來。」曼托在一九八六年時說過。「嘿，如果我知道我能活到現在的話，我會更好好地照顧自己。我在一九五一年動了膝蓋手術之後，我再也沒有真正鍛鍊過了。如果我有好好鍛鍊，我的雙腳或許能撐得更久。我不知道，當時我很年輕，我以為永遠不會好。」

一九六一年前幾個月，總教練浩克被問到賽季變長會不會影響到他陣中的明星曼托。

「我希望他能夠打一百六十二場，如果他擊出六十轟，而馬里斯敲出五十九支全壘打的話，會讓我變成超厲害的總教練。」浩克說。

他彷彿預告了接下來發生的事情。即使浩克從來沒有想過有一天魯斯的紀錄會被追平，甚至被打破。

　　球季開打才幾天，賈吉覺得自己的決定錯了。

　　四月十二日，新球季的第五場比賽，賈吉在五場比賽的二十個打數中，沒有擊出任何全壘打，只有幾球打得強勁。包含今天贏球，洋基隊拿下本季第三勝，賈吉在八局擊出的那支二壘安打。在洋基球場右外野，賈吉站在剛整理過的肯塔基藍草[57]草皮上，後方的「看台怪物」[58]球迷對他狂噴垃圾話，因為他拒絕了洋基隊的合約提案。

　　「一開始真的很辛苦，特別是四月的時候。」賈吉說。「開始會自我懷疑。你坐在外野草皮上，心想著：『我應該要接受那紙合約。』我打擊率只有兩成四，全壘打數掛蛋。『天啊，我想球隊是對的。』」安東尼・瑞佐、吉安卡羅・史坦頓和 DJ・拉梅修三人在開幕戰都開轟，那天對紅襪隊還鏖戰到延長賽。隔天瑞佐和史坦頓又再擊出全壘打，連艾倫・希克斯也在那天對藍鳥隊的比賽擊出兩分砲。賈吉感覺很悶。

　　他停下來思考，提醒自己為什麼和經紀人佩吉・歐德做出這個決定。他自己也花了很長時間，和父母佩蒂與韋恩評估洋基隊提出的延長合約，他的太太莎曼珊更是花了許多時間和他討論。他常常禱告，

57. 一種常見的球場草皮用的品種。
58. 洋基球場右外野第二〇三區的 Bleacher Creature，以噴垃圾話、對客隊球迷或新球迷不友善而聞名。每場比賽第一局上半的儀式都唱名洋基隊先發九人。

也尋求值得信賴的隊友提供建議，像是瑞佐、拉梅修、柯爾和史坦頓。每個人都分享自身經驗和建議給他參考。

賈吉告訴自己，相信過程，最終會開花結果的。

「跟我的隊友和家人談過幾週後，我對自己說：『嘿，就這樣了，上場打球，做你自己，其他事情自然水到渠成。』」賈吉說。「其他事情你無法控制，所以保持信心，把你的表現拿出來就可以了。」

隔天比賽的五局上半，柯爾面對藍鳥隊的喬治・史普林格（George Springer），用速球三振了他，結束該半局。賈吉拍了拍手套，從右外野小跑步回到一壘側的休息區。五局下半，賈吉是第三名上來的打者，他在打擊準備區看著前一棒的瑞佐面對投手荷西・貝瑞歐斯（José Berríos）。二十七歲的貝瑞歐斯來自波多黎各，已經在聯盟裡打滾了七年，大部分的時間都待在明尼蘇達雙城隊。貝瑞歐斯主要的武器球種有曲球、四縫線速球和伸卡球。這時貝瑞歐斯對瑞佐投出一記曲球，沒有進到好球帶，瑞佐沒有出棒。

捕手阿雷漢卓・克爾克（Alejandro Kirk）這時比出暗號，伸出右手食指，要一顆四縫線速球，貝瑞歐斯點點頭。克爾克蹲低，把手套壓低，低於瑞佐的膝蓋下方。可是貝瑞歐斯這球失投，把時速九十三英里的速球頭在好球帶偏高的位置，跟打T座的高度差不多，瑞佐出棒，把球送到右外野大牆之外，這支全壘打飛得老遠。洋基隊還以一比三落後給藍鳥隊。賈吉希望能把攻勢延續下去。

瑞佐回到休息區，把頭盔放進球棒統上的方櫃子裡，現場觀眾還在慶祝全壘打，這時賈吉站進打擊區，球場響起賈吉的進場歌曲——波普・斯莫克（Pop Smoke）的《哈囉》（Hello），賈吉用腳上的十七號釘鞋在打擊區挖一個小洞。賈吉期待著投手的失投球。他曾經說過大多數的全壘打「是投手送的，不是打出來的」。失投球並不多，但很快就要來了。貝瑞歐斯抬腿，投出一記時速九十一點九英里的伸卡球，賈吉鎖定住了。

第一號全壘打：四月十三日

投手：多倫多藍鳥隊的荷西・貝瑞歐斯（第五局，陽春砲）

擊球初速：時速一百零八點四英里
預期飛行距離：四百一十三英尺
擊球仰角：二十七度
在所有大聯盟球場都會形成全壘打。

　　和前一打席面對瑞佐一樣，貝瑞歐斯連兩球失投，投在好球帶紅中偏右的位置，賈吉大棒一揮，把球送向左外野觀眾席。藍鳥隊左外野手瑞米爾・塔皮亞（Raimel Tapia）才剛到牆前警戒區，球就已經飛出去了。洋基隊擊出背靠背全壘打（通常洋基隊電台資深主播約翰・史達林[59]會說「肚靠肚」[60]）。更重要的是，賈吉的全壘打終於開張了，他在繞壘時，洋基球場的白色 LED 燈閃爍著，全場慶祝這支全壘打。

　　「通常第一支、第十支、第二十支和第三十支的整數全壘打是最難的。」賈吉說。「中間的全壘打來得很快。」瑞佐和賈吉的全壘打讓比賽形成一分差，不過最後他們以四比六輸掉了比賽，藍鳥隊的小葛雷諾打得更好。這天很恰好地是洋基隊表揚瑞吉・傑克森活動的四十四週年，那年他們在開幕戰入場送巧克力棒，來表揚傑克森在前一年世界大賽[61]單場三支全壘打的神勇表現。

　　四十四年前的主場開幕戰，傑克森在第一局就擊出全壘打，全場把橘色包裝的焦糖花生巧克力丟進場內，有如下橘色雨般。洋基隊投手「鯰魚」吉姆・杭特（Jim Hunter）說得很好：「當你打開瑞吉巧克力，你就知道它多厲害。」

　　在曾經下過「十月先生」橘色巧克力雨的地方，過條街就是新的洋基球場。小葛雷諾在四十四年後的今天，在新洋基球場擊出三響砲致敬，只是對於洋基隊來說，結果並不如巧克力甜美。其中兩支全壘打是從蓋瑞特・柯爾手中擊出。賽後，柯爾讚揚明日之星小葛雷諾：「你有看到今晚他表現多棒嗎？如果你有戴帽子，應該向他脫帽致意。」

　　洋基隊隔天在因雨延後的比賽中，以三比零打敗藍鳥隊，結束了主場開幕系列賽。接下來要到巴爾的摩的卡曼登金鶯球場。金鶯球場是近三十年復古球場風潮的濫觴。賈吉很喜歡這座球場的背景，可以讓他擊球看得更清楚，他在巴爾的摩火力四射，作客三十五場，就擊

59. John Sterling，洋基隊資深電台主播，從一九八九年開始，至今轉播超過五千場。
60. belly-to-belly。
61. 一九七七年的世界大賽，傑克森在六場比賽中擊出五發全壘打，灌進八分打點。其中在第六戰單場三轟，擊敗洛杉磯道奇隊。「十月先生」的封號更為響亮。

出十四發全壘打。不過他在這個系列賽並沒有打出成績，布恩讓他在系列賽第一場休息。事後布恩才說他沒有注意到那一天四月十五日是重要的日子，是一年一度的傑奇．羅賓森日（Jackie Robinson Day）。

在作客巴爾的摩的週末系列賽，洋基隊打三場輸了兩場。接著飛往底特律，先休息一天，也是球季第一個休兵日。賈吉打算利用這天休假練打擊，邀請理查．史蓋恩克從密蘇里州飛來密西根州，他們約在華特福德鎮（Waterford）碰面。鎮上有很多湖，距離底特律老虎隊的主場聯信球場西北方三十五英里。史蓋恩克已經先聯絡好了美國頂級密西根棒壘訓練中心（USA Prime Michigan Baseball & Softball Training Center）的總監尼克．史旺森（Nick Swanson）。

「他在谷歌上面找到我們。」史旺森說。「他說：『嘿，我們在底特律，我的名字是理查，我們在找可以練打的地方。你介意我帶亞倫過去嗎？』」在接到電話的同時，史旺森正看著密西根中部大學（Central Michigan University）的年輕投手練投，希望能讓球探看到。「亞倫？哪個亞倫？」他回答。史蓋恩克回答了客戶的大名。「幹！真假？」史旺森邊說邊放下手邊的東西。「當然啊，大哥，我們週一見。」

史旺森在門外掛著休息中的告示牌，讓賈吉可以專心練習。賈吉從球隊下榻旅館，跟老婆莎曼珊一起搭優步，還帶了愛犬臘腸狗佩妮（Penny）來。當賈吉和史蓋恩克準備進到打擊籠時，佩妮已經在人工草皮上興奮奔跑了，牠在這可以盡情放電。

「我對天發誓，他的太太是我遇過最友善的人。」史旺森說。「她和我們聊到球員的客場生活。賈吉大概練打練了四十分鐘。」

賈吉練完之後，他問史旺森和其他員工有什麼建議。「我們全部人都笑出來。然後說：『付我錢我就說！』」史旺森說。「他笑到肚子痛。」賈吉和莎曼珊叫了優步回去。這個訓練中心在一排蕭條的商場裡，夾在家電租賃商店和車庫開門工具公司中間，訓練中心原址之前是個二手商品賣場。

「等車的時候，他們就在停車場丟雪球跟狗玩。」史旺森說。「我覺得很酷。」

而史蓋恩克呢？他沒有一起玩雪球，他來這裡就是公事公辦。

「我們倆是師徒關係。」史蓋恩克說。「我的年紀都可以做他阿公了，所以不會一起出去吃飯或喝酒。我來這裡找一個地方練打，然後如果他有留票給我的話，我會去看他比賽和拍影片。如果我看到什麼值得提點的地方，我會傳簡訊給他，但我們的關係都建立打擊訓練上。」

在底特律這幾場比賽的天氣條件很差，開幕戰當天氣溫華氏四十三度，風速每小時十九英里。這種天氣對於旅行社來說，都不會建議在四月上旬去底特律。賈吉在系列賽擊出三支安打，包括一支二壘安打，洋基隊取得兩勝一敗。記者問到他的全壘打產量，他埋下伏筆說：「全壘打會來的，只是時間問題，但它們會來的。」在打完賽季前十三場比賽，洋基隊的戰績七勝六敗，他們將迎來第二個主場系列賽，應該會滿有趣的。其中一個原因是，賈吉的生日快到了，洋基隊球員和工作人員興奮地偷偷籌劃生日活動，希望可以搞一回大的。不過在此之前，他們得先處理好場上的事情，要在洋基球場迎戰來訪的克里夫蘭守護者隊。

這是克里夫蘭的球隊在改名之後第一次來紐約。幾十年以來原本的隊名「印第安人」，因為受到美洲原住民和其支持者抗議，所以他們把隊名換掉了。球隊原本的紅、白和深藍配色維持不變，不過「笑臉人」酋長哇虎（Chief Wahoo）就被束之高閣。在他們的宣傳影片中，湯姆‧漢克斯（Tom Hanks）擔任旁白，說明新隊名為了表揚交通守護者（Guardians of Traffic）。自從一九三二年以來，在貫穿克里夫蘭東西向的霍普紀念大橋（Hope Memorial Bridge）兩端，有交通守護者的神像高聳豎立著。

不管隊名怎麼稱呼，總教練泰瑞‧法蘭科納（Terry Francona）來到布朗克斯時，一幫年輕球員，看起來毫無招架之力。克里夫蘭自從一九四八年以後就再也沒有拿過世界大賽冠軍，電影《大聯盟》（Major League）以此為劇情主軸，在上映近四十年後，球隊還是在冠軍荒中。眼前難關重重[62]，從各個角度來看，今年守護者隊也不被看好。

---

62. 原文引用蘭迪‧紐曼（Randy Newman）的歌曲《Burn On, Big River》，是電影《大聯盟》的主題曲。歌詞裡提到的「大河」（big river）就是霍普紀念大橋橫跨的凱霍加河（Cuyahoga River）。

第二號全壘打：四月二十二日
投手：克里夫蘭守護者隊的伊萊‧摩根（Eli Morgan）（第三局，兩分砲）
擊球初速：時速一百一十二英里
預期飛行距離：三百九十七英尺
擊球仰角：三十四度
在三十座大聯盟球場中，有二十五座會形成全壘打。

第三號全壘打：四月二十二日
投手：克里夫蘭守護者隊的坦納‧圖力（Tanner Tully）（第五局，陽春砲）
擊球初速：時速一百一十二英里
預期飛行距離：三百六十四英尺
擊球仰角：十九度
在三十座大聯盟球場中，有二十四座會形成全壘打。

　　比賽打到三局下半，兩隊還是零比零平手，輪到洋基隊打擊。這時天空晴朗，溫度大約在華氏六十五度。守護者隊的先發投手是伊萊‧摩根，摩根曾經就讀岡薩加大學（Gonzaga University），這是他第二個大聯盟球季，還有一個月就將滿二十六歲。主要是以四縫線速球和變速球為主的投手，偶爾會搭配滑球。他面對前一棒 DJ‧拉梅修投了五球，最後形成保送，兩出局，一壘有人，輪到賈吉打擊。

　　摩根投到一好三壞，球數落後給賈吉，必須要正面對決，他投了一記時速九十一英里的四縫線速球，賈吉咬中，把球送往右外野牛棚區，形成本季的第二號全壘打，洋基隊先馳得點。「我們的投手陣容很強，只要得一分就有贏球機會了。」這個週末系列賽開始打順了，賈吉在守備上也有貢獻，在第五局上半從中外野傳三壘，阻殺了跑壘太過積極的安祖斯‧西梅內斯（Andrés Giménez）。下個半局又輪到賈吉上場打擊，是他今天的第三個打席。

　　洋基隊以三比一領先，賈吉面對投手丘上二十七歲的左投坦納‧圖力。今天是圖力大聯盟初登板。六呎二的圖力來自印第安那州艾爾

卡哈特（Elkhart），當年在二〇一六年選秀會上在第二十六輪被選中，歷經漫長而曲折的小聯盟生涯才一償宿願。他受惠於球季之初放寬人數限制而登上大聯盟。之前休賽季封館，導致春訓縮短，為了考量投手體力，所以大聯盟讓球隊有更多人手，放寬二十六人名單，擴編為二十八人。這些年來，他從湖郡（Lake County）、林奇堡（Lynchburg）、艾克倫（Akron）到哥倫布（Columbus）[63] 一階一階爬上來，終於來到了大聯盟，站上洋基球場的投手丘。他讓拉梅修擊出游擊方向滾地球出局，接下來面對賈吉，他投到兩好三壞滿球數。

圖力投出時速九十二點三英里的四縫線速球，往右打者外角，賈吉掃出一記發低角度的平飛全壘打，飛進右外野較淺處的觀眾席，單場雙響砲。這發全壘打在空中停留四秒鐘，右外野手喬許‧奈勒（Josh Naylor）只能目送它出牆。同一時間，在西岸的麥克‧貝特索看到手機的簡訊笑出來，之前的弗雷斯諾州大的球員傳給他「大屁股開轟！」他知道「BAJ」賈吉又敲出全壘打了。

「他很適合洋基球場。」貝特索說。「在少棒聯盟裡，總是有一位強棒會讓球場看起來太小，打出去的平飛球都越過大家頭上，然後飛出全壘打牆外。賈吉在大聯盟裡就是這樣打球。洋基球場的右外野蓋這麼短可能是一個意外，但如果你不好利用這個優勢，那你在幹嘛？」

洋基最終以四比一贏球。比賽結束後，賈吉累計出賽十四場，打擊率來到兩成八，總計三轟，可是三振數對他來說太多了[64]。他站在休息室中間橢圓形的地方，面對著洋基隊隊徽，看起來有點不知所措。

「光看前十四場比賽，你無法判斷這個球季會怎麼發展。」賈吉說。「我只是今晚打得不錯而已。」

隔天的比賽中，洋基隊遇到了本季第一次的場上爭議。守護者隊在九局下領先一分，艾西亞‧凱納弗拉法擊出左外野方向飛球，史蒂芬‧關恩（Steven Kwan）為了追球撞上左外野全壘打牆，讓壘上跑者提姆‧羅卡斯楚（Tim Locastro）回到本壘攻下追平分。凱納弗拉法擊出二壘安打，站上二壘壘包，這時史蒂芬‧關恩倒在牆邊警戒區，需要醫護人員來評估他是否有腦震盪。同時左外野的球迷因為他的受傷而歡呼，並嘲笑著他。這時關恩的下巴和額頭流血，隊友中外野手邁爾

---

63. 從守護者隊小聯盟系統 A、高階 A、AA 到 AAA。
64. 被三振十四次。

斯‧史卓（Myles Straw）對於現場球迷的行為感到不滿，爬上牆要和球迷面對面理論。

「他們對關恩說的有些話，對我來說太超過了。」史卓說。「我的情緒有點失去控制。」

恢復比賽後，托瑞斯擊出了右外野方向的再見安打，右外野的球迷開始往史卓和右外野手奧斯卡‧蒙卡多（Oscar Mercado）丟擲啤酒罐、冰淇淋和剩下的食物，場面搞得很難看。賈吉、史坦頓和其他人原本在右外野淺處慶祝，因此跑到全壘打牆前，希望能讓球迷冷靜下來，可是他們來晚了，傷害已經造成。蒙卡多說球迷的舉動「很沒品」，史卓說得更重，他說洋基隊球迷是「地球上最糟糕的球迷」。

「我當時不知道發生什麼事情，那種事情也不允許發生。」凱納弗拉法說。「我喜歡球場的氣氛，也喜歡球迷，我愛他們做的每一件事，但我希望贏得有格調。這是洋基隊的傳統，我們講求格調。我希望下次我們會改進。」

系列賽最後一場，洋基隊加派警力維持秩序。洋基隊以十比二痛宰守護者隊，史卓被球迷噓到爆。洋基隊拿下球季的第一次系列賽橫掃。史卓後來說他收到自稱是洋基隊球迷的死亡威脅，不過他不在乎：「嘴巴長在別人身上。」柯爾獲得本季第一勝，他說：「大家今天可以輕鬆一點了？對吧？」沒錯，大家是感覺放鬆一些了。

橫掃的時機來得正好，賈吉的生日快到了。莎曼珊負責規劃生日派對，她租了紐約的一個場地，還選了一個大蛋糕，上面有四根六吋高的仙女棒。與會者被要求不能在社群媒體上發布照片和任何內容，但還是有一些影片和照片流出。賈吉穿著橘色的夏威夷襯衫，拿著蛋糕，現場音響放著德雷克（Drake）的《生日大快樂》（Ratchet Happy Birthday）。賈吉看來很開心，他親吻著莎曼珊。邁入而立之年，加上新婚生活，賈吉的專注度和安全感都更上一層樓，對於棒球界頂尖球員來說，這樣的成就令人敬佩。

「每天回到家能有人可以分享心事，她是我不變的依靠。」他說。

賈吉很享受他的生日派對，他的隊友們也是。例如 CC‧沙巴西亞，前幾年就退休了，賈吉相信沙巴西亞是休息室氣氛的關鍵，讓隊友們

在場外還能一起相處，特別是在客場常常聚餐。在賈吉眼中，現在這支洋基隊不會像記者彼得．蓋蒙斯（Peter Gammons）[65]筆下一九七八年的波士頓紅襪隊，那一段經典的描繪：「二十五位球員、二十五輛計程車」。

　　「當其他人知道你效力洋基隊，大家第一個問題都是：『亞倫．賈吉怎麼樣？』」洋基隊投手麥可．金恩（Michael King）說。「他跟我認識的其他人都不一樣，他雖然是一位超級巨星，可是他對待其他人就像對待明星球員一樣。我記得我在二○一九年升上大聯盟，一個人都不認識，他跑來治療室找我，他說：『差不多輪到你上大聯盟了嘛！小金！』那次讓我感覺到有信心，我很喜歡他這樣做，不只是為了他自己，他是為了球隊。」

第四號全壘打：四月二十六日
投手：巴爾的摩金鶯隊的艾力克斯．威爾斯（Alex Wells）（第八局，陽春砲）
擊球初速：時速九十八點五英里
預期飛行距離：三百九十二英尺
擊球仰角：三十四度
在三十座大聯盟球場中，有二十九座會形成全壘打。

　　與金鶯隊進行系列賽的第一天是四月二十六日，正好是賈吉的生日，他用全壘打來慶生。系列賽第一場兩隊合計有八支全壘打，包括瑞佐的三響砲，這是他大聯盟生涯的第一次。瑞佐是在二○二一年球季中透過交易，從芝加哥小熊隊換來的球員，瑞佐看起來很適合洋基隊，延續左打重砲一壘手的球隊傳統，隊史上包括唐．麥丁利（Don Mattingly）、提諾．馬丁尼茲（Tino Martinez）、傑森．吉昂比（Jason Giambi）和馬克．特薛拉（Mark Teixeira）。

　　自從左右開弓的特薛拉在二○一六年球季結束後退休，洋基隊的一壘手空缺就不停換人。那些強壯到球衣第一個扣子都扣不起來的一壘手們，並不是全然沒有火力。例如曾經在二○二○年，因為新冠肺

085

65. 資深記者，早年是紅襪隊的隨隊記者。

炎疫情影響的縮水賽季中，奪下聯盟全壘打王。雖然沃伊特很受到隊友們喜愛，但是他粗壯到像是美式足球員穿著棒球球衣，而瑞佐的揮棒方式和氣質，就像是為洋基隊量身打造的角色。

「我很幸運地有機會能在芝加哥打球，受到大市場球隊的薰陶。」瑞佐說。「在大市場生存也有不同的層次，你必須學習如何讓自己更進一階。光只把球打好還不夠，還有其他周邊的事情，而我很享受那些事情。我喜歡代表球隊面對媒體，不管是好的、壞的還是無關緊要的事情。這些經驗教導你職業棒球是怎麼一回事，還教會你人生許多寶貴的課題。當你表現好的時候，大家都擁戴你。不管是教練、媒體、朋友和所有人，你就是世界上最強的。而一旦你打不好，你就得面對真實的自己。」

曾經有一段時間，瑞佐就是芝加哥風城的代名詞之一，就像是法瑞斯·布勒（Ferris Bueller）[66]、深盤披薩和芝加哥熊隊一樣，大家希望瑞佐在小熊隊退休。瑞佐效力小熊隊的期間，入選過三次全明星賽，贏得四屆金手套獎殊榮。二〇一四年，他在芝加哥買了一間公寓房間。兩年後，他守住二〇一六年世界大賽最後一球，幫助小熊隊拿下自一九〇八年以來第一座世界大賽冠軍獎盃。瑞佐和小熊隊接下來在延長合約上沒有共識，他拒絕了球隊開出的四年六千萬合約，以及另外一張五年七千萬的合約。小熊隊後來拆掉了冠軍隊核心，把瑞佐交易到洋基隊；游擊手哈維·貝耶茲（Javy Báez）被送到大都會隊；內外野都能守的的克里斯·布萊恩（Kris Bryant）被換到巨人隊。賈吉和瑞佐很快就混熟，他們常常在休息區和場外聊天，一起出去旅遊的時候還穿狗狗圖案的夏威夷衫，兩人相處很自在而放鬆。二〇二一年因為封館而縮水的休賽季，賈吉曾對洋基隊管理階層展開簡訊攻勢，大聲疾呼要求球隊留下瑞佐。

「這幾年來，我從瑞佐身上學到最多的是，自從第一天開始，他對待隊友的方式，還有他在比賽中的預判。」賈吉說。「他是那種令我感覺到『好，我等不及要從他身上學東西了，我要在他腦中挖寶。』對我來說，陣中有一位成就非凡的隊友，我就是觀察和就近從他身上學習，見賢思齊。」

---

66. 電影《翹課天才》（Ferris Bueller's Day Off）的主角。

賈吉在七局下半擊出一壘安打，在本場比賽四打數一安打。八局下半，兩出局，再次輪到賈吉上場打擊，洋基隊領先兩分，投手丘上的是二十五歲的澳洲籍左投艾力克斯・威爾斯，在大聯盟歷史中，他是第三十六位來自澳洲的球員，而今天只是他大聯盟生涯第十二場出賽。威爾斯進入到第二個半局的投球，威爾斯球速不快，他面對賈吉的第一球是一記時速八十七點三英里的速球，奇蹟似地讓賈吉揮棒落空。捕手羅賓森・齊瑞諾斯（Robinson Chirinos）不想再碰運氣，他比出兩根指頭，要威爾斯投一顆曲球。威爾斯投出，球偏高沒有掉下來，賈吉把這顆時速七十二點四英里的慢速曲球掃出左外野大牆外。而這時左外野觀眾席大概有一半是空的。

　　「有很多次在我打出全壘打之後，我看了一下在打擊準備區的隊友，通常都是安東尼・瑞佐。」賈吉說。「所有人都舉起手歡呼，像是瘋了一樣。而當我看到安東尼蹲在那邊，把球棒加重器弄掉，沒有笑容，感覺不到一絲一毫的喜悅。我需要了解一下彼此，我不知道他是在生我的氣，因為我把打點搶走了，還是怎樣。我真的不知道為什麼。」

　　瑞佐回答：「沒有啦，我只是在我習慣的流程而已，那時候我已經全神貫注地準備好了。如果你因此沒能打好，那是我的錯。如果我選擇加入慶祝行列，我就不能把工作做好。我必須保持專注。」下一幫輪到瑞佐，他擊出一發世界宇宙無敵霹靂高的右外野飛球[67]，打中之後，瑞佐留在打擊區看，那一定是一個界外球，但是多看幾眼也無傷大雅。飛球開始有點往外旋，搞不好有機會留在界內？球打在界外標竿上時，瑞佐笑出來，他放下球棒開始繞壘，這是他生涯首次單場三響砲。「我驚呆了。」瑞佐說。「我從來沒有單場三響砲過。」現場球迷歡呼慶祝瑞佐的成就，那是他永生難忘的感覺。「進到洋基球場休息區之後，再出來跟大家致意，這是一種特別的禮遇。」

　　「老實說，他就跟我們預期的一樣。」總經理布萊恩・凱許曼說。「我們知道他很受歡迎，不只是小熊隊球迷喜歡他，他的隊友們也喜歡他。我們知道他在一壘的守備很好，我們知道他的手眼協調很好，是一名有長打能力的左打砲手。他符合所有一壘手需要的條件。他還

有領袖潛質和領導能力，非常全面。」

　　洋基隊已經拿下四連勝。隔天在喬丹・蒙哥馬利（Jordan Montgomery）的穩定先發表現下，還有金恩的強力守成，再拿一勝。金恩能吃多局數，在新賽季很快成為球隊中有價值的牛棚主力。金恩來自羅德島州的沃威克（Warwick），為人細心。在二〇〇三年美國聯盟冠軍系列賽[68]第五場比賽時，金恩在芬威球場觀賽，他毫不掩飾，買了一頂洋基隊球帽，這個舉動傷了他父親的心[69]。幾場比賽打下來，布恩不打算改動勝利方程式，金恩也鬥志高昂地接下這個任務。

　　「最重要的是能夠贏球。」金恩說。「如果布恩覺得我在這個位置上更能發揮價值，那我很樂意去承擔。如果他希望轉往先發，我也願意。我只希望用任何可能的方式幫助球隊。」

第五號全壘打：四月二十九日
投手：巴爾的摩金鶯隊的保羅・弗萊（Paul Fry）（第八局，三分砲）
擊球初速：時速一百一十三點六英里
預期飛行距離：四百一十五英尺
擊球仰角：二十三度
在所有大聯盟球場都會形成全壘打。

　　系列賽最後一戰午場比賽，金鶯隊打完就要出發回主場了。洋基隊領先四分，看起來勝券在握，金鶯隊左投保羅・弗萊的任務是要趕快拿下出局數，好讓隊友們可以去搭飛機回巴爾的摩。

　　事情可沒有那麼簡單。在投出保送之後，接著觸身球、游擊手荷黑・馬鐵歐（Jorge Mateo）失誤，形成滿壘局面，輪到賈吉打擊。二十九歲的弗萊，依靠速球和滑球兩種武器，他投出一記大暴投，飛到本壘後方的圍欄，三壘上的跑者提姆・羅卡斯楚回到本壘得到洋基隊本場的第七分。弗萊今天控球失去準心，東一顆西一顆，球數來到一好三壞，陷入了麻煩。弗萊選擇以滑球來對決，位置投得並不差，投在內角低的位置，但賈吉技高一籌，猛力一揮，球飛到左外野觀眾席樓梯，球迷擠成一團要去撿球。這是一發三分砲。

68. 對戰組合是洋基隊與紅襪隊。最後第七戰在布恩（對，洋基隊後來的總教練）擊出再見全壘打之下，洋基隊贏得系列賽，前進世界大賽。
69. 羅德島屬於新英格蘭地區，當地人普遍支持紅襪隊。

雖然洋基隊菜鳥朗‧馬里納西歐（Ron Marinaccio）在九局上投得很掙扎，被對方得到三分，讓布恩上來換投，換上魯卡斯‧里基（Lucas Luetge），最後守住十比五的勝利。賽後，賈吉的球季打擊率來到兩成九五，五發全壘打，洋基隊取得六連勝，今年在主場還保持不敗之身，登上美國聯盟東區王座。賈吉的全壘打影片和賽後訪問在當晚的體育新聞回顧中出現。「從球季一開始，我們看到賈吉扮演球隊發聲領袖的角色。」洋基隊轉播單位 YES 聯播網的記者梅爾迪絲‧馬拉科維斯（Meredith Marakovits）說。「他真的成為球隊的代表人物，是媒體採訪的不二人選。你每天都可以找到賈吉受訪，就像德瑞克‧基特一樣。不管打得如何，球迷希望聽到他們的說法。」

瑞佐稱這系列賽為「全隊的勝利」，他相信：「在主場打得好，能夠帶給球迷越來越多能量，特別是球季來到夏天的時候。」在洋基隊前往堪薩斯市的飛機上，大家氣氛很好，接下來他們要在客場卡夫曼球場，迎戰皇家隊。

他們在系列賽首場一開始就展開攻勢。皇家隊的先發投手是克里斯‧布比奇（Kris Bubic），瑞佐和吉安卡羅‧史坦頓靠著全壘打在第一局就攻下三分。洋基隊先發投手奈斯特‧科特斯（Nestor Cortes）投五局失掉一分。比賽來到後半段，洋基隊打線對於皇家隊薄弱的牛棚直流口水。

「我們在第一局就拿了三分，在四、五個打者之後，他們已經開始有人在牛棚熱身了。」賈吉說。「繼續保持每一個打席的品質，只要這樣做，好事就會發生。」

第六號全壘打：四月二十九日
投手：堪薩斯皇家隊的迪倫‧柯爾曼（Dylan Coleman）（第七局，三分砲）
擊球初速：時速一百零五點四英里
預期飛行距離：三百八十九英尺
擊球仰角：三十四度
在所有大聯盟球場都會形成全壘打。

DJ・拉梅修擊出游擊方向的平飛球，游擊手尼奇・羅培茲（Nicky Lopez）發生失誤，洋基隊回來得到一分，兩分領先皇家隊。下一棒輪到賈吉，投手丘上的是二十五歲的迪倫・柯爾曼，他來自密蘇里州聖路易市郊區的波特西（Potosi），人口只有兩千六百六十人的小鎮。柯爾曼面對賈吉的第一球，是一記時速九十七英里的四縫線速球，賈吉揮棒落空。柯爾曼很快就準備投出下一球，一秒也不留給賈吉思考。

　　柯爾曼轉身，準備更用力投出下一球，是一記時速九十八點二英里的四縫線速球。賈吉已經做足準備，紮實咬中，球飛向中右外野全壘打牆。皇家隊的外野手愛德華・歐利瓦瑞斯（Edward Olivares）衝向牆，在警戒區時，他看起來已經判斷好球的飛行軌跡，歐利瓦瑞斯在牆前奮力一跳，賈吉擊出的飛球還夠力，剛好飛過全壘打牆，歐利瓦瑞斯為了接球，帽子還掉了，球彈進觀眾站立區，這是一發三分砲，洋基隊取得七比二領先。

　　「那是一發大個子才打得出來的全壘打。」亞倫・布恩說。

　　當賈吉在繞壘的時候，堪薩斯市的考夫曼球場聽起來像是洋基球場中西區分部。現場有許多洋基隊球迷把握洋基隊造訪的機會，來現場觀賽。接下來暴風雨來襲，現場球迷紛紛躲雨。比賽在八局就裁定結束，洋基隊以十二比二的比數，取得七連勝。賈吉隔天休息，洋基隊拿下八連勝。雖然那些進場為了看賈吉的球迷來說大失所望，但是在球季中獲得一天的喘息，對於賈吉挑戰歷史紀錄很有幫助。

　　「我沒辦法理解他們，」賈吉邊說邊笑。「我想最重要的是，要讓我的身體保持精力充沛。當我攻擊好球，我覺得我能夠展現破壞力。」

　　賈吉馬上就證明自己所言不假。

第七號全壘打：五月一日
投手：堪薩斯皇家隊的丹尼爾・林區（Daniel Lynch）（第一局，陽春砲）
擊球初速：時速一百一十三點五英里
預期飛行距離：四百五十三英尺

擊球仰角：二十七度
在所有大聯盟球場都會形成全壘打。

第八號全壘打：五月一日
投手：堪薩斯皇家隊的喬許・史陶蒙特（Josh Staumont）（第九局，
陽春砲）
擊球初速：時速一百零六點八英里
預期飛行距離：三百九十五英尺
擊球仰角：三十五度
在所有大聯盟球場都會形成全壘打。

　　隔天，晴朗的星期日下午，皇家隊第一次穿上時髦的城市版球衣，
向堪薩斯市的噴泉特色致敬（據說比羅馬的噴泉數量很多）。可是皇
家隊先發投手丹尼爾・林區可不想被噴泉淋溼。左投林區身高六呎六，
是皇家隊新秀中相對傑出的一位。曾經就讀於維吉尼亞大學，林區在
二〇一八年選秀會上被選中，簽約金一百七十萬。

　　這場是林區生涯第十九場先發，一開始就被打得很慘。他先投了
一顆高角度速球，偏高沒有進到好球帶，接下來一記時速九十三點九
的速球失控丟到紅中，被賈吉狠狠地痛擊，球飛出去又高又遠，打中
外野皇冠造型的大螢幕，那座大螢幕有十二樓那麼高。在洋基隊轉播
單位的轉播室中，卡洛斯・貝爾川盛讚說：「他看起來很輕鬆。」（過
去貝爾川也曾效力過皇家隊，也在這座球場打過不少全壘打）播球播
了二十四年的皇家隊主播萊恩・勒費爾（Ryan Lefebvre）說：「這是我
第一次看到有人打到大螢幕，而且還是在有側風的情況下。」

　　「他擊出的那一支全壘打，天啊，很難再看到那麼乾淨的揮棒動
作了。」布恩說。

　　賈吉後來曾開玩笑地說過：「如果可以挑在考夫曼球場打球的日
子，我一定要挑風稍微往外吹的比賽。」在直擊大螢幕的超大號全壘
打之後，賈吉在第七局要揮不揮的情況下，把球打成軟弱滾地球，遭
到刺殺，但足以讓三壘上的艾西亞・凱納弗拉法回到本壘得到追平分。

091

喬許‧唐諾森再靠著野手選擇，攻下超前分。

洋基隊終結者阿洛迪斯‧查普曼（Aroldis Chapman）在牛棚熱身，準備上場守住一分領先。輪到賈吉上場打擊，面對二十八歲的投手喬許‧史陶蒙特。史陶蒙特來自加州拉哈布拉（La Habra），接近洛杉磯與安納罕的中點。他先連投了兩顆曲球，賈吉都沒有揮棒。零好兩壞的球數，史陶蒙特陷入球數落後，他投了一記時速九十八英里伸卡球，掉進好球帶中心，賈吉揮棒，把球送往右外野，右外野手杭特‧多茲爾（Hunter Dozier）退到牆邊，無助地目送飛球出牆，毫無抵抗地看著賈吉擊出這場比賽第二支全壘打，這也是賈吉本季第二度單場雙響跑。

「我還能說什麼呢？」洋基隊友路易斯‧賽維里諾（Luis Severino）在客隊休息室受訪時說。「這傢伙是個怪物。」

賽維里諾在受訪時，其他隊友正迅速地打包行李，要準備今年第一次飛往北國加拿大。大家忙著封好行李，一邊用手機應用程式處理加拿大海關需要的入境資料，因為新冠肺炎疫情的關係，必須要有疫苗証明。這也給了藍鳥隊一點意外的主場優勢。奧克蘭運動家隊和波士頓紅襪隊陣中沒有接種疫苗的球員們，之前就無法入境，讓球隊人手相對短缺。

但是洋基隊這邊，布恩很驕傲地說，不會有任何人手短缺的問題。這在春訓時討論得沸沸揚揚，洋基隊和大都會隊中未接種疫苗的球員，當時被認為有可能無法打主場比賽。

紐約市政府要求在五個行政區中，每一個人都必須接種新冠肺炎疫苗才能工作。拒絕接種的名人中，最有名的是布魯克林隊的後衛凱瑞‧厄文（Kyrie Irving），依照市政府規定，他在所有主場比賽都只能坐板凳。瑞佐曾經在二〇〇八年罹患何杰金氏淋巴癌（Hodgkin's Lymphoma），當時他還是波士頓紅襪隊的新秀，歷經六個月的化療後康復，瑞佐在二〇二〇年和二〇二一年賽季期間拒絕接種疫苗，當時他說「還需要再研究一下」。賈吉則是選擇避談。

但是紐約市長艾瑞克‧亞當斯（Eric Adams）在三月下旬解除限制，讓職業運動員能夠不受規範。厄文回到球場，替布魯克林籃網隊出賽。而賈吉和瑞佐，以及洋基隊和大都會隊陣中沒有接種疫苗的球員，還

能在布朗克斯區和皇后區出賽。得知消息的那天早上，賈吉在史坦布瑞納球場的休息室和記者說：「我早就告訴你們我不太擔心，現在解除禁令了，我想對於厄文來說是好事一件，他現在能打主場比賽，幫助籃網隊了。」

最後厄文並沒有幫助籃網隊打進季後賽。籃網隊的球季在例行賽季結束的八天前，隨著被波士頓塞爾蒂克隊打敗，而畫上休止符。可是洋基隊近況正火燙，蓋雷伯·托瑞斯兩分砲幫助洋基隊在系列賽首戰擊敗藍鳥隊，將連勝場次推進到九場。隔一天，單局灌進六分，比數來到雙位數。在那場比賽中，也上演了大聯盟二〇二二年賽季最刺激和最暖心的時刻。

第九號全壘打：五月三日
投手：多倫多藍鳥隊的艾立克·莫諾亞（Alek Manoah）（第六局，陽春砲）
擊球初速：時速一百一十四點九英里
預期飛行距離：四百二十七英尺
擊球仰角：二十五度
在所有大聯盟球場都會形成全壘打。

藍鳥隊主場羅傑斯中心外，灰濛濛的天空下著毛毛細雨。麥可·蘭季羅塔（Mike Lanzillotta）正在和朋友奈吉·辛（Nigel Singh）喝啤酒。蘭季羅塔在當地連鎖百貨公司的竊盜管理部門工作，他手中有兩張票，要來看今晚藍鳥隊對洋基隊的比賽。他們進到球場，要到二〇〇區時，他的朋友開玩笑說，今晚要吃多少根「盧尼熱狗」（Loonie Dogs）才夠。因為今天是藍鳥隊舉辦加幣一元熱狗的日子。

他們看了座位號碼，又看了一次，他們的票上面寫著三號和四號，但是位子上都有人了，於是他們改坐一號和二號座位。他注意到旁邊的小男孩和他的父親大聲為客隊加油。小男孩的名字是德瑞克·羅德里奎茲（Derek Rodriguez），今年九歲，頭戴他唯一的洋基隊周邊商品，才剛剛買的一頂賈吉球帽，後面還印上九十九號。

羅德里奎茲的父親叫做凱薩（Cesar），和他們聊了起來。凱薩以前在委內瑞拉時就是洋基隊球迷，在電視上看著洋基王朝，後來搬到多倫多。他說小男孩就是以德瑞克·基特來取名的。蘭季羅塔想起自己曾經在十二歲時，接到一顆界外球，那時他伸手越過圍欄，接到一顆滾動緩慢的界外球，他的祖父抓住他的腳踝，把小蘭季羅塔拉回去。

　　「我答應你，今晚我們要幫你拿到一顆球。」蘭季羅塔對小男孩說。

　　這是一項艱難的任務。他們坐在左外野區上層看台，距離本壘板比一個美式足球場長邊還遠。蘭季羅塔和辛在每一局換局時，都大聲地叫左外野手的名字，但是沒有任何一球丟往他們的位置附近。藍鳥隊的小勞爾迪斯·葛雷洛（Lourdes Gurriel Jr.）擲出一個高飛球，落在他們二十五呎附近的地方，有位球迷接到了。小男孩德瑞克有點沮喪，只好專注地看球。

　　藍鳥隊凶狠的王牌投手艾立克·莫諾亞在這場比賽前五局，只讓洋基隊擊出兩支安打。莫諾亞來自佛羅里達州荷姆史戴（Homestead），他在二〇一九年選秀會上被藍鳥隊以首輪第十一順位選走，簽約金市四百五十四萬七千元，當時他就讀於西維吉尼亞大學，是大三的球員。莫諾亞對決賈吉，兩人的身材魁梧，各方面來說，都像是一場重量級拳擊賽。不過隨著亞倫·希克斯盜二壘時，被捕手阿雷漢卓·克爾克強勁的傳球，阻殺在二壘壘包之前。莫諾亞和賈吉的對決暫時停頓了一下。

　　兩人對決的打席來到第八球，羅傑斯中心的球迷起立鼓譟著拍手，莫諾亞投出一記時速九十六英里的四縫線速球，賈吉一棒讓現場變成圖書館，球被擊出後，像是火箭一樣射向左外野第二層看台，一直往上飛，直朝蘭季羅塔的座位而去。這是一發全壘打。蘭季羅塔全程注視著球的飛行軌跡，最後接到球，手上的啤酒灑出來，他大聲高喊：「我接到啦！我接到啦！」

　　這顆球一開始打到蘭季羅塔的手，彈了出來，彈到旁邊的辛的臉頰，然後掉進他們裝熱狗的餐盤上。熱狗上淋滿芥末和番茄醬，兩人身上都是啤酒，但神奇地是，全壘打球完全沒有碰到啤酒和熱狗。

「賈吉的全壘打直朝我們而來。」蘭季羅塔說。「絲毫不差。這大概是我人生中最值得紀念的時刻。」

後來那顆棒球的命運從平凡無奇，變成網路上的熱門影片主角。因為接下來蘭季羅塔兌現諾言，一點也沒有遲疑，把全壘打球送給了羅德里奎茲，並且告訴他：「有一天你會變成我，可以讓另一個小朋友開心。答應我，你會把愛延續下去。」四年級的羅德里奎茲點頭答應，和身旁的這位陌生人緊緊擁抱，眼淚流過他臉頰。「我當時好開心，我只記得我說了謝謝，擁抱了他。」羅德里奎茲說。

賈吉的全壘打帶起了六分大局，洋基隊最後輕鬆地以九比一獲勝。賽後賈吉在休息室受訪時，全壘打影片已經在全世界發燒，幾小時內累積幾十萬觀看數。賈吉得知訊息後，臉上露出微笑。

「這就是棒球特別的地方啊。」賈吉說。「不管你穿哪隊的球衣，現場每一位都是球迷，每一位都愛棒球。」

棒球界當然知道這是一個很棒的故事。隔天，藍鳥隊和洋基隊共同邀請蘭季羅塔和羅德里奎茲一家，來看賽前打擊練習。羅德里奎茲在打擊籠後方受訪，小聲而堅定地說蘭季羅塔是他「最好的朋友」，然後描述他今天早上把球帶到學校的情況，讓他的老師和同學們羨慕。每位同學都歡迎來看那顆球，但只有羅德里奎茲可以摸它。

「我到現在還不敢相信。」羅德里奎茲說。「真的太神奇了。」

洋基隊後來也邀請蘭季羅塔和羅德里奎茲一家到洋基球場看球，他們都被安排坐在右外野的法官席。藍鳥隊的外野手喬治‧史賓格為了表揚蘭季羅塔，送給他一件簽名球衣。當賈吉打完打擊練習後，他和小羅德里奎茲打招呼，揮手邀請他一起到客隊休息區坐坐。小羅德里奎茲好像看到聖誕老公公一樣有些害羞。他們簡短地聊天，互相擁抱，賈吉的舉動讓小羅德里奎茲流下開心的眼淚。

「我問他最喜歡的球員是哪一位，他轉過身，讓我看他球衣上的背號。」賈吉說。賈吉在全壘打球上簽名，還給了他一雙打擊手套。「回想起來還是會起雞皮疙瘩。看到小朋友穿著我的背號球衣，我小時候也像他一樣，為我最愛的球員和球隊加油。」

賈吉想起小時候他還是球迷的時光，以前他是舊金山巨人隊的球

迷。毫無疑問，貝瑞・邦茲是那個年代隊上最強的球員，連續四年拿下年度最有價值球員殊榮，大家看好他有機會挑戰貝比・魯斯和漢克・阿倫（Hank Aaron）的史上最多全壘打紀錄。但年輕時的賈吉最喜歡的球員是內野手瑞奇・奧瑞利亞（Rich Aurilia）。奧瑞利亞在大聯盟打了十五年，生涯打擊率兩成七五，只有在二〇〇一年效力巨人隊時，入選過一次全明星賽。賈吉因為父親喜歡三十五號這個號碼，所以愛屋及烏，也喜歡身穿三十五號的巨人隊球員。當時賈吉是林登少棒聯盟最高的小球員，他習慣模仿奧瑞利亞蹲低而簡潔的打擊姿勢。

「以前我在看那些喜歡的運動員，我會學習他們如何和球迷與隊友互動，我希望成為團隊至上、成就別人的運動員。」賈吉說。「我從小就被這樣的方式教育，我的家人和父母總是告訴我應該這樣做，成就團隊和他人，做一個有團隊精神好隊友。能成為其他人的榜樣，對我來說很自豪，在場上和場外都能成為表率。」

洋基隊的十一連勝在那天晚上中斷，而且在本壘板附近發生了老派的火爆場面。總教練亞倫・布恩在賈吉的打席中不斷抗議主審好球帶太低，布恩把嘴巴裡口香糖拿出來往球場丟，立刻被主審馬提・佛斯特（Marty Foster）驅逐出場。這樣的判決在賈吉的職業生涯中常常發生。

布恩對於賈吉在第六局和第八局連兩個打席，都被判第三個好球的情況感到不滿。賈吉並沒有對主審發飆，身為一個大聯盟球員，他從來沒有過像布恩那樣戲劇化的演出。不過賈吉自己坦承他在大學時曾經有過幾次：「我的大學教練跟我說，『你不是裁判，你是打者。專心打擊，不要抱怨好壞球判決。』」

自從那次之後，賈吉在打擊區時，只會像德瑞克・基特那樣小聲碎嘴抱怨。不過他對於總教練為他據理力爭，還是感到很欣慰。

「我很感謝他這麼做。」賈吉說。「在比賽中，我有跟馬提說我對於那些判決的想法，我也只能這麼做，我想這就是為什麼總教練要挺我，如果我被驅逐出場，對於球隊是一種傷害。他挺身而出，我很感謝他。」

回到連勝上，洋基隊從四月二十二日對上守護者隊開始，橫掃了守護者隊、金鶯隊、皇家隊，然後再到藍鳥隊系列賽中止，才輸掉今年第一次系列賽。在連勝過程中，投打守都表現很棒，所有球員都有所貢獻。而賈吉更是超越其他人，他在四十二個打數中擊出十五支安打，其中有八支是全壘打，打擊率三成五七，貢獻十七分打點和得到十二分。

在幾天前，布恩看到賈吉的數據想到「他還沒真正完全發揮」。事實上，球季進行還不到一個月，賈吉的打擊率是三成零三，已經掃出九支全壘打。

「這些數據說明了他多厲害，他的打擊實力有多好。」布恩說。「看起來他打得很順。他還沒有進入到完全發揮的狀態過，但是他可以做到。如果他真的打開了，會非常可怕。他準備打擊功課非常認真，這幾年累積下來的經驗，他運用得很好，讓他成為更強、更聰明的全能球員。」

投打平衡地發揮，讓洋基隊在得分、全壘打和自責分率上都領先全美國聯盟，打者方面也更少被三振，而把球打得更強勁了。總經理布萊恩·凱許曼在休賽季升級投手陣容，看起來在球季之初就收到相當正面的回報。投手群像是奈斯特·科提斯、格雷·荷姆斯（Clay Holmes）和麥克·金恩，都證明了前一年的表現並非曇花一現，而且內野守備也幫他們不少忙。「簡單來說，」布恩說。「當他們上場時，我們都很有機會贏。」

在系列賽結束的休兵日，賈吉、安東尼·瑞佐和DJ·拉梅修一起到去看冰球聯盟紐約遊騎兵隊打季後賽，對手是匹茲堡企鵝隊。他們穿著遊騎兵隊的藍色球衣喝著啤酒，出現在麥迪遜花園球場的大螢幕上。拉梅修說，這是二〇二二年洋基隊感情好的一個例子，即便他們不在棒球場上，他們還是混在一起的好隊友。

「賈吉和小佐兩個人，試著讓大家在球場外還能混在一起。」拉梅修說。「那讓我們在球場上打得更開心。一起去看演唱會或比賽之類的，他們總是在想『我們還能做什麼？』賈吉一直以來都是領導者，大家追隨他，但他現在真正成為球隊的領袖。他在球場外付出很多，

讓大家相處，不要讓每一年都很單調。球季很漫長，要保持衝勁，得在場外找一些樂子，好好放鬆。他的個性感染了大家，這對球隊來說是好事。」

接下來的兩天在紐約的比賽，都因為天氣的關係延賽，使得星期天要和德州遊騎兵隊打雙重賽，星期一要再多打一場補賽。奈斯特‧科提斯在最後一場比賽投了七局無安打，洋基最後在系列賽中三場比賽贏了兩場。然後輪到藍鳥隊作客紐約，那是一次難忘的系列賽，因為賈吉用全壘打一棒送藍鳥隊回家。

第十號全壘打：五月十日
投手：多倫多藍鳥隊的喬丹‧羅曼諾（Jordan Romano）（第九局，三分打點再見全壘打）
擊球初速：時速一百一十二點五英里
預期飛行距離：四百一十四英尺
擊球仰角：三十一度
在所有大聯盟球場都會形成全壘打。

在這之前，賈吉在大聯盟擊出一百六十七支全壘打，但從來沒有過再見全壘打。事實上，他的第一支再見安打直到二〇二一年最後一天才發生，那支再見安打還是一支內野安打，最後幫助洋基隊拿下外卡門票。在週二陰天晚上的比賽，賈吉又再加上一支再見全壘打。後來洋基隊友一致認為，這是他們對二〇二二年賈吉擊出所有全壘打中，最難忘的一發。

「我感覺那好像是他那個月第四還第五支大號全壘打。」DJ‧拉梅修說。「而那一支全壘打讓他封神，沒看到我還真不會相信。」

分區的兩支勁旅球隊你來我往，布恩形容為「五月的重量級拳擊賽」。在這場比賽中，已經有三個人被驅逐出場，包括投手藍鳥隊伊米‧賈西亞（Yimi García）、投手教練彼得‧沃克（Pete Walker）和總教練查理‧蒙托右（Charlie Montoyo）。他們三個人只能在客隊休息室看比賽。第六局時，賈西亞一記觸身球打中喬許‧唐諾森左上臂，下一棒

吉安卡羅・史坦頓立刻擊出右外野方向的逆風全壘打。

「當喬許被砸到的時候，我想大家都變得全神貫注，想說：『好，現在要認真了。』」賈吉說。「特別是我，那球讓我鬥志高昂。」藍鳥隊在八局上從查德・格林（Chad Green）手中得到兩分，洋基隊試圖在面對終結者喬丹・羅曼諾時有所回應。二十九歲的羅曼諾是來自加拿到安大略省馬克漢（Markham）的右投手，他在季初創下藍鳥隊新紀錄，連續二十六次救援機會沒有失手。創紀錄的那天正好是在四月十一日，作客對戰洋基隊。那天他穿著訓練短褲，站在三壘邊線旁，給攝影師們拍照，讓洋基隊球員注意到他。

羅曼諾三振掉艾西亞・凱納弗拉法，抓下第一個出局數。接著上場的捕手荷西・崔維諾（Jose Trevino）在打擊區裡，緊握著球棒，他心想：「輪到賈吉上來打的話，我們就有機會贏球了。」賈吉這時正在洋基球場的主場休息區通道，他盯著高速投球機，好讓眼睛能夠跟得上，他盯著速球和犀利的滑球，把球速往上加。賈吉和教練德西・佐修（Desi Druschel）和凱西・戴克斯（Casey Dykes）對上眼。賈吉說：「如果我有機會上場，比賽就會結束在我這一棒。」

崔維諾最後選到四壞球保送，他耗掉投手六顆球。賈吉上來到準備區等待。戴克斯和佐修還留在打擊籠裡，戴克斯對佐修說：「他說了，我相信就會發生。」羅曼諾用了五顆球，又保送了 DJ 拉梅修，藍鳥隊投手教練彼得・沃克叫出暫停，他在投手丘上清楚地告訴羅曼諾該怎麼攻擊賈吉。如果能夠三振他，很好；如果能讓他擊出滾地球形成雙殺，更好。羅曼諾點頭表示收到，捕手查克・柯林斯（Zack Collins）拍拍他的背。賈吉嘴裡嚼著比平常更大顆的口香糖，走進打擊區。第一球滑球，賈吉沒有揮棒，主審判好球。下一球輕碰打成三壘方向界外球。羅曼諾再投一個滑球引誘賈吉，賈吉沒有出棒，球提前落地，柯林斯擋下來。羅曼諾再投了一記速球和滑球，並不好打，不過賈吉都破壞掉，打成界外球。

「大家說我真的有烏鴉嘴，我覺得這件事很好笑。」YES 聯播網主播麥可・凱說。「在球投出之前，我說：『亞倫・賈吉大聯盟生涯從來沒有擊出過再見全壘打。』」

羅曼諾在這個打席的第六球選擇投滑球，一投出他就後悔他失投了，時速八十四點一英里的滑球掉在賈吉腰帶附近的高度，賈吉大棒一揮，球飛得很高很遠，往左外野飛去，進到上層看台。過了好幾個月，洋基隊的隊友聊起那一支全壘打還是很爽，眼睛張得老大。

「我記得我在二壘上，」崔維諾說。「我想那天晚上有風，我當時在思考：『喔老天啊，我不知道該不該跑，那球有可能不會飛出去。』我記得我看著球飛出去。『哇，這球飛得真遠。』」

捕手凱爾‧東岡（Kyle Higashioka）也說：「我覺得大家都知道他上場會發生什麼事情，我覺得我們甚至知道那球會投在哪裡。我們當時討論說：『如果羅曼諾的滑球沒有掉下去，賈吉可以把球打得老遠。』然後真的發生了，超爽的。打到第二層看台欸，他簡直把球打爆了。我們很享受打敗藍鳥隊的感覺。」

洋基隊全隊從一壘側休息區衝出來，準備擁抱今晚的英雄。賈吉在繞壘經過三壘指導教練路易斯‧羅哈斯（Luis Rojas）前笑了一下，然後摘下打擊頭盔，跳起他的「格迪舞」（Griddy）[70]。格迪舞從明尼蘇達維京人對接球員賈斯丁‧傑佛森（Justin Jefferson）帶起的，成為美式足球聯盟流行的達陣慶祝舞蹈。

「感覺很奇怪。」賈吉說。「聽到全場球迷瘋狂慶祝，看到休息區裡的每個人都跳過圍欄，全部人都非常興奮。這是特別的時刻，我想要和全隊分享。」在大家蜂擁而上拍著賈吉時，吉安卡羅‧史坦頓雙手拿著兩瓶礦泉水，狂灑在今晚的英雄身上。在球員餐廳裡，路易斯‧賽維里諾大吼大叫慶祝著，他看過「菜鳥轟炸機」隊友們做過很多次了。「每個人都知道賈吉有多強，」賽維里諾說。「他是很強的打者，很厲害的球員。像今晚的局面，你知道賈吉能成為我們的英雄。」

在記者室裡，大家搖著頭，紛紛地修改原本寫好的新聞稿件。看起來今年只要洋基隊只要輪到賈吉上來打擊，什麼事情都有可能發生。

「特別是我們在面對高壓，有機會一棒贏球或是逆轉勝的時候，感覺他上來就有可能大棒一揮打出全壘打。」東岡說。「那一年有好幾次他在關鍵時刻挺身而出，用各種方式幫助球隊贏球。」

70. 一種手比 OK 手勢放在眼前當作眼鏡，用腳跟跳舞的舞步。

05

BEST VIEW IN THE HOUSE

最佳視野

　　距離洋基隊上一次打進世界大賽，已經過了十二年。最近一次世界大賽是在二〇〇九年的十一月寒冷的夜晚，陣中還有「四核心」（Core Four）的時候，德瑞克・基特、馬里安諾・里維拉、荷黑・普沙達和安迪・派提特，四個人一起站在中外野的頒獎台上領獎，那是他們一起奪得的第五次也是最後一次世界大賽冠軍。那一年也還有 CC・沙巴西亞、艾力克斯・羅德里茲和馬克・特薛拉則是嘗到職業生涯唯一一次奪冠滋味。

　　後來洋基隊還有幾次很接近世界大賽，像是二〇一七年在美國聯盟冠軍系列賽第七戰輸給太空人隊，結局令人心碎。在二〇一九年再度以二比四飲恨輸給太空人隊。有些洋基隊工作人員還在抱怨二〇一七年太空人偷暗號的醜聞，甚至認為偷暗號延續到二〇一九年。有一位資深的洋基隊員工說：「該死的太空人隊偷走我們的冠軍。」

　　今年的開季成績是洋基隊幾十年來最好的，感覺這批二〇二二年的陣容大有可為。有人開始將今年的陣容和一九九八年的洋基隊相提並論，那一年的洋基隊是史上最強的陣容之一，總教練是喬・托瑞

（Joe Torre）。當年開季前五場輸了四場，球隊很快地一掃陰霾，以一百一十四勝寫下美國聯盟單季最多勝場的紀錄，一路殺進世界大賽，在世界大賽橫掃了聖地牙哥教士隊，拿下隊史第二十四座冠軍。

雖然西雅圖水手隊在二○○一年以一百一十六勝刷新了紀錄，可是水手隊沒有辦法完成最終任務，最後在美聯冠軍系列賽敗給了托瑞領軍的洋基隊。每當球迷討論運動史上最強的球隊，講到棒球，標竿一定是一九九八年的洋基隊。那支洋基隊還保有一九九六年冠軍隊的肌肉記憶，一九九六年的冠軍隊有剛爆紅的基特和里維拉，兩個人都正邁向巔峰，加上一群明星老將和未來的名人堂球員，最終驚險地在世界大賽擊敗了亞特蘭大勇士隊。

當然，現在說這些還太早，球季才進行了四分之一，這支洋基隊看起來有相似的冠軍隊基因。舉例來說，歷史上有八支洋基隊在球季的頭三十四場比賽贏了至少二十五場，今年是第九支。前八支都拿下美國聯盟冠軍，其中六支最終還贏得世界大賽冠軍。亞倫・賈吉是這支洋基隊的靈魂人物，不只用手中的球棒狠狠地教訓對方投手的火球，把全壘打送往球場外野觀眾席的每個角落，而且還是每天的先發中外野手。

賈吉很愛守中外野，他說中外野有「球場裡最好的視野」。洋基隊在二○一三年選秀會第三十二順位選他的時候，他在弗雷斯諾州大就是守中外野。弗雷斯諾州大學校球場正好蓋在加州九十九號公路旁邊。二○一三年六月十一日，當年選秀之後，賈吉第一次受邀和洋基隊練球，就是站在奧克蘭運動家隊主場奧克蘭競技場的中外野草皮上。賈吉當年他進到客隊休息室時，那種震驚的感覺還歷歷在目。派提特伸出厚實的手掌，用路易西安那和德州混合的南方口音自我介紹：「嘿，我的名字是安迪，很高興認識你，亞倫。」

賈吉結巴了。面前這位是拿過五次世界大賽冠軍、三度入選全明星賽，而且是季後賽史上最多勝的投手？他當然知道派提特是誰。當布雷特・賈德納離開休息區，準備到球場時，賈吉抓起手套，緊緊跟著前輩。教練羅伯・湯森（Rob Thomson）在二壘附近拿著教練棒，旁邊有一桶球，打滾地球給外野手們練習守備。賈吉的第一次守備機會

就遇到不規則彈跳，球從他雙腳中間火車過山洞。他有雀斑的雙頰立刻漲紅，乖乖地去追往全壘打牆邊滾去的球。

「從他腳下滾過去了。」賈德納說。「他完全沒碰到，球就過去了。湯森很有幽默感，他把球棒丟在地上，可能還用腳踢了踢土，他讓賈吉以為他在生氣，以為他對漏接很失望，而我在一旁大笑。在見到他的第一天，想起來這事情還滿酷的。」

後來賈吉站進打擊籠，突然之間大家都笑不出來了。老將維能‧威爾斯（Vernon Wells）擁有十五年的大聯盟生涯，效力過多倫多藍鳥隊、洛杉磯天使隊和洋基隊，他看到賈吉，這個笑起來門牙有個縫的大個兒，在打擊練習的表現，威爾斯表情鐵青地跟打擊教練凱文‧隆恩（Kevin Long）說：「我差不多該退休了。」

在小聯盟期間，洋基隊把賈吉放在右外野，因為他的身材守中外野實在太難以想像，在職業層級可說是前所未見。在一九六○年代，有一位六呎七吋的中外野手叫做瓦特‧邦德（Walt Bond），他只有在兩支大聯盟球隊守過中外野，分別是克里夫蘭印第安人隊和休士頓點四五手槍隊，以及點四五手槍隊改名後的太空人隊[71]，而且總共只守了十一場比賽。

「當我在選秀會上被選中之後，他們告訴我的第一件事就是『我知道你在大學是守中外野，但我們有中外野手傑科比‧艾爾斯伯瑞（Jacoby Ellsbury）了，而且他會待好長一段時間。』」賈吉說。「所以如果你想要上大聯盟，你得學會守右外野。我說：『好啊，我沒問題。』」

好多年以來，洋基隊不太願意再談到前述的決定，認為那是「非緊急請勿使用」的方案。二○一八年，賈吉第一次先發守中外野引起話題，他在多倫多的人工草皮上守了九局，沒有發生失誤。直到二○二一年，布恩才又讓賈吉守中外野，那一年賈吉擔任先發中外野手二十一場。布恩還是把賈吉視為一名右外野手，偶爾用來頂替中外野手。可是到了二○二二年，賈吉在頭三十四場比賽中，有十一場先發守中外野。而在開幕戰的先發中外野手亞倫‧希克斯陷入低潮的情況下，賈吉能夠鎮守中外野，確實提供了總教練在調度上的彈性。

當賈吉走進芝加哥白襪隊球場[72]客隊休息室時，他看到通往場邊

<hr/>

71. 一九六四年十二月，改名為太空人隊。隔年球季搬進甫完工的太空巨蛋（Astrodome）。
72. 保證費率球場（Guaranteed Rate Field），同名貸款公司在二○一七年取得冠名權。作者霍克在原文認為以此球場名稱很不吉利。除此之外，該公司冠名後的球場標示，也以一個象徵下跌的紅色箭頭作為主要圖樣。

休息區的鋼門上貼著先發打序。「我喜歡守右外野，但我是貨真價實的中外野手。」賈吉說。

第十一號全壘打：五月十二日
投手：芝加哥白襪隊的萊恩·伯爾（Ryan Burr）（第七局，陽春砲）
擊球初速：時速一百一十四英里
預期飛行距離：四百五十六英尺
擊球仰角：二十五度
在所有大聯盟球場都會形成全壘打。

　　球場在芝加哥南邊，今天天氣又溼又熱，在開賽時，氣溫是華氏八十八度。洋基隊一開始就先聲奪人，前三局吉安卡羅·史坦頓就從白襪隊王牌迪倫·希斯（Dylan Cease）手中敲了兩支兩分砲，希斯只投了四局就被打退場。比賽來到第七局上半，洋基隊以六比四領先，輪到賈吉打擊。

　　二十七歲的萊恩·伯爾在投手丘上準備面對賈吉，這位白襪隊後援投手在二〇二一年出賽三十四場，自責分率二點四五，是未來可望會被倚重的一名投手。不過二〇二二年球季到現在，他因為從春訓開始，肩膀就受傷了，導致投出去球不太會跑，缺乏尾勁，必須在球季中注射可體松（cortisone），好讓他能上場比賽。

　　他後來只多撐了三場，就選擇去動手術了，醫師發現他的肩膀關節唇有部分撕裂。球員通常留在亞歷桑納州或佛羅里達州春訓基地，進行復健。復健之路非常漫長而且枯燥乏味。不過對於伯爾來說不一樣，他在手術完的隔天就被白襪隊釋出了。伯爾感到「絕望、難堪而且心碎」。

　　「面對肩膀手術是一回事，」伯爾說。「但是你為了球隊而傷了肩膀，球隊卻沒有任何協助，這件事傷我很深。真的。」

　　然而，在今年的倒數幾場出賽對上賈吉，伯爾連續投了三顆壞球，賈吉都沒有出棒，接下來一顆速球塞進紅中，被判好球。賈吉很久之前就得到教練的無限出棒權，在沒有好球三壞球也可以積極進攻，不

過他沒揮棒，不太尋常。他又再看了一記膝蓋高度的速球進壘，來到滿球數。

伯爾的運氣用光了。他塞了一顆時速九十四點九英里的速球，賈吉揮出一發左外野的全壘打，打進觀眾席。「打得很強勁，出去啦！」白襪隊轉播單位主播傑森·百內提（Jason Benetti）大聲說。「哇！真是怪力啊。」隔一局，賈吉的兩分打點二壘安打，開啟了洋基隊在八局上半的七分大局，最後以十五比七大勝白襪隊。賽後當隨隊記者們進到休息室時，賈吉先聲明今天他只想談隊友史坦頓的表現，單場六分打點，是他的生涯單場新高。

「他的揮棒很漂亮。」賈吉說。「他有這樣的實力，能夠改變戰局，就像今天一樣主宰了比賽。」

第十二號全壘打：五月十三日
投手：芝加哥白襪隊的文斯·維拉斯奎茲（Vince Velasquez）（第四局，陽春砲）
擊球初速：時速一百零三點八英里
預期飛行距離：三百五十五英尺
擊球仰角：三十一度
在三十座大聯盟球場中，有十三座會形成全壘打。

隔天晚上，洋基隊繼續痛扁白襪隊，而且史坦頓又開轟了。史坦頓和賈吉兩人完成隊史少見的紀錄。在三十二場的比賽區間中，只有兩對洋基隊球員在短時間內完成各十轟或以上的表現，分別是一九三〇年的貝比·魯斯和路·蓋瑞，還有一九五六年的米奇·曼托和尤吉·貝拉。史坦頓從先發投手文斯·維拉斯奎茲手中擊出的兩分砲，幫助洋基隊領先五分。四局上，維拉斯奎茲還在投手丘上投球，希望能多幫球隊吃一點局數，來節省牛棚使用量。維拉斯奎茲面對賈吉，取得兩好球沒有壞球的球數絕對領先，他瞄準外角的角落，一顆時速九十三點三英里的速球，結果被賈吉逮中，把球送向右外野，右外野手里歐瑞·賈西亞（Leury García）向後退，看著球飛進白襪隊的牛棚區。賈吉這一

發全壘打，讓他登上全聯盟全壘打王寶座，洋基隊最終以十比四贏球。

「如果你失投了，他們就會把握住機會。」維拉斯奎茲那天賽後說。「他們的戰績和今晚的表現說明了一切。」

很難想像有球隊可以打出開季二十四勝八敗的成績，但這個系列賽在事後看來，是球季中的一個關鍵四連戰。在多雲且宜人的週六下午，喬許·唐諾森和白襪隊的游擊手提姆·安德森（Tim Anderson）在系列賽第三戰第一局下半的一次觸殺嘗試，搞到需要禁賽，而且一等就是一週的時間。

捕手荷西·崔維諾為了牽制壘上的跑者安德森，把球快傳到三壘，唐諾森接到球後要去觸安德森，同時用他的左膝擋住了三壘壘包。三壘審克里斯·古奇翁尼（Chris Guccione）在一旁看得很清楚，大聲對唐諾森喊：「你把他推開了！」安德森和唐諾森被裁判架開，兩邊板凳都清空了。從第三者的角度看，兩隊不只是推擠和叫囂而已。後來唐諾森自稱「要觸他的時候，往他身上靠了一下，但不是故意的」，而且和安德森爭吵只是兩個人都在高度競爭心態下，在場上做好本分而已。

那個週末後來沒有發生其他的事情了，不過唐諾森在效力洋基隊這段期間，之前也有弄出一些風波。在賈吉擊出生涯首支再見全壘打那場比賽，唐諾森和藍鳥隊捕手泰勒·海納曼（Tyler Heineman）在第六局發生「激烈口角」，根據當時的裁判阿方索·馬奎茲（Alfonzo Marquez）寫的報告，他當時把藍鳥隊投手伊米·賈西亞趕出場，因為賈西亞的觸身球砸中了唐諾森的左上臂。雖然唐諾森本人並沒有對賈西亞說什麼，但是洋基隊休息區有人大聲用髒話嗆聲，包括了平常不多話的 DJ·拉梅修。唐諾森在賽後訪問時，被問到他對於海納曼這位三十歲的捕手有什麼話說：「我不知道他是誰，聽都沒聽過。」

接下來，洋基隊與白襪隊的四連戰第三場比賽中，阿洛迪斯·查普曼被路易斯·羅伯特（Luis Robert）擊出再見一壘安打而輸球，隔天系列賽最終戰，洋基隊靠著奈斯特·科提斯的好投拿下勝利。洋基隊四戰三勝之姿離開芝加哥，飛往巴爾的摩進行四連戰。巴爾的摩的天氣溫暖，進場人數也比白襪隊來得多，有些球迷從紐約州、紐澤西州

1
0
6

最佳視野

和康乃狄克州開車，走九十五號洲際公路南下，把卡曼登金鶯球場變成洋基球場南方分部。

　　賈吉在系列賽第一場高掛免戰牌，洋基隊拿下一勝，為隔天晚上令人難忘的比賽揭開序幕。別忘記，賈吉在休息隔天都打得很好。他從來沒有在大聯盟單場三響砲過，要不是卡曼登金鶯球場為了抑制右打者擊出全壘打，調整左外野全壘打牆距離的話，賈吉可能在他最喜歡的球場，達成生涯首度單場三支全壘打的紀錄。

第十三號全壘打：五月十七日
投手：巴爾的摩金鶯隊的史賓瑟·瓦金斯（Spencer Watkins）（第三局，陽春砲）
擊球初速：時速一百零五點五英里
預期飛行距離：四百一十英尺
擊球仰角：二十九度
在三十座大聯盟球場中，有二十七座會形成全壘打。

第十四號全壘打：五月十七日
投手：巴爾的摩金鶯隊的喬伊·格雷布爾（Joey Krehbiel）（第五局，陽春砲）
擊球初速：時速一百一十二點二英里
預期飛行距離：四百二十二英尺
擊球仰角：二十五度
在三十座大聯盟球場中，有二十七座會形成全壘打。

　　金鶯隊把左外野全壘打牆往後二十六點五英尺，加高到十三英尺[73]，全壘打牆還因此形成了一個特殊角落，他們稱之為「艾爾羅德角落」（Elrod's Corner），以資深的牛棚教練艾爾羅德·漢卓克斯（Elrod Hendricks）為名。金鶯隊期待球打到那邊形成不規則的反彈。而賈吉在當天就體驗到了。

　　賈吉在一局上半面對金鶯隊先發投手史賓瑟·瓦金斯，他把一記

---

73. 金鶯隊在二〇二一年休賽季調整左外野全壘打牆。在此之前，金鶯球場在過去的三年期間，對於右打者來說，是最容易擊出全壘打的球場。根據大聯盟球場因素數據（Park Factor），金鶯球場高達一百二十五，超過一百表示對於打者較有利，低於一百則是對投手較友善。修改之後的二〇二二年，該數據變成八十一，成為大聯盟三十座球場裡，對於右打者打出全壘打最不友善的第七名。二〇二三年則是六十六，對於右打者打出全壘打最不友善的第二名，僅次於匹茲堡海盜隊主場 PNC 球場的六十二。

偏高的滑球打向左外野深處，落在全壘打牆上，反彈掉在地上。大聯盟的 Statcast 系統根據過往數據判斷，那一球在所有其他的大聯盟球場都會出牆形成全壘打。

「我知道那球飛不出去，但我想如果是還沒改之前，那應該會是一支全壘打。」賈吉說。

接下來是一連串的連續動作。左外野手奧斯丁・黑斯（Austin Hays）追著往內野方向反彈回來的球，DJ・拉梅修趁機從一壘跑回本壘。賈吉繞過二壘，想要衝三壘，他要賭黑斯傳球不準。結果黑斯傳了一個強勁的反彈球，一個彈跳進到三壘手泰勒・奈文（Tyler Nevin）手套裡，奈文順勢觸到賈吉伸出的左手，三壘審克里斯・康洛伊（Chris Conroy）判決奈文在三壘前將跑者賈吉觸殺出局。賈吉右拳搥了一下內野紅土。

賈吉的衣服上都是紅土，他對於全壘打牆和自己進壘的決定感到很失望。他知道加州林登打少棒時就學過棒球的原則——該半局的第一個出局數不應該發生在三壘。下一次上場打擊，第三局上半他採取另一種策略，避免往牆上打。在一好兩壞的情況下，瓦金斯投了一記時速九十一點六英里的速球到紅中，就像是丟一大塊生肉到獅子籠裡一樣。賈吉猛力一揮，把球送到中外野觀眾席第五排的位置。

「我學到教訓了，下次要瞄準右外野。」賈吉說。

四局下半，一記往二壘方向的軟弱滾地球，洋基隊二壘手格雷伯・托瑞斯沒有處理好，造成失誤掉分，再加上奈文的高飛犧牲打，打回超前分，金鶯隊首度取得領先，但是領先沒有維持多久。金鶯隊在五局上半換上後援投手喬伊・格雷布爾，接替瓦金斯的投球工作。右投手格雷布爾來自佛羅里達州，曾經在亞歷桑納響尾蛇隊和坦帕灣光芒隊上過大聯盟，他第一個任務是要解決掉賈吉。格雷布爾第一球滑球沒有投好，是一個外角壞球，接下來他再投一個滑球，不過跑到中間心臟地帶，彷彿在大喊：「快打我！」賈吉用球棒回應，小白球像是火箭一樣噴射出去，直擊中外野深處的打者之眼。賈吉在繞壘時，現場部分球迷大喊「M—V—P」。自從二〇〇七年的艾力克斯・羅德里奎茲之後，再也沒有洋基隊的球員拿到年度最有價值球員獎；上一位

拿下年度最有價值球員獎的洋基隊外野手，已經要追溯到一九六二年的米奇．曼托了。即使賈吉不斷說自己當時其實還沒有進入到最佳狀態，但在那個當下，賈吉的確被看好有可能改寫前述歷史。

「每一個打席的品質才是重點。」賈吉說。「我不能決定打席的結果，我不能控制全壘打，或是一場比賽打出四個平飛球都直朝野手而去。我能不能執行打擊策略才是最重要的，挑想打的球出棒，或是要讓壘上的跑者進壘，或把壘上的隊友打回來。如果我只想要結果，那我會瘋掉。」關於第一局的二壘安打，金鶯隊認為是「對於平衡投打優勢的一大步」，而另一方面，洋基隊總教練布恩則說是「像是玩『自己蓋球場』（Build-Your-Own-Park）的遊戲」，事實上也沒錯，卡曼登金鶯球場看起來像是青少年在《MLB：The Show》電玩遊戲中，所設計出來的球場。賈吉對此也是酸溜溜。

「這是在搞笑吧，我覺得很失望。」賈吉說。「這好像在玩『自己蓋球場』的遊戲，我一點也不喜歡，之前我很愛來這裡打球。希望未來幾年內，有機會改回去。我們等著看。」

洋基隊打完相對風平浪靜的開季頭六週，沒有出現特別的傷情、賈吉是全壘打領先者而且球隊看起來相處融洽。賈吉說氣氛很好，好到「如果可以，一個晚上想打兩場比賽」的程度。而他們就快要碰到第一個關卡了。

唐諾森加入洋基隊的那天，他從明尼蘇達雙城隊的春訓基地，在洲際七十五號公路上開了兩小時的車，到洋基隊春訓所在地。洋基隊總經理布萊恩．凱許曼談到老將帶來的「優勢」有其必要性。凱許曼認為球隊缺少熱血，即使是脾氣好的亞倫．希克斯都這樣覺得，他說球隊應該要有「幹勁」。找來唐諾森，他的確能扮演煽動大家情緒的角色，但同樣也付出了代價。唐諾森因為很能打全壘打，在藍鳥隊時期，獲得了「造雨者」（Bringer of Rain）的封號。他在藍鳥隊也拿下二〇一五年美國聯盟最有價值球員，當年他打擊率兩成九七，轟出四十一發全壘打，繳出領先全美國聯盟的一百二十三分打點成績。在這十年期間裡，他在藍鳥隊、奧克蘭運動家隊、亞特蘭大勇士隊和明尼蘇達雙城隊[74]，

---

74. 二〇一八年，唐諾森也曾短暫效力過克里夫蘭印第安人隊。

提供優異的砲火和穩定的三壘守備。

　　唐諾森入選過三屆全明星賽，拿過兩次銀棒獎，在六個球季中獲得年度最有價值球員選票，但是他也被某些隊友、對手（你去問蓋瑞特‧柯爾）和球團工作人員視為是難相處的人。

　　二〇二一年，他在雙城隊的時候，曾經和白襪隊有過爭執，當時他從白襪隊投手路卡斯‧吉歐利托（Lucas Giolito）手中擊出全壘打，對著投手大喊：「手不黏就沒用了啦！」。因為那段期間大聯盟正在加強對於外來物質執法，特別針對投手使用能夠提升轉速的黏性物質。在賽後記者會上，吉歐利托稱唐諾森是「該死的討厭鬼」和「沒品的人」，後來兩個人還在停車場再度起口角。

　　而如今，唐諾森很快發現自己又身陷風暴。這次提姆‧安德森指控他是種族歧視者。在三壘事件八天之後，白襪隊來到紐約，唐諾森想起兩年多前《運動畫刊》在二〇一九年五月六日刊出的一篇報導，安德森向記者史蒂芬妮‧艾普斯坦（Stephanie Apstein）說，過往都是白人形塑的風氣，他覺得自己有責任推翻棒球場上「歡樂棒球」的障礙。

　　「我覺得自己像是現代的傑奇‧羅賓森。」安德森在訪談裡談到。「責任很大，但我覺得這很棒。因為他改變了棒球，我覺得我也接近改變比賽風氣的時刻了。」

　　時間來到五月二十一日的紐約，一個潮溼的週末晴天。二局下半，唐諾森靠著野手選擇和隊友擊出一壘安打而站上二壘。他看向安德森，說了一句：「最近過得怎樣，傑奇？」唐諾森說他只是想逗安德森笑，緩和一下之前在芝加哥對戰的緊繃氣氛。可是他得到完全相反的結果。安德森當下沒有理會唐諾森，回到休息區之後，他告訴隊友唐諾森說了什麼。「我第一次沒理他，」安德森說。「結果又來一次。」

　　第三局結束時，安德森和唐諾森在場上狹路相逢，唐諾森又說了一次：「最近過得怎樣，傑奇？」這次安德森發火了，回敬了幾句髒話，教練把安德森和唐諾森架開，布恩把唐諾森拉回休息區，白襪隊三壘指導教練喬‧麥可尤英（Joe McEwing）指著客隊休息區，示意安德森回去。當五局下半輪到唐諾森上場打擊時，白襪隊捕手亞斯馬尼‧格藍道爾（Yasmani Grandal）站起來，對著唐諾森大吼大叫。

1
1
0

唐諾森往後退，問他說：「你在說什麼？」格藍道爾說：「你知道你之前說了什麼。」後面又多加了一些話，主審尼克‧馬爾里（Nick Mahrley）離開原本的站位，要緩和一下局面。兩邊的休息區和牛棚的人都衝出來，火氣很大。即便格藍道爾已經被重砲手荷西‧阿布瑞尤（José Abreu）和內野手蓋文‧席茲（Gavin Sheets）架住，嘴巴還是不停地對唐諾森叫囂，那五分鐘感覺比實際的時長還久。格藍道爾說白襪隊全隊已經受夠了唐諾森。

　　「我們之前已經有一些脣槍舌戰，我想我們球隊已經放下了，只是這次真的嚥不下這口氣。」格藍道爾說。「我覺得他這樣做很沒品，我要站出來為我的球隊發聲。我得跟他說你不能說這些，這我們不能接受。」

　　結果兩邊都沒有人被驅逐出場。在第七局下時，安德森自踩二壘壘包再傳一壘，完成獨立雙殺，唐諾森是一壘跑者，這是他們兩人在這場比賽最後的互動。唐諾森在二壘前滑壘，兩人的腳有短暫的接觸，安德森對著露出歪嘴笑的唐諾森噴了幾句垃圾話。在賽後記者會上，安德森說唐諾森「說了一些不尊重人的話」，是跟傑奇‧羅賓森有關的。在客隊總教練辦公室裡，白襪隊總教練湯尼‧拉魯薩（Tony La Russa）坐在辦公桌後面，他談到唐諾森：「說了種族歧視的話，我只能說這麼多，事情就是如此嚴重。」有一位來自紐澤西州的的媒體從業人員想要追問，拉魯薩打斷他：「你不能讓這件事就算了嗎？我剛才說，這些就是我能說的，我不會再多說什麼了，什麼都不會說，也沒有可以說的了。」

　　洋基隊休息室氣氛也好不哪裡去。在格雷‧荷姆斯九局完美關門，拿下本季第四次救援成功，比賽結束後沒幾分鐘，唐諾森進到總教練布恩的辦公室。賈吉、吉安卡羅‧史坦頓和亞倫‧希克斯也都在房間裡，幾個人在聽了唐諾森這邊的說詞之後，有一段很長的討論。沒錯，他的確引用了《運動畫刊》，稱呼安德森為「傑奇」。但唐諾森這邊認為他只是要跟安德森玩而已，開個玩笑逗他笑而已，事實證明沒有達到效果。唐諾森說他在幾個時間點，真的叫了安德森「傑奇」。

　　「在二〇一九年時，那時我效力於亞特蘭大勇士隊，我和他真的

111

有對這件事情開過玩笑。」唐諾森說。「我不知道中間有什麼事情改變了，如果有的話，我的本意也不是種族歧視，我只是引用報導中他自己的稱號而已。我們倆有聊過，我也開過他玩笑。很顯然地，在場上他覺得這有失尊重，如果他這樣覺得，我道歉，這並不是我本意。」

安德森才不想聽到唐諾森這方的說詞，他的隊友連恩·漢卓克斯（Liam Hendriks）也是。漢卓克斯曾經和唐諾森在藍鳥隊是隊友，他說：「如果你有些小圈圈才懂的笑點，你可以跟熟人說，而不是跟不熟的人說。所以他說的那些話都是狗屁。」芝加哥白襪隊的投手達拉斯·凱寇（Dallas Keuchel）對於唐諾森的說詞覺得「非常遺憾」，他補充說：「不管在何地，棒球界都不該有這些言論。」

大聯盟賽務營運部門副總裁麥可·希爾（Michael Hill）認為場上兩邊的言論沒有爭議，不管唐諾森的本意是什麼，大聯盟將唐諾森的言論視為「不尊重對手，以及在過往兩人互動經驗上缺乏判斷力」。聯盟官方判唐諾森一場禁賽做為處罰，這讓白襪隊想不透，唐諾森是怎麼被輕判的。

白襪隊投手教練伊森·凱茲（Ethan Katz）在推特上表達不悅：「才一場。我們一週前都看到他在三壘的惡意動作了，後來又編出那些離譜的藉口。罰一場的意義是什麼？大聯盟想要表達什麼？真是太失望而且沮喪了。」凱茲後來刪除了貼文，但是他的聲音已經傳出去了。

同一時間，洋基隊煩惱著該如何撲滅公關危機。布恩相信唐諾森的話沒有惡意，他補充說：「這只是我的一己之見，我認為他不應該講那些話。」賈吉則是以做為一個好隊友而自豪，但是他也說，從小在白人地區長大（根據二〇一〇年人口普查，林登的非裔美籍人口只有百分之零點六），談到種族的時候他還是有些疑慮。

「這並不容易，」賈吉說。「不管是不是開玩笑，特別考量到歷史因素，我覺得就是不應該。之前在芝加哥客場系列賽，安德森和J.D.（唐諾森）有一些不愉快。安德森是聯盟裡頂尖的游擊手之一。大聯盟目前正在推動的推廣計畫，他也是重要的角色。J.D. 犯了錯，承擔錯誤。現在我們必須往前看。」唐諾森感覺被捅了一刀，不只是因為隊

上的實質領袖看起來像是挺對手，而不是隊友，而是他被指控種族歧視，讓他「極度受傷」。他說：「不管用任何方式來看，我絕對不是這樣的人。」在唐諾森帶刺的外在行為上，內心其實隱藏著傷痕。他的父親李凡（Levon）因為性暴力、非法拘禁和重傷罪在獄中待了十五年。在唐諾森三歲到五歲這段期間，他的家庭經歷過這些悲劇。對他來說，有些不願意記得的，至今仍歷歷在目。

「在某一天，警察到家裡來找我爸，我爸問我：『你要跟我走還是跟你媽？』」唐諾森說。「當時我四歲，我當然選擇我媽。」

唐諾森說他在跟安德森衝突後，有立刻跟隊友解釋他的動機。

「大家都對於我該說什麼有些想法。」唐諾森說。「他們知道我心裡在想什麼，而且我的本意並非那樣。我對於羅賓森家族感到很抱歉，我從未有不敬之意，他們的家族不應該捲入這種負面新聞裡。」

凱許曼回顧當時情況，他說對於球隊和管理階層「是一個艱難的時期」。

「至今我都不認為唐諾森是一個種族歧視者。」凱許曼說。「只是一件事有不同的解讀。我不知道為什麼會演變成這樣，我知道這是一個非常嚴肅的情況，而且讓人很不舒服。從紐約到芝加哥，所有相關人員對於要解決、解釋和經歷這樣的事情，相當難熬。」

球隊需要冷靜下來處理這件事情，用「眼不見為淨」的方法來度過難關。即便唐諾森沒有確診，他還是被放到新冠肺炎名單。這是新冠肺炎疫情下的一個制度漏洞，球員被放到新冠肺炎名單後，沒有限制最少天數，完全依據他們的症狀而定。在休息的期間，唐諾森施打了可體松來治療右肩膀。自從春訓以來，肩膀的問題就一直困擾他。

最終，在經過休息室內的討論，從原本幾小時到後來幾天的長談，賈吉認為這件事已經告一段落了。

「我們都是成年人了。」賈吉說。「他站出來承擔責任了，這也是輿論期待的。尤其我們每天都要上場比賽，你不能坐在那，眼睜睜看著事情越鬧越大。你必須從中學到些什麼。他是犯了錯，現在我們往前看，繼續把球打好。」

113

第十五號全壘打：五月二十二日
投手：芝加哥白襪隊的坎登‧格雷弗曼（Kendall Graveman）（第八局，陽春砲）
擊球初速：時速一百一十一點一英里
預期飛行距離：四百三十一英尺
擊球仰角：二十八度
在所有大聯盟球場都會形成全壘打。

即便唐諾森缺陣，洋基隊看起來還是打起來很吃力，在炎熱的週日打雙重戰，十八局僅得一分。那一分是在第一場比賽得的。賈吉在八局下半，面對坎登‧格雷弗曼，兩好球沒有壞球時，把一記內角伸卡球打到左外野上層看台，是一發追平比分的陽春砲。除了那支全壘打，洋基隊在那場比賽一無所獲，還傷了一名球員。牛棚投手查德‧格林受傷需要動手肘韌帶置換手術。阿洛迪斯‧查普曼又砸鍋，他被白襪隊的 A.J. 波拉克（A.J. Pollock）擊出超前全壘打，還被亞當‧恩格（Adam Engel）擊出帶有打點的二壘安打。

總教練布恩在賽後記者會充滿信心地說：「我們的先發輪值陣容持續繳出成績的話，我們沒什麼好擔心的啦。」但先發投手真的能撐得住嗎？至少牛棚感覺起來是撐不住。

洋基隊在那個雙重戰最終被橫掃，而安德森是最後的贏家。白襪隊先發投手麥可‧寇派克（Michael Kopech）在晚場比賽投出五局完全比賽。每次輪到安德森打擊時，現場的洋基隊球迷就以噓聲伺候。八局上半，安德森用反方向的三分砲讓球迷閉嘴，在繞壘時，還比出右手食指放在嘴唇上，示意大家安靜。

白襪隊在晚場比賽以五比零打敗洋基隊。賽後，安德森選擇不受訪，但 ESPN 體育台收音收到他說：「他媽的給我閉嘴。」

洋基隊這個夢幻球季有點走偏了，需要有人挺身而出。還能有誰？

第十六號全壘打：五月二十三日
投手：巴爾的摩金鶯隊的喬丹‧萊爾斯（Jordan Lyles）（第一局，陽

春砲）

擊球初速：時速一百一十二英里

預期飛行距離：四百一十八英尺

擊球仰角：二十二度

在三十座大聯盟球場中，有二十九座會形成全壘打。

第十七號全壘打：五月二十三日

投手：巴爾的摩金鶯隊的喬丹・萊爾斯（第五局，兩分砲）

擊球初速：時速一百零三點一英里

預期飛行距離：四百零五英尺

擊球仰角：三十二度

在所有大聯盟球場都會形成全壘打。

　　這個球季對於金鶯隊來說會很難熬，他們需要能夠吃局數的投手。而大聯盟資歷十二年的喬丹・萊爾斯已經準備好面對這個挑戰。來自南卡羅萊納州的萊爾斯生涯敗多勝少，金鶯隊已經是他生涯效力的第七支大聯盟球隊。他在投球局數、三振和勝場數上，領先金鶯隊其他年輕先發投手。

　　蓋瑞特・柯爾在一局上半讓金鶯隊打者三上三下。比賽來到一局下，這時多數球迷還在進場找位置，而賈吉已經為洋基展開攻勢。萊爾斯面對到賈吉的第三球，是一記時速九十點三英里的伸卡球，賈吉咬中，把球送往洋基球場中左外野的客隊牛棚。柯爾在前兩局表現神勇，之後開始讓金鶯隊打者堆壘包，在五局上打完，金鶯隊以兩分兩先，五局下要輪到賈吉上場打擊。

　　萊爾斯面對賈吉取得兩好球的球數絕對領先，然後接連投了滑球和伸卡球，都無法吸引賈吉出棒。萊爾斯再投一顆滑球，遭到賈吉重擊，球飛進左外野觀眾席，是一發兩分砲紅不讓，但單場雙響砲不夠，最後洋基隊還是以四比六輸球。先發投手柯爾送出十一次三振，沒有投出任何四壞球保送，卻吞下敗投，他認為很「詭異」，而記者問他關於賈吉的表現時，他忍不住露出一個大大的微笑。

1
1
5

「有時候我感覺他就在等某種球路，等到就給它一棒痛擊。」柯爾說。「有時候我覺得他就是一個厲害的球員，鎖定好球帶紅中，用同樣的方式揮擊。並不是什麼事情都如他所願，他也不是每一球都要轟出牆。他只是在打擊方面做得比對方投手投球還更好。他——就是比較強。」

賈吉的雙響砲讓《紐約時報》隔天刊出一篇文章，提到「亞倫·賈吉今年能敲出六十支全壘打嗎？」內文拿賈吉和其他在單季擊出六十轟以上的八次球員單季表現比較，賈吉在頭四十場就擊出十七支，比魯斯在一九二七年擊出的十三支，以及一九六一年馬里斯的十一支還多。

他也比山米·索沙分別在一九九八年的七支、一九九九年的十三支和二○○一年的十四支多，跟馬克·麥奎爾在一九九八年的十七轟並駕齊驅。一九九年的麥奎爾在頭四十場只打出十二支。而二○○一年的貝瑞·邦茲最多，他在開季頭四十場就繳出二十二轟的成績。文章中寫到賈吉要達標的關鍵是持久度和穩定度。在前面的八個球員單季表現，平均該季出賽數是一百五十六點八場。

「我有時候會覺得他的表現理所當然，但現在不會。」布恩說。「他真的是一個很特別的球員，他一手撐起我們的進攻火力。」

洋基隊捕手荷西·崔維諾早上起床，看了一下月曆，今天是五月二十四日。他知道今天並不好過，因為今天是他父親的冥誕。

他在紐約租來的公寓廚房裡忙進忙出，用咖啡機泡了一杯咖啡，陶瓷馬克杯上有他父親最喜歡的球員，上面是米奇·曼托在一九五二年 Topps 球員卡公司出的新人卡圖案[75]。

他的父親名字是喬·崔維諾，綽號「蟲子」（Bugé），因為很會跳舞很會扭而得名。喬·崔維諾在二○一三年因為長期的疾病而過世，他的兒子還能想起他們在德州班伯特（Ben Bolt）的老家蓋的洋基球場長什麼樣。球場在一英畝大的空地上，有一顆大橡樹，左外野和右外野很短，而中外野非常遠。他們在那邊練球，喬·崔維諾會用網球餵球，給他們練打成千上萬顆。荷西·崔維諾還記得父親的跑壘觀念：

---

75. 一九五二年的曼托球員卡是目前為止拍賣價格最高的棒球卡，曾經以一千兩百六十萬美金標出。

「把你的雙手張開，像在飛翔一樣。」喬‧崔維諾心中一直想著：「我要把你訓練成為未來的洋基隊球員。」

「從小時候到大，他從來沒有強迫我打棒球，但當我想打的時候，他都會陪我。」崔維諾說。「想到他居然希望我成為洋基隊球員，實在滿瘋狂的。」

崔維諾離開家，前往布朗克斯區的洋基球場，心情沉重。腦中一邊想起他和父親的往事，另一邊是要和今天先發投手喬丹‧蒙哥馬利討論對戰金鶯隊的比賽計畫。剛過中午不久，崔維諾的手機響起，他收到即時新聞通知，在他的家鄉德州出現孤狼式槍擊案，德州猶瓦爾迪（Uvalde）的羅伯國小（Robb Elementary School）有十九名孩童和兩位成年人死亡。這是在美國槍枝暴力氾濫下，又一起令人髮指的事件。

崔維諾蹲在本壘板後方時，仍為小鎮發生的慘案感到心痛。球季結束後，崔維諾為猶瓦爾迪的少棒聯盟租下德州阿靈頓的六旗樂園（Six Flags Over Texas in Arlington），希望能幫助當地社區。崔維諾在第十一局下半站上打擊區，他想著父親在現場看他，這樣有助他舒緩心情。他面對金鶯隊後援投手布萊恩‧貝克（Bryan Baker），球數來到兩好一壞，他掃出三壘方向的強勁平飛球，三壘手拉蒙‧烏瑞亞斯（Ramón Urías）飛撲沒能攔下來，一路滾到左外野全壘打牆牆腳。當崔維諾站上一壘時，致勝分回到本壘。此時崔維諾再也壓抑不住情緒。「爸爸！爸爸！」他在內野中間哭泣，鏖戰十一局奪勝後哭紅了眼，他接過無線麥克風，向全場觀眾說話。

「今天晚上我想先從分享我的想法，和為德州猶瓦爾迪人民禱告開始。」崔維諾說。「我知道，你們看到我哭了，這是有原因的，我父親是死忠的洋基迷，他一直希望我能為洋基隊打球，他常常說：『洋基球場，九局下半，追平或是贏球，就靠你需要擊出安打了。』」

洋基隊在開季前幾週交易來了崔維諾，當時引起球迷議論。洋基隊把亞伯特‧阿布瑞尤（Albert Abreu）和羅伯特‧阿爾斯壯（Robert Ahlstrom）送到遊騎兵隊。崔維諾不太可能是洋基隊的第一選擇，原本洋基隊鎖定的是自由球員捕手曼尼‧皮尼亞（Manny Piña），不過最終差一點。而總經理布萊恩‧凱許曼打算用凱爾‧東岡來做為主戰捕手，

而粗壯的班‧羅維特當二號捕手。羅維特之前是跟唐諾森和凱納弗拉法一起從雙城隊被交易過來的。但是羅維特後來在春訓又弄傷了側腹斜肌，所以洋基隊要回到捕手市場上找人手。

　　洋基隊知道崔維諾有很好的偷好球能力，能夠把好球帶邊緣的球接好，讓主審青睞，也是一門藝術。崔維諾曾經是奧克拉荷馬州圖薩市的奧羅‧羅伯斯大學（Oral Roberts University）的一員，他原本是三壘手，還入選全美大學新生第一隊，後來改練捕手。從當捕手的第一天開始，他就在磨練偷好球的能力。面對發球機射出的時速一百英里速球，他的教練在一旁大吼：「接啊！要接得輕鬆！」但哪有那麼輕鬆，崔維諾接到手到瘀青了，但一開始的苦練讓他在接球技術上與眾不同。但是對於凱許曼來說，在二○二二年春天時，崔維諾最重要的特質其實是「他可以被交易」。

　　在初春的華盛頓特區，粉紅色和白色櫻花綻放著，凱許曼正在他的母校美國天主教大學（Catholic University of America）接受表揚，他入選成為該校的名人堂成員。多工的凱許曼在講台上搞定了崔維諾的交易，他之前準備好要跟遊騎兵隊談交易，同時也和大都會隊的總管比利‧艾普勒（Billy Eppler）討論交易右投手米格爾‧卡斯楚（Miguel Castro）。

　　「我那天應該要去看母校棒球隊比賽的。」凱許曼說。「結果我必須打給教練說：『你們那天沒有賽前儀式吧？我不用開球吧？』他說沒有，我說：「很好，我正在處理兩筆交易。我們典禮見，但我就不去看比賽了。」」

　　凱許曼看著台下的滿滿人群，擠在商學院的馬龍尼會議廳（Maloney Hall）。他心想，如果把電話開擴音功能，讓電話對面的德州遊騎兵隊總經理喬恩‧丹尼爾斯（Jon Daniels）跟大家說兩個人正在談交易，不知道會多快在社群媒體上爆紅，不過想想還是算了。凱許曼和丹尼爾斯繼續協商，緊張的典禮工作人員跑過來提醒凱許曼：「嘿，你是下一個上台的。」凱許曼揮一揮手示意他們離開：「噢，我知道，我會上去，不用擔心。」幾分鐘之後，崔維諾成為洋基隊一分子。「蟲子」的美夢成真了。

「就算最差的情況，我們也有一個防守功力很棒的捕手。」凱許曼說。「我們知道他是一個不錯的替補捕手，而且我們很滿意。結果他遠遠超越我們的期待。他是個棒球痴，非常喜歡研究比賽，很愛做功課，很愛研究。他很愛從細節中找出那些可以擊敗對手的優勢。」

隔天晚上，洋基隊飛往佛羅里達州，這是洋基隊本季首次造訪坦帕灣光芒隊主場純品康納球場。純品康納球場原本是佛羅里達陽光海岸巨蛋（Florida Suncoast Dome），在一九九〇年開幕，預計要招攬西雅圖水手隊、芝加哥白襪隊或是舊金山巨人隊南遷來到佛州。球場從誕生開始就是陪嫁的命。這三支球隊和聖彼得堡市[76] 眉來眼去，最終還是在原本的城市蓋新球場。同州的邁阿密在一九九三年先成為國家聯盟擴編球隊，成立了佛羅里達馬林魚隊，而聖彼得堡的球場做為美式足球使用，還有幾季是冰球隊坦帕灣閃電隊的主場，偶爾還有一些搖滾演唱會和一拖拉庫的拖拉機牽引比賽。

五年之後，純品康納球場迎來第一場大聯盟比賽。擴編球隊坦帕灣魔鬼魚隊被分在長期戰力堅強的美國聯盟東區，只能當一直陪榜的魯蛇球隊。魔鬼魚隊隊史最有名的一幕是四十一歲的韋德·伯格斯（Wade Boggs）[77] 在擊出生涯第三千支安打後，雙膝跪下，親吻本壘板。坦帕灣一直到二〇〇八年才擺脫單季敗多勝少的成績，那一年也是他們把原本俗艷的綠黑紫配色淘汰，從魔鬼魚隊改名為光芒隊的一年。

換上了清爽的藍白黃的光芒配色，也帶來煥然一新的新氣象。光芒隊的棒球營運部門後來建立起以小博大的響亮名聲，後來的十四年期間，有十年是勝多敗少。不過好成績並沒有幫助球隊帶來票房。光芒隊在當地的收視率不錯，顯示球迷對於球隊的關注度，但是很少球迷願意進場，球場過時而且從坦帕或北方城市過去不方便。在坦帕市區蓋新球場或搬到蒙特婁打一些主場比賽的提案也被否決。在近期可預見的未來，光芒隊還是要在這座有著人工草皮球場、高聳屋頂和貓道，看起來像是上個世紀的馬戲團帳篷裡打球。

在與光芒隊的系列賽首場，洋基隊的詹姆森·泰陽（Jameson Taillon）和格雷·荷姆斯兩人接力完封對手，比賽只打了兩小時又

76. 球場所在地在聖彼得堡，並不在坦帕。
77. 名人堂球員。

二十三分鐘。總教練布恩開玩笑地說，比賽結束後他還有時間去坦帕當地豪奢的伯恩牛排館（Bern's Steak House）吃晚餐。洋基隊球員和教練在春訓時都很喜歡去。在光芒隊休息室裡，泰勒‧沃爾斯（Taylor Walls）則是一點開心的心情都沒有。工具人沃爾斯當年的打擊率只有一成七二，他賽後說洋基隊是「可以贏的，我們有能力打敗的」球隊。沃爾斯在接下來的比賽也用表現應證了自己說的話，他面對路易斯‧賽維里諾擊出全壘打，還有幾個防守美技，幫助光芒隊在四連戰中拿下兩勝。但是沃爾斯對於洋基隊球員來說根本不是個咖。洋基隊的巨星更不會空手而回。

第十八號全壘打：五月二十九日
投手：坦帕灣光芒隊的柯林‧波謝（Colin Poche）（第八局，陽春砲）
擊球初速：時速一百零七點四英里
預期飛行距離：四百二十英尺
擊球仰角：三十度
在三十座大聯盟球場中，有二十八座會形成全壘打。

　　賈吉在前三戰都沒有擊出全壘打，直到系列賽最後一場，在星期天下午比賽中，他面對到柯林‧波謝（Colin Poche），波謝上場要鎖住四比一的領先優勢。雖然是下午，但看不出來比賽時間是幾點，因為純品康納沒有可見的窗戶，凌晨三點和下午三點看起來是一樣的，還好我們能分辨時間。

　　波謝面對賈吉的第一球投高，沒有進到好球帶，然後他再投一記時速九十一點三英里的速球，進到好球帶紅中偏內角低的位置，賈吉猛力一揮，往中右外野方向的魟魚池飛過去，差一點就打到。魟魚池寬度三十五英尺，水量有一萬加侖。裡面的牛鼻魟跟佛羅里達水族館借來展示的，球迷在現場可以觸摸水裡的魟魚。可惜這一發全壘打沒有打進轟魚池裡，不過當賈吉繞壘時，現場感覺像是洋基隊主場。近滿場的兩萬五千零二十五人（純品康納球場曾經可以容納五萬多人，但因為沒人，光芒隊在二〇一九年把上層看台用防水布蓋起來）大多

數都是為洋基隊加油的。

「我們戰鬥到最後一個出局數為止。」賈吉說。「那時我是該局第一位打者，我的工作是上壘，延續攻勢。我等到一個可以攻擊的球路，而且準確咬中。」不過後來波謝後來被打一壘安打，又投出暴投，最終還是拿到了三個出局數，接替的 J.P. 費爾萊森（J. P. Feyereisen）在九局上讓洋基隊三上三下，為光芒隊拿下勝利。比賽結束後，洋基隊獲得一天的休息日，他們在過去的二十二天裡，打了二十三場比賽。在離開球場之前，賈吉對媒體說，他希望隊友之後能找回打擊手感。

「我想球隊裡的每個人都還想再打。」賈吉說。「我們輸得不服氣，跟我們連戰多少場無關，大家來到球場就是準備好，每一天都一樣。我知道最近打很多比賽，但球隊渴望勝利，我們還有很多要證明的。現在打了兩個月，我們還有很多比賽要贏。我們現在在分區領先，至少這比第二名好，這是肯定的。」

吉安卡羅‧史坦頓原本不會會成為洋基隊球員，洋基隊想要的是大谷翔平。至少原本凱許曼的計畫是這樣走的。

二〇一七年八月，凱許曼和副總經理金‧阿夫特曼（Jean Afterman）飛去札幌和東京看大谷翔平。當時大谷翔平二十三歲，還是北海道火腿鬥士的球員，那時他已經很有名氣，同時是優異的右投手也是左打重砲手。大谷翔平是自一九一九年紅襪隊把貝比‧魯斯從投手位置轉換成外野手以來，罕見的二刀流球員。洋基隊從二〇一二年就在觀察他。阿夫特曼對於引進日本球星能幫上忙，他經手過松井秀喜和田中將大，這次他希望能夠為洋基隊帶來大谷翔平。

洋基隊在二〇一七年夏天透過交易換來許多國際業餘球員簽約金額度，其中有一百五十萬美金的額度來自運動家隊，在那筆交易中還換來了右投手桑尼‧格雷（Sonny Gray）。媒體普遍認為洋基隊是最有可能得到大谷翔平的球隊，這樣的說法讓凱許曼後來表示「尷尬」。

十二月的某個週日晚上，傳來了壞消息。那時凱許曼人正在康乃狄克州的史坦佛（Stamford）參加「燈高節」（Heights & Lights）節慶活動，他打扮成聖誕老公公旁的小矮人，從二十二層樓高的辦公大樓

垂降下來。可是洋基隊的聖誕襪裡沒有裝禮物。洋基隊寄給大谷陣營很厲害的影片，介紹紐約的景點和洋基隊的歷史，但是大谷陣營代表通知凱許曼不用面對面提案了。大谷決定要到西岸打球，希望能在小市場的球隊，而不是紐約。

「我知道我們的提案是完美的，反饋也很好。」凱許曼說。「我無法改變我們是大市場球隊的本質，我也不能改變我們在東岸的事實。」

三天後，全世界都知道了大谷翔平的選擇，是洛杉磯天使隊。天使隊總經理比利‧艾普勒曾經是凱許曼的左右手，現在他的手機一直響，是大谷的經紀公司 CAA 打來的。他和大谷的經紀人奈茲‧巴雷諾（Nez Balelo）聊得很開心，艾普勒關上往副總經理強納森‧史崔吉歐（Jonathan Strangio）辦公室的門，好讓他能私下講電話。「大谷翔平想要加入天使隊。」巴雷諾跟艾普勒說。艾普勒起身，然後又坐下，結果坐空。

「我沒坐到椅子。」艾普勒說。「我整個倒在地上，當下腎上腺素爆發，我感覺不到痛，只是被嚇到。那個時刻太令人印象深刻了。」

洋基隊很快地改變策略，轉向和馬林魚隊達成一筆超大交易，交易來史坦頓。邁阿密馬林魚隊的經營團隊希望減少薪資支出。當年他才轟出五十九發全壘打，獲選為國家聯盟最有價值球員。而史坦頓和賈吉則在二〇一七年明星賽全壘大賽並肩的畫面，當時史坦頓認為賈吉「就像素未謀面的雙胞胎，每個人都把我們倆拿來比較。」

賈吉和史坦頓，洋基隊現在也有「霸擊兄弟」（Bash Brother）[78] 了。然而大谷翔平穿上洋基隊球衣，可能永遠都是「如果有一天」的話題了。特別是大谷翔平在二〇二一年擊出四十六支全壘打，還繳出自責分率三點一八的成績，全票通過拿下美國聯盟最有價值球員之後。即便如此，有大谷神一般的表現，和棒球界最強的外野手麥克‧楚奧特，天使隊也只在美國聯盟西區排第四，而且二〇二二年頭兩個月也沒有起色。洋基隊在系列賽第一場，以九比一痛扁天使隊，在五月底時繳出全聯盟最佳戰績，三十四勝十五敗。隔天因雨延賽，後天雙重戰，而大谷翔平要投第一場。

---

78. 一九八〇年代後期到九〇年代初期，運動家隊的荷西‧坎瑟柯（Jose Canseco）和馬克‧麥奎爾兩人長打火力凶猛，被稱為「霸擊兄弟」。

大谷在洋基球場都投不好，或許他沒來洋基隊是聰明的決定。去年六月，洋基隊面對大谷，從他手中拿了七分，在第一局就把他打退場。從這場比賽的第一個打席開始洋基隊就壓著大谷打，開路先鋒麥特・卡本特（Matt Carpenter）耗到第十一球，擊出首打席全壘打。

留著小鬍子的老將卡本特，曾經效力聖路易紅雀隊，入選過三次明星賽。兩個星期前，他還坐在家裡的沙發上看電視，那時他剛被德州遊騎兵隊的 AAA 球隊釋出。他在坦帕灣光芒隊的系列賽時加入洋基隊，和球隊在純品康納球場會合。他跟總教練說他什麼都願意做，如果球隊有需要，他連「搬行李上飛機」都可以。當他在賽前開打擊會議的時候，他還穿著剛下飛機報到時的牛仔褲。

洋基隊後來沒有安排卡本特去做地勤人員的工作，他打出回春的重砲手表現，休賽季時，卡本特到全美多個地方重新打造揮棒動作。他和辛辛那提紅人隊的喬伊・沃托（Joey Votto）在電話上談了很久，後來到路易斯安那州巴頓魯治（Baton Rogue）的棒球實驗室，接受先進科技的訓練。他到加州聖塔克拉瑞他（Santa Clarita）找了一位私人打擊教練，還到了奧克拉荷馬州大找老隊友麥特・哈樂戴（Matt Holliday）練揮棒。這一趟旅程讓他找回了塵封的打擊實力。

「我需要有機會上場證明。」卡本特說。「我在德州遊騎兵的時候，開始越打越好，我到了 AAA 圓石球隊，也打得不錯，我知道我在往好的方向前進。」

而現在他在洋基球場擊出全壘打，繞著壘包跑。蓋雷伯・托瑞斯在第一局也從大谷翔平手中擊出全壘打，賈吉在第一局擊出一壘安打，第三局輪到他第二次上場打擊。

第十九號全壘打：六月二日
投手：洛杉磯天使隊的大谷翔平（第三局，陽春砲）
擊球初速：時速一百零九點九英里
預期飛行距離：四百零五英尺
擊球仰角：二十一度
在所有大聯盟球場都會形成全壘打。

在這兩個打席中，賈吉把大谷的球路看得很清楚，他面對一記滑球和一記速球的放掉，都是好球，然後再選掉一顆挖地瓜沒投好的指叉球。下一球把速球打成界外。大谷下一球是偏高的滑球，沒有掉下來，賈吉把球送往左外野觀眾席。

「因為他有犀利的指叉球，而且喜歡在兩好球以後使用，而且滑球和曲球都不錯。所以我鎖定好球帶偏高位置的球路。」賈吉說。

洋基隊在雙重戰橫掃了天使隊，比數分別是六比一和二比一，後來天使隊十四連敗，連總教練喬·麥登（Joe Maddon）都丟了工作。天使隊狗急跳牆，希望能止敗，他們甚至全隊改用加拿大樂團五分錢樂團（Nickelback）當作出場曲，結果還是在主場輸給了紅襪隊。大谷翔平選的是二〇〇五年發行的一首〈照片〉（Photgraph），連主唱查德·克羅伊格（Chad Kroeger）的歌聲都幫不了他們。

麥登在思考過大谷翔平那天的表現之後，他在想為什麼洋基隊那天打得那麼輕鬆。「他們在球路辨識上做得很好，他們真的厲害。」麥登說。「我沒有指控任何人做什麼事情，只是說他們做得很好。如果是用正常的方法，那很好。投手有時候會被抓到小動作，我們應該要再小心點。」

洋基隊沒有做什麼狗屁倒灶的事情，也不像二〇一七年太空人隊用電子儀器偷暗號。他們反而是破解了大谷翔平偏好的配球策略，對於麥登的說法，布恩沒有反對。

「我們確實做得很好。」他說。「希望能持續下去。」

雙重戰第二場，晚場比賽中，詹姆森·泰陽連續解決面對的二十一位天使隊打者，距離洋基隊上一次在一九九〇年大衛·孔恩後，只差六個出局數就能達成完全比賽。當時孔恩面對的是蒙特婁博覽會隊。這場最後比數是二比一，系列賽橫掃了天使隊。洋基隊已經很久沒有打擊大爆發了，下一場比賽他們以十三比零痛扁底特律老虎隊。

蓋瑞特·柯爾延續泰陽的好表現，面對老虎隊直到第七局才被對手打出安打，為之前在老虎隊聯信球場的差勁表現一雪前恥。而在柯爾完成雪恥之前，賈吉已經先趕自己進度了。

第二十號全壘打：六月三日
投手：底特律老虎隊的艾爾文‧羅德里奎茲（Elvin Rodriguez）（第三局，
陽春砲）
擊球初速：時速一百零四點二英里
預期飛行距離：三百七十八英尺
擊球仰角：二十九度
在三十座大聯盟球場中，有二十九座會形成全壘打。

　　崔維諾率先用一發陽春砲在第三局幫助洋基隊破蛋，他從艾爾文‧羅德里奎茲手中開轟。羅德里奎茲很快發現到自己也洩露了球路，就像麥登暗示大谷可能洩漏那樣，因為連「Jomboy」吉米‧歐布萊恩（Jimmy O'Brien）透過影片在他的客廳沙發上都能看出來。三十多歲的歐布萊恩因為在二〇一九年讀唇語而爆紅，那時他分析布恩被驅逐出場時說了什麼。最新影片是他分析羅德里奎茲在壘上有人，用固定式姿勢投速球前，會盯著三壘，如果只看三壘一下，或是直看捕手，那就不是速球。如果歐布萊恩都看得出來，洋基隊也看得出來。

　　「我沒有注意到，但我看了影片，沒錯，他們抓到我洩漏球路了。」羅德里奎茲後來證實確有此事。

　　同一個半局，兩人出局，輪到賈吉上場打擊，球數來到一好兩壞。壘上無人，所以羅德里奎茲用揮臂式動作投球，看不出來球路。他投出一記時速九十四點四英里的速球，賈吉逮中，把球打得很高，飛向右外野，羅德里奎茲看著球飛行，已經知道球不會回來了。右外野手德茲‧卡麥隆（Daz Cameron）也是這樣想的，球飛進觀眾席之前，他已經背對觀眾了。球最後落在「法官席」前幾排，掉在一〇四區裡。洋基隊打擊教練迪隆‧勞森忍不住驚呼。

　　「他很勤奮而且表現穩定。」勞森說。「我記得他們也這樣形容基特。他們倆累積很多好表現。如果只看一場，你可能打得比基特好，但是基特能維持好表現很長一段時間，最終成就偉大的職業生涯。賈吉擁有絕佳的天分，和棒球界頂尖的爆發力，除此之外，他也很穩定。這樣打下去，可不只是偉大而已，而是創造歷史。」

1
2
5

'61 FLASHBACK: THE MVP
回顧一九六一年：老洋基人

巴比‧理查森（Bobby Richardson）坐在南卡羅萊納州桑姆特（Sumter）西邊的家中客廳裡，那是一棟一層樓的低調農舍。客廳的四面牆自一九六一年挺立到現在。理查森已經快要八十七歲，但還是很活潑，像年輕人一樣。此時距離他最後一場大聯盟比賽，已經五十多年了，他看著電視，對螢幕上的畫面頻頻讚嘆不已。

理查森之前是洋基隊的先發二壘手，他和米奇‧曼托和羅傑‧馬里斯同隊，他們兩位在追逐貝比‧魯斯的全壘打紀錄，他是第一手見證歷史的球員。他看著隊友在休息室另外一頭，十多位記者簇擁在馬里斯的置物櫃前，然後再移動到曼托那邊，有時候還會繞回來，媒體永遠都問不夠的樣子。

「當時我們都幫曼托加油，希望他打破貝比‧魯斯的紀錄。因為曼托是洋基隊農場一路上來的。」理查森說。「但到最後他沒有辦法完成，我們還是很高興看到馬里斯打破紀錄。」

在一九六一年球季初期，是曼托帶領著洋基隊前進的。總教練勞夫‧浩克想要找到打序最佳排法，一開始把尤吉‧貝拉排在第三棒，曼托打第四棒，馬里斯第五，直到五月中曼托才確定打線，用馬里斯打第三棒，曼托扛四番，一直沿用到球季結束。

《紐約世界電報》的記者丹‧丹尼爾（Dan Daniel）曾經寫過，馬里斯「打擊率連他早餐錢一塊七都還不到」（指一成七）。浩克猜想馬里斯要有更多好球可以攻擊（在五月十六日時，馬里斯打擊率兩成零八，三轟），於是安排他在曼托前面打擊，當年曼托選到一百二十六次保送（而馬里斯選到九十四次，沒有任何一次是故意四壞球保送）。馬里斯被叫到位於曼哈頓第五大道七百四十五號的洋基隊辦公室，他和老闆丹‧塔平（Dan Topping）與總經理羅伊‧哈尼（Roy Haney）聊天，他們走到五十八街的魯賓餐廳（Reuben's Restaurant），那間餐廳以醃牛

肉三明治、起司蛋糕和啤酒聞名。

「我們希望你不要再為打擊擔心。」塔平說。「我們不擔心，我們也希望你不要擔心。忘掉你的打擊率，上場就是全力揮棒，我們寧可看到你打一堆全壘打，打回分數，而不是打擊率上三成。」

然後塔平還提到洋基隊希望馬里斯去檢查眼睛，外頭有台車準備載馬里斯去給驗光師檢查。馬里斯信心開始動搖，但洋基隊挺他。他和克里特‧波伊爾（Clete Boyer）在客場之旅時當室友，他幫助馬里斯適應球隊。洋基隊的防守表現很傑出，而曼托在五月底時已經敲出了十四發全壘打，投手懷帝‧福特（Whitey Ford）開發出一種自稱「控制曲球」（controlled curve）的球路，也就是現代的滑球。浩克對慕斯‧史勾朗（Moose Skowron）、艾爾斯頓‧豪爾（Elston Howard）和尤吉‧貝拉有信心，相信他們排在曼托後面還能展現火力。

「不管你怎麼說，羅傑還是必須轟出全壘打。」曼托說。「廢話少說，全壘打就是重點。」

理查森常常在家裡想起一九六一年的事情。他住在一個紅磚搭起的房子裡，入口有一個停車的牌子。前院有一個五角形的花園，旁邊是郵箱，裡頭會有信件、帳單，有時候還有要簽名的信。前院還有一個木製的十字架，看來出來理查森的虔誠信仰。

在理查森和太太貝絲（Betsy）買下這塊地的那一天，理查森贏得一九六〇年世界大賽最有價值球員，他是史上唯一一個落敗方獲得該殊榮的球員。他們在一九六〇年世界大賽第七戰被匹茲堡海盜隊的比爾‧馬澤羅斯基（Bill Mazeroski）的再見全壘打擊敗。當時還沒有「再見全壘打」的說法。理查森一九六一年的薪水是兩萬兩千五百元，而建商報價是兩萬八千元，理查森退縮了。

「老天，我付不起。」他心想。

但事後看，他的投資很成功，讓兒孫有一個遮風避雨的幸福家庭，他們後來在後方家了車庫，但整體看來還是跟一九六一年二月差不多。那時理查森正收拾行囊準備南下，到洋基隊的春訓所在地佛羅里達州的聖彼得堡，和馬里斯與曼托會合。

理查森好奇這位新同學亞倫‧賈吉的表現。每次理查森打開體育

頻道，看到賈吉全壘打繞壘畫面，背景的名嘴聲音滔滔不絕地談論著賈吉。

「我知道他現在的進度，也知道大概有多少機會打破紀錄。」理查森說。「我想羅傑看到賈吉也會笑，賈吉個性很好，對於球迷很友善，這樣的球員有可能打破他的紀錄。而且羅傑應該會很開心，而且賈吉跟禁藥無關。」

在一九六一年，理查森打第一棒，而游擊手湯尼‧庫百克（Tony Kubek）打第二棒，讓這兩位雙殺搭擋占據前兩棒，但他們主要還是守備組，打擊時想辦法上壘就好，再靠後面的馬里斯和曼托把他們打回來得分。

庫百克是一九五七年的年度新人王，大聯盟生涯九年，有四度入選明星賽，拿到三枚世界大賽冠軍戒指，退休之後在 NBC 頻道、洋基隊和多倫多藍鳥隊做球評做了三十年。

「排在羅傑前面打第二棒，是我棒球生涯最刺激的事情之一。」庫百克說。「我站在二壘上看過他打好多支全壘打。羅傑有無限的潛能，而且他發揮出來。我認為他被很多人誤解，他是一個非常安靜的小鎮男孩，在大舞台的關鍵時刻表演，球迷的支持可以成為他的助力，而批評也隨之而來。這就是紐約市的環境。」

庫百克退休以後住在威斯康辛州的艾波頓（Appleton），今年已經八十七歲。他說已經很少看棒球，嗜好是養蜂和採楓糖。庫百克說有時候有球迷會打來，是他在史勾朗和漢克‧鮑爾在經營的夢幻營[79]所認識的朋友。這些球迷讓他知道賈吉正在追逐馬里斯的紀錄。

「我從來沒親眼見過亞倫‧賈吉。」庫百克說。「但我想現在球員被保護得比以前多。以前在打擊練習的時候，記者都圍著打擊籠，想要得到一些故事，以前比較混亂，羅傑給他們很多自由。」

理查森則固定會看洋基隊的比賽，他認為賈吉扛得住魯斯和馬里斯留下來的右外野位置。賈吉和理查森見過一次面，在二〇一八年新洋基球場的的老洋基日。在理查森當球員的日子裡，他五呎九吋，一百七十磅，現在肚子比較沒像當年那麼節制了。理查森挺直腰，頭微彎和賈吉握手，好像在參觀三十四街上的帝國大廈。

---

79. 給球迷參加的營隊，通常辦在春訓基地。會有退役球員跟球迷一起打球互動。

「你跟我想像的一樣高大。」理查森說。

賈吉以露齒微笑回應，用手拍了拍理查森的肩膀。「理哥，」賈吉說。「我很高興你身體硬朗，可以來參加老洋基日。」老洋基球員聚集在休息區，包含了福特和唐·拉森（Don Larsen），他們向賈吉點頭，賈吉也回敬。

「他人很棒。」理查森說。「他是其中一位和老洋基球員聊天的現役球員。有很多人就待在休息區裡，他在練習時上場和每個人聊天，他很友善，他會是很棒的領導者，在各方面都會恪守上帝的意志。」

但當他談到全壘打追逐時，理查森知道不要太拘泥於單季的全壘打爭執上。理查森曾經在紐約州詹姆士鎮舉辦的貝比魯斯世界大賽上，談到馬里斯的六十一支全壘打紀錄。現場有一位女性大喊：「但是他打了一百六十二場比賽！」後來理查森才知道，原來那位女性是貝比·魯斯的女兒，茱莉亞·魯斯·史蒂芬斯（Julia Ruth Stevens）。

最佳視野

06

難關將至
"ADVERSITY IS COMING FOR YOU"

　　亞倫‧布恩不是一個掃興的人，他總是保持正面，這是他能勝任大聯盟球隊總教練的特質之一。他承諾不管未來遇到什麼風風雨雨，他都會挺球員。六月初，布恩眼神掃過洋基球場辦公室的牆面，看著球隊輝煌的歷史，他知道球隊在這兩個月繳出很好的成績，可是冠軍並不是只看這兩個月。出身棒球世家的布恩很瞭解這一點。

　　從他的辦公桌往外看，辦公室在一壘側上層看台下方，在一面深藍色牆上有許多偉大的洋基隊球員簽名，在那邊往右急轉。牆上有一張黑白裱框照片，照片上是布恩的祖父雷‧布恩（Ray Boone），他在大聯盟打了十三年。照片凍結了時間。雷‧布恩單腳跪姿，手握球棒，身上穿著寬鬆的羊毛製底特律老虎隊球衣，拍攝時間大約是一九五〇年代中期。

　　雷‧布恩曾經兩度入選明星賽，他在菜鳥年一九四八年就跟克里夫蘭印第安人隊打進過世界大賽，他在第五戰擔任代打，被後來入選名人堂華倫‧史邦（Warren Spahn）給三振出局。那根他使用過的球棒也掛在牆上。而亞倫‧布恩的祖父雷、父親巴伯‧布恩（Bob Boone）、

131

哥哥布雷特·布恩（Bret Boone）三人坐在費城人隊退伍軍人球場（Veterans Stadium）的休息區參加老費城人日的照片也掛在牆上，大約是一九七〇年代中期。那是布恩家族的光輝時代，他們親身參與了費城人隊奪冠的過程 [80]。

布恩家族的男孩們常常出現在費城人隊休息室裡，他們在紐澤西州上學，下了課就過達拉威爾河來到費城，跟著他們的爸爸一起在球場，從小被史蒂夫·卡爾頓（Steve Carlton）[81]、彼得·羅斯（Pete Rose）[82] 和其他費城人隊球員混在一起。在五歲的時候，布恩會模仿重砲手葛雷格·魯金斯基（Greg Luzinski）的走路笨重的樣子，或是學總教練丹尼·歐札克（Danny Ozark）的痛苦地緩步走上投手丘的樣子。布恩兄弟倆很認真地看比賽細節，所以當亞倫·布恩所以當亞倫·布恩在二〇一八年接下洋基隊兵符時，雖然他沒有任何執教或是擔任教練的經驗，他已經有足夠自信說：「我從出生到現在都在準備當總教練。」

布恩知道要形成一支冠軍隊有多難，特別是在外卡年代和聯盟戰力平衡的時代。雷·布恩在一九四八年拿到世界大賽冠軍戒指，但是就僅此一次。巴伯·布恩一路打到四十多歲，在本壘板後蹲了三十多年，忍受了無數擦棒球，但他換來了可以在費城百老匯街上乘著拖板車，頂著宿醉封王遊行的機會。那是他人生最棒的時光。亞倫·布恩人生最重要的時刻是在二〇〇三年美國聯盟冠軍系列賽第七戰，面對提姆·威克菲爾德（Tim Wakefield）的蝴蝶球打出再見全壘打，贏得美國聯盟冠軍。不過洋基隊因為在聯盟冠軍系列賽跟紅襪隊戰到精疲力竭，在世界大賽面對佛羅里達馬林魚隊就沒氣了，在第六戰被淘汰。而二〇二二年的洋基隊正在成就一支偉大球隊的路上，布恩知道接下來還有很多難關要過。

「我告訴大家，難關就要到了。」布恩說。「你必須準備好面對它，球季是不會停下來等你的。」

時序來到六月，一路平坦的車程要進到凹凸不平的八十七號洲際

---

80. 費城人隊在一九八〇贏得世界大賽冠軍，巴伯·布恩是冠軍隊捕手。
81. 名人堂左投手。
82. 大聯盟史上最多安打的球員，四千兩百五十六支，但因為賭博問題而無法入選名人堂。

公路了。洋基陣中出現傷兵，包括了阿洛迪斯・查普曼、查德・格林、強納森・羅艾西加（Jonathan Loáisiga）、提姆・羅卡斯楚、吉安卡羅・史坦頓，還有三位可能接觸到新冠肺炎患者的球員，有喬許・唐諾森、喬伊・蓋洛（Joey Gallo）和凱爾・東岡，以及令人煩心的唐諾森與白襪隊安德森的口角。

「每一支球隊都會遇到問題和傷兵。」賈吉說。「重要的是，當你挨了一拳之後，還能站起來嗎？」

還好，洋基隊還保有全大聯盟最佳的戰機，賈吉還在場上繼續狂轟猛炸，只要這兩件事一直維持，布恩就樂意繼續為這支球隊拚命。

第二十一號全壘打：六月四日
投手：底特律老虎隊的波・布里斯基（Beau Brieske）（第一局，陽春砲）
擊球初速：時速一百零六點四英里
預期飛行距離：三百七十八英尺
擊球仰角：三十一度
在三十座大聯盟球場中，有十四座會形成全壘打。

貝比・魯斯在大聯盟先發出賽兩千三百九十八場，從來沒有擔任過第一棒。羅傑・馬里斯在一千一百三十六場先發中，有十九次擔任開路先鋒，但有十五次是集中在一九五八年，他還在堪薩斯運動家隊的時候。米奇・曼托有七十八場打第一棒，大多是在總教練凱西・史坦戈麾下的時候，一九五一年、一九五二年時期，那時候他還在爭取外野手的位置。

賈吉身材高又壯，很難符合一般對於開路先鋒的形象，儘管史上最強的瑞奇・韓德森（Rickey Henderson）[83]充滿爆發力、速度和上壘能力，但他也還是少數。賈吉在球季開始時，從右外野移到中外野，而現在他要勇敢地接下扛第一棒的任務。布恩知道賈吉的上壘率和打擊爆發力，現在開路先鋒也越來越需要爆發力，像是洛杉磯道奇隊的穆奇・貝茲，和多倫多藍鳥隊的喬治・史賓格。

「我希望盡可能更平衡，讓他上場打擊越多次越好。」布恩說。

83. 名人堂球員，史上盜壘成功次數最多的球員，一千四百零六次。

「他很享受打第一棒而且擔任中外野手。特別是看到我們後面的棒次，擺他在第一棒更有價值。」賈吉覺得在冬天休賽季的準備，讓他可以勝任這個新角色。

　　「我希望能夠加強跑壘技巧和速度。」賈吉說。「如果我要在被安排在第一棒，我希望能夠多盜壘，站上得點圈，製造打點機會給後面的棒次。同時守中外野也能讓亞倫‧希克斯有休息的機會。」

　　當這樣的勝利方程式運作順暢時，賈吉可以立刻提供火力支援。像是在週六下午對上老虎隊菜鳥投手波‧布里斯基時，他鎖定一顆紅中時速九十五點三的英里速球，轟出中右外野全壘打大牆外。這只是二十四歲的布里斯基生涯第八場先發。

　　「我看到我想打的球。」賈吉說。「我原本沒有打算要積極進攻，但是我看到他準備啟動。我在想『我要不要打？要不要進攻？』然後我看到我想打的球，我知道他有一顆不錯的速球，變速球也不錯，我原本鎖定外角高的位置，但這球偏高，我就出棒了。」

　　這支全壘打算是賈吉重量訓練的成果，包含翻動重達六百磅的卡車輪胎，真的有效。對於大多數打者來說，同樣的揮棒角度會形成普通的高飛球出局，而這球卻一直飛，外野手德瑞克‧希爾（Derek Hill）和威利‧卡斯楚（Willi Castro）都跑到了警戒區，眼睜睜地看著球飛進觀眾席第八排。

　　「休賽季是我奠定基礎和建立肌力的時期。」賈吉解釋說。「我做了很多課表，我天生就長得很大隻了，所以我不用在休賽季把自己搞得很壯。我練重量、深蹲和上半身訓練時，主要都是訓練核心肌群和穩定性。我還是會做硬舉，希望能維持我的核心力量，如果我能做到，我感覺它能幫助我的身體，讓我可以打得更長久。」

　　在橫掃了老虎隊之後，接下來洋基隊要到標靶球場，和明尼蘇達雙城隊進行三連戰。洋基隊在近幾年是雙城隊的剋星。沒有人可以解釋這一切，即使球員都換過一批，洋基隊每次對上雙城隊感覺就先占了上風。

　　系列賽之前，洋基隊在對戰雙城隊的近二十年歷史上，是一面倒

的一百零九勝比三十八敗。當然，這也包括了基特時代，但是現在的
洋基隊陣容有最強的重砲手。

這時媒體開始注意到了賈吉的全壘打數。小羅傑‧馬里斯在佛羅
里達州蓋茲維爾（Gainesville）的家中，看到手機在響，紐約的記者打來，
距離他父親和米奇‧曼托競逐六十一轟已經過了六十一年之後，當時
是運動媒體的大事。如果有任何人可能打破他父親的美國聯盟單季全
壘打紀錄，賈吉看起來是一個理想的人選。

「老爸總是說紀錄就是要被打破的。」馬里斯說。「我不希望看
到老爸的紀錄被打破，但如果真的發生了，我想不到更好的人選了。
他是一位偉大的洋基隊球員，能在紐約打破紀錄的話，那該有多好？
我們一開始有魯斯，後來有我父親，現在有賈吉，真的很棒。我想不
到更好的劇本了。」

第二十二號全壘打：六月七日
投手：明尼蘇達雙城隊的柯爾‧山斯（Cole Sands）（第一局，陽春砲）
擊球初速：時速一百零七點七英里
預期飛行距離：四百三十一英尺
擊球仰角：三十一度
在所有大聯盟球場都會形成全壘打。

柯爾‧山斯還記得當他聽到總教練羅可‧包德利（Rocco Baldelli）
跟他說，球隊要他先發投暫居第一的洋基隊這場比賽時，他的反應是：
「真的假的！」

二十四歲的山斯來自佛羅里達州塔拉赫西（Tallahassee），在二〇
二二年球季中，他在 AAA 聖保羅（St. Paul）與大聯盟上上下下，以後
援投手的身分出賽過幾場比賽，還有一次擔任緊急先發，那次對上老
虎隊投得很好。雙城隊現在又需要他了，山斯看到洋基隊的打線，他
把這次先發當作一次學習的經驗。

洋基隊很快就給菜鳥上了一課。開路先鋒 DJ‧拉梅修上來就擊出

一壘安打，輪到賈吉上場，他選到球數兩好球兩壞球，雙城隊制訂的攻擊賈吉策略是把球投在外角低的位置，山斯下一球投在好球帶偏高的時速九十三英里速球，是一顆失投球，賈吉馬上讓他付出代價，把球轟到標靶球場的「生命之牆」。那面牆用來做為球場的打者之眼[84]，牆上種了五千七百株碧綠色杜松。

相隔一位打者，史坦頓也開轟了，而且超越了賈吉，把球打到牛棚上方的左外野第二層看台。在那場比賽的一個月後，山斯坐在小聯盟 AAA 聖保羅聖徒隊的的巴士上，還在想被賈吉和史坦頓轟出全壘打的那兩球。

「我學會在場上面對打者時調整策略，去思考哪些打者比較難對付。」山斯說。「我必須從教訓中學習，而賈吉和史坦頓狠狠地教訓了我。」

洋基隊的手風正順，單場雖然發生三次失誤，但最後還是以十比四贏球，拿下領先全大聯盟的第四十勝，只有十五敗。先發九人每人都擊出至少一支安打，賈吉說：「這是人人有功練的美好夜晚。」他強調「後半段打線幫助了前半段，而當前半段打線醒過來之後，整條打線就打開了。」

先發投手奈斯特·科提斯在下一場吞敗，不過隔一場還好有打線幫助蓋瑞特·柯爾挺過去。王牌投手柯爾開賽面對雙城隊前三棒打者，被連續轟了三支全壘打。路易斯·阿雷亞茲、拜倫·巴克斯頓（Byron Buxton）和卡洛斯·柯瑞亞三棒都擊出全壘打，這是洋基隊超過百年歷史以來第一次，有先發投手開賽被擊出背靠背靠背全壘打，這當然也不是柯爾想要創下的紀錄。

「天啊，那很難堪。」柯爾說。「執行不到位，球威也不好。」

柯爾投完第一局回到休息區後，外野手喬伊·蓋洛側身靠近柯爾，他說：「我們罩你，我們罩你。」蓋洛不擔心他的打擊率低於兩成，他來到紐約以後的表現差強人意，但這位高擊球仰角的重砲手今天表現不錯，單場雙響炮，亞倫·希克斯和 DJ·拉梅修也都擊出全壘打，最後洋基隊以十比七在打擊戰中勝出。

在這個時候，有一群洋基隊球員設立了新的休息室規矩，如果打

---

84. 在正中外野有一面深色的牆面，幫助打者看清楚投手投出的球。每一座棒球場都必備的設施。

客場的時候，在賈吉還沒打包好之前，大家都不會上巴士。

「不只是我們兩三個人而已，有八九十個人同意。」科提斯說。「我覺得滿酷的，我們說：『我們等賈吉準備好才上車。』所以如果賈吉在治療室治療，我們就坐著等他。一開始是瑞佐等他，後來大吉安卡羅也等，再來是我，開始越來越多人當一回事。」

克林特‧弗雷澤（Clint Frazier）等不及要回到洋基球場了，他有些宿怨需要解決。

洋基隊在二〇一六年與克里夫蘭印第安人隊的交易案中，把有壓制力的左投安德魯‧米勒（Andrew Miller）交易到印第安人隊，弗雷澤是換回來的包裹其中一人。總經理凱許曼稱讚弗雷澤的揮棒速度是「傳奇等級」。弗雷澤在二〇一三年的選秀會上以第五順位被選上，當時他看起來有成為大聯盟明星球員的潛力，而且也很有特色。

弗雷澤頂著一頭蓬鬆光亮的天生紅髮，這在二〇一七年的春訓期間是大家關注的話題。大老闆喬治‧M‧史坦布瑞納曾經在一九七三年制定頭髮與蓄鬍的規定，目前仍沿用著。媒體的討論後來讓總教練喬吉拉迪聽到了，他認為弗雷澤的頭髮並沒有違反球隊規定，但的確成為「令人分心的事情」。弗雷澤雖然不滿，但還是乖乖到理髮廳報到，把頭髮理成七年級中學生的樣子。

在大聯盟幾年後，弗雷澤把他在亞特蘭大的家塞滿了球鞋蒐藏，他有一系列昂貴的耐吉球鞋。CC‧沙巴西亞曾經稱呼他「堅尼街[85]克林特」，有一陣子休息室裡大家都這樣稱呼他，因為球員堅信弗雷澤的收藏都是便宜的仿冒品。弗雷澤的態度會傷到隊友，但他在紐約洋基隊時，並沒有鬧出什麼大事，而真正讓他在洋基隊待不下去的是一次腦震盪，發生在二〇一八年佛羅里達春訓，一場和匹茲堡海盜隊在布萊登頓的比賽中。

他在二〇二一年被洋基隊釋出，當時他的打擊率只有一成八六。弗雷澤說他在二〇二〇年九月，一次外野防守中再次出現腦震盪，但是一直到隔年六月才公開。今年他有機會跟著芝加哥小熊隊再回到紐約打比賽，弗雷澤摩拳擦掌，要把一些話公開地說出來。「我顯然沒

85. 曼哈頓中國城所在地，為 Canal Street 的譯名。

有很想念紐約。」弗雷澤說。「在這裡每個人都得像一個模子刻出來的，不然你就不合群。過去五年我在這裡被要求我該怎麼處理儀容，我一點也不喜歡那樣子。」

而時間點非常不巧，弗雷澤根本沒有機會上場表現。在小熊隊準備打擊練習時，一群紐約媒體記者圍在弗雷澤的置物櫃旁，上面掛著七十七號球衣。曾經有謠言說，弗雷澤提出穿洋基隊七號球衣的要求，七號球衣是米奇‧曼托的，而且已經被退休。這謠言傳遍紐約媒體，他後來換成七十七號球衣，他還說：「每次你們看到我，就會想起那個謠言是假的。」

這時一位球團員工急忙地帶弗雷澤到客隊總教練辦公室，總教練大衛‧羅斯（David Ross）宣布球隊已經指定轉讓[86]弗雷澤，球隊需要他空出一個位置給後援投手克里斯‧馬丁（Chris Martin）。根據羅斯的說法，弗雷澤非常沮喪而且難過。弗雷澤接下來整季都待在小熊隊在愛荷華州的 AAA 球隊，而且他把名字改成傑克森，還減了幾磅，他說：「我非常挑食，在德梅因[87]時，他們只有提供玉米和啤酒。」

回到系列賽上，洋基隊剛從明尼安那波利斯（Minneapolis）回來，在日出前抵達紐奧克機場，系列賽第一場就打到四小時十六分鐘的，還好洋基隊克服了劣勢。雖然備戰條件不理想，但是布恩說他在賽前雖然被現場觀眾的吵雜聲影響，但還是小睡了二十分鐘。

「週五的夏夜，芝加哥小熊隊來訪。」他說。「我覺得我們有一點被刺激到，球隊活力滿滿，前一場逆轉勝然後坐長途飛機回來，這樣看來我還算滿意。要歸功給球員們，他們準備好上場比賽，而且還有很多比賽等著他們。」

那天荷西‧崔維諾又擊出一支令人難忘的再見安打。他人生的三支再見安打都格外有意義，不只是為球隊帶來勝利而已。第一支再見安打發生在他效力於遊騎兵隊的時候，那是他當爸爸之後第一個父親節。第二支則是今年五月，是他父親的冥誕，第三支是今天六月十日，正好是他兒子約西亞（Josiah）的四歲生日。崔維諾上場前應該知道冥冥之中有力量在幫忙。

他在第十三局擊出強勁的再見安打，幫助球隊以二比一獲勝。

---

86. Designate for Assignment，指定轉讓期間，如果沒有其他球隊延攬，則會下放到小聯盟，或是被釋出。主要用途是為大聯盟四十人名單清出一個位置。當選手沒有下放權之後，球隊只能選擇指定轉讓的方式將球員下放小聯盟。
87. 愛荷華州首府，也是小熊隊 AAA 球隊所在地。

「我不知道大家相信不相信神祕力量，但我相信。」崔維諾說。「我相信每次再見安打都有神祕力量幫助我。」

他的兒子約西亞在德州家裡熬夜看到最後一刻。在崔維諾和隊友在一二壘間慶祝結束沒多久後，崔維諾和約西亞透過視訊聊天。

「他對我大吼大叫，問我有沒有贏球當作他的生日禮物。」崔維諾說。「他希望洋基隊在他生日這天贏球。」

第二十三號全壘打：六月十一日
投手：芝加哥小熊隊的麥特・史旺蒙（Matt Swarmer）（第一局，陽春砲）
擊球初速：時速一百零七點三英里
預期飛行距離：三百八十三英尺
擊球仰角：四十一度
在三十座大聯盟球場中，有二十九座會形成全壘打。

第二十四號全壘打：六月十一日
投手：芝加哥小熊隊的麥特・史旺蒙（第五局，陽春砲）
擊球初速：時速一百一十五點五英里
預期飛行距離：四百三十一英尺
擊球仰角：十八度
在所有大聯盟球場都會形成全壘打。

在紐約布朗克斯，一個美好的週末夜，小熊隊投手麥特・史旺蒙在上場前就知道今天的任務是要把局數投長。前一晚小熊隊用了八位後援投手，先發投手韋德・麥利（Wade Miley）在第一局肩膀就扭傷了，所以他們迫切需要有人在今天吃下大量局數。右投手史旺蒙在初登板面對密爾瓦基釀酒人隊的時候投得不錯，這位菜鳥才上大聯盟十二天，就要來面對洋基隊強力的打線。他的首要目標就是解決賈吉。賈吉今天擔任指定打擊打第一棒。賈吉看了第一球，觀察一下投手的球速，外角球沒有出棒。第二球他抓到一顆時速八十九點七英里的速球，在腰帶高度，把球送到左外野觀眾席，很快就用全壘打為洋基隊先馳得

點。

　　吉安卡羅・史坦頓和蓋雷伯・托瑞斯在第四局時都敲出了全壘打，史坦頓那支預估的飛行距離是四百三十六英尺，像雷射一樣直擊上層看台的廣告看板，還彈回場內，隊友和教練被他的怪力懾服，總教練布恩稱史坦頓是「獨角獸」。

　　「我們面面相覷，那時我想：『你的怪力也太猛。』」布恩說。崔維諾在五局下再補上一支全壘打，但是史旺蒙還能投，又輪到賈吉上場打擊，史旺蒙先投了一顆滑球，然後再配一顆速球。不過結果跟第一局一樣，這次賈吉把球打得更強更遠，有如火箭般射向左外野觀眾席。這時小熊隊牛棚還是靜悄悄的。

　　「太離譜了。」史坦頓說。「打得很精彩，我們能在近距離觀賞真爽。他今晚能有這樣的表現，我們都為他開心。」

　　相隔兩位打者之後，安東尼・瑞佐在第六局下從史旺蒙手中再擊出全壘打，史旺蒙創下不太名譽的紀錄，他是大聯盟史上第二位在單場比賽挨了六轟的投手，加入「懶哥」荷利斯・瑟斯頓（Hollis "Sloppy" Thurston）的行列，布魯克林道奇隊投手瑟斯頓在一九三二年八月十三日，那天面對紐約巨人隊單場被炸了六支全壘打。

　　但是那場比賽結果不同，瑟斯頓是勝利投手，道奇隊以十八比九在客場馬球球場（Polo Grounds）打敗巨人隊。史旺蒙接受命運的安排，他說「洋基隊無疑有很多強力打者」，他需要「讓打者在打擊區感到不舒服，但結果他們看球看得很清楚。」

　　賈吉擊出第二支全壘打，在繞壘回到本壘時，現場球迷大聲吶喊「Ｍ—Ｖ—Ｐ」，響遍整座球場，這已經變成洋基隊球迷的日常。賽後的休息室放著震耳欲聾的音樂，音量開到最大，連牆壁都在震動。這幾年來，賈吉是休息室的 DJ，承接下沙巴西亞的音源線，負責賽前和賽後的音樂。在沙巴西亞那個年代，還是用 iPod Touch 隨身聽來播放的。

　　賈吉費心挑選了一份 Spotify 歌曲清單，在一整天不同階段有不同的歌單，例如賽前準備，休息室會放亢奮的嘻哈音樂，像是米戈斯（Migos）、肯卓克・拉瑪（Kendrick Lamar）或是凱文・哈里斯（Calvin Harris）的音樂。他在贏球之後也會有一種歌單無限循環，清單名稱是

「勝利歌曲二〇二二」，裡面有麥克‧陶爾斯（Myke Towers）、柯達‧布萊克（Kodak Black）和凱文‧蓋茲（Kevin Gates）等其他歌手的作品。

那天晚上，賈吉在置物櫃前想的不只是音樂，或是大勝小熊隊。

「我們這隊有很多人還沒有拿過冠軍。」賈吉說。「我們有瑞佐和查普曼，還有幾個人拿過世界大賽冠軍戒指，但以現在這陣容來說，我們還沒嘗過冠軍的滋味，我們不甘於只拿下美國聯盟東區冠軍，我們要拿下的是世界大賽冠軍。」

隔天在賽後依然播送著「勝利歌曲二〇二二」。洋基隊又在瘋狂的打擊大戰中勝出，比數是十八比四，在第一局就猛灌五分。蓋雷伯‧托瑞斯因為肚子不舒服缺陣，麥特‧卡本特替補上陣單場雙響，賺進七分打點，繼續在歷史上留名。

卡本特加入洋基隊後打的七支安打中，有六支是全壘打，另一支是觸擊安打。另外，他是洋基隊史上第一位在頭十場比賽，就打出至少六支全壘打的球員。

「我在棒球界打滾夠久，足以知道什麼是感覺來了。」卡本特說。「現在就是那種感覺，我覺得我上場每個打席都充滿競爭力。前幾年感覺有點跑掉，我真的沒有感覺，但在休賽季調整，很多人幫我，讓我找回感覺。能在紐約市和歷史上最棒的棒球隊打出成績，對我來說意義重大，我很享受這種感覺。」

洋基後來又拉出一波九連勝。週二晚上，蓋瑞特‧柯爾在對上光芒隊系列賽首戰，在六局上讓對手擊出關鍵的雙殺打，為球隊奠定勝基。這一勝讓洋基隊距離五成勝率超出三十場。布恩說：「現在我們有很多存款可以花。」

這樣的心態跟前洋基隊總教練喬‧托瑞的想法類似，托瑞曾經建立洋基王朝。他專注在五場勝利，五成勝率是基本盤，然後比五成勝率多五場勝場、十場，當然托瑞帶領的洋基隊常常在五成勝率以上，這樣想的話，戰績自然就會穩定。

科提斯從來沒有給托瑞帶過。名人堂總教練托瑞執教生涯最後一場時，二〇一〇年帶領洛杉磯道奇隊作客邁阿密馬林魚隊，當時他在

附近海利亞高中（Hialeah Senior High School），還是高一生。所以這種常勝軍的感覺對於科提斯來說很新鮮，他在球員閉門會議時聊到他的想法。

「我認為這支球隊能成就很多偉大的紀錄。」科提斯說。「我們在場下的訓練，成功地轉換到場上的表現，每一晚都能繳出成績，每一晚都有人跳出來。」每一個人都做得比要求的還更多。

距離比賽開始大約還有五小時，賈吉到主隊休息室外搭電梯，到球場主樓層的洋基隊博物館。賈吉好奇地看著展品，一位洋基隊雜誌編輯站在一旁。賈吉看著貝比‧魯斯的一九三二年世界大賽實戰球衣，當年他曾經穿這件球衣預告自己將會擊出全壘打。博物館裡還有瑟曼‧蒙森（Thurman Munson）在老洋基球場的置物櫃，以及近九百顆洋基隊現役和退役球員的簽名球。

博物館的策展人布萊恩‧理查斯（Brian Richards）把一個展示櫃打開，把其中的米奇‧曼托在一九六三年用過的手套拿給賈吉。賈吉把手套張開，手指伸進到曼托的型號 XPG-6 實驗款手套裡。賈吉很興奮，但是他無法想像米奇是怎麼用的這咖手套的。「老實說，這像是內野手手套。」賈吉說。

「當我把米奇‧曼托的手套拿給他的時候，他露出天真無邪的微笑，然後說：『可以嗎？』」理查斯說。「他用雙手拿，看著手套，然後往上看，臉上露出純真的喜悅。他的眼神發出光芒，因為他手上拿著米奇‧曼托的手套，他感受到那一分神奇的魔力。」

賈吉的眼神掃過展間，看到他的九十九號球衣掛在魯斯、曼托、羅傑‧馬里斯和瑞吉‧傑克森的實戰球衣旁邊。「最後一件怎麼會在這裡？」賈吉發問。這時賈吉往出口移動，理查斯舉起他的右手食指，請客人稍待一下，他衝進儲藏室，拿出一根四十五盎司重的路易斯威爾（Louisville Slugger）球棒，是魯斯在一九二二年球季用過的球棒，當年洋基隊還在馬球球場打主場比賽。

以現代標準來說，魯斯的球棒根本是一根電線桿，非常長而厚實。理查斯把球棒拿給賈吉，賈吉問：「我可以摸嗎？」理查斯表示同意，

請他把手放在魯斯曾經握過的地方。

「喔，感覺很棒欸。」賈吉說。「如果你們不介意，我今天晚上的比賽可以用這支打，這支球棒應該還有剩一些魔力。」

要離開時，賈吉轉頭問理查斯：「我可以再找時間回來參觀嗎？」理查斯想起一九八九年上映的電影《夢幻成真》（Field of Dreams），當雷．里歐塔（Ray Liotta）飾演的「無鞋喬」喬．傑克森（Joe Jackson）在劇中問主角能不能再回到神奇的愛荷華州玉米田的那一幕。

「我心想：『當然好啊，我是為你建的。』」理查斯說。「他充滿敬意、感恩和體貼，對於洋基隊史很有興趣。我記得離開的時候印象很深刻，當時我想『他就是我冀望的那種球員。他有米奇．曼托的爆發力和德瑞克．基特的個性，像基特那樣，能夠在媒體關注下說出正確的話。』」

第二十五號全壘打：六月十五日
投手：坦帕灣光芒隊的謝恩．麥可科拉納漢（Shane McClanahan）（第一局，陽春砲）
擊球初速：時速一百零四點一英里
預期飛行距離：三百六十四英尺
擊球仰角：二十四度
在三十座大聯盟球場中，只有一座會形成全壘打。

那晚賈吉還是用自己的球棒，不是魯斯的。他站進打擊區，面對二十五歲的坦帕灣光芒隊王牌左投謝恩．麥可科拉納漢，他在今年球季有個完美的開季，前十二場先發出賽，繳出七勝二敗，自責分率一點八七的成績，已經有一些人提早討論他獲選今年美國聯盟賽揚獎的可能性了。

一局下半，一出局，麥可科拉納漢準備好要面對賈吉。賈吉看了兩球後又打一個界外球，來到滿球數。麥可科拉納漢投了一記曲球，但是下墜尾勁不夠，掉到危險區域，賈吉大棒一揮，球飛進中右外野

觀眾席，外野手曼紐爾·馬格特（Manuel Margot）退到警戒區，退無可退，看著球飛出去。

「是靠隊友和情蒐報告幫忙的。」賈吉說。「特別是對到他，我之前都打不好。他的速球有時速九十九或一百英里，我只是纏鬥，把球打進場內。剛好有一顆沒掉下來的曲球，我把它往右外野打而已。」

這是一發「洋基球場特產」，在其他二十九座大聯盟球場，這個飛球只是長打或是高飛球接殺出局。而在洋基球場，這球會飛過全壘打牆。賈吉回到休息區和瑞佐小聊，瑞佐眼神充滿笑意。「嘿！」瑞佐說。「在明星賽前挑戰三十轟吧。我們還剩兩週，你可以的。」

賈吉微笑回應，表示願意接受挑戰。

「有時候只是旁邊的人說了一句：『嘿，你可以的，我們再加把勁。』」賈吉說。「有人把你的目標具體化，在一旁給你正面的力量，可以幫助你繼續前進，繼續努力。」

最終洋基隊贏下那晚的比賽，隔天的也贏了。隔天瑞佐在第九局下半擊出再見全壘打，戴上球隊的摔角寶石腰帶，表示他是當天贏球的功臣。

在他終結比賽後的五分鐘，瑞佐召開一個關門會議，只有球員和教練才可以參加，他說需要大家一起努力，才能成就一支冠軍隊。

「球隊裡有很多明星球員，但外人看不到我們球隊內部真正的樣子。」瑞佐說。「每一個人在球隊裡都是平等的，不管你是只有幾天大聯盟資歷還是打了十五年，我們一視同仁。」

這一勝也讓洋基隊在主場連贏十四場，創下新洋基球場的紀錄。「我認為瑞佐說得很好。」布恩說。「這是我們在春訓時面對全體球員會說的話。看看這支球隊，如果你覺得自己沒辦法帶來改變，事實上你有一天會有機會在關鍵時刻發揮出來，可能是有一天，可能維持一週，不管怎樣，你要隨時做好準備。」

即使布恩提醒大家：「還不能鬆懈。」瑞佐的棒子依舊保持火燙，洋基隊也是士氣高昂。瑞佐面對藍鳥隊時擊出滿貫砲，格雷·荷姆斯守下勝利，幫助球隊拉出一波九連勝，而且荷姆斯保持連續二十九局無失分的紀錄，打破原本由馬里安諾·里維拉保持的隊史紀錄。荷姆

斯對於能夠和里維拉相提並論，他保持謙卑。

「我從小看他投球長大，我想大家都是吧。」荷姆斯說。「能和他在這個紀錄上相提並論，我覺得很棒。」

多倫多在系列賽最後一場獲勝，洋基隊在回程搭巴士離開加拿大。因為從多倫多搭飛機離境的話，還需要出示新冠肺炎檢測陰性證明，而走陸路的話就不用。所以有些職業球隊選擇搭車到水牛城，再從紐約州的水牛城尼加拉國際機場飛往目的地。像是藍鳥隊、冰球隊多倫多楓葉隊、波士頓紅襪隊、奧克蘭運動家隊和籃球隊費城七六人隊，這些球隊是其中幾支先到水牛城再飛的球隊。

洋基隊平安抵達佛州，接下來在純品康納球場達成了另一項里程碑。蓋瑞特‧柯爾投了七局無安打比賽，而且洋基隊拿下賽季的第五十勝，比賽結束後，勝率是離譜的七成四六。小老闆海爾‧史坦布瑞納在球場包廂裡，居高臨下，俯瞰球隊拿下勝利，心中想著更大的目標。

「凱許曼打造的這支球隊，從開幕戰一路順順地打到現在，不只是好幾個星期，而是好幾個月了。」史坦布瑞納說。「是好幾個月啊。」

但凱許曼拒絕現在就開始慶祝，布恩也是，他被批評過太多次了，經歷過夠多心碎時刻，他知道現在的成績真的不算什麼。從二〇一八年到二〇二〇年，洋基隊是所有球隊中，因為球員腿部受傷而缺陣最多天的球隊，例如小腿、腿筋和膝蓋的傷勢。因此他們在二〇二〇年賽季前，找來肌力體能專家艾瑞克‧克雷希（Eric Cressey），他們在二〇二一年還是因傷而苦，祈禱二〇二二年能整年保持健康。

「我在棒球界打滾很長一段時間了。」凱許曼說。「所以我看過很多虎頭蛇尾的球季。一百六十二場很多，而且很不幸地，我們還有很多場比賽要打。我心懷感激現在我可以安心睡覺。我們球隊可以保持健康還滿神奇的，這是我擔任總經理以來全員健康最長的一段時間。三個月下來都沒有人受傷，對於所有球隊來說都是罕見的。然後很快就變調了。」

第二十六號全壘打：六月二十二日
投手：坦帕灣光芒隊的謝恩‧巴茲（Shane Baz）（第四局，陽春砲）

擊球初速：時速九十九點九英里
預期飛行距離：三百九十六英尺
擊球仰角：三十四度
在所有大聯盟球場都會形成全壘打。

第二十七號全壘打：六月二十二日
投手：坦帕灣光芒隊的柯林・波謝（第七局，陽春砲）
擊球初速：時速一百零九英里
預期飛行距離：四百零六英尺
擊球仰角：四十一度
在所有大聯盟球場都會形成全壘打。

　　賈吉站進打擊區，他的雙腳站得很開，球棒朝上放在耳朵後面。
洋基隊落後三分，光芒隊在第二局就從喬丹・蒙哥馬利手中得到分數，
艾瑟克・帕拉迪斯（Isaac Paredez）和短槍內野手維多・布魯漢（Vidal
Bruján）都打出全壘打。而這是帕拉迪斯在兩戰區間中打出的第四支全
壘打。

　　光芒隊投手謝恩・巴茲今年二十三歲，這是他大聯盟生涯第六場
先發。他接下來要面對第二輪的洋基隊打線，他很快就因為滑球失投學
到教訓，賈吉把他投到紅中的滑球打到左外野觀眾席，差不多第十二
排的地方。賈吉的全壘打也讓洋基隊得到第一分。

　　賈吉揮棒的瞬間，巴茲的右手就垂在腰際了，嘴巴一邊咒罵，連
看都不想看，不想再看那顆小白球一眼。

　　賈吉還沒完呢。他在第七局面對左投柯林・波謝，在兩好一壞時，
把一顆曲球打得老高，飛越左外野全壘打牆，球直朝純品康納球場上
空的貓道而去，滯空時間長達六點七秒。不確定如果把貓道打凹的話，
算不算全壘打。[88] 賈吉揮棒後，全力衝往一壘，確定球飛出去之後開始
慢跑。他繞壘時看了一壘審約翰・土潘（John Tumpane）一眼，確認他
是擊出了全壘打沒錯。

　　「我看著球飛出去的整個過程，但我不清楚貓道的規則。」賈吉

88. 根據純品康納球場場地規則，除了打到屋頂最外面兩圈的貓道算是全壘打之外，都算是活球，野手如果接到
落下來的球，仍算是接殺。如果球卡在貓道上，而且在界內的話，算二壘安打。

說。「所以我開始繞壘，我不知道如果球打到貓道彈回來該怎麼算。我只是想確定如果是活球，我人要站在二壘上。」

荷西．崔維諾在第八局擊出超前比數的兩分砲，給洋基隊足夠的領先差距，最後洋基隊拿下近二十一場比賽中的第十八勝。賽後崔維諾在休息室把功勞歸給新隊友們，幫助他發揮進攻上的潛力：「從他們身上學到的幫助我很多，和他們聊天，從他們的腦袋中學一點東西，像賈吉這樣的球員真的很特別。」

賈吉聽到他這樣說，露出微笑，右手握拳高舉。就像賈德．尼爾森（Judd Nelson）在電影《早餐俱樂部》（The Breakfast Club）最後一幕那樣，背景響起〈別忘了我〉（Don't you forget about me）這首歌。

系列賽結束後，洋基隊回到主場，準備面對太空人隊。現場已經有季後賽的氣氛，週四晚上的比賽，球迷早早就開始進場。

球迷在停車場喝著百威啤酒練習口號，準備進場轟炸荷西．阿圖維、艾力克斯．伯格曼（Alex Bregman）和其他太空人隊球員的耳朵。對於大多數洋基隊球迷來說，二〇一七年太空人隊偷暗號的作弊醜聞是無法原諒的。「幹你媽，阿圖維」的吼叫聲在球場此起彼落，有時候就算太空人隊根本不在紐約比賽，也會聽到有人咒罵他們。在這樣激情的環境，洋基隊打出本季的代表作，在九局精彩逆轉太空人隊。

洋基隊在九局下還落後三分，太空人隊總教練達斯提．貝克（Dusty Baker）把球交給萊恩．佩雷斯里（Ryan Pressly）。右投手佩雷斯里在大聯盟打滾十年，但今晚他的控球失準，一開始就保送了吉安卡羅．史坦頓和蓋雷伯．托瑞斯。布恩站在休息區的階梯最上層看著比賽，他感受到球隊專注而且冷靜，充滿鬥志和能量。「那種感覺像是『我們要奮力戰鬥』」布恩說。

亞倫．希克斯在季前的預測顯然差了一點。在春訓時，希克斯吹噓他要挑戰三十轟三十盜，不過他後來才知道，洋基隊史只有兩位球員達成過，一位是一九七五年的巴比．邦茲（Bobby Bonds），另一位是艾爾方索．索利安諾（Alfonso Soriano），他在二〇〇二年和二〇〇三年達成過這項紀錄。希克斯在今年的頭五十九場比賽中，他只有兩

支全壘打和七次盜壘成功。他在休賽季減重後，並沒有展現出預期的速度與爆發力。

　　但接下來是希克斯今年最棒的時刻，他在兩好一壞時，擊出右外野方向追平的三分打點全壘打，全場觀眾和洋基隊所有球員都瘋了。佩雷斯里還是投得很掙扎，貝克決定換上萊恩·史坦尼克。在一二壘有人的情況下，沒有好球三壞球，史坦尼克投了一記當然好球，賈吉掃向左外野全壘打牆，是一支再見一壘安打。

　　「你看我們整條打線，每個人都把握每個打席，這場比賽太重要了。」賈吉說。「我們總是相信彼此。」

　　時間就是這麼剛好，賈吉的薪資仲裁聽證會將在隔天舉行，換句話說，在他打敗宿敵，為球隊帶來勝利的二十四小時內，他要聽洋基隊的律師說為什麼球隊要少付他一點薪水。

　　雖然賈吉至今打出生涯最棒的賽季，打擊率兩成九九，二十七支全壘打和五十三分打點領先全聯盟，但聽證會是根據三月二十二日當下，他提出年薪二千一百萬的條件來判決，所以二○二二年的成績不納入考量。要不就是他領球隊提出的一千七百萬年薪條件，或是他勝訴，獲得兩千一百萬的薪水。聽證會在中午透過視訊軟體舉行，賈吉準時抵達大聯盟球員工會在曼哈頓的總部，穿著西裝打上領帶。「時間滿糟的。」賈吉說。「我們登入軟體，穿好西裝，一切就緒。」

　　結果聽證會延誤兩次，到最後根本沒有舉行。十二點四十五分時，雙方同意折衷方案，賈吉在二○二二年的年薪是一千九百萬。球隊方認為他們有足夠的資料來勝訴，但是他們也知道不值得為了幾百萬羞辱自家最好的球員。賈吉的新合約包含激勵獎金，如果他贏得美國聯盟最有價值球員，可以領到額外的二十五萬獎金。這次談判拖到最後一刻的情況，並沒有讓賈吉陣營在未來談約上提升多少信心。

　　「我很高興我們在數字上有共識，最後並沒有走向仲裁。」賈吉當天晚上說。「如果我們真的進到仲裁庭，有可能會趕不上今晚的比賽，這對我來說不太舒服。」

然而，隔天的比賽有如惡夢重演，如果可以，洋基隊希望別再來一次。

差不多剛好十九年之前，二○○三年六月十一日，六名太空人隊的投手在跨聯盟比賽中，對上洋基隊合力投出無安打比賽，當時發生在老洋基球場。羅伊·奧斯華（Roy Oswalt）、彼得·慕若（Peter Munro）、克爾克·沙路斯（Kirk Saarloos）、布雷德·里吉（Brad Lidge）、奧克塔維歐·多特爾（Octavio Dotel）和比利·華格納（Billy Wagner）合力完成自一九五八年九月二十日以來，洋基隊首次被無安打的紀錄。前一次是巴爾的摩金鶯隊的蝴蝶球投手霍伊特·威爾海姆（Hoyt Wilhelm）在紀念球場（Memorial Stadium）投出的。

（順帶一提，威爾海姆在當年也有參與到羅傑·馬里斯追逐全壘打紀錄的過程。在一九六一年九月二十日，金鶯隊派上終結者，確保馬里斯不能在一百五十四場內追平貝比·魯斯的全壘打紀錄。金鶯隊換上取代威爾海姆。在比利·克里斯多執導的電影《棒壇雙雄》中則是前大聯盟選手湯姆·坎迪歐提[89]飾演威爾海姆。坎迪歐提後來提到，當時他投給飾演馬里斯的貝瑞·派波[90]時，連續投了十五顆蝴蝶球，而派波一球都沒揮到。最後導演克里斯多最後只拍球沿著一壘邊線滾動的畫面。拍電影真是神奇啊。）

蓋瑞特·柯爾很快就知道這一場投手戰。在週六下午的比賽中，他讓進攻火力旺盛的太空人隊連吃六個鴨蛋。他坐在休息區板凳上，看著年輕的對手克里斯森·哈維爾（Cristian Javier）跟他一樣威風八面，賞給洋基隊六個零。在前一次先發之後，他說他不知道「無安打比賽的球威狀態」是怎樣子，二十五歲的哈維爾表現給他看。哈維爾三振十三名洋基隊打者，和後援投手海克特·奈瑞斯（Hector Neris）與萊恩·佩雷斯里聯手讓洋基隊吞下敗仗。最終比數三比零。喬許·唐諾森說這場比賽「令人震撼」。

哈維爾用球數一百一十五球是生涯新高，他投完七局，之後靠隊友幫忙完成比賽。預告了後來他在世界大賽第四戰對上費城費城人隊，與三位後援投手再度合力投出無安打比賽。太空人隊開心地在球場上慶祝，雖然柯爾說成為無安打比賽歷史的配角，跟輸掉一場普通的比

149

89. Tom Candiotti
90. Barry Pepper

賽沒什麼兩樣，但是這場比賽清楚提醒了洋基隊，如果想要拿到冠軍，得先過太空人隊這一關。

「那場比賽當然展現出他們的實力。」柯爾說。「他們隊形完整，我們都知道投手陣容和守備在季後賽是贏球要素。你也需要關鍵一擊和神奇的火力串聯，但他們沒有太多弱點，能用各種方式打敗你，同樣的，我們也能用各種方式打敗對手。」

第二十八號全壘打：六月二十六日
投手：休士頓太空人隊的賽斯・馬丁尼茲（Seth Martinez）（第十局，三分打點再見全壘打）
擊球初速：時速一百一十二英里
預期飛行距離：四百一十七英尺
擊球仰角：二十度
在所有大聯盟球場都會形成全壘打。

洋基隊現在是「最棒的圓球隊上」。對，你沒看錯，容我們解釋一下。比賽後，賈吉站在洋基球場一壘側休息區，球迷喊著他的名字，他剛剛才擊出單季第二發再見全壘打，是一發落在客隊牛棚的三分砲。讓洋基隊打線擺脫連續兩天的沉寂。大聯盟史上，還沒有任何一隊連續兩場被無安打比賽的。洋基隊在這場週日炎熱的午場比賽，前六局對上太空人隊右投手荷西・厄奇迪（José Urquidy）一籌莫展，連續兩場被無安打比賽聽起來不太可能，不過大家還是再三確認。

洋基隊連續五十二個打數沒有出現安打，很快就有了轉機。不只是安打，他們開始展開反攻。吉安卡羅・史坦頓把全壘打打到中外野的紀念碑公園，不但破了無安打比賽，也打掉完封的機會。DJ・拉梅修接下來補上追平兩分砲，最後賈吉在第十局擊出三分打點的再見全壘打，最終比數六比三。

「我最驚訝的是，」布恩說。「是他揮棒很輕鬆，感覺只是碰到球而已。」

紐約超級球迷導演史派克・李（Spike Lee）也在一壘側觀眾席前排

座位，賈吉把球棒鑽過安全護網下方，把球棒送給李，李看起來像是八歲小孩一樣興奮。後來李把這支足以進到名人堂收藏的球棒供奉在布魯克林的辦公室。而他不是唯一在當天興奮到語無倫次的人。

當洋基隊轉播單位 YES 聯播網的記者梅爾迪絲·馬拉科維斯在休息室訪問賈吉時，賈吉招牌的媒體應對能力突然失靈了。事實上，他有點語塞，當馬拉科維斯問他洋基隊的信心從何而來時，賈吉回答：「嗯，當你是最棒的圓球隊上，你怎麼可能沒信心呢？」他的回答讓大家感到疑惑，有些觀眾說他們聽到賈吉稱自己是「隊上最棒的球員」[91]，但這不可能，因為這不符合賈吉的個性，他總是保持謙遜。

《紐約郵報》卻同意這樣的說法，在標題寫上「亞倫·賈吉展現自信，稱自己是『隊上最棒的球員』」隔天賈吉在手機上看到報導，他問：「他們怎麼問都沒問就刊出了？」

在看完全文後，賈吉嘆了口氣。「我當時是要說：『當你是在地球上最棒的球隊[92]』，我口誤了。」然後他接著說。「我說的是『當你是最棒的圓球隊上[93]』然後當下我想『我搞砸了』，我想要跟球迷說些什麼，但沒講好。」

「嘿，我們訪問過亞倫·賈吉幾百萬次了。」馬拉科維斯說。「我們知道他從來不談他自己，他總是把球隊放在第一，放在他的個人表現之前。所以他說出那樣的話跟個性不符。即便他真的說出來，也不是他的本意。」

太空人隊總教練貝克說那次系列賽最終是「賈吉兩勝，太空人兩勝」作收，兩隊在苦戰中各拿兩勝。太空人隊被洋基隊視為奪冠路上最大的阻礙。接下來面對到軟柿子奧克蘭運動家隊，進行三連戰，讓球隊有喘息的機會。洋基隊第一場逆轉勝，第二場派出菜鳥 JP·席爾斯（JP Sears）擔任臨時先發投手，投出不錯的先發表現，球隊順利收下兩勝。

在系列賽最後一場，「地球上最強的球隊」和「最弱球隊」的對決，運動家在第一局上半就得了三分。沒問題的，賈吉說穿上洋基隊條紋球衣就沒問題，不用慌。或許洋基隊不是「最棒的圓球隊」，但洋基隊很會打逆轉的比賽，特別是在主場。

151

91. the best player on the team
92. the best team on the planet
93. the best planet on the team

第二十九號全壘打：六月二十九日
投手：奧克蘭運動家隊的柯爾・厄文（Cole Irvin）（第一局，兩分砲）
擊球初速：時速一百一十一點三英里
預期飛行距離：四百二十九英尺
擊球仰角：二十六度
在所有大聯盟球場都會形成全壘打。

　　沒錯，洋基隊的重砲部隊用兩發長程砲火就足以拿下勝利，再一次橫掃系列賽。

　　賈吉在第一局擊出兩分砲，而史坦頓在第三局再度砲轟柯爾・厄文，敲出三分砲。厄文在賽後說：「面對賈吉，把速球投在好球帶中央，並不是很好的想法。」厄文後來穩定下來，投了七局，但是洋基隊的詹姆森・泰陽和牛棚封鎖運動家攻勢，為六月的好成績劃下句點。

　　加上賈吉和史坦頓的全壘打，洋基隊在六月總共有五十七發全壘打，超越了二〇一六年金鶯隊和二〇一九年勇士隊共同保持的五十六支全壘打紀錄。但賈吉說全隊沒有人因此而滿足。

　　「我們知道前方還有什麼挑戰。」賈吉說。「現在賽季打了一半，我們還有很長的路要走，每一勝都很重要。好幾年來，我們在九月下旬打得很掙扎。我想大家開始了解到我們在系列賽拿前兩場之後，心想我們拿下系列賽勝利了，但是第三場比賽對於未來很重要。」長打和堅強的牛棚是洋基隊近期的強項，洋基隊的帳面成績很漂亮，但是賈吉對於另一個數字更看重：三萬九千六百四十七。這是週三下午的比賽進場人數。

　　「球迷才是最重要的。球迷願意進場看球是最重要的。」賈吉說。「不管是週三下午還是週五晚上，不管是不是基襪大戰，球迷到場支持我們。對手也感受得到，這是我們小小的主場優勢。」

　　六月最後的比賽是一場補賽，因為原定四月四日要到休士頓美粒果球場比賽，但因為封館延期。這場比賽最後以一比二輸球。接著洋基隊前往克里夫蘭，抵達凱霍加河旁的球場，面對今年改名的守護者隊。隨著賈吉邁向破紀錄的表現，洋基隊現在也是賭盤看好的奪冠熱

門球隊。

凱薩運動博弈（Caesars Sportsbook）公布洋基隊取代道奇隊，成為最熱門的奪冠隊伍。洋基隊的賠率為＋400[94]。這是自二〇二〇年七月以來，第一次道奇隊跌下最熱門奪冠隊伍的寶座。洋基隊六月打了二十八場比賽，拿下二十二勝，近乎完美的戰績，讓他們登上寶座。

「在每一場重要勝利後，大家都押洋基隊。」凱薩首席交易員艾瑞克說。「他們真的打得很順。」

在客場輸給太空人隊後，洋基隊在週五因雨延賽，獲得喘息，週六要在進步球場打雙重戰。洋基隊在雙重戰橫掃了守護者隊，而守護者隊在第三戰扳回一城。洋基隊接著前往匹茲堡，賈吉和隊友獲得罕見的獨立紀念日休假，他們去羅伯托・克萊門特博物館參觀（Roberto Clemente Museum）。

泰陽規劃了這次團體出遊，因為他生涯前四季都在海盜隊投球，對於匹茲堡當地有很深厚的連結。泰陽是個咖啡迷，他還和當地的普通咖啡廳（Commonplace Coffee）合作，推出公益咖啡，幫助癌症治療。泰陽邀請隊友們一起上歷史課，一行人包含蓋瑞特・柯爾、奈斯特・科提斯、賈吉、安東尼・瑞佐和荷西・崔維諾，一起來了解英年早逝的偉大球員。

羅伯托・克萊門特（Roberto Clemente）來自波多黎各，他鎮守右外野，具有火箭般強勁的臂力。他在十八年大聯盟生涯期間，擊出三千支安打，而且整個生涯都待在海盜隊。他的貢獻遠遠不只是場上的數據表現。克萊門特在一九七二年的十二月三十一因為飛機事故而喪生，當時他正要前往尼加拉瓜人道救援，幫助因為地震而流離失所的災民。克萊門特的屍體沉入茫茫大海中，從未尋獲。名人堂很快就宣布免除五年退役條件，立刻讓克萊門特進入名人堂。

在博物館參觀期間，賈吉有機會握克萊門特的實戰球棒，館員送給賈吉一支復刻克萊門特球棒，三十六英寸長，三十盎司重，是希勒瑞奇與布萊斯比（Hillerich & Bradsby）[95]品牌的球棒，比賈吉平常用的三十五英寸還長，也比常用的三十三盎司重。賈吉握著球棒，對於重

1
5
3

---

94. 投注一百元，若賭對，可以拿回四百元。
95. 後來改名為路易斯威爾（Louisville Slugger）。

量和歷史意義印象深刻，他答應館員明天打擊練習要用復刻球棒試試看，後來他真的在 PNC 球場用那支球棒打出幾個凶猛的平飛球。

「你看到他的照片，我想他身高大概六呎五、六呎六吧。」賈吉說。「但你聽到他大概只有五呎十一、五呎十，你真的會敬佩他，能夠繳出那樣的成績。」賈吉也提到克萊門特對於球迷很友善，特別是年輕球迷。

「我一直以來也是這樣的，所以我感覺到我們有一些連結。」賈吉說。

當賈吉和隊友們在讚嘆復刻球棒時，克萊門特的老隊友也來到球場。八十五歲的比爾・梅澤洛斯基（Bill Mazeroski）是一九六〇年世界大賽的英雄，他在第七戰九局下半從勞夫・泰瑞（Ralph Terry）手中擊出再見全壘打，打敗當時被看好的洋基隊。梅澤洛斯基那一發在富比世球場的全壘打，讓左外野手尤吉・貝拉退無可退，被布滿常春藤的紅磚牆擋下。那支再見全壘打至今仍是史上唯一的世界大賽第七戰再見全壘打。當年的紅磚牆還有部分遺跡在現在的匹茲堡大學（University of Pittsburgh）裡。

梅澤洛斯基在二〇〇一年入選名人堂，最近幾年沒有在公開場合露面，但是今天是例外，因為洋基隊來到匹茲堡。

「回到球場看到這些球迷，讓我很開心。」他說。對於洋基隊球員來說也是。柯爾當年也是海盜隊的大物新秀，他在佛羅里達布雷登頓的海盜市春訓基地裡，看到梅澤洛斯基、曼尼・山吉恩（Manny Sanguillen）與比爾・維登（Bill Virdon）身穿白色內衣坐在休息室板凳上，邊抽雪茄邊閒聊。

「那是我剛進到球隊的時候。」柯爾說。「我永遠都忘不掉。」

第三十號全壘打：七月六日
投手：匹茲堡海盜隊的曼尼・邦努艾羅斯（Manny Bañuelos）（第八局，滿貫砲）
擊球初速：時速一百一十四點七英里
預期飛行距離：四百一十九英尺

擊球仰角：二十四度
在所有大聯盟球場都會形成全壘打。

　　洋基隊歷史上令人津津樂道的故事之一，是關於前大物新秀曼尼‧邦努艾羅斯[96]。當年他和迪倫‧巴坦瑟斯與安德魯‧布瑞克曼（Andrew Brackman）[97] 組成令人期待的「殺人蜂」（Killer B's）投手陣容。六月的時候，邦努艾羅斯終於有機會登上大聯盟[98]，穿上洋基隊條紋球衣走出右外野的牛棚大門。

　　「太神奇了。」邦努艾羅斯說。「美夢成真了。」

　　距離上一次邦努艾羅斯在大聯盟出賽，已經是九百八十三天前了。當時他是芝加哥白襪隊的投手，面對克里夫蘭印第安人隊。距離他在洋基隊初登場已經是好幾年前了。現在邦努艾羅斯三十一歲，當年洋基隊從墨西哥聯盟簽下他時，是二〇〇八年的事情，那時的簽約金是四十五萬美金。他在二〇一一年時受邀參加大聯盟春訓，還很害羞地請德瑞克‧基特與馬里安諾‧里維拉幫他簽名。

　　然後他就受傷了。在二〇一二年，邦努艾羅斯不太健康，在隔年動了湯米‧約翰手術。然後洋基隊在二〇一五年年初把他交易到亞特蘭大勇士隊，邦努艾羅斯回想當時他「非常難過」。邦努艾羅斯後來幾年待過勇士隊、天使隊、道奇隊、白襪隊和水手隊。還曾經到台灣打中華職棒，參加過二〇二〇夏季奧運[99]，也打過墨西哥聯盟。雖然他離開大聯盟賽場好一段時間，但是他的老東家都還有觀察他。

　　今年洋基隊和他簽下小聯盟合約，他在春訓的比賽中投了九又三分之一局，繳出自責分率二點八九的成績，但是洋基隊的牛棚人才濟濟，於是在六月下旬把邦努艾羅斯交易到海盜隊。比賽來到八局上，洋基隊領先五分，邦努艾羅斯上來收拾殘局，他先三振首棒打者，然後被打出一支安打，又投出兩次保送，輪到賈吉上來打擊。邦努艾羅斯曾說賈吉「是最棒的隊友之一」，但此刻他們是對手。邦努艾羅斯的脖子上都是汗水，他投出的第一球是好球帶之外的伸卡球，讓賈吉揮空。

　　「當你面對這麼強的打者，你希望告訴大家你也很強。」邦努艾

96. 在二〇二〇年來台灣加入富邦悍將隊，登錄為「邦威」。二〇二四年加入樂天桃猿，改登錄「霸威斯」。
97. 三人的姓氏都是 B 開頭。
98. 大聯盟生涯初登場是二〇一五年七月二日。
99. 代表墨西哥隊。

羅斯說。「不只是因為他是聯盟裡最強的打者，而且你也不想保送他，而是想三振他。」

　　下一球成為了球迷帶回家的紀念品。賈吉把球打到左外野看台座位區後方，飛越一整排的黃色野餐陽傘。這是賈吉生涯第三支滿貫全壘打，在繞壘的時候，有一大群洋基隊球迷在客隊休息區上方鼓掌叫好。布恩和板凳教練卡洛斯・曼托薩（Carlos Mendoza）交換了一下眼神。

　　「他擊出了第三十號全壘打。」布恩用低沉的語調說。

　　布恩在十二年大聯盟生涯中，擊出過一百二十六支全壘打，他沒有像賈吉那樣的爆發力。很少人有。

07

好萊塢巨星

HOLLYWOOD SWINGING

　　容我借用一下貓王在一九五九年出的精選輯名稱[100]：這是三百七十萬位棒球迷正確的選擇！

　　亞倫·賈吉穩進全明星賽。

　　在全明星賽第一階段網路投票結束後，賈吉以三百七十六萬兩千四百九十八票遙遙領先，直接保送先發名單。全明星賽將在七月十九日於道奇球場舉行。賈吉很開心，因為他會有很多隊友跟他一起。

　　洋基隊最終有六位球員入選全明星賽，他們將參與棒球界的仲夏盛事。賈吉和蓋瑞特·柯爾、格雷·荷姆斯、吉安卡羅·史坦頓和荷西·崔維諾一行人穿上深灰色鑲金邊的球衣，站在南加州的百慕達混種草皮上拍照，他面對陽光，眼睛睞睞的。賈吉對這一刻充滿感激。

　　「我非常榮幸。」賈吉說。「看到現場這麼多球迷為你喝彩，沒有他們我不會站在這裡，他們激勵我全力以赴。我熱愛棒球，而且也有天賦，但我是為了球迷打球。我為了觀眾席上穿我背號的小球迷奮鬥，他們心中也有一個在洋基球場打球的夢。」

　　「這就是我打球的目標：啟發小朋友們，不管他們有沒有打棒球，

100. 精選輯名稱是 50,000,000 Elvis Fans Can't Be Wrong。

或是從事任何事情，讓他們勇於成就不凡。」

洋基隊在全明星賽前打出六十四勝二十八敗的成績，會有這麼多球員入選全明星賽並不令人意外。在洋基隊轉播單位 YES 聯盟網康乃狄克州史丹佛（Stamford）的控制中心裡，製作和工程部門總裁約翰‧J‧菲利佩里（John J. Filippelli）正要去開日會，和製作團隊與導演討論每一個節目中談論的主題。洋基隊陣容中有二十六名球員，但所有人都談到賈吉。

「亞倫占據了所有的新聞點。」菲利佩里說。「洋基隊目前的勝率史上罕見，也是隊史上最棒的開季之一，他們之所以能贏這麼多比賽，都是因為賈吉。他在進攻端的貢獻非常驚人，而他的防守、上壘能力和領導能力也是。很多方面來說，全壘打是目前棒球界最重要的指標。他就是一台進攻發動機，看到他累積的全壘打數，我們不禁說：『他有機會挑戰紀錄。』」當時沒有人會認為，至少賈吉不會認為，二〇二二年賽季最高峰已經過了，他們最好的表現已成往事。洋基隊在賽季的最高峰是七月八日，他們在波士頓打客場比賽，喬許‧唐諾森和麥特‧卡本特都開轟，以十二比五力克紅襪隊。那場比賽如同基襪大戰的傳統，全壘打滿天飛，而且節奏很慢。

「今年上半季他們真的打得很好。」小老闆海爾‧史坦布瑞納說。「我們的先發輪值、牛棚和進攻都在全聯盟某些方面領先。我觀察到我們是一支很強、很全面的球隊，是一個很好的團隊。這個團隊讓人覺得他們可以一直贏下去。即便落後了十分也覺得還有機會。我在這支球隊看到韌性，已經很有一陣子沒看到這種韌性了。當他們相信自己會贏，就是非常強大的力量。」

在七月八日那場比賽獲勝之後，洋基隊擴大在美國聯盟東區的領先勝差，來到十五場半，總教練亞倫‧布恩說這支球隊比起休賽季剛開始時「各方面都進化」了。兩百七十五天前，他們在紅襪隊主場芬威球場敗北，輸掉了美國聯盟外卡戰，布恩說那天晚上在客隊休息室非常安靜，安靜到連針掉在地上都聽得到。他們已經被其他隊給追上了。

紅襪隊和洋基隊在四連戰中各拿兩勝，此時外界還不太擔心，可

是當國家聯盟中區墊底的辛辛那提紅人隊作客洋基隊主場時，紅人隊在三戰中贏了兩場，大家開始好奇洋基隊是怎麼一回事了，不過也只是看作短期運氣不好而已。棒球比賽不是看帳面實力既決定比賽輸贏，不然你直接用算的就可以決定贏家了。強大的洋基隊對上平凡無奇的紅人隊，而且紅人隊也準備把隊上王牌右投手路易斯·卡斯提歐（Luis Castillo）交易出去了。從任何角度來看，卡斯提歐在紐約的面試很成功，他主投七局，只讓強力的洋基打線打出兩支安打，得到一分而已。這樣的表現讓洋基隊和球迷開始幻想有機會把他交易過來。

賈吉談到卡斯提歐：「你有時速一百英里的火球，而且還能控制在邊邊角角，這讓打者很頭痛。」總經理布萊恩·凱許曼常說先發輪值是「重中之重」，他也知道洋基隊還需要援手，尤其是這天先發投手路易斯·賽維里諾剛好因為右背闊肌扭傷而進到傷兵名單。

要說服賽維里諾去照核磁共振並不容易，之前他因為去進到核磁共振的隧道中，幽閉恐懼症發作。可是他的傷勢讓他潛意識不敢用力催球速，他之前跟球團溝通不要再讓他去做核磁共振，但這次沒辦法了。他很懊悔，因為這傷勢讓他最快到九月都無法回到大聯盟投球。

「我很不開心。」賽維里諾說。「我沒有想到會變成這樣，但如果這是他們安排我回到球場的計畫，我就只能照著計畫走，努力重回球場。」

第三十一號全壘打：七月十四日
投手：辛辛那提紅人隊的傑夫·霍夫曼（Jeff Hoffman）（第八局，陽春砲）
擊球初速：時速一百一十二英里
預期飛行距離：四百三十五英尺
擊球仰角：二十三度
在三十座大聯盟球場中，有二十八座會形成全壘打。

系列賽最後一場，洋基隊在八局下還落後三分，輪到賈吉打擊，面對的是後援投手傑夫·霍夫曼。右投霍夫曼今年二十九歲，來自紐

約州北邊的拉森（Latham），這是他大聯盟生涯的第七個賽季，之前待過科羅拉多洛磯隊。他當然比威風八面的卡斯提歐好對付。幾週後的交易大限，各隊都提出大物新秀的交易包裹要爭奪卡斯提歐。

霍夫曼的球路有指叉球、滑球和一顆時速九十到九十五英里的速球。賈吉選掉兩個壞球，被拿走一個好球。然後他等到一個紅中的速球，猛力一揮，飛向洋基球場右外野牛棚上方的豐田汽車廣告。這發全壘打帶動攻勢，八局下洋基隊得到三分，扳平戰局。只可惜在十局時，後援投手崩盤輸球，這不過是洋基隊在今年輸掉的第四個系列賽而已。

賽後賈吉接受媒體訪問時，休息室大聲播放著巴布‧馬利（Bob Marley）的歌曲。通常在賽輸球之後，休息室是一片寂靜的，只會有一些低語咕噥和叉子碰到盤子的聲音。此時播放的是馬利在一九七七年的經典雷鬼歌曲〈三隻小鳥〉（Three Little Birds），歌詞像是在提醒著球員們：「什麼都不用擔心，一切都會順順利利的。」

「我喜歡我們把比賽帶進延長賽，特別是我們很會應付這樣的局面。」賈吉說。「我們有機會贏，但差一點。紅人隊很努力地贏下系列賽，我們有來有回，但最後沒贏下來。」

馬利的雷鬼旋律只是短暫的安慰劑，接下來有更多失望在等著洋基隊。洋基隊輸掉與紅襪隊系列賽的第一場比賽，原本有機會贏的。布恩因為和主審爭執好壞球判決而被驅逐出場，當時的打者是賈吉，在被驅逐出場後，布恩把嘴巴裡的口香糖丟向草皮，他還用三壘手側傳的方式投出去。球員們接下來也跟布恩一樣生氣，因為投手麥可‧金恩的暴投讓贊德爾‧柏加茲回到本壘得分。

第三十二號全壘打：七月十六日
投手：波士頓紅襪隊的尼克‧佩維塔（Nick Pivetta）（第五局，陽春砲）
擊球初速：時速一百〇二點六英里
預期飛行距離：四百零一英尺
擊球仰角：二十六度
在所有大聯盟球場都會形成全壘打。

第三十三號全壘打：七月十六日
投手：波士頓紅襪隊的克萊伯·歐特（Kaleb Ort）（第六局，兩分砲）
擊球初速：時速一百〇八點五英里
預期飛行距離：四百四十四英尺
擊球仰角：二十六度
在所有大聯盟球場都會形成全壘打。

　　還好有卡本特和賈吉能延續攻勢。在紅襪隊贏下系列賽第一場後，洋基隊在第二場面對左投克里斯·塞爾（Chris Sale），首局就攻得三分。塞爾後來因為被平飛球打到左手小拇指退場。柯爾說洋基隊對於塞爾的傷勢「非常抱歉」。他提到塞爾這位曾經的王牌投手，在湯米·約翰手術後，缺陣了兩年，好不容易才回到球場上。紅襪隊被迫要派牛棚投手車輪戰，洋基隊在第四局單局打了十二個打席，攻下八分大局。

　　卡本特在第四局從尼克·佩維塔手中擊出右外野方向三分打點全壘打，回到休息區之後還出來接受歡呼，在第五局他又轟出一發三分砲，這次的苦主是達爾文·赫南德茲（Darwinzon Hernandez）。卡本特已經成為洋基隊球迷之間的英雄，可以從球迷身上穿的 T 恤看得出來，大家滿喜歡這位留著小鬍子的球員。他和科提斯在 T 恤上被畫成任天堂的瑪莉歐（Mario）和路易吉（Luigi），團名變成「超級鬍子兄弟」（Stache Bros）。自從卡本特在報到那天說他願意搬行李那天開始，他已經擊出十三支全壘打了。賈吉說他一點也不意外。

　　「我看到他訓練的方式，他準備比賽的方式，我就知道他會為洋基隊帶來不一樣的貢獻。」賈吉說。「從他以身作則，跟年輕球員的談話，他從第一天開始就很融入球隊，沒有適應期，他對於我們球隊的這一套完全接受。」

　　賈吉保持一貫單純的心態，挑好球打，全力揮棒。他在第五局時，逮到尼克·佩維塔一顆滑球，打中球的瞬間，投手佩維塔立刻單腳跪地，看著球飛進左外野觀眾席。克萊伯·歐特在第六局也是投在同樣的位置，同樣的球種被賈吉狙擊，連結果一樣，歐特把手放在屁股後面，看著高飛球飛進紅襪隊在中左外野的牛棚區。

「我第一球丟滑球想搶好球數。」歐特說。「我把球投在紅中，他把球打到四百英尺之外。他顯然是完全鎖定了那一球。」有三位紅襪隊的投手坐在落點附近，當球打到旅館廣告看板，彈到牛棚的投手丘上時，三個人動都沒有動。洋基隊史上，在此之前，只有一九六一年的羅傑‧馬里斯在明星賽前擊出三十三支全壘打。現在有賈吉加入他的行列了。

「你看到有些人站上打擊區，就會知道他完全在狀態內。」格雷‧荷姆斯說。「球季打到一半，我們看到他的全壘打進度，就感覺『單季六十二轟真的有戲喔』。」

差不多就在這個時候，打擊教練迪隆‧勞森經過休息區擺球棒的地方和賈吉身旁。「我那時候想到我的小孩，我告訴他：『有一天我會離開人世，我的小孩也會，但是如果他們也有小孩，他們就會知道你的名字，談論你的事蹟，就像我們講到馬里斯、曼托、迪馬吉歐、魯斯和蓋瑞格一樣。光想到這裡就覺得好瘋狂。』」其實勞森記不得是哪一天他跟賈吉說了這些話，他只記得是洋基隊大勝的某一場比賽。而這場洋基隊十四比一擊潰紅襪隊，是一個合理的推測，應該沒錯。

勞森說當他經過洋基球場的通道時，看到那些栩栩如生的黑白照片，就像《沙地傳奇》（The Sandlot）電影裡，小朋友置物櫃裡的貝比‧魯斯抽雪茄的照片。他看著賈吉，賈吉用靦腆的微笑回應。

「你知道他是一個怎樣的人。」勞森說。「那個微笑很短暫，但他是真心地感激，他很高興有人這樣說。他不會當面表示同意，但關起門來，我想他內心應該是同意我說的。」

布恩打算在明星賽期間帶家人們到紐約州的漢普頓地區（the Hamptons）[101] 度假。他在球季中提過好幾次，他期待能夠穿著寬鬆的短褲，手持烤肉鏟的假期。不過他帶領的球隊目前還不能放假。洋基隊在下一場又以十三比二大勝紅襪隊，拿下賽季的第六十四勝，創下洋基隊史在明星賽前的最佳戰績。但是這成績不能保證能完成更偉大的目標。在一九四七年，解除非裔美籍球員打大聯盟的禁令之後[102]，有六支球隊曾經在球季頭九十二場比賽，至少贏下六十四勝。除了二〇二二年的洋基隊以外，還有一九五四年的印第安人隊（六十四勝二十八

101. 紐約州東邊的度假區。
102. 傑奇‧羅賓森登上大聯盟的那一年。

敗）、一九六九年的金鶯隊（六十四勝二十八敗）、一九七〇年的紅人隊（六十四勝二十八敗）、一九九八年的洋基隊（六十八勝二十四敗）和二〇〇一年的水手隊（六十六勝二十六敗），其中只有一九九八年的洋基隊最後拿下世界大賽冠軍。

「這很重要，我們能達成這個紀錄很酷。」柯爾說。「但我們有更遠大的目標，還有很多場比賽要打，我們還是保持這樣的心態，就跟之前提過的一樣。」

這時 ESPN 正準備要上映德瑞克·基特的紀錄片《洋基隊長》（The Captain）[103]，這部紀錄片分成七個部分，描述名人堂球員基特的職業生涯內幕。與此同時，賈吉和隊友們正坐著球隊專機橫跨美國到洛杉磯。在飛行途中，賈吉預測隊友史坦頓一定會在明星賽擊出全壘打。他們一行人都會在全壘打大賽中觀賽，看著世代球星璜恩·索托（Juan Soto）贏得全壘打大賽冠軍。在不久之後，索托就被華盛頓國民隊給交易了。

在這之前，二十二歲的索托拒絕了國民隊提出的十五年四億四千萬超大延長合約，後來國民隊就把他交易到聖地牙哥教士隊。賈吉給索托一個建議，告訴他要「專心在賽場上」，讓經紀人去處理錢的事情，那筆錢「可以幫助整個家族，還有未來的子子孫孫」。正好這段時間也是賈吉少數可以去思考合約的事情，而他自己的合約要拖到球季結束後才會有結果。

賈吉對於索托在場上的實力更有興趣。他親眼見證這位重砲手打敗西雅圖水手隊的胡立歐·羅德里奎茲（Julio Rodriguez），羅德里奎茲後來拿下今年的年度新人王。二〇一七年時，賈吉在邁阿密的馬林魚球場的全壘打大賽表現同樣令人難忘。賈吉已經下定決心，那就是他唯一一次的全壘打大賽了。

賈吉今年沒有參加全壘打大賽，他出現在大聯盟舉辦的紅地毯典禮。大聯盟為了結合好萊塢的風采，選擇在洛杉磯市區的活力洛城娛樂中心（L.A. Live）舉辦紅地毯。賈吉在走紅毯的時候戴著墨鏡，散發出北加州人的酷勁。他摟著太太莎曼珊的右手，擺出兩根手指的和平手勢，身穿棕褐色的雙排扣西裝外套，裡面是白色 T 恤，加上白色長

103. 暫譯，ESPN 未提供中文譯名。

1
6
3

褲和白色布鞋。現場相機快門聲此起彼落，賈吉像是電影明星一樣，他心情很好，雖然他自己內心覺得自己並沒有完成什麼事情。

「當我感到滿足，或是思考自己完成了什麼，那就是自滿了。」賈吉說。「我不想這樣，還有很長一段路要走，我不會因為三十三支全壘打就滿足了，必須保持專注在近期的未來，這就是我現在要做的事情。」

下午三點鐘，當賈吉和吉安卡羅·史坦頓走向打擊籠的時候，大太陽底下華氏溫度來到八十七度。賈吉和史坦頓是兩人是自一九八八年的瑞奇·韓德森和戴夫·溫菲爾德以來，第一組在明星賽先發的洋基隊外野手。

無巧不巧，名人堂球員溫菲爾得今年也有出席，他就站在內野草皮上。賈吉眨了眨眼，跟他說：「我們在打擊練習時，自己辦了小型的全壘打大賽。」

溫菲爾德問誰贏了，賈吉用一個超大的微笑回應。

「史坦頓。」他說。「他整季都在打全壘打，關鍵的全壘打。[104]」

這是一個預兆。對於史坦頓來說，在洛杉磯參加明星賽，就像是回家一樣。他從小在洛杉磯近郊土皇嘉（Tujunga）地區長大，後來到雪爾曼橡樹聖母高中（Notre Dame High School）成為三棲球員。他家離道奇球場並不遠。「如果沒有塞車的話，大概三十分鐘，到我們都知道洛杉磯會塞車，所以要算兩小時。」

史坦頓曾經夢想過穿上道奇隊藍白球衣，道奇球場的背景是棕櫚樹、極樂丘（Elysian Hills）與聖蓋布瑞歐山（San Gabriel Mountains），而自己在如詩如畫的風光下打球。幾十年下來，這裡誕生了許多輝煌的成就。史坦頓小時候的偶像有勞爾·孟德西（Raul Mondesi）、麥可·皮耶薩（Mike Piazza）和野茂英雄。他說道奇球場是「讓我愛上棒球的地方」。

在棒球季時陪伴著史坦頓的是傳奇播報員文·史考利（Vin Scully）[105]。史坦頓也常常在重砲手貝瑞·邦茲、馬克·麥奎爾、山米·

---

104. 史坦頓在明星賽前擊出二十四支全壘打。
105. 名人堂球員。

164

好萊塢巨星

索沙等人來洛杉磯的時候進場看球，史坦頓都叫他們「大砲」。有時候史坦頓會在停車場等比賽打了幾局之後，跟黃牛買便宜的門票，可以看到這些「大砲」的最後兩個打席。

在差不多十歲的時候，史坦頓在某一次特別多人的打擊練習時，在金與藍配色的外野觀眾席追逐全壘打球，史坦頓跟他的父親麥可（Mike）說：「我有一天要把球轟出球場外。」那時候史坦頓在少棒已經有四支出牆全壘打了。他父親說：「那會是一件大事了。」

「小朋友都會亂說話。」史坦頓說。「但我是非常認真的，我每次來道奇球場都會想起這件事。」

史上只有四位球員把球轟出道奇球場外：一九六五年匹茲堡海盜隊的威利·史塔吉爾（Willie Stargel）、一九九七年的皮耶薩和一九九九年的麥奎爾。史坦頓雖然一開始並沒有打算在歷史留名，但他後來成為第四位把球轟出場外的球員。

南加州的傳奇球探喬治·吉諾維斯（George Genovese）是道奇隊的地區球探，他在二〇〇七年選秀前曾經邀請史坦頓來道奇球場測試，當時史坦頓的爆發力還在成長。吉諾維斯強力向球隊推銷，希望道奇隊能夠在當年選秀會上選史坦頓。結果道奇隊放掉兩次選擇史坦頓的機會，分別在第一輪選了克里斯·維斯洛（Chris Withrow）和詹姆士·艾德金斯（James Adkins），這兩位球員後來都沒有繳出什麼成績。而最後史坦頓在七十六順位被馬林魚選走。

在二〇一五年時，史坦頓和邁阿密馬林魚隊簽下十三年三億兩千五百萬的合約，預期他會終身穿著馬林魚隊的橘黑配色，直到退休。史坦頓那年也實現小時候的諾言，他在面對道奇隊投手麥克·包辛格（Mike Bolsinger）時，狠狠地一棒把球打飛過外野觀眾席上方，飛進球場外的停車場。那球遠到左外野手史考特·范·史萊克（Scott Van Slyke）連轉頭看一眼都沒有。

「我要去哪裡才接得到？」范·史萊克說。

每次來到道奇球場，史坦頓都會想起小時候的夢想。特別是今年全明星賽他正好先發鎮守左外野。

「這讓我的回憶湧現。」史坦頓說。「我一直望向觀眾席，看到

很多爸爸坐在兒子旁邊，想起以前我和我爸也是坐在那邊。今天換我站在場上，一切都反過來了。」

對賈吉、史坦頓和柯爾來說，他們都不是第一次參加全明星賽了，他們興奮地看著隊友科提斯、荷姆斯和崔維諾享受著仲夏夜盛會的初體驗。

在一週之前，洋基隊作客波士頓芬威球場時，總教練布恩的辦公桌上裝了一個隱藏式的攝影機，要記錄球員被通知的那一刻。布恩假裝和球員安排一對一會議，然後告訴他們入選全明星賽。布恩覺得通知科提斯的時候最有趣。那年春天在春訓基地史坦布瑞納球場，布恩和科提斯在休息室裡開會，科提斯試探布恩，問他紐約的氣溫怎麼樣，想知道自己進到開季名單的機率有多少。布恩當時有點嚇到。

「奈斯特，」總教練說。「你今年會入選全明星賽。」

科提斯被逗笑，他才不相信咧。科提斯在開季頭十場比賽，投出自責分率一點五的成績，十二場時是一點九四，布恩的預測看起來越來越有機會成真。當球隊作客波士頓的當下，他的自責分率則是二點七四。科提斯被叫進辦公室，他穿著洋基隊隊徽的籃球背心坐在快要爛掉的沙發上，沙發上方還有一張老舊的芬威球場照片。

「你記得我們在春訓時聊到的嗎？」布恩問。

科提斯點點頭，露出微笑，他知道總教練要說什麼。

「你說過，」科提斯回答。「我今年會入選全明星賽。」現在輪到布恩點頭，坐在椅子上往後靠。

「嗯，現在你該告訴海里市（Hialeah）[106]的鄉親父老了。」布恩說。「他們要飛去洛杉磯好萊塢看奈斯特·科提斯了。我們雖然還有更遠大的目標，但現在你得好好享受你應得的一切。」

其實距離科提斯站穩輪值一席之地也才幾個月的時間。之前他詢問投手教練麥特·布雷克（Matt Blake），他在球隊的定位到底是什麼。「我是在名單外還是名單內呢？」布雷克笑出來，但後來才發現科提斯是認真地問。即便二〇二一年科提斯投了九十三局，整季的自責分率是二點九零，但科提斯還是會想起他在二〇一八年那個菜鳥球季，那年他在墊底的金鶯隊投了四場比賽。

166

---

106. 科提斯長大的地方，在佛羅里達州邁阿密西北方。

那四場比賽中，科提斯投了四又三分之二局，被擊出十支安打，掉了四分，自責分率是七點七一，之後就被指定轉讓，在職業棒球界裡，這等同於被解僱。科提斯覺得自己一開始就不被看好的職業生涯，來到了決定性的一刻。「我剛被大聯盟最爛的球隊指定轉讓。」科提斯回想起當時的情況。如果他連當年墊底，而且吞下一百一十五敗的金鶯隊都不要了，還有誰會要他？出乎意料地，洋基隊要他。

科提斯在二〇一三年選秀會上，在第三十六輪被洋基隊選走，簽約金只有八萬五千元美金。科提斯的父母，老科提斯和尤斯蘭迪（Yuslaidy）在他七個月大的時候，從古巴巴塔瓦諾灣的蘇希德羅（Surgidero de Batabanó）搬到邁阿密，老科提斯是起重機司機，而尤斯蘭迪是做美甲的。他們希望小孩能去念大學，科提斯自己也想念大學。當時他已經答應去年佛羅里達國際大學（Florida International University），備案則是邁阿密達德學院（Miami Dade College）。

他夢想著能跟隨同鄉球員的腳步，像是安東尼·瑞佐和曼尼·馬查多（Manny Machado），還有他的偶像左投吉歐·岡薩雷茲（Gio González）那樣。但是職業合約不等人，地區球探卡洛斯·馬提（Carlos Marti）在選秀日第三天打給科提斯的時候，只剩下九輪要選，科提斯是排在洋基隊剩下預選名單的第十名。

馬提想起當時要選科提斯時，國內球探部門主管戴蒙·奧本海默正要去上廁所。他說：「我知道他球速不快，他看起來也不起眼，但是他能讓打者出局。」

奧本海默反問馬提說，要不要賭上他的球探工作來選科提斯。馬提搖搖頭。

「我就是知道他有一天能幫助我們。」球探說。後來他承認自己當時認為科提斯最多就是四五號先發投手的料。

原本奧本海默要選的人有些已經被選走，所以他採納了馬提的建議。科提斯當時身高五呎十，他到新人聯盟報到時，球速也不起眼，在低層級待了三年，球速大概在時速九十英里出頭。科提斯看到很多比他有天分的球員選擇高掛球鞋退休，但他就算一週吃三次平價披薩，他還是沒有放棄，除非有人把他的球衣強脫下來，逼他離開棒球。

科提斯的勇氣讓金鶯隊注意到了。金鶯隊在二〇一七年的規則五選秀上，選走了科提斯。當時金鶯隊承接了他為期六年的合約，唯一的條件是必須在二〇一八年整個球季，都必須把科提斯放在大聯盟名單內。但是科提斯投了四場後就被金鶯隊放棄，洋基隊歡迎他回到陣中。布恩把他設定成長中繼角色，偶爾可以擔任緊急先發投手，他在二〇一九年出賽三十三場比賽[107]，自責分率是差強人意的五點六七。

那年十一月，科提斯被賣到西雅圖水手隊，換來國際業餘球員簽約金額度兩萬八千三百元。科提斯在二〇二〇年因為疫情而球季無法開打時，他只能在佛羅里達州的家裡前院練投。七月球季開打，科提斯出賽五場比賽，自責分率高達十五點二六，他再度面臨到生涯抉擇的時刻。能投出時速九十七英里火球的投手能獲得更多機會，而像科提斯這樣軟球派的投手，通常的下場是到獨立聯盟討生活。

在華盛頓州塔科馬（Tacoma）水手隊備用球場訓練時，科提斯詢問投手教練小羅伯·馬瑟羅（Rob Marcello Jr.）：「為什麼我在小聯盟獲得成功的方式無法套用在大聯盟？」馬瑟羅過去也曾經打過小聯盟，同樣是投手，他利用高科技攝影機和大量的數據資料來分析科提斯的投球機制。後來他們認為科提斯的卡特球和變速球有潛力，可以變成聯盟平均水準的球種，但是他的速球對於大聯盟的打者來說沒有威脅性。

馬瑟羅建議科提斯改變握法來改變轉軸。把棒球想成是一個時鐘，科提斯原本是把中指和食指握在十點四十五分的方向，改成十一點三十分，讓球投出去的時候有更多倒旋的效果。這樣的改變讓對方打者的揮空率提高，一開始收到不錯的效果，而且科提斯的球速也越投越快，雖然均速還是只比柯爾的變速球來得快一點點。

孤注一擲的科提斯還加上障眼法，用不同的出手角度和揮臂速度來迷惑打者，在花俏的招式下還能保有精準度。科提斯不再去想小時候想當海洋生物學家的夢想了，他要在棒球界活下去。後來他到了多明尼加冬季聯盟，持續精進他的變化球新握法。

他還改回高中時的投球動作，用不同的停頓時間來干擾打者。在剛進小聯盟的那幾年，為了符合球隊要求，他還減少了其他變化球種

107. 一場先發出賽，其餘都是後援上場。

的使用量，後來到了 AA 崔頓雷霆隊的時候，他又偶然地用起了原本習慣的變化球。有時候他會懷疑球隊管理階層是不是把他當作餘陪襯角色而已。他希望自己能成為主角，不要再懷疑自己。

「他運動能力很好。」布雷克說。「本來就很好。」

誰也沒料到，科提斯變成了球星。在紐約街頭還會被認出來，雖然他認為是因為自己的老派唇上鬍被人記住，而不是投球表現。「超級瑪莉歐」的造型是科提斯生涯最成功的決定，之前幾年他嘗試把鬍子剃乾淨，或是山羊鬍和大鬍子造型都沒有如此成功。

「我每隔四天上場投球，都當作生涯最後一場比賽。」科提斯說。「我想從小聯盟開始我就是這樣面對每一場球賽。對我來說，能上場比賽，享受那一刻，可以讓我冷靜下來，同時保持一定的危機感。」

曾經為了科提斯賭上職業生涯的球探馬提，後來也離開了棒球界，到科提斯的母校教政府與經濟相關學科。他常常跟學生說，如果科提斯身上穿工作服，拿著梯子走進教室，沒有人會多看他一眼。不過如果換作是賈吉或是史坦頓來換燈泡的話，大家都會注意到了。

正是因為平凡無奇，科提斯具有一種魅力。他曾經在二○二一年季後賽時，說服洋基隊球團，在休息室養一支陸龜，命名為「布朗斯」（Bronxie）。

同年冬天，科提斯在他非投球手上刺了「犀利奈斯特」（Nasty Nestor），希望在他退休之後還能想起往日風光。有時候和隊友吃飯的時候，科提斯看著身旁的隊友，賈吉、史坦頓、柯爾和瑞佐，不禁想起自己是怎麼騙到大家跟他一起吃飯的。

「我在邁阿密長大。」科提斯說。「史坦頓在馬林魚隊的時候，我看他打球，現在能跟他同一隊真的很酷。有時候我坐在沙發上，瑞佐坐我旁邊，我跟他說：『嘿，老大，最近怎樣？我不敢相信我真的坐在你旁邊欸。』」

布恩繼續地宣達好消息給入選全明星賽的球員。他請板凳教練卡洛斯・曼托薩去客隊休息室找人。馬里斯、米奇・曼托和其他待過美國聯盟的偉大球員們，在過去的一個世紀裡都造訪過芬威球場狹窄的

客隊休息室，曼托薩通知格雷‧荷姆斯的時候，荷姆斯安靜地坐在離入口最遠的置物櫃前。荷姆斯經過陳年霉味的淋浴間。工作人員總算在客隊休息室淋浴間加上了三塊美金的廉價浴簾，避免洗澡時被偷看。

　　荷姆斯不知道布恩要跟他說什麼，在小房間裡大家都看得出來他很疑惑。球隊裡的人知道荷姆斯不喜歡瞎扯淡，布恩直接切入重點：「好的，聯盟最強的後援投手要去洛杉磯參加全明星賽了。這是你努力得來的，而且我們都享受了你帶來的成果。」

　　荷姆斯點點頭，露出笑容，語氣平淡地說：「水喔，太棒了。」

　　離開辦公室後，荷姆斯回到他的置物櫃前，拿出手機打給他的太太艾許琳（Ashlyn），然後在家庭群組裡傳訊息，告訴大家可以買飛往洛杉磯的機票。荷姆斯有一顆很犀利的伸卡球，柯爾說是「棒球界最強的武器球種之一」。在球季初期，原本的終結者阿洛迪斯‧查普曼因為表現掙扎又受傷，荷姆斯接下了終結者的角色。二十九歲的荷姆斯在二○一九年被洋基隊從匹茲堡海盜隊交易來的時候，還是默默無名的投手。在二○二二年全明星賽前，荷姆斯出賽四十一場，自責分率一點三一，對方打者的打擊率是一成八二，外帶十六場救援成功。這樣的生涯轉折令人刮目相看。

　　被交易的那天，荷姆斯人在匹茲堡的標靶超市，買瓶裝水和牙膏，正在排隊結帳時他的手機響了，是海盜隊總經理班‧薛靈頓（Ben Cherinton）打來的，他按下綠色通話鍵。薛靈頓省掉客套話，單刀直入地說他被交易到洋基隊。荷姆斯跟薛靈頓說了謝謝後，離開結帳隊伍，轉身去找刮鬍刀。

　　自從那天起，荷姆斯被視為一塊璞玉來打磨。洋基隊球探部門的蕭恩‧希爾（Shawn Hill）和布蘭登‧達克沃斯（Brandon Duckworth），兩位都曾經是小聯盟投手，他們看到隱藏在荷姆斯高保送率和高自責分率表現下的球威潛力。他們認為這位身高六呎五吋、體重兩百四十五磅的投手，在換了環境以後會有所進步。希爾在他的球探報告中，建議交易來荷姆斯是「用膝蓋想也知道的正確選擇」。

　　對於荷姆斯來說，這像是回到了原點。荷姆斯來自阿拉巴馬州的史洛康（Slocomb），那是一個自稱「番茄之都」的小鎮，人口只有兩

千零九十四人。八歲的時候，他在少棒隊擔任投手和三壘手，球隊的隊名是「洋基隊」。荷姆斯的父親溫戴爾（Wendell）是當地的牧師，也是少棒隊的總教練。

在二○○一年的某一天，溫戴爾·荷姆斯寫信到洋基球場，希望球隊能捐贈一些紀念品給少棒隊的小球員。很快地，荷姆斯家就收到了一箱禮物，裡面有洋基隊的球帽，旁邊還有世界大賽的標誌。小球員都很開心，雖然當地主要支持的是亞特蘭大勇士隊，可是令他們永生難忘的是小時候牆上掛著的洋基隊紀念品。

洋基少棒隊上最高也最強的球員，後來成為阿拉巴州的最受矚目的潛力新秀之一。匹茲堡海盜隊在二○一一年的選秀會上，在第九輪選了荷姆斯，荷姆斯原本要去念奧本大學（Auburn University），但海盜隊以一百二十萬美金的簽約金簽下了荷姆斯。荷姆斯在二○一八年上到大聯盟之前，曾經在二○一四年動過湯米·約翰手術，還有受過幾次傷的紀錄。

二○二○年，荷姆斯因為受傷，只出賽一場。在沒有投球的日子裡，他鑽研投球分析，特別是針對他的伸卡球，如何製造更多的滾地球。當他回到大聯盟時，洋基隊的教練團希望他能夠提高伸卡球的使用量。

「我開始學會把伸卡球投到極致，然後更常使用它。」荷姆斯說。「我抓到了感覺，可以隨心所欲把球投在好球帶兩側。投球是許多元素組合而成的，但是首要的是搶到好球數，才能讓我的球威發揮出來。」

布恩發布好消息的這一天，荷西·崔維諾正在專心地研究紅襪隊先發打線的情蒐報告，他搭配的投手是詹姆森·泰陽。當天是泰陽在球季第十七場先發。崔維諾收到布恩的通知，他不確定總教練到底要說什麼。

「我知道你一心想要贏得冠軍，我們現在也正在努力著，對吧？」布恩說。「我們球隊現在能有這樣的成績，都是因為你。」

崔維諾用力吞了口水，眼睛眨了一下，心想最糟的情況可能是被交易、下放或是釋出。「所以，在往冠軍的途中，下週有一段休息時

間。」布恩說。「我想你應該去洛杉磯，參加全明星賽。」崔維諾終於鬆一口氣，露出如釋重負的笑容，手托著臉頰，問總教練他到底是不是在唬爛。

「你現在是大聯盟明星球員了，沒有人可以拿走這個頭銜。」布恩說。

全明星賽當天，崔維諾走在道奇球場的草皮上，他看著洛杉磯天使隊的二刀流球員大谷翔平，本壘後方跟著一大群媒體。即使身上的球衣繡上「紐約」兩個字，他感覺自己像是樂在其中的隱形人。

他穿著客製的釘鞋，上面有洋基球場知名的拱門屋簷造型，還有喬‧迪馬吉歐的名言：「我感謝上帝讓我成為洋基隊的一員。」這句話也在洋基球場通往主隊休息室的通道上。德瑞克‧基特每一場比賽前都會去摸一下那片名言看板。

「我在成長的過程中不只是想成為大聯盟球員，我想成為洋基隊的球員。」崔維諾說。「我很感激今天能在這裡，我覺得穿上這件球衣後，釋放了我的潛能。」

距離道奇球場上一次舉辦全明星賽已經隔了四十二年。上一次的兩隊先發打線中，有八位後來成為名人堂球員，那一年是由老肯‧葛瑞菲（Ken Griffey Sr.）獲選為最有價值球員殊榮。賽前表揚打破種族藩籬的傑奇‧羅賓森以及他著名的四十二號背號，由演員丹佐‧華盛頓（Denzel Washington）致詞，他身上還穿著羅賓森先前效力的布魯克林道奇隊球衣。

華盛頓致詞結束後，把麥克風交給道奇隊外野手穆奇‧貝茲，他接過麥克風，邀請全場五萬兩千五百一十八位球迷獻上生日祝福，為傑奇‧羅賓森的太太瑞秋（Rachel）唱一首生日快樂歌。

比賽本身有來有往，而且洋基隊球員有所貢獻。國家聯盟明星隊很快在光芒隊投手謝恩‧麥可科拉納漢手中取得兩分領先。四局上，一壘有人，一出局的時候，輪到史坦頓上場打擊，這是他在今天的第二個打席，他還沒有在全明星賽中擊出過安打，被三振四次，今天前一個打席也遭到三振。

道奇隊投手湯尼‧岡索林（Tony Gonsolin）面對史坦頓，先取得兩

好球。可是這次史坦頓不會在揮棒落空了，他把球打向深遠的左外野，飛進觀眾席，幾乎就跟他小時候在外野接打擊練習全壘打的相同位置。

這一發全壘打預估的飛行距離是四百五十七英尺，兩分砲也追平了比數。史坦頓的親友團至少有五十人在現場，包括他的父親。二○一五年那一發全壘打飛過外野觀眾席屋頂，彈到停車場，賽後他和父親在客隊休息室外擁抱，笑得很開心。全明星賽這一發全壘打更棒了。史坦頓才剛回到休息區，下一棒的雙城隊代表，外野手拜倫‧巴克斯頓（Byron Buxton）又從岡索林手上轟出一發全壘打，反超比數。

「他跟我們說，」巴克斯頓說。「他之前就坐在全壘打落點附近幾排而已。你真心為他感到高興。」

美國聯盟明星隊的後援投手接力上場，守住領先，包括科提斯在第六局登板，和崔維諾搭配，投出一局無失分的表現。他們兩位投捕搭擋都在比賽中別上麥克風，和福斯電視台的轉播群閒聊，成為那天比賽的一大亮點。特別是在科提斯在三振掉首名打者亞特蘭大勇士隊的奧斯丁‧萊里（Austin Riley）之後。

「你要這顆球留念嗎？」崔維諾說。「耶，為何不？」科提斯回答。崔維諾在第七局上場打擊時還別著麥克風，他從密爾瓦基釀酒人隊投手戴文‧威廉斯（Devin Williams）手中擊出一支一壘安打，也是他生涯第一次在全明星賽的首安。

「我要那顆球，這是我的全明星賽首安！」崔維諾說。「太扯了！」

荷姆斯就冷靜多了，在全明星賽首次登板，他讓對手三上三下，度過第八局，交接給克里夫蘭守護者隊的火球終結者以馬內利‧克拉塞（Emmanuel Clase）關門，他連續三振三名打者，為美國聯盟明星隊守住勝利。接下來頒發最有價值球員獎，這個獎項以紅襪隊傳奇泰德‧威廉斯（Ted Williams）命名。

沒有太多懸念，最後頒給了在地的球員史坦頓，他雙手高舉球棒形狀的獎座。他說那一刻真是難以置信。

「我想這是我個人能達成最棒的成就了。」史坦頓說。「我有一些目標像是拿冠軍和健康出賽，但一路走到現在，能在我的棒球起點

得到這個獎，真的是別具意義。」

　　史坦頓回到美國聯盟明星隊休息室的時候，隊友們大喊著「M—V—P」，史坦頓聽了眉開眼笑。

　　「我真的無法形容這有多特別。」史坦頓說。「沒有詞彙可以形容了啦，真的太酷了。」

61 FLASHBACK: HALFWAY TO RUTHVILLE
回顧一九六一年：破紀錄進度五十趴

還沒有到美國國慶日，羅傑・馬里斯已經達到魯斯全壘打紀錄的一半了。

一九六二年七月二日，羅傑・馬里斯從華盛頓參議員的投手強尼・克里普斯坦（Johnny Klippstein）手中擊出第三十轟，那陣子洋基隊氣勢如虹，直指世界大賽。六月的三十二場比賽中，洋基隊贏了二十二場。也是在同一時間，開始有記者在討論馬里斯可能打破貝比・魯斯的全壘打紀錄。據信《紐約每日新聞》（New York Daily News）的記者喬・崔伯（Joe Trimble）是第一位記者問到馬里斯關於紀錄的事情。「我跟你說，我沒有想到過貝比・魯斯，現在沒有，以後也不會。」馬里斯說。「我不在意紀錄，但我很意外我打了這麼多支全壘打。」

崔伯在堪薩斯市市民球場訪問完之後，立刻奔向球場記者室，坐在打字機前，拿一張乾淨的白紙，開始寫稿。五年之前，崔伯目睹唐・拉森（Don Larsen）投出世界大賽史上至今唯一一場完全比賽，他望著空蕩蕩的球場，跟他的同事迪克・楊恩（Dick Young）說，說他腦袋一片空白，不知道要寫什麼。

楊恩敲打著鍵盤，幫不幸卡關的同事開始寫稿，他下筆如神，幫崔伯寫出一篇得獎報導。新聞開頭第一句是：「不完美的人昨晚投出了完全比賽。」現在崔伯拿到了馬里斯的訪問，他開始猛敲鍵盤，不過他可不打算手下留情：

（密蘇里州的堪薩斯市／六月二十日）

大聯盟球員通常稱羅傑・馬里斯「北方鄉巴佬羅傑」，但是球員是球員，我們是友善的報社，得換個說法，我們來分析一下。

馬里斯本人不壞，他只是假裝不友善。他其實是個好人，可是一直不討人喜歡而已。

「我從小就是粗人，我以後也不會改。」棒球界的憤怒哥在星期

二時是這樣說的。

這就是馬里斯在當時的公眾形象，早在大家關注他的全壘打追逐戰之前就是如此了。記者們想要知道馬里斯的心情，就看他在洋基球場置物櫃前的板凳。如果馬里斯不想對記者說話，他會拿出手掌石膏模型，上面只有中指伸出來。隨著全壘打追逐戰越來越激烈，這樣的情況越來越頻繁。

「那樣做不會讓媒體喜歡他。」洋基隊的歷史學家兼作家馬提·艾波（Marty Appel）說。艾波曾經在一九七〇年代做過洋基隊公關總監。「那些記者從一九二〇、三〇年代就在跑洋基隊新聞了，所以他們廣受敬重。那些晚報媒體，像是《紐約世界電報》（New York World-Telegram）就把羅傑·馬里斯寫成是一個壞人。」

馬里斯對記者冷淡的回應，並沒有澆熄大家開始對於全壘打追逐戰的關注度。馬里斯在七月四日擊出第三十一號全壘打，曼托以二十八支則是緊追在後。有些記者想要製造一些戲劇效果，指馬里斯和曼托彼此看不順眼。其他隊友強烈抨擊這樣的指控，說兩人是好兄弟，在球場外也是常常混在一起，場上就是良性競爭，互相砥礪。

比起外在，他們兩人內在有許多相似之處。馬里斯和曼托在高中時都是三棲球員，藍領家庭背景，分別來自北達科他州和奧克拉荷馬州。他們的太太都是高中時的女朋友，最後兩人都來到大城市打球討生活。在《棒壇雙雄》電影裡，曼托、馬里斯以及外野手鮑伯·瑟夫（Bob Cerv）三個人在一九六二年擠在皇后區的兩房公寓裡，公寓就在六七八號州際公路旁邊，距離現在的約翰·甘迺迪機場不遠的地方。

當時曼托的夜晚的私生活無酒不歡，常常在中央公園旁邊的聖摩里茲酒店（Hotel St. Moritz）夜夜笙歌，這使得馬里斯必須和他談談。明星球員曼托在一九六一年的薪水是六萬五千元，他很快就花完了。聖摩里茲酒店一晚要一百二十五元美金，換算成二〇二三年的水準超過一千兩百元美金。除此之外，曼托也在紐約到處亂花錢。

馬里斯制定規矩，以後不能辦派對，也不能玩女人。曼托點頭表示答應，那年夏天他會乖乖的。他們一起住在公寓裡，馬里斯會做早餐給他吃。他會先煎培根，在用培根的油來煎蛋，把蛋搞得黑黑的。

馬里斯在洋基隊時期的民間友人「大茱莉」的艾賽克森說：「我常跟馬里斯說，這裡又不是北達科他州，紐約沒有人那樣煎蛋的。但是馬里斯就是這樣，所以我也照吃。老實說，還不難吃。」

馬里斯、曼托和瑟夫會在客廳鋪一條地毯，打起高爾夫球，還小賭一下。馬里斯開著敞篷車，三人吹著風，一起去洋基球場上班。有一次馬里斯和曼托一起去皇后區採買生活用品，他們在大賣場走道推著推車，有個青少年補貨工讀生看到他們，從樓梯上摔下來，罐頭散落一地，兩人哈哈大笑。

「我喜歡皇后區的生活。」曼托說。「記者找不到我們。我們有一個冰櫃，裡面都塞滿三明治和披薩。羅傑喜歡保有隱私，如果我們出去吃飯，他在用餐的時候不喜歡被人打擾要簽名。他會請球迷等他吃完再來。而我通常當下就簽了，可是我跟羅傑在一起的時候，我就會照他的習慣。在球場外，他會站著簽好簽滿，但在餐廳就有他的規矩。所以我們住在公寓裡很合他的口味，他想要遠離人群，而我也需要遠離人群。」

七月十八日下午，聯盟主席福特‧C‧弗里克對於當時的全壘打追逐戰，他被迫宣布規定，如果在第一百五十四場比賽打完之後，紀錄沒有被打破的話，接下來產生的紀錄要額外算，視為另一個紀錄。

弗里克說魯斯的紀錄就會加上特殊記號，註記他是在一百五十四場賽程的球季完成。而《紐約每日新聞》的知名記者迪克‧楊恩才是說要加上星號的人。楊恩當時說，在一百六十二場的賽程打破紀錄，就好像「允許選手跑九十五碼來打破跑一百碼的成績」一樣。

「一直以來，弗里克因為這個決定而被嘲笑和詆毀。」艾波說。「但如果你設身處地來想，棒球一直就是講求傳統的運動，他面對的是有可能所有累積型的紀錄都有可能被打破，我們可能要出一本完全不一樣的紀錄史。全壘打紀錄當然是焦點沒錯，他想的是全部棒球紀錄都會被打破，棒球所累積的資產和成就都危在旦夕。」

巧合的是，馬里斯之後就連續十九打數沒有安打，曼托迎頭趕上並且超前。可是馬里斯在七月二十五日與芝加哥白襪隊的的雙重戰中，轟出四發全壘打要回領先地位。洋基隊在七月的二十九場比賽中贏了

二十場，馬里斯以四十轟領先曼托的三十九轟。

另外在馬里斯與曼托全壘打追逐戰當時，還有一個插曲，跟棒球本身有關，當時棒球是由斯伯丁（Spalding）製造的，那一年被稱作「兔子球」（rabbit ball），被認為比起魯斯當年打的球還要有彈性許多。而斯伯丁公司的總裁艾德溫・L・帕克（Edwin L. Parker）堅稱棒球的構造三十五年來都沒有改變。

《紐約時報》展開調查，找來化學家和工程師來檢測在一九二七年到一九六一年期間生產的七顆球。調查報告在八月十四日頭版刊出，當天重點新聞是東德和蘇聯結盟，把柏林用鐵絲網圍起來，後來變成柏林圍牆。

報紙上三大頁都是圖表和資料，詳述「用外科手術的方式解剖棒球，以及用雷明頓公司的儀器測試」，小標題寫的是「撞擊與飛行距離」、「旋轉穩定性」以及「彈性係數」，「一九六一年的球真的比較彈嗎？」最後的結論是「可能有，可能沒有」。

當年的洋基隊球員覺得這篇報導很荒謬。不過在二〇二二年十二月，這樣的話題又出現了。在《內幕》（Insider）調查報告中，太空物理學家梅勒迪斯・威爾斯博士（Dr. Meredith Wills）測試了來自二十二座球場，蒐集到的兩百零四顆球作為實驗材料，得出前一年球季羅林斯（Rawlings）提供的官方用球有三種版本。

大聯盟官方之前就知道有兩種球，其中一種比較不彈，官方說法是在哥斯大黎加的工廠因為新冠肺炎疫情影響，有製造上的問題。調查報告指出有第三種球「穠纖合度」（Goldilock），重量不重也不輕，主要都出現在季後賽、全明星賽和全壘打大賽。根據《內幕》指出，除了特殊比賽之外，只有洋基球場出現過「穠纖合度」的第三種球。

大聯盟官方強力否認這項指控，稱其「研究結論完全不準確，錯得一塌糊塗」。而洋基隊周邊知情人士說，球隊中的投手曾經抱怨過官方用球，但兩百零四顆的樣本數太少，很難證明聯盟用球的真實分布情況。

太多事情要改了，那只好改天了。在一九六一年時，曼托曾說過：「或許是我們人變得比較有彈性了。」

08

　　從二○一六年八月「賈吉時代」揭開序幕後，沒有哪一個地方比起休士頓美粒果球場更讓洋基隊心碎了。

　　座落於克勞佛街和德州大道的美粒果球場，擁有開闊式屋頂。原本叫做安隆球場（Enron Field），但因為安隆公司的財務醜聞，和丟臉畫上燈號，這個名字只維持了兩年。

　　二○一七年，美國聯盟冠軍系列賽後，CC・沙巴西亞在美粒果球場的客隊休息室落下男兒淚。二○一九年，布雷特・賈德納顫抖地在賽後對著落敗的隊友發表真摯的演說，他們的季後賽之旅同樣止於美粒果球場。

　　喬・吉拉迪穿過迴廊，手撫摸著下巴，宣布卸下洋基隊兵符的地方，也是美粒果球場。二○一九年，客隊休息室陷入一片尷尬的寧靜，只聽得到球員輕拍隊友背部表示鼓勵，大家還消化在落敗的情緒，離開時祝福隊友休賽季一切順利。

　　天啊，洋基隊恨死那個地方了。

　　下半季開打之初，洋基隊可以藉此改變這樣的態度。不過洋基隊

又再一次在休士頓失望而歸，面對強敵太空人隊，一日兩戰都輸球。太空人隊菜鳥 J.J. 麥特傑維克（J. J. Matijevic）在首戰從麥可‧金恩手中擊出再見安打，而第二場也好不到哪裡去。

太空人隊的尤丹‧艾爾瓦瑞茲（Yordan Alvarez）和艾力克斯‧伯格曼在第一局就給洋基隊下馬威，兩名打者都從多明哥‧赫曼（Domingo Germán）手中開轟，在第二局又對到右投赫曼，再補上帶有打點的安打。

「他們真的是我們的天敵。」金恩說。「即使在例行賽遇到他們，我們也打得很難看。」

面對後援投手 JP‧席爾斯時，切斯‧麥可柯爾米克（Chas McCormick）再補上一發兩分砲，取得七比二領先。但洋基隊臨去秋波，比賽尾聲再添一些分數。

第三十四號全壘打：七月二十一日
投手：休士頓太空人隊的布蘭登‧畢萊克（Brandon Bielak）（第九局，三分砲）
擊球初速：時速一百一十一英里
預期飛行距離：四百一十英尺
擊球仰角：三十三度
在所有大聯盟球場都會形成全壘打。

二十六歲的右投布蘭登‧畢萊克來自紐澤西州的梅圖琴（Metuchen），他出生的那一天正好是德瑞克‧基特在第一次在大聯盟開幕戰先發的日子[108]。基特世代的洋基球迷都會驕傲地記得那個克里夫蘭寒冷的下午，基特用精彩的表現自我介紹，包括一記行進間背後接殺，還有從老將丹尼斯‧馬丁尼茲（Dennis Martinez）手中擊出生涯首轟，幫助洋基隊當天的先發投手大衛‧孔恩（David Cone）奪勝。

畢萊克的任務是收拾掉洋基隊，而且他投得還不錯，後援上場投了三局無失分。第九局時，太空人隊總教練達斯提‧貝克還是派他上場。畢萊克進入第四局的投球，可能是因為疲勞，也許有點緊張，先

108. 一九九六年四月二日。

讓艾西亞‧凱納弗拉法和 DJ‧拉梅修接連擊出一壘安打，再讓安東尼‧瑞佐擊出飛球。畢萊克接下來面對賈吉，他先投了一記偏低的伸卡球，取得一好球，然後又投了一顆壞球，下一球他投滑球，從捕手馬丁‧馬東納多（Martín Maldonado）雙腿中穿過，形成暴投，壘上跑者分別前進一個壘包。畢萊克下一球再回到伸卡球，這次他投在腰帶的高度。

賈吉猛力一揮把球送往左外野，最後球落在左外野觀眾席後方高處的鐵軌上，之所以會有這個鐵軌，是因為球場有部分是休士頓聯合車站的前身，過去聯合車站是非常繁忙的火車站。吉安卡羅‧史坦頓在休息區用力地拍打休息區的護欄，洋基隊又燃起了希望，但是拉菲爾‧蒙特羅（Rafael Montero）上來收拾掉最後兩個出局數，讓麥特‧卡本特擊出雙殺打，比賽結束，洋基隊以五比七落敗。

賈吉賽後洗完澡，走到客隊休息室左邊的角落，他從二〇一九年十月開始，每次來美粒果球場，都是這個位置。那年十月正是荷西‧阿圖維從阿洛迪斯‧查普曼手中擊出再見全壘打，送洋基隊安心上路的那次季後賽。美粒果球場的客隊休息室如今又陷入一片寂靜，安靜到連一根針掉在地上都聽得見。賈吉穿上襯衫，扣好鈕子，面向置物櫃，滑手機看訊息，等待媒體聯訪。

尤吉‧貝拉可能會說「既視感又來了」，但賈吉不會這樣說，現在是二〇二二年，跟二〇一九年一點關係也沒有。

「我們現在是全聯盟戰績最佳的球隊。」賈吉說。「太空人隊也很強，所以不管是好還是壞的，我不會坐在這裡糾結過去所發生的事情。我們的目標是拚季後賽，我專注在今年球季和現在的洋基隊陣容。我們的戰力很強，我們要保持下去。保持專注，我相信好事情就會發生。」

布恩在總教練辦公室受訪時聽起來很累，因為飛來休士頓然後打一日雙重戰，同時擔憂球隊對太空人隊似乎束手無策。賈吉強調洋基隊還是全聯盟戰績最好的球隊（六十四勝三十敗），但是太空人隊也以六十一勝三十二敗緊追在後。這兩敗很關鍵，但是賈吉認為十月的季後賽才是真正的廝殺。

「所以，」他說。「這只是一種熱身測試，我們對上每支球隊都

是一種小型的測試，看我們的戰力該如何加強，好加以改善，為真正的戰場做充足的準備。」

布恩了解這樣的的心態，除非洋基隊在至關重要的季後賽打敗太空人隊，不然這樣的想法不會改變。

「最重要的是，我們要打敗大魔王，對吧？」布恩說。

第三十五號全壘打：七月二十二日
投手：巴爾的摩金鶯隊的泰勒·威爾斯（Tyler Wells）（第三局，三分砲）
擊球初速：時速一百零八點六英里
預期飛行距離：四百三十六英尺
擊球仰角：二十六度
在所有大聯盟球場都會形成全壘打。

第三十六號全壘打：七月二十二日
投手：巴爾的摩金鶯隊的泰勒·威爾斯（第五局，陽春砲）
擊球初速：時速一百一十三點五英里
預期飛行距離：四百六十五英尺
擊球仰角：二十五度
在所有大聯盟球場都會形成全壘打。

週五清晨，洋基隊專機飛抵巴爾的摩郊區，這時已經快日出，球員和教練安靜地走進下榻旅館，把窗簾緊緊拉上，避免陽光透進房間，球隊也沒有安排旅館櫃檯叫醒服務。當賈吉睡醒後，他看到來自父親韋恩的簡訊：「嘿，記得要往右外野打，左外野的牆很高。」

賈吉笑出來，翻了個白眼又躺回去。他怎麼可能會忘記卡曼登球場修改過後的深遠左外野，浪費了他最喜歡的打擊視野。

「我可能會直接把球轟過左外野全壘打牆。」賈吉回訊寫道。

賈吉還不只如此，他在第一場比賽轟出雙響砲，幫助球隊以七比六打敗對手。在第三局他面對到泰勒·威爾斯，一好兩壞時，賈吉痛擊一顆偏高的速球，飛過金鶯隊主場牛棚，飛到客隊牛棚裡，反彈打

到旁邊的電子廣告看板，上面寫著接下來金鶯隊要送的退休重砲手布格・鮑爾（Boog Powell）搖頭公仔。

「看到他今年修正了打擊策略和揮棒機制，令我很佩服。」威爾斯說。「大多時候對我來說是：『好，我們想的是該怎麼降低他長打的威脅？』去年，我們是用內角高的位置或是外角低的滑球來對付他，多數時候可以收到效果。但今年他把這兩個位置變成他的熱區，他可以掌握內角球，也可以抓住外角低的機會。」

一群洋基隊球迷在現場為了賈吉大喊「M—V—P」，這在客場比賽越來越常見。「當你幫助球隊先馳得點，」他賽後說。「通常都會有好的結果。」洋基隊三比零領先，賈吉在第五局上半又開轟，投手依然是威爾斯。威爾斯面對到賈吉再度陷入球數落後，一好兩壞，這次他改用變速球來對付賈吉，可是賈吉把球轟得更遠，甚至飛過了客隊牛棚，打到牛棚後方的球迷，再反彈回洋基隊牛棚。這一發全壘打是卡曼登球場落成以來，距離第三遠的全壘打。洋基隊轉播單位 YES 聯播網的主播當時大喊：「亞倫・賈吉這一球出現在太空總署的雷達上啦！」

巧合的是，身高六呎八的威爾斯是賈吉（六呎七）所有轟出過全壘打的投手之中最高的，也是唯一一位比他還高的。「當你投在紅中，身高多高都沒用。」威爾斯說。「第一轟我是真的要投在那個位置，但不夠內角。第二轟就是投在紅中了，他把球轟得老遠。賈吉和洋基隊一票打者就是這樣，你如果失投，丟到紅中位置，就會付出代價。」單場雙響炮的表現也讓賈吉追上當年馬里斯六十一轟的進度，在洋基隊最近七場比賽中，賈吉擊出六支全壘打，看起來有機會追到。至少隊友泰陽是這樣認為的：「依照他現在開轟的頻率，他一定可以達成。」

「我第一次想到破紀錄是在下半季的時候。」紐澤西州的《勃根紀事報》（Bergen Record）彼特・卡德拉（Pete Caldera）說。「當時洋基隊在分區取得誇張的領先，所以你開始在看接下來賽程會有什麼事情發生。看到賈吉的全壘打數，你心想：『我的老天，他有可能挑戰單季六十轟。』我記得我當時預測是五十九支，因為六十就是洋基隊的紀錄，也是大聯盟的歷史紀錄了。」

賈吉的雙響砲讓隊友在賽後開心地慶祝，但後來因為傳來壞消息，大家就停了下來。那天賽前打擊練習時，投手們在外野撿球，麥可·金恩向格雷·荷姆斯坦承說，他的右手肘已經痛了好幾個星期，他已經排除是肌腱發炎可能性。他在治療室已經吞抗發炎藥好一陣子了。荷姆斯跟他說，在打擊練習結束後去找防護員，金恩當下點頭，然後把荷姆斯的建議當成耳邊風。「在聊過以後，我說：『我的球速還在，我還能繳出優異的成績，我不想要關機休息。』」金恩說。「我們球隊的牛棚那時很低潮，我希望可以幫上忙，我覺得如果說出『嘿，我真的受傷了，我需要關機休養。』這樣的話，會讓我覺得自己很軟弱。」

荷姆斯看到金恩在第八局下半走出牛棚，金恩指著他的右手肘，荷姆斯感覺於心不忍。後來檢查出來，金恩的手肘骨折，需要動手術，如果再繼續投球，他手肘的壓力反應會越來越嚴重。二十七歲的金恩，今年出賽三十四場，繳出自責分率二點二九的成績，差一點就成為洋基隊入選全明星賽的第七位球員，如今整季報銷。

柯爾試著減輕牛棚的壓力，可是隔天牛棚還是搞砸了三分領先，布恩說這一敗「令人心碎」。有一位記者點出洋基隊在過去的十二場比賽輸掉八場，是二〇二二年賽季至此，最差的十二場區間。或許是因為中間夾了去洛杉磯打明星賽的關係，或是洋基隊在美國聯盟東區還握有十二場大幅領先的關係。柯爾得知最近的戰績時，感覺到很訝異。

「我不知道欸。」他說。「這成績並不好。」

如果拉遠來看，過去的三十一場比賽，他們只繳出勉強可以接受的十六勝十五敗，逐步落後一九九八年洋基隊和二〇〇一年水手隊銳不可擋的戰績進度。凱許曼知道這樣的情況，也表示有點擔憂。他說自己的工作就是為最壞做打算，同時期許最好的狀況可能會發生。

於此同時，洋基隊在背後努力地和辛辛那提紅人隊談交易，希望能交易來王牌右投手路易斯·卡斯提歐，同時也和華盛頓國民隊接洽，談一筆超大的交易案，希望能換來外野手璜恩·索托。這兩隊的開價都超級高，洋基隊不想要交易掉陣中的大物新秀們，例如安東尼·沃皮（Anthony Volpe）、奧斯瓦德·佩拉薩（Oswald Peraza）和傑森·多

明格茲（Jasson Dominguez）。另外，洋基隊也很認真地要交易堪薩斯皇家隊的外野手安德魯‧班尼坦迪（Andrew Benintendi），但是洋基隊一直因為球隊戰績不佳而分心。

第三十七號全壘打：七月二十四日
投手：巴爾的摩金鶯隊的狄恩‧克雷摩（Dean Kremer）（第三局，兩分砲）
擊球初速：時速一百一十一點一英里
預期飛行距離：四百五十六英尺
擊球仰角：三十一度
在所有大聯盟球場都會形成全壘打。

　　隔天下午，空氣中充滿水氣，天氣霧霧的。賈吉面對右投手迪恩‧克雷摩，頂著一頭亂髮的克雷摩來自加州史塔克頓（Stockton）。今天賈吉要挑戰左外野大牆，他把克雷摩的一記曲球轟成全壘打，那記曲球失投，掉得幅度不夠多。金鶯隊的捕手羅賓森‧奇瑞諾斯（Robinson Chirinos）跪在地上，伸長脖子，看著全壘打球飛進左外野觀眾席。在奇瑞諾斯心中，賈吉是全大聯盟最可怕的打者。

　　「我不認為投手應該和他正面對決。」奇瑞諾斯說。「這傢伙太誇張了，他把投得不錯的球打成全壘打，他把失投球轟出場外。通常打者手感好的時候，可以擊出二壘安打和一壘安打，他則是頻頻開砲。太扯了。他就是強打者，你能拿他怎麼辦呢？」

　　賈吉單場雙安的表現不但幫助先發投手奈斯特‧科提斯拿下勝投，還提升了自己的打擊率到兩成九四。他其實把打擊率看得很重。「我看很多偉大的球員，例如亞伯特‧普荷斯（Albert Pujols）和米格爾‧卡布雷拉（Miguel Cabrera）[109]，他們總是能維持三成以上打擊率，同時維持長程砲火。」賈吉說。「維持三成以上打擊率一直都是我的目標。我會繼續努力。」

　　差不多同一時間，麥可‧凱走向賈吉，沒有要訪問，只是簡單聊了一下。那年在佛羅里達州的坦帕春訓時，賈吉給了凱八歲的兒子查

109. 兩人都是準名人堂球員。

理（Charlie）一對打擊手套。賈吉常常這麼做，他相信給小球員球具比起簽名更有影響力。

賈吉在七月繼續推進他的全壘打產量。查理跟他父親說：「我想跟你說，如果賈吉離開洋基隊，我永遠不會再支持洋基隊。」凱不敢置信：「真的嗎？即使你爸是洋基隊主播？」查理說：「對，我就不支持洋基了。」

「隔天我在休息室跟賈吉說這件事。」凱說。「他看起來很難過，他停頓了一下，比起他以往停頓還久。他回我：『請告訴查理，不用擔心。』」

第三十八號全壘打：七月二十六日
投手：紐約大都會隊的泰灣・沃克（Taijuan Walker）（第一局，陽春砲）
擊球初速：時速一百一十二點一英里
預期飛行距離：四百三十二英尺
擊球仰角：二十九度
在所有大聯盟球場都會形成全壘打。

對於那些曾經刷地鐵卡（MetroCard）進站的老紐約人來說，或許洋基隊就是紐約的球隊，但對於某部分紐約客來說，並不是全然如此。紐約大都會的五大區有深厚的國家聯盟歷史，從布魯克林道奇隊的艾比斯球場（Ebbets Field）到紐約巨人隊高峰時的馬球球場，它座落在曼哈頓，距離兩代的洋基球場也只隔著一條哈林河（Harlem River）而已。

道奇隊和巨人隊在一九五七年西遷之後，紐約大都會隊應運而生，填補了遺留下來的空缺。一群可愛的魯蛇們在一九六九年「奇蹟似地」拿下冠軍[110]，震驚全世界。幾個月前尼爾・阿姆斯壯（Neil Armstrong）才剛登陸月球而已。尤吉・貝拉帶領大都會隊意外地贏得一九七三年國家聯盟冠軍；一九八六年大都會神奇地拿下世界大賽冠軍，在百老匯大道上熱鬧地遊行；再來就是兩千年的地鐵大戰，當時德瑞克・基特發誓，如果洋基隊輸了，他就要搬出曼哈頓島。

那年秋天的對戰組合其實很罕見，通常紐約兩支球隊都是一支強

110. 那一年的大都會被稱作 Miracle Mets 或 Amazin' Mets。

盛，另一支就落寞。自從一九九七年有跨聯盟比賽之後，大都會隊與洋基隊對戰充滿更多的想像。大都會隊的彼特‧阿朗索對於兩隊未來可能在世界大賽對決，他說：「整座城市會變得很瘋狂。」賈吉喜歡對上大都會隊，因為瀰漫一種季後賽的競爭氣氛，兩邊球迷同場加油，「大都會加油」和「洋基加油」的聲音此起彼落，中間還穿插一些輔導級的髒話。

當賈吉在花旗球場準備上場打擊的時候，多少就會出現那些聲音。花旗球場在二〇〇九年時開幕，取代了老舊的謝亞球場（Shea Stadium）。由於洋基隊豐富的歷史，如果稱洋基球場博物館的話，花旗球場就比較平易近人，歡迎球迷的入口是一個圓形廣場，廣場是致敬已經拆掉的艾比斯球場。花旗球場感覺大都會隊的味道還少一些，因為前任老闆弗雷德‧威爾邦（Fred Wilpon）是一個死忠到道奇隊球迷，曾經還是山迪‧考菲克斯（Sandy Koufax）[111] 的高中同窗。不過球迷的聲音還是有被聽到，後來把外野全壘打牆改成藍橘配色，還在球場外建立了隊史最偉大的球員湯姆‧席佛（Tom Seaver）[112] 的雕像。

「我想我們的球員期待在這樣的環境下打球。」布恩說。「特別是我們季中遇到低潮，這樣的氣氛可以振奮士氣。尤其是在同城對戰的關注度之下，我想多數球員會同意我的說法。」

地鐵大戰開打，賈吉走進打擊區面對投手泰灣‧沃克。沃克已經是十年老將，效力過西雅圖水手隊、亞歷桑納響尾蛇隊和多倫多藍鳥隊，後來又回到水手隊，接下來加盟大都會隊。沃克的背號也是九十九號，兩位九十九號球員的對決，賈吉看了五球，球數來到滿球數，沃克投的第六球是一顆四縫線速球掉在紅中，被賈吉打出場外，掉進右外野全壘打牆後方的客隊牛棚區。

下一位輪到安東尼‧瑞佐，他把第一球也打成全壘打。洋基隊用背靠背全壘打為打擊戰揭開序幕，下個半局大都會隊痛擊喬丹‧蒙哥馬利，靠著史達林‧馬鐵（Starling Marte）和艾德瓦多‧艾斯克巴（Eduardo Escobar）擊出全壘打得到四分。蒙哥馬利花了七十一球才解決七名打者，總教練布恩上場要換投手，蒙哥馬利眨眼間他：「為什麼要換？」總教練跟他簡短說明了一下，拍拍他的胸膛，表示歉意。這時大都會

111. 名人堂左投手。
112. 名人堂右投手

187

隊已經得到五分。「我想要留在場上，但我投得很爛。」蒙哥馬利說。

　　隔天大都會隊完成二連戰橫掃，麥克斯‧薛澤（Max Scherzer）在他三十八歲生日那天威風八面，單場三振賈吉三次。蓋雷伯‧托瑞斯在第九局轟出追平全壘打，但馬鐵下個半局用再見安打回應。凱許曼對於比賽結果也有所回應，在比賽結束後的幾分鐘，洋基隊宣布他們用三名小聯盟投手，從堪薩斯皇家隊交易來了安德魯‧班尼坦迪。

　　很剛好地，班尼坦迪已經在紐約了，皇家隊剛下榻在曼哈頓的旅館，準備展開與洋基隊的四連戰。班尼坦迪在被交易之後的幾個小時和前隊友打牌，他說道：「這感覺很怪，昨天還和他們同一陣線，今天就是對手了。」

第三十九號全壘打：七月二十八日
投手：堪薩斯皇家隊的史考特‧巴洛（Scott Barlow）（第九局，再見陽春全壘打）
擊球初速：時速一百零九點六英里
預期飛行距離：四百三十一英尺
擊球仰角：三十五度
在所有大聯盟球場都會形成全壘打。

　　班尼坦迪穿上十八號的洋基隊條紋球衣，在球員休息室的廁所鏡子前確認自己的服裝。他穿洋基隊主場條紋白色球衣看起來乾淨俐落，可是看在世仇紅襪隊球迷眼中，就完全不一樣了。班尼坦迪從小在辛辛那提郊區長大，大聯盟頭五個球季都是效力於紅襪隊。班尼坦迪應該沒有想過會有這一天。

　　他在皇家隊待了一個半球季，對於轉換到洋基隊他沒有感到不適應。他在洋基隊初登場有機會扮演英雄，比賽打到九局下半雙方都掛蛋，他上場面對皇家隊終結者史考特‧巴洛。班尼坦迪相中一顆時速九十五英里的紅中速球。

　　他揮棒把球送到左外野方向……結果左外野手凱爾‧伊斯貝爾在界外區接殺。班尼坦迪成為九局下半第一個出局數。

班尼坦迪在初登場沒有為新球隊建功，接下來，輪到當天擔任指定打擊的賈吉。九局上，當巴洛在牛棚熱身的時候，菜鳥後援投手朗·馬里納西歐看到賈吉從休息室走出來，往場邊休息休息區走去，他和賈吉說：「把這場比賽贏下來吧。」賈吉眨了眨眼回應。

大概兩分鐘之後，賈吉轟出一發直擊洋基球場客隊牛棚後方廣告看板的再見全壘打。詹姆森·泰陽當時正在重量室看比賽，他看到球場燈光閃爍，馬上衝出去慶祝。

「我們心想：『這傢伙又辦到了。』」泰陽說。「真是太不可思議了，我們期待他在關鍵時刻來一發，他就真的滿足我們的期待。」

班尼坦迪說：「從對手的角度來看，他真的很猛。現在成為他的隊友，感覺好像這就是為他寫的劇本。」

賈吉的單季三發再見全壘打，追平了米奇·曼托在一九五九年的洋基隊史紀錄。他就像米奇一樣，每一球都全力揮擊，每一球都想要幹一發大的。

「特別是在這種情況下，我兩打數沒安打，而且還被三振兩次，還能比這更糟嗎？」賈吉說。「我上場把工作完成，鎖定經過好球帶的球，然後等後面的隊友把我送回來。幸運的是我第一球就把球轟出去了。」

第四十號全壘打：七月二十九日
投手：堪薩斯皇家隊的克里斯·布比奇（第一局，兩分砲）
擊球初速：時速一百一十點二英里
預期飛行距離：四百四十九英尺
擊球仰角：二十九度
在所有大聯盟球場都會形成全壘打。

第四十一號全壘打：七月二十九日
投手：堪薩斯皇家隊的傑克森·科瓦（Jackson Kowar）（第八局，滿貫砲）
擊球初速：時速一百零五點一英里

預期飛行距離：三百七十英尺

擊球仰角：二十九度

在三十座大聯盟球場中，有十座會形成全壘打。

　　如果有一天，你在酒吧裡猜有哪三位洋基隊球員曾經在七月底之前，擊出過四十支全壘打，別想得太複雜，答案是賈吉、一九六一年的馬里斯還有一九二八年的貝比·魯斯。賈吉在週五晚場比賽前，在休息室中間問隊友們，在全壘打牆前躍起攔截全壘打比較厲害，還是擊出滿貫砲幫助球隊贏球比較猛。當然，他在同一場比賽做到這兩件事情。這簡直是賈吉歷史性賽季的一個縮影。

　　在這個下雨的夜晚，洋基隊以十一比五打敗皇家隊，賈吉在攻守兩端都有表現，幫助蓋瑞特·柯爾拿下勝投。柯爾在第一局就挨轟，後來賈吉擊出雙響砲，分別是他本賽季的第四十轟和第四十一轟。

　　「喔唷，那球差一點而已。」賈吉說。「攔截全壘打讓球迷超爽的，還可以幫投手少失分，超酷的。再來，你擊出全壘打幫助球隊得分。對我來說，打出全壘打比沒收一支還重要。」

　　柯爾說：「我希望跟現場球迷一樣，坐在位子上把他每一個打席都錄影留念。」

　　布恩認為在七月底之前就轟出四十一發全壘打「很難消化」，他說「沒有人比他更能夠完成這件事情」。賈吉單季已經有九次單場雙響砲，依照這樣的進度，他可以完成單季六十六轟的紀錄。「這是一個世代的紀錄。」洋基隊轉播單位球評保羅·歐尼爾（Paul O'Neil）說。「以後你會告訴你的小孩：『你記得二〇二二年亞倫·賈吉的表現嗎？』」他在最近的十三場比賽，轟出十一支全壘打。這場比賽他還有六分打點，再度佔據頭條。他每晚的表現就如同柯爾形容的，好像在變魔法一樣，「每天都有精彩的表演」。「當他超過四十轟的時候，我說：『他真的有機會了。』」隊友克拉克·史密特（Clarke Schmidt）說。「每一天他都轟個一兩支，根本擋不住。當然，我很高興我跟他是同隊的，不用在投手丘上面對他。」

　　那一天晚上，在伊利諾州的德斯普蘭斯（Des Plaines）有人中了大

樂透，贏得十多億美金。而賈吉四月的賭注現在看起來也要跟樂透大獎一樣了。洋基隊開出的兩億一千三百五十萬美金合約已經不夠了。球迷每次在他精彩表現之後高喊「M—V—P」，就是在告訴洋基隊高層，無論如何都要把賈吉留住。雖然賈吉本人從來沒有把拒絕延長合約當作押寶在自己身上，但如果真的是一種押寶，那他也賺翻了。

　　「對我來說這不是博弈，因為無論如何合約有沒有談成，今年我都還是洋基隊的球員。」賈吉說。「在我心中，這不是一次賭注。我會為洋基隊打球，努力地打拚贏得世界大賽冠軍，其他的事情就交給經紀人了。」

1
9
1

再見一擊與魔法棒

亞倫‧賈吉在加州林登長大，高中時是三棲明星球員，在棒球、籃球和美式足球場上
都有傑出表現。有幾個頂尖的美式足球重點大學招募他做外接員或是邊鋒，但他想打
奉球。「我喜歡打棒球，可以像下棋一樣鬥智。」賈吉說。

雖然亞倫·賈吉在弗雷斯諾州大三年期間，盜壘數三十六次，比他的全壘打數十八支還多一倍，可以看得出來他未來的長打潛力。「這小伙子可以在大聯盟打很長一段時間，打到他不想打為止。」大學教練麥可·貝特索說。

洋基隊在二〇一三年選秀會上，以第一輪第三十順位選走了亞倫·賈吉。由聯盟主席巴德·席利格（Bud Selig）宣布。在選秀會前一天，賈吉在紐澤西州瑟卡凱斯的大聯盟聯播網攝影棚裡，告訴記者說「我不確定能不能在紐約生活」。

亞倫‧賈吉在二○一七年全壘打大賽時，在邁阿密的馬林魚球場舉起冠軍獎座。賈吉擊出四十七支全壘打，其中有四發全壘打預期飛行距離超過五百英尺。「超好玩的，我享受著每分每秒。」

這位洋基隊右外野手有多受歡迎呢？球隊為他在洋基球場一○四區建了一個「法官席」，在右外野全壘打牆後三排，架了一個假木板圍起來的區域，有十八名幸運球迷能在裡面看球。

亞倫・賈吉在二○二二年最暖心的時刻之一，這張照片是在五月三日於多倫多拍的。藍鳥隊球迷麥可・蘭季羅塔把賈吉的全壘打球送給九歲的德瑞克・羅德里奎茲。隔天賈吉和蘭季羅塔與德瑞克，以及德瑞克的弟弟凱薩（Cesar）一起在羅傑斯中心客隊休息區合影。

亞倫・賈吉的明星地位在二○二二年上半季達到新高。許多隊友都認為他在五月十日面對藍鳥隊時，擊出的再見全壘打是他們最有代表性的。「我想就是那時我覺得他有機會挑戰紀錄。」DJ・拉梅修說。

二二年九月二十八日，亞倫‧賈吉和洋基隊隊友在拿下美國聯盟東區冠軍後慶祝。
天他們以五比二在羅傑斯中心打敗藍鳥隊。「這個球季太棒了，但我們還沒結束，
是很好的第一步。」賈吉說。

一九六一年十月一日，羅傑·馬里斯在洋基球場擊出第六十一轟，苦主是崔西·史多爾德。在美國聯盟史上只有三位球員在單季擊出過超出六十支全壘打，一九二七年的貝比·魯斯、一九六一年的馬里斯，和二〇二二年的亞倫·賈吉。

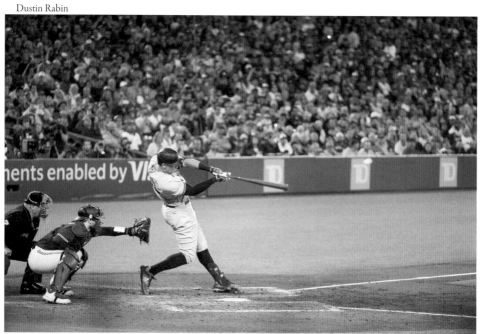

二〇二二年，九月二十八日，亞倫·賈吉面對投手提姆·梅薩，把一記伸卡球打成全壘打，追平羅傑·馬里斯高懸六十一年的美國聯盟單季全壘打紀錄。賈吉把這顆全壘打球送給他的母親佩蒂，他說：「他陪著我經歷這一切。」

亞倫‧賈吉的第六十二號全壘打被三十五歲的達拉斯人柯瑞‧尤曼斯接到。尤曼斯當時坐在全球人壽球場三十一區第一排三號座位。尤曼斯選擇把球送去拍賣會，最後以一百五十萬售出。「我從來沒有在比賽中接過球，遑論全壘打球了。」他說。

Bryan Hoch

亞倫‧賈吉和他的家人和一些朋友在第六十二轟賽後合影。其中包含他的父母韋恩和佩蒂，太太莎曼珊和他的 PSI Sports 經紀人佩吉‧歐斗以及大衛‧馬崔卡。

二〇二二年九月二十八日，亞倫．賈吉從藍鳥隊投手提姆．梅薩手中擊出第六十一號全壘打。賽後，佩蒂．賈吉和小羅傑．馬理斯，以及洋基隊播報員蘇西．沃德曼一起在羅傑斯中心的客隊休息室外合影。小馬里斯和賈吉一家人會面留下深刻的的印象。「你可以看到有其父母必有其子，他們一家人腳踏實地。」他說。

09

一本舊舊的《生活》（Life）雜誌，躺在賈吉在洋基球場的置物櫃裡，一九六一年八月十八日出版的封面上還寫售價二十美分，封面是羅傑‧馬里斯和米奇‧曼托的彩色照片，背景則是貝比‧魯斯的黑白照片，下方紅白藍底色墊著標題，標題寫著：「洋基隊重砲組能達成六十轟嗎？不無可能」。

不知道什麼原因，雜誌編輯把馬里斯和曼托的封面小標，放在安‧蘭德斯（Ann Landers）的「法蘭克談青少年與性愛」這行的下面。蘭德斯在這篇內容裡提到為了安全，他警告青少年不要在停車場搞車震。「當然，性愛是人的天性，而飲食也是。」蘭德斯寫道。「但你會坐在餐桌前，用手掰下火雞腿或是用手直接挖薯泥嗎？」在這篇文章刊出的幾十年後，卡通《辛普森家庭》裡的正直鄰居奈德‧弗蘭德斯（Ned Flanders）曾經啜了一口藍莓杜松子酒就在床上亂說話，把他的太太嚇了一跳。「安‧蘭德斯是個無聊的大媽。」卡通角色弗蘭德斯說。

賈吉翻起泛黃雜誌，略過中間的廣告：通用電器的冰箱、還有白貓頭鷹雪茄和家樂氏穀片，開始快速掃瞄馬里斯和曼托的文章。這本

1
9
3

雜誌是洋基隊轉播單位 YES 聯播網總裁約翰‧J‧菲利佩里送賈吉的禮物，讓他看一下時光膠囊裡前人的故事。

「我小時候就有這本了。」菲利佩里說。「我是個棒球歷史學家，我從小時候就開始研究歷史。我的父親開了一家酒吧，就在艾比斯球場對街。一九六一年的時候我才十歲，我變成羅傑‧馬里斯的球迷。全世界都在幫米奇‧曼托加油，希望他能打破紀錄，我則是幫馬里斯加油。他依然是我自古以來最喜歡的棒球員。我喜歡他的作風，他謙遜的態度深深吸引著我。」

當時《生活》雜誌用一種複雜的數學算式，來計算曼托打破魯斯紀錄的可能性，答案是「一半一半」，而馬里斯打破的賠率則是一賠四。至少其中一人打破的賠率是二賠三。那篇文章沒有留下作者署名，但他重複計算了在八月七日的比賽，那場比賽的對手是洛杉磯天使隊，馬里斯上場打擊的時候是兩出局，洋基隊落後一分，隊友巴比‧理查森在三壘。

比賽才進行到第三局，天使隊並沒有趨前布陣，認為馬里斯面對投手肯‧麥克布萊德（Ken McBride）會正常揮擊。此時馬里斯已經擊出四十一支全壘打，這樣思考應該不會有問題吧？可是天使隊不知道的是，馬里斯跟休息區裡總教練勞爾夫‧浩克說：「勞爾夫，你覺得我偷點怎樣？」浩克同意他的想法，然後馬里斯點成一記沿著三壘邊線的完美觸擊安打，送回壘上代表追平分的理查森。尤吉‧貝拉在第六局補上一發超前全壘打，讓洋基隊取得四比一領先。

《生活》雜誌寫道：「馬里斯把扳平戰局看得比追逐魯斯的紀錄還來得重要。」賈吉認為這段「很酷」，特別是談到馬里斯把團隊勝利看得更重要。「這才是真正的目的。」他說。他後來跳過了蘭德斯的文章，引來身旁其他隨隊記者哄堂大笑。

七月三十日，洋基隊舉辦「老洋基人」活動（Old-Timers' Day），前兩年都因為疫情而停辦，二○二二年復辦當天午後充滿一股懷舊氛圍。以往在正式比賽前，都會有退役球員進行三局的比賽，不過今年也取消了，但是還好有播放精彩影片，搭配在各個入口都有退役洋基隊球員迎接大家，包含朗‧吉德里、提諾‧馬丁尼茲、威利‧藍道夫

（Willie Randolph）和伯尼・威廉斯（Bernie Williams）等人，大家看起來依舊保養得很好。回娘家的世代名將站在紀念碑公園裡，看著匾額和退休背號，有個名字一直被大家討論著。這些老洋基人對於賈吉在今年的表現讚不絕口，同時也好奇接下來他會不會繼續留在洋基隊。

「我為他感到驕傲。」藍道夫說。「我在春訓的時候有機會和他聊聊，大部分都是跟棒球有關的。他能夠有這樣突出的表現，我並不意外。他今年打出難得一見的成績，我希望他能夠保持健康。」他補充說。「我很訝異對方投手還願意正面對決，他們到底在幹嘛啊？這傢伙六呎七吋，你沒看到嗎？」

威廉斯在紀念碑公園的匾額前拿著手機自拍，他說他察覺到賈吉「被成為終身洋基人的想法給吸引」。當然，威廉斯感同身受。威廉斯當年在一九九八年時，也曾拒絕洋基隊開出的五年三千七百五十萬延長合約，讓當時的總經理鮑伯・華森（Bob Watson）說出：「這是開給非明星球員的明星級合約。」這說法比起四月凱許曼評論賈吉合約時粗暴得多，也刺傷了內向而且敏感的威廉斯。

威廉斯也跟賈吉一樣，誓言要進入當年自由球員市場測試身價。後來洋基隊在世界大賽橫掃了聖地牙哥教士隊。休賽季時，威廉斯和波士頓紅襪隊眉來眼去，威廉斯這才知道他真正的市場價值，紅襪隊開給他七年九千一百五十萬的合約，請他來當先發中外野手。左右開弓的威廉斯當時認真考慮加入紅襪隊，可以和右打的諾瑪・賈西亞帕拉（Nomar Garciaparra）和左打的莫・范恩（Mo Vaughn）組成強力中心打線。

在威廉斯內心深處，他無法接受在每年芬威球場打八十一場例行賽。除此之外，有誰會想要在王朝建立之初就跳船呢？洋基隊後來和亞伯特・貝爾（Albert Belle）談約破局，於是改和威廉斯簽下七年八千八百五十萬的合約。這紙合約確保威廉斯成為終身洋基人。後來威廉斯在二○○六年退休後，轉往音樂界，發展得很成功。他希望賈吉也能成為終身洋基人。「每次我在電視上看到他談話，他總是能侃侃而談，不曾失言。」威廉斯說。「他是很好的球隊大使，我想如果他和洋基隊簽下長約，對我來說這毫無疑問，他極可能是下一任洋基

隊隊長。」

第四十二號全壘打：七月三十日
投手：堪薩斯皇家隊的強納森‧海斯利（Jonathan Heasley）（第二局，
兩分砲）
擊球初速：時速一百零五點二英里
預期飛行距離：三百六十四英尺
擊球仰角：二十二度
在三十座大聯盟球場中，只有在洋基球場會形成全壘打。

　　既然「老洋基人」活動取消三局友誼賽了，也不需要冰塊來冰敷
喀喀作響的膝蓋，一行人到樓上包廂俯瞰球場，舒服地欣賞球賽。賈吉
給前輩們一些歡呼的機會，在打了幾個界外球之後，他從皇家隊投手強
納森‧海斯利手中擊出一發右外野方向全壘打，低空平射砲飛進觀眾
席，剛剛好越過右外野手 MJ‧梅蘭德茲的頭頂上方（MJ Melendez）。

　　坐在一○三區的前排年輕球迷接到了全壘打球，他套著一件洋基
隊主場條紋球衣，戴著深色的太陽眼鏡，在賈吉繞壘時，他瘋狂地慶
祝。這支全壘打讓馬丁尼茲有信心預測賈吉會打破馬里斯的紀錄。

　　「只要投手繼續讓他有球可打，我相信他可以打破的。」和藹可
親的馬丁尼茲曾經是在喬‧托瑞麾下，洋基王朝時期的一壘手，他繼
續說：「他揮棒軌跡很短，他只要用球棒打到球，球就能飛很遠。只
要繼續這樣保持下去，他會破紀錄的。」

　　麥特‧卡本特再補上本季第十五號全壘打，加上皇家隊還發生了
三次失誤，洋基隊以八比二輕鬆過關。賈吉在過去的十四場比賽，火
力四射，掃出十二發全壘打。按照這個進度，他在球季結束時，可以
上看六十七轟。他揮揮手，撇過頭去：「你不能去想那個數字。」

　　「我就繼續努力，一步一腳印，盡我所能幫助球隊獲勝。」賈吉
說。「等球季結束我們再來看我打了幾支全壘打。」

　　此外錦上添花的是，這同時是賈吉生涯的第兩百號全壘打，他
用六百七十一場比賽就達到里程碑，史上只有萊恩‧霍華德（Ryan

Howard）比他還快，霍華德只用了六百五十八場比賽。在隊史紀錄上，賈吉成為唯四位洋基隊在選秀會上選的球員，最後在洋基隊打出兩百支全壘打的球員，另外三位分別是擊出兩百七十五轟的荷黑‧普沙達、兩百六十轟的德瑞克‧基特和唐‧麥丁利（Don Mattingly）。

同時，亞倫‧希克斯也快要達成生涯一百轟，賈吉開玩笑地說他和希克斯在比賽誰先達標。洋基隊保全部門後來和接到球的球迷交換全壘打球，賈吉拿到球，他說對方是很友善的家庭。賈吉打算跟生涯首轟球一樣，把這顆第兩百號全壘打球送給父母。

「我跟他說，『你以後還會看到很多全壘打。』」總教練亞倫‧布恩說。「當他們回頭看這些全壘打球，不管他最後多少轟，他們會說：『這是第兩百號全壘打球。』雖然剛好爬過牆，但是他打得很強勁。我跟他說：『這球如果是我打的話，外野手可能還會趨前守備。』」

隔天，喬丹‧蒙哥馬利先發，這是他在洋基隊的最後一次先發，他投四局失掉四分。蒙哥馬利在賽前並不知情，總經理布萊恩‧凱許曼這幾週默默地在和聖路易紅雀隊在談，想要交易來中外野手哈瑞森‧貝德（Harrison Bader）。兩邊看起來成交機率很高。凱許曼派出棒球事務部的下屬詢問卡本特，卡本特曾經是貝德的隊友。

「那傢伙不可能被交易的。」卡本特說。「他是我同隊過最強的中外野手。」

洋基隊球團需要更多訊息，卡本特露出微笑，搭配 W.B. Mason（W. B. Mason）般的唇上鬍，那是他在短暫在洋基隊時期的標誌[113]。「他鬥志高昂，很拚。很不可思議的傢伙。如果你們有機會可以找他過來，你們應該要把握。」而卡本特並不知道紅雀隊的要價，如果他知道的話，他也不會同意把蒙哥馬利交易過去的。

左投手蒙哥馬利身高六呎六吋，因為他的身材瘦長，協調性差他在大學時被稱作「岡比黏土人」（Gumby）。他從小在南卡羅萊納州的桑姆特（Sumter）長大，南卡羅萊納州算是巴比‧理查森的管區。蒙哥馬利在二○一四年選秀會第四輪被洋基隊選走，和其他多數球員一樣，他低調不多話，而且是個冷面笑匠。蒙哥馬利完全不知道交易正在醞

113. 過去在紅雀隊時，卡本特除了唇上鬍，還留著落腮鬍。

釀中，幾週前，他還在洋基球場和他的未婚妻麥肯錫‧迪爾（McKenzie Dirr）求婚。婚禮預計在十二月舉行，他還邀請了過去和現在的隊友們參加。

　　洋基隊並沒有很積極地兜售蒙哥馬利，但是紅雀隊持續地探詢。凱許曼把賈吉日常守中外野的耗損也考慮進去，可是這從來不在原本的計畫裡，而且希克斯看起來也不可能再回到中外野，所以找來金手套中外野手看來是有點吸引力，這樣就可以讓賈吉移防到相對安全的右外野了。

　　隨著八月一日交易大限的倒數計時逼近，洋基隊忙著運籌帷幄。凱許曼在這一天先從芝加哥小熊隊交易來後援右投史考特‧艾弗洛斯（Scott Effross），他還希望能完成更多交易，而路易斯‧卡斯提歐還沒有被交易，洋基隊很想要這名右投手，特別是卡斯提歐在七月十四日在洋基球場大殺四方之後。

　　幾個月之後，凱許曼表明當時洋基隊「極度認真」要交易來卡斯提歐，他們把左右開弓的大物新秀「火星人」傑森‧多明格茲當作交易籌碼，但是紅人隊想要的是游擊新秀安東尼‧沃皮和更多球員。根據大聯盟官網新秀榜（MLB Pipeline），多明格茲是洋基隊農場排名第二的新秀，而二十一歲的沃皮則是被高度期待，甚至被拿來和德瑞克‧基特比較，沃皮本人也充滿自信，他是洋基隊農場排名第一的大物。辛辛那提紅人隊的總經理尼克‧卡洛（Nick Krall）說他會再和洋基隊談，可是後來杳無音訊。後來卡洛總算打來了，他說：「我們交易他了，他離開了。」

　　凱許曼結巴地說：「他離開了？」卡洛向他道歉：「我們收到無法拒絕的交易提案。」卡斯提歐後來被交易到西雅圖水手隊，紅人隊換來大物游擊手諾爾維‧馬鐵（Noelvi Marte）、游擊手艾德溫‧阿洛尤（Edwin Arroyo）和右投手李維‧史陶特（Levi Stoudt）以及安德魯‧摩爾（Andrew Moore）。水手隊交易掉三位農場排前五名的新秀，對於紅人隊來說是很大一包新秀包裹。凱許曼和棒球營運部門的員工很快就了解卡洛為什麼之前不回電了。

「聽到他們收到的包裹，就知道這一切很合理了。」凱許曼說。「他們做得很棒。」

所以洋基隊轉往 B 計畫，把目標放在奧克蘭運動家隊的法蘭奇‧孟塔斯（Frankie Montas），他是交易市場上第二好的先發投手標的，而且因為最近受傷過，加上健康風險，他的要價比卡斯提歐來得低。六月二十八日，孟塔斯在洋基球場投得不錯，但是下一場比賽他只投了一局就因為肩膀不適而退場。中間相隔十八天才又回到大聯盟場上，接下來兩場對到底特律老虎隊和休士頓太空人隊都投得不差。

在看過孟塔斯的健康報告之後，洋基隊認為他的肩膀傷勢已經復原，決定賭一把。後來證明賭這一把是澈底的失敗。當時他們看到孟塔斯對上太空人隊的表現而被吸引，認為他是打敗太空人隊的武器。孟塔斯生涯面對太空人隊十五場比賽，其中十三場是先發，自責分率三點四〇，在二〇二一年有兩度在太空人主場美粒果球場精彩地拿下勝投。

「當時他在運動家隊投得很好，他可以有效地對付太空人隊打線。」凱許曼後來說。「我們心想：『他對太空人有一套，能夠幫我們一把。』」

為了交易來二十九歲的孟塔斯，洋基隊送出三名投手路易斯‧梅迪納（Luis Medina）、JP‧席爾斯、肯‧瓦地查克（Ken Waldichuk）和內野手庫柏‧鮑曼（Cooper Bowman）到運動家隊。運動家隊也把後援右投魯‧崔威諾（Lou Trivino）送到洋基隊。在球季剛開始，四月的時候，路易斯‧賽維里諾曾經搞混過，他聽到洋基隊交易來捕手崔維諾，他以為是投手崔威諾[114]。當崔維諾來報到時，他拖著德州遊騎兵隊的裝背袋，嚇了賽維里諾一跳。而現在，崔維諾和崔威諾都在同一隊了。

凱許曼也說服洛杉磯道奇隊接收外野手喬伊‧蓋洛。蓋洛在洋基隊打了一百四十場比賽，打擊率只有一成五九。他跟艾德‧懷特森（Ed Whitson）和伊良部秀輝可說是洋基隊近代最糟的補強。賈吉說他沒空去細看交易新聞，他等比賽打完再說，睡前會到推特上看一看。但是他會去跟新隊友打招呼，希望能幫他們更快適應球隊，並且打好關係。

「以我來說，我會先自我介紹，因為我知道加入新球隊並不容

---

114. 捕手崔維諾的姓氏是 Trevino，投手崔威諾的姓氏是 Trivino，念起來略有不同，但不容易分辨。

易。」賈吉說。「如果你剛到一個新學校，要交到朋友很難，你一個人也不認識，這是完全不同的環境。我對待老隊友和新隊友都是一樣的，不管是交易來的，還是剛從小聯盟升上來的菜鳥。我都會主動和他們自我介紹，讓他們記得我的臉：『嗨，我是亞倫，很高興認識你，如果有任何問題或是需要什麼幫忙，儘管來問我。』」

第四十三號全壘打：八月一日
投手：西雅圖水手隊的馬可．岡薩雷茲（Marco Gonzales）（第二局，兩分砲）
擊球初速：時速一百零五點五英里
預期飛行距離：四百二十英尺
擊球仰角：二十九度
在三十座大聯盟球場中，有二十九座會形成全壘打。

　　二局下半，輪到賈吉上來打擊的時候，洋基隊轉播單位 YES 聯播網的在本壘後方的現場收音傳來「M—V—P」的球迷呼喊。賈吉在打擊區面對三十歲的左投馬可．岡薩雷茲，岡薩雷茲是以速球和變速球為主的軟球派投手。而賈吉近況正好，連續兩週獲選為美國聯盟單週最有價值球員，他正在勢頭上，有機會連莊三週。今天他又再一次開轟，把一顆時速八十七點四英里的卡特球打進客隊牛棚裡。

　　「對我來說，連續兩週獲選為單週最有價值球員，即使對於一個 MVP 等級的賽季來說，還是讓我覺得『哇賽。這真的很猛。』」布恩說。

　　這場比賽洋基隊棒棒開花，以七比二打敗對手。安東尼．瑞佐擊出三分砲，而崔維諾還擊出生涯首次單場雙響砲，幫助洋基隊成為全大聯盟第一支拿到七十勝的球隊。

　　「賈吉現在的成績百年難得一見，無與倫比。他不是為了個人，而是為了球隊在打球。」瑞佐說。「很高興能加入他的行列。」

　　賈吉在賽後記者會上再度把功勞歸給隊友們，說他只是「跟上大家」而已。賈吉特別讚揚 DJ．拉梅修，因為拉梅修「打前段棒次，而且打擊率接近三成，穩定地上壘，而且耗掉對方投手用球數，幫助了

全隊」。

主播麥可‧凱在每次賈吉轟出全壘打的時候都會說招牌台詞「掰啦！」（See ya!），今天他在局間休息時把耳麥摘下來，搖搖頭，想起自己曾經轉播過多次世界大賽和許多名人堂球員生涯的精彩時光，但他不太確定有沒有可以跟現在相提並論的時刻。

「我記得在八月初，我跟布恩說：『他應該可以上看六十四轟。』」凱說。「布恩沒回我，但我想他應該也有同感。我甚至有想過他可能打七十支。七八月真的嚇到我了，對方投手居然還投給他打。」

用凱許曼的說法，八月二日是「塵埃落定」的一天。交易大限是東岸時間下午四點鐘，所有三十支球隊都不能交易四十人名單裡的球員，如果要在球季中找來投手或是強打者，幫助球隊打進季後賽，或是要清掉高薪老將，現在就是最後的機會。

凱許曼在洋基球場的辦公室，手握著筆，看著白板上目標球員的名字，最近剛放上去的磁鐵名牌包含了班尼坦迪、孟塔斯、崔威諾和艾弗洛斯。紅雀隊還在詢問蒙哥馬利是不是可以被交易，而凱許曼傾向答應。

問題是，貝德沒有辦法立刻幫助洋基隊，明天無法、下週無法，甚至連下個月都有可能不行。貝德已經有一個月沒有上場打球，他的右腳現在還穿著保護靴，因為足底筋膜炎的關係，他現在連跑步都不行。凱許曼和醫療團隊討論，根據過往的研究，貝德有可能在九月回歸球場，而且時間足夠讓他在季後賽幫助球隊。

凱許曼反覆地按著手中的筆，越來越快。凱許曼喜歡蒙哥馬利，但是他看到白板上的先發投手名單：柯爾、賽維里諾、科提斯，加上最新的孟塔斯。凱許曼認為蒙哥馬利在季後賽沒有先發的機會，反倒是他可以想像貝德在追逐飛球時的飄逸紅髮，而且他能趕上在季後賽時鎮守中外野。

其實這樣想想也無傷大雅。貝德從小就在距離洋基球場幾英里的的布朗克斯維爾（Bronxville）長大。他天生就有表演細胞，跟他在擔任搖滾樂團「吸血鬼週末」（Vampire Weekend）貝斯手表哥克里斯‧

拜歐（Chris Baio）一樣，一點也不懼怕大舞台。他表哥的堂哥史考特·拜歐（Scott Baio）在一九七〇、八〇年代，在電視劇中扮演帥哥小生，曾經在《歡樂時光》（Happy Days）和《主管查爾斯》（Charles in Charge）演出。如同《歡樂時光》裡喬安妮（Joanie）看上拜歐飾演的查奇（Chachi），凱許曼也看上了貝德。

「我認為自從當總經理以來，我做交易越來越有把握。我不確定有多少總經理敢這樣冒險。」凱許曼說。「當我們和醫療團隊看完貝德的健康報告之後，我相信他能夠復原，唯一擔心的是他再次受傷，導致他缺陣無法上場。假設蒙哥馬利還是維持水準，我們認為貝德能為我們帶來更多貢獻。做出這個決定很困難，要交易掉蒙哥馬利是冒險的，可是我認為對於交易雙方都有利。」

當交易大限逼近時，洋基隊正在為了晚上的比賽準備著，休息室瀰漫一著困惑和震驚的氛圍。蒙哥馬利被叫進總教練布恩的辦公室，布恩告訴他，他已經被交易到紅雀隊了。蒙哥馬利問布恩說，是換誰過來洋基隊，但因為布恩才剛剛得知這個消息，還不清楚。身為隊上最收歡迎的先發投手之一，蒙哥馬利忍住淚水，和隊友告別。而接下來的比賽，詹姆森·泰陽單場失掉六分，追平本季新高，這時機點還真不巧。

「那筆交易讓我覺得很受傷，完全是意料之外的。」泰陽說。「他是我在球隊裡最好的朋友，我們在專機上都坐隔壁，聊波本酒和咖啡。我們是形影不離的好朋友。」

除此之外，洋基隊還積極在操作另外一筆交易，但是隨著交易大限逼近，交易熱度越來越低。洋基隊原本向邁阿密馬林魚隊提出交易，想要換來二十六歲的右投手巴勃羅·洛培茲（Pablo López），他在二〇二二年球季出賽二十一場，繳出自責分率三點四一的成績。

但是洛培茲前一場對上大都會隊的比賽表現很糟糕，投二又三分之二局，被打十二支安打，失掉六分，嚇得洋基隊收手，而且馬林魚那方要的還是內野手蓋雷伯·托瑞斯，而洋基隊並沒有想那麼想賣托瑞斯。托瑞斯在二〇一八年和二〇一九年連兩年入選全明星賽之後，表現下滑，前途看起來不如之前那樣被看好，但洋基隊還是開放聽取

交易報價。兩隊直到交易大限下午四點時刻，都沒有做出讓步，最後交易破局。

「老實說，他們要的人，我們不給。」凱許曼說。「我們提出的交易包裹，他們不要。如果這樣算是接近交易完成的階段，那我們的確看起來有機會。」

不管如何，凱許曼把白板上「貝德」的磁鐵移到了陣容圖裡的中外野，二〇二二年的洋基隊算是完全體了。交易大限當天洋基隊以兩分之差輸給了水手隊，隔天又輸球，後天也沒有贏下來。這有點像《王牌大賤諜》（Austin Powers）裡提到的：難道隨著交易送走蒙哥馬利，也把洋基隊的「好運」（mojo）給送走了嗎？

那一段時間洋基隊苦吞五連敗[115]，其中包含八月三日，卡斯提歐穿著水手隊球衣初登板，在洋基球場再度出戰洋基隊，那場比賽洋基隊則是派出柯爾先發，可是他在第一局就被擊出三發全壘打，狂失六分，球迷以噓聲伺候他。之後他們作客聖路易，也連續三場輸球，被紅雀隊橫掃。在飆破華氏一百度的炎熱週六下午，洋基隊被勝利投手蒙哥馬利給封鎖，一分未得。賈吉說看到蒙哥馬利穿著紅雀隊球衣感覺「有點怪」，但是蒙哥馬利和他的新隊友一點也不覺得怪。

「我在紐約投球的時候很怕被噓。」蒙哥馬利說。「條紋球衣很重，沒有人可以穿得住。我覺得我還勉強頂得住，我自認我的表現還可以更好一點，但棒球考慮的層面不只如此。在聖路易，我做我自己就好。洋基隊在過去七年裡待我不薄，我不會說他們的壞話。我一直把自己當作終身洋基人。」

在洋基離開聖路易前，他和全明星賽先發一壘手保羅·高史密特（Paul Goldschmidt）聊了一下，高史密特在後來贏得國家聯盟最有價值球員。他們交換手機號碼，而且很常互傳訊息，彼此交流，希望能幫助場上表現。賈吉希望能提升他在兩好球之後的擊球率，同時模仿高史密特不跨步的打擊姿勢。賈吉在二〇二二年偶爾會嘗試一下這樣的打擊動作，在二〇二三年的春訓他也還持續地調整。

2
0
3

115. 從八月二日到八月七日。

第四十四號全壘打：八月八日
投手：西雅圖水手隊的萊恩·波魯奇（Ryan Borucki）（第九局，陽春砲）
擊球初速：時速一百零七點七英里
預期飛行距離：四百二十三英尺
擊球仰角：二十三度
在三十座大聯盟球場中，有二十七座會形成全壘打。

　　在職業運動中，召開球隊會議這件事總是能引起話題，至少釋出總教練和球員關起門來討論止敗的訊息。有人認為這只是在炒新聞，但不完全是如此。回到一九九八年，洋基隊當時作客西雅圖，總教練喬·托瑞在球季開打才五場[116]時就召開球隊會議，當時球隊眾星雲集，他說大家打得真是爛透了。會議中大衛·孔恩（David Cone）出來說話，接著保羅·歐尼爾以也發表建議。會議之後，洋基隊在接下來的十五場比賽，贏了十四場，在四月底的時候登上分區第一，自此沒有再下來過。

　　「對我來說，把所有事情都做對，自然而然就會贏球了。」托瑞在好幾年之後談到當時。「我們當時打得不好，我總是向大家宣導：『不要自己輸掉比賽，而是讓對手打敗你。』我們輸球是因為沒有發揮出實力，我對他們感到失望，開會的時候我簡直失望透頂。」

　　西雅圖 T-Mobile 球場裡，布恩在客隊休息室來回走來走去。有開闊式屋頂的 T-Mobile 球場原本叫做塞菲克球場（Safeco Field），球場落成的頭二十多年都是這個名稱。當年托瑞在西雅圖精神喊話時，他們是在國王巨蛋（Kingdome），水手隊前一代的室內巨蛋球場。物換星移，布恩並不像當年托瑞在一九九八年那樣失望，但布恩在那天下午召開會議，他強調交易大限結果已定，八月是關鍵期，當他眼神掃過休息室，他知道誰才是能夠帶領球隊走更遠的一群人。

　　「這就是今年的洋基隊，」布恩說。「我們該有的都有了，要奪冠就是靠這房間裡的大家了。」

　　當晚的先發投手泰陽說那次賽前會議「有一點凝聚了大家」，大家上場時「充滿能量」。賈吉也認同。賈吉注意到洋基隊自從上次他

116. 當時一勝四敗，得失分差為負二十一分。

敲出全壘打之後就沒贏過了，他也感覺到隊友需要有人跳出來帶領大家往前衝。

　　賈吉在第一個打席擊出場地規則二壘安打，但是安德魯‧班尼坦迪和喬許‧唐諾森負責把大家打回來，兩人合計打回六分打點。賈吉在九局上錦上添花，把萊恩‧波魯奇的一記滑球打成中外野方向的全壘打，最終洋基隊以九比四止敗。

　　在西雅圖這座翡翠之城，也不是每一件事都如同贏球那麼璀璨美好。那天晚上麥特‧卡本特因為自打球打中左腳，最後只能一跛一跛痛苦地下場，後來 X 光顯示左腳骨裂，只能穿助行鞋。等於宣告他在洋基隊的神奇之旅已經劃下句點。卡本特在這段期間，一百二十七個打數，繳出三成零七的打擊率，十五發全壘打和三十七分打點[117]，他後來在例行賽就沒有上場過，而且在季後賽面對強隊投手吃足苦頭，無法為球隊做出貢獻。

　　隔天，水手隊和洋基隊鏖戰到十三局，兩隊先發投手柯爾和卡斯提歐王牌對決，分別投了七局和八局無失分。兩位王牌威風八面，水手隊總教練史考特‧瑟芬斯（Scott Servais）說這是「我看過最棒的大聯盟比賽之一」。柯爾和洋基隊最後輸掉了比賽，洋基隊因為一些跑壘瑕疵斷送了贏球的機會。布恩認為水手隊贏得絕非僥倖，如果在季後賽遇到也不好打。

　　「他們真的很強。」布恩說。「他們投手陣容很棒，有一些很不錯的先發投手，而牛棚戰力也很優秀。」

第四十五號全壘打：八月十日
投手：西雅圖水手隊的潘恩‧墨菲（Penn Murfee）（第七局，陽春砲）
擊球初速：時速一百零五點二英里
預期飛行距離：四百一十二英尺
擊球仰角：三十二度
在所有大聯盟球場都會形成全壘打。

117. 根據大聯盟官網，卡本特一百二十八個打數，打擊率三成零五。

在洋基隊在西雅圖打系列賽最終戰時，大家又想起賈吉生涯中一件離奇的事情。在他的菜鳥球季，二〇一七年七月二十一日，他從安德魯‧摩爾（Andrew Moore）手中擊出生涯最遠的全壘打之一，當時也是在西雅圖，還是叫做塞菲克球場的時候，那一發左外野全壘打的落點在外野上層看台最後一兩排的位置，差點就飛出球場。在現今每一球、每一次揮棒或每一支安打的數據都會被詳細記錄，而那一發全壘打的紀錄因為系統錯誤，到現在都還查不到[118]。

剛好一九五三年時，米奇‧曼托也曾經出現過神祕離奇的全壘打，當年他有一轟，直接飛出華盛頓特區的葛里夫球場（Griffith Stadium），後來被大家稱作「要拿卷尺去量的全壘打」（tape-measure home run）。當時的報導說，曼托從查克‧史托伯斯（Chuck Stobbs）手中擊出全壘打，飛越標示距離本壘板三百九十一英尺遠的全壘打大牆，更飛過中左外野三十二排的看台區，打中豎立的廣告看板。廣告看板距離本壘板四百六十英尺。當時的洋基隊媒體公關「紅哥」亞瑟‧派特森（Arthur "Red" Patterson）從記者室跑出去，找到拾獲全壘打球的十歲小男孩唐諾‧唐納威（Donald Dunaway）。唐納威告訴派特森他是在奧克岱爾街（Oakdale Street）四百三十四號的後院撿到球的。根據唐納威的說法，派特森用不太科學的算法算出曼托的全壘打預期飛行距離，是五百六十五英尺。後來球隊給了唐納威一張一元鈔票來交換全壘打球。（有另外好幾派說法是七十五美分、五元美金、十元美金，甚至還有什麼都沒給的說法。）

賈吉那一發深遠的全壘打頗有曼托的味道，讓計算距離的雷達和攝影機都秀逗了。CC‧沙巴西亞當時在客隊休息區瞠目結舌地看著全壘打畫過天空，落在上層看台最後方。那年的打擊教練艾倫‧卡克羅爾（Alan Cockrell）在二〇〇八年二〇一〇年時，也在水手隊執教過，他也說從來沒有在西雅圖看過飛這麼遠的全壘打。「這不公平吧。」當時洋基隊的牛棚投手大衛‧羅伯森（David Robertson）說。「看起來他好像在少棒球場打球。」

我們永遠都不會知道二〇一七年那一轟應該有多遠，但至少今年他擊出的全壘打有被記錄下來。面對到二十八歲的水手隊菜鳥投手潘

118. 其實在 Statcast 系統中找到這支全壘打，有擊球初速，但查不到擊球仰角，因此無法推估飛行距離。另外，在系統中不只這一轟沒有預期飛行距離，同年四月二十六日，在波士頓的芬威球場也有一發全壘打沒有被記錄到。巧合的是，四月二十六日剛好是賈吉的生日。

恩·墨菲，賈吉把一記滑球打進左外野觀眾席。這一發全壘打幫助洋基隊取得三比一領先，但水手隊後來居上，靠著老將卡洛斯·山塔納（Carlos Santana）從亞伯特·阿布雷尤（Albert Abreu）手中擊出超前全壘打致勝（阿布雷尤是當年洋基隊向遊騎兵隊換來捕手荷西·崔維諾，所送出去的球員，後來短暫待在遊騎兵隊，又被交易到皇家隊，皇家隊再把他放入讓渡名單，洋基隊又撿回來）。賈吉在這場比賽，打擊率來到三成零四，打回九十九分打點。但是結束客場之旅時，洋基隊最近十場輸了八場。在回東岸的球隊專機上，全隊陷入一片沉默。

「超級球星有扛起球隊的能力，」凱爾·東岡說。「我們不希望陷入那種情境，我們希望分擔他們的壓力，大家應該要全部動起來。但這就是球星的能力，他一個人扛起先發九人打線，其他八人都打得不好。吉安卡羅在二〇一八年賈吉手腕手傷時扛起了全隊，那時我們真的傷兵滿營。他是 MVP 等級的球員，賈吉也是，這就是超級球星的工作。」

第四十六號全壘打：八月十二日
投手：波士頓紅襪隊的納森·伊歐瓦迪（Nathan Eovaldi）（第三局，陽春砲）
擊球初速：時速一百一十三點八英里
預期飛行距離：四百二十九英尺
擊球仰角：三十一度
在所有大聯盟球場都會形成全壘打。

在芬威球場迎戰紅襪隊之前，洋基隊有一天的休兵日。紅襪隊第一場派出火球右投納森·伊歐瓦迪，洋基隊很快就從他手上拿到一分領先。伊歐瓦迪來自德州艾爾文（Alvin），是火球至尊諾蘭·萊恩（Nolan Ryan）的同鄉。二〇一五年時，伊歐瓦迪效力於洋基隊，他曾經在休士頓打客場時和萊恩握過手。萊恩在二十七年的大聯盟生涯中，前後效力過紐約大都會隊、加州天使隊、休士頓太空人隊和德州遊騎兵隊。他也是史上生涯投出最多三振和最多保送數的紀錄保持人，

五千七百一十四次三振，和兩千七百九十五次保送。

「我從小打球就是因為萊恩。」伊歐瓦迪說。「在我的故鄉，全部都是跟萊恩有關的東西，你去任何一家餐廳，一定都有他的紀念品。」

萊恩最著名的就是他耐操有擋頭，可是伊歐瓦迪就沒那麼幸運了。他之前在洋基隊的時光，就是因為動了第二次右尺側副韌帶手術而告一段落。在他十一年的大聯盟生涯中，只有兩季先發出賽超過三十場。比賽的第一局上半，瑞佐擊出一壘安打，送回壘上的賈吉，下一局賈吉用飛越左外野綠色怪物的陽春砲，打回本季第一百分打點，最後球落在蘭斯道恩街（Lansdowne）上的停車場屋頂上。

「我們想要丟在內角高的地方，但是他狀況正好。」伊歐瓦迪說。「他在打擊區完全進入狀況，我覺得我投到想要的位置了。」

當賈吉在洋基隊二〇一六年初登場時，伊歐瓦迪也在洋基隊。他說他會為賈吉加油，希望賈吉能夠打破馬里斯的紀錄，但並不希望自己成為歷史紀錄中的一個註腳。

「當你看到有人願意賭自己一把，你會希望他能有所表現。」伊歐瓦迪說。「當然，最好不是對我們球隊的時候表現好。但是他真的打得很棒，令人敬佩。而且最棒的是，他一點也不自私，他願意為球隊鞠躬盡瘁，這也是為什麼他成為球隊領袖的原因。」

而這場比賽最後洋基隊在延長賽第十局輸球，最終比數是三比二。格雷・荷姆斯找不到感覺，吞下本季第四次救援失敗。對於洋基隊來說有如一記重拳打在肚子上。而布恩考慮要拔掉荷姆斯終結者的位置。雖然洋基隊找不到上半季銳不可擋的氣勢，可是還有賈吉，他一個人扛起了球隊。

「當然，大家都看到他的全壘打，」DJ・拉梅修說。「可是他是一個攻守俱佳的球員，他有高打擊率，他也能擊出全壘打。他的防守能力可能因為他太會開轟而被低估。他的能力真的非常全面，而且他以此感到自豪。」

比賽結束後，賈吉的全壘打數來到四十六支，這表示他和艾西亞・

208

英雄與鬼魂

凱納弗拉法合計的全壘打數來到……四十六支。

即便洋基隊預期換到比較小的新洋基球場，能夠幫助凱納弗拉法打更多全壘打，甚至上看十支，但是凱納弗拉法今年在洋基隊還沒有開轟過。凱納弗拉法和名人堂重砲手勞爾夫‧凱納（Ralph Kiner）是遠親，凱納弗拉法把洋基隊稱為「夢想中的球隊」，小時候在夏威夷長大，常想像跟德瑞克‧基特一樣鎮守游擊。他還留著當年和家人一起從夏威夷，來老洋基球場在外野看台的合照。

但凱納弗拉法在場上比起大家想像的還辛苦得多。更令他感到低落的是，他的父親菲利（Fili）在推特上被訊息言語攻擊，說游擊手凱納弗拉法「已經在布朗克斯被槍擊身亡」。雖然後來發現只是個魯莽青少年做的蠢事，但凱納弗拉法還是很難過。

「如果他們不喜歡我，那就不喜歡我這個人就好。」凱納弗拉法在休息室激動地說。「我能做的就是打得更好。這都怪我。」

私底下，洋基隊的隊友對此都很生氣，為凱納弗拉法抱不平。洋基隊球員像是喬伊‧蓋洛和亞倫‧希克斯都被洋基球迷不友善地對待，在球季中遭受到很多負面攻擊，而他們的家人如果收到死亡威脅更是無法接受的行為。

「這種事情發生真的讓人很不爽。隊友的責任就是保護其他隊友，讓他們感受到隊友的溫暖。」安東尼‧瑞佐說。「而你聽到外界的流言蜚語，你真的很難忽略不管。但身為職業球員，你要盡可能忽略這些事情。保持休息室的良好氣氛是最重要的事情。」

凱納弗拉法在第五局終於擊出本季首轟，洋基隊最終以三比二贏球。一名在左外野綠色怪物觀眾席上的小球迷接到了全壘打球。「這一轟，」凱納弗拉法說。「正是我窮盡一生所追求的。今晚有機會能夠達成，真的很爽。」

球隊工作人員跑到綠色怪物觀眾席，要跟球迷交換凱納弗拉法的全壘打球，那位小球迷說要用簽名交換，但不是凱納弗拉法的，而是賈吉的簽名。好，聽起來可行，最後交易成功，凱納弗拉法也懂小朋友為什麼會這樣想。

「誰不想要賈吉的簽名球呢？」凱納弗拉法說。

賈吉在這場比賽沒有建樹，四打數沒有安打，還被三振三次，中斷連續十四場比賽有上壘的紀錄，而接下來兩場比賽洋基隊都輸給光芒隊，賈吉也都沒有擊出全壘打。雖然賈吉說現在卡彈總比在季後賽第一週來得好，但最好還是不要陷入低潮。

　　八月十七日下午，洋基隊在對上光芒隊的午場比賽前，聚集球員在中外野草皮上在拍年度團體照。賈吉那一天還有別的拍照工作，球隊攝影師請他帶著球棒和打擊手套到場上拍照。

　　拍照時，球員站成三排，全隊面向中外野四百零八英尺的標誌，賈吉站在最後面一排正中間的位置，俏皮地把球棒扛在右肩上，拍了幾張照片，然後把球棒丟在階梯上藏起來。後來球隊攝影師艾瑞里·哥德曼·海契（Ariele Goldman Hecht）才發現，她很喜歡，後來編輯挑選照片時，他們選了賈吉有拿球棒那一張當作官方團體照。在洋基隊一百二十年歷史以來，從來沒有球員這樣做過。

　　「如果是其他人這樣做，那張照片可能永遠都不會問世。」《洋基雜誌》的執行編輯納森·麥西伯斯基（Nathan Maciborski）說。「但賈吉看起來很開心，就跟他以往一樣。特別是在這個神奇的賽季，我們覺得他拿著球棒在團體照中很合適。」

　　在賈吉拍團體照把棒子藏起來的這天晚上，喬許·唐諾森則拿出了他的球棒，擊出令人難忘的再見滿貫砲，幫助洋基隊打敗光芒隊。不過接下來三場比賽又輸給了藍鳥隊。在最近的十九場比賽，洋基隊輸掉十五場，洋基球場的球迷也以噓聲伺候自家球員。人在洋基球場會議室的總教練布恩已經受不了了，他記者會上開罵。

　　「我們要再加油，就這樣。好消息是……」布恩講到一半停了下來。他舉起右手，狠狠地拍了面前的桌子，麥克風和礦泉水瓶都跟著跳了一下。在場的媒體覺得好像回到小學時候，老師理智線斷裂開罵的樣子。「問題就在我們眼前啊！就在眼前！」他一邊繼續說，一邊他的右手食指和大拇指比出 OK 的手勢。「我們可以修正這個問題，顯而易見的。我們可以擺脫掉這個問題，我們有人可以跳出來，我們必須要有所回應，如果我們得不了分，就很難贏球。現在我要來回答大家一直重複在問的問題：我不知道接下來該怎麼辦嗎？是的，我真

的不知道。」

　　凱許曼說：「我必須稱讚大聯盟總教練們。他們每天賽前賽後都得受訪，有時候就是例行公事。不管你是球員還是總教練，當你面對難以回答的問題，你還是得說些什麼，更有些時候並不是那麼容易說出答案的。」

　　在保羅‧歐尼爾退休二十一號背號儀式上，球迷以噓聲伺候凱許曼，來表達球隊管理階層的失望。歐尼爾在典禮中收到一個被球棒刺穿的開特力飲料桶，歐尼爾收到以後，還放到地上給它一腳。這個禮物很適合當年脾氣暴躁的歐尼爾。而那天比賽，藍鳥隊火力四射，而他們的王牌投手艾立克‧莫諾亞還投了一顆速球，砸在賈吉右手肘上。

　　賈吉在觸身球之後緩慢地走到一壘，露出不悅的表情。洋基隊球員在休息區蓄勢待發，但是賈吉揮揮手要他們不要衝出來。他跟隊友說「比賽很接近」，不要冒險，以免被驅逐出場。班尼坦迪後來擊出在洋基隊生涯的首轟，是一發兩分打點的全壘打，讓洋基隊避免被橫掃。

　　「我們球隊有一種鬥志：『嘿，每一次上場打擊，我就要把工作做好。』」賈吉說。「我們身為洋基隊球員，要自立自強，要把我們的態度告訴所有人。」

第四十七號全壘打：八月二十二日
投手：紐約大都會隊的麥克斯‧薛澤（第三局，陽春砲）
擊球初速：時速一百零九點六英里
預期飛行距離：三百八十三英尺
擊球仰角：二十六度
在所有大聯盟球場都會形成全壘打。

　　八月二十二日，星期一晚上，麥克斯‧薛澤要在洋基球場挑戰他的生涯第兩百勝。在大聯盟打滾十五年的薛澤是三屆塞揚獎得主，這是他效力大都會隊的第一年，他在新球隊投得很有宰制力，今年三十八歲，仍然是聯盟裡頂級的先發投手。而洋基隊近況不佳，看起來凶多

吉少。賈吉為了不要再輸，他在 DJ·拉梅修後面上場打擊，在第一局擊出高飛犧牲打先馳得點。

　　王牌薛澤決定要挑戰賈吉。「我知道他有多強。」薛澤說。「他可以打到我的球，但我不會自稱我可以壓制他，他能我手中擊出全壘打，我也相信我有能力解決他。」

　　薛澤先投了一顆外角低的速球，捕手詹姆士·麥坎（James McCann）用反手擋下來，一壞球。薛澤繞臂準備再投下一顆球，他的左腳抬得很高，瞄準好球帶下緣，賈吉沒有揮棒，薛澤用速球搶下一顆好球。賈吉開始快速思考，他不想要球數落後給投捕。薛澤有滑球、變速球、卡特球和曲球幾個武器球種，打者根本很難猜。賈吉決定鎖定速球來攻擊，而薛澤剛好來了一顆失投球。

　　賈吉把球掃向右外野，右外野手史達林·馬鐵衝向右外野全壘打牆，薛澤站在投手丘前，手放在臀部旁邊看著飛球往觀眾席飛去。薛澤在兩人先前的對決中占了上風，賈吉在生涯十一個打數中，只擊出兩支安打，被三振七次，而且近期陷入三十二個打數只有四支安打的低潮，連續九場沒有全壘打。但是洋基球場的右外野最終留不住這個深遠的高飛球，球落在法官席前五排的座位區。

　　「我喜歡比賽中對決的環節，就像在下西洋棋一樣。」賈吉在四比二贏球之後說。「能和準名人堂投手對壘，很刺激，每一球現場球迷都屏息以待。很精彩，我以後會常常想起這個畫面。」

第四十八號全壘打：八月二十三日
投手：紐約大都會隊的泰灣·沃克（第四局，陽春砲）
擊球初速：時速一百一十五點九英里
預期飛行距離：四百五十三英尺
擊球仰角：二十六度
在所有大聯盟球場都會形成全壘打。

　　賈吉在系列賽的第二支全壘打，是從泰灣·沃克手中敲出的。兩位背號九十九號的對決，賈吉在第一次對決中屈居下風，第二打席他

在滿球數的時候，把沃克一記時速九十四點七英里的伸卡球，打到左外野觀眾席後方的牆壁上，當他繞壘時，球場的廣播系統傳出空襲警報的聲音。洋基隊再次以四比二打敗大都會隊，完成地鐵大戰系列賽橫掃。牛棚投手克拉克‧史密特三局無失分表現，他用了本季新高的六十球，再交給萬迪‧佩洛塔（Wandy Peralta），他讓法蘭西斯科‧林鐸（Franscisco Lindor）擊出外野飛球被接殺，化解滿壘危機。

「現場氣氛很像季後賽。」賈吉說。

事實上，那場比賽事後看起來像是個轉折點。後來洋基隊開啟愉快的西岸客場之旅，隔天吉安卡羅‧史坦頓回到陣中，幫助洋基隊以十三比四打敗運動家隊。之前史坦頓當時在全明星賽繳出好表現，獲得最有價值球員殊榮，但也付出了代價，他的阿基里斯腱扭傷，進到了傷兵名單。運動家隊主場奧克蘭競技場很破爛，毫無疑問是大聯盟三十座球場最差的，但賈吉覺得很舒服，或許是因為這裡也是他在二〇一三年初次和洋基隊訓練的地方，當時他和賈德納在賽前練習傳接球，還一起和 CC‧沙巴西亞共進午餐。

全國媒體突然關心起賈吉追逐全壘打紀錄，ESPN 在他擊出第五十號全壘打之前都有跟，然後越靠近六十一轟時又會再關注。越來越多記者安排賈吉一對一專訪，拜託占用十五分鐘或二十分鐘就好？成群的媒體賽前擠在奧克蘭競技場過時的客隊休息室，迫使賈吉在開賽前待在治療室更長的時間，希望能躲避記者堵麥（六十一年前，馬里斯也是用同一招，只不過當時是十到十五位記者在他置物櫃前等候）。

《紐約每日新聞》的克里斯提‧艾可爾特（Kristie Ackert）說：「對於他本人和其他周邊的人來說，這真的很累人。這也說明了要打破紀錄有多難，也因為他最近兩三週的表現，看到這個過程是很折磨人的，非常緊繃。」

每當賈吉出現接受訪問時，他總是在回答問題前，停頓一兩秒思考，這也是他的一個招牌習慣。

「不管打得好還是不好，每天接受訪問其實很難熬。」賈吉說。「問題太多了，我只能放慢速度，盡可能在說出口之前好好思考，我接下來要說什麼。如果你面對麥克風就開始滔滔不絕地亂講，甚至懷

2
1
3

疑自己到底在說什麼。因此我總是停頓片刻，思考一下，然後給一個真誠的答案。你必須誠實，因為你如果說謊或是捏造，他們都看得出來。以誠相待就對了。」

克拉克・史密特說：「當你看他受訪或不管做任何事情，你會想：『這是真的嗎？他私底下真的是這樣嗎？』他真的是這樣，鏡頭前和私底下都是一個樣子。」

第四十九號全壘打：八月二十六日
投手：奧克蘭運動家隊的 JP・席爾斯（第五局，三分砲）
擊球初速：時速一百零九英里
預期飛行距離：四百二十七英尺
擊球仰角：三十一度
在三十座大聯盟球場中，有二十八座會形成全壘打。

洋基隊很高興能又見到左投 JP・席爾斯。這位二十六歲的投手今年為洋基隊出賽七場，表現不錯，其中還有兩場先發，後來成為交易包裹中的一部分，被洋基隊交易到運動家隊，換來法蘭基・孟塔斯。而現在席爾斯穿的是綠金配色的球衣。令人意外的是，他沒有蓄鬍。他是少數離開洋基隊之後，沒有立刻蓄鬍的球員。而且席爾斯看起來很適應新球隊，來到運動家隊後出賽三場，已經拿下兩勝。

就像洋基隊七月作客匹茲堡那時，賈吉面對曼尼・邦努艾羅斯一樣，邦努艾羅斯成為歷史紀錄的配角，賈吉不會對老隊友手下留情。席爾斯面對賈吉時非常小心，他在第一局用七球，最後保送了賈吉，第三局又故意四壞保送，讓下一棒的史坦頓擊出雙殺打。但第五局就沒有犯錯的空間了，菜鳥奧斯瓦多・卡布雷拉（Oswaldo Cabrera）和 DJ・拉梅修接連擊出強勁安打上壘。在客隊休息區離本壘最遠的那一端，安東尼・瑞佐碰了碰旁邊站著的奈斯特・科提斯，科提斯穿著連帽長袖，把手插在口袋裡。

「奈斯特，他要開轟了。」瑞佐說。「等會他開轟的時候，你把頭低下來，好像很不爽一樣。」

席爾斯吐氣，轉頭看著二壘上左右跳來跳去的卡布雷拉，準備好固定式投球的動作。席爾斯把球投出，是一記偏高的滑球，他馬上知道這球留不住了。賈吉把球打到中外野，中外野手卡爾・史蒂文森（Cal Stevenson）往後奔跑，一直跑一直跑，最後球差不多擊中打者之眼中間的高度，彈回到球場裡面。

「我還沒看過他用滑球對付我。」賈吉說。「他投了速球和變速球。我跟其他隊友說：『下一次我上場，他可能第一球就投滑球。我們等著瞧。』」如同瑞佐提議的，科提斯頭低低地看著地上，而瑞佐用右手蓋住眼睛，好像突然頭痛一樣。

「在重播的時候，旁邊的攝影機會拍休息區，有拍到我們。」瑞佐說。「當他開轟的時候，所有人都在歡呼，而你會看到我跟奈斯特的樣子，好像在說：『好噢，又來了。』這只是找樂子啦，一年下來總是要這樣，保持赤子之心，讓大家可以熬過一百六十二場比賽。」

賈吉看到重播畫面時笑了出來，他說這一轟「只是一個數字而已」，但這一發全壘打讓在現場觀賽親友團興奮無比，他們來自加州史塔克頓（Stockton）安德魯斯路德教會（Andrews Lutheran Church），離賈吉家鄉林登大約十二英里的地方。「那天在奧克蘭競技場，有三分之一的球迷穿賈吉的衣服，太厲害了。」賈吉在弗雷斯諾州大的前隊友喬丹・里貝拉（Jordan Ribera）說，里貝拉當天也在現場看球。「你親眼目睹他在棒球界的地位，還有球迷對他的愛戴，他真的與眾不同。尤其是在紐約，我不難想像他有多受歡迎。」

雖然先發投手蓋瑞特・柯爾威風八面，三振掉十二位運動家隊打者，幫助洋基隊以三比二贏球，可是他更敬佩他同隊的重砲手。「我每一天晚上都在球場裡最好的位置，近距離欣賞『亞倫・賈吉的全壘打煙火秀』。」柯爾說。「那真的是獨一無二的表演。」

賈吉即將加入貝比・魯斯和米奇・曼托的行列，成為洋基隊史上至少兩個球季擊出五十支全壘打的球員。YES 聯播網訪問派蒂・賈吉，想要知道她對於這兩場在奧克蘭比賽有什麼想法。

「她說：『我不想要攝影機現在就拍我，你可以等他六十轟再來拍我。』」YES 聯播網的製作人特洛伊・班傑明（Troy Benjamin）轉述說。

215

「她知道她自己有一天會被拍。」

第五十號全壘打：八月二十九日
投手：洛杉磯天使隊的萊恩‧特佩拉（Ryan Tepera）（第八局，陽春砲）
擊球初速：時速一百一十一點一英里
預期飛行距離：四百三十四英尺
擊球仰角：三十四度
在所有大聯盟球場都會形成全壘打。

　　接下來兩場面對運動家隊的比賽，洋基隊的打線又冷了下來，五連勝告一段落。運動家隊兩位自責分率超過六的先發投手，亞當‧歐樂（Adam Oller）和安祖恩‧馬丁尼茲（Adrián Martínez）封鎖了洋基隊攻勢。賈吉說「這是每一年都會熬過的難關」，鼓勵隊友們在接下來的比賽能夠「跳出來」。結束了在奧克蘭的四連戰後，洋基隊前往南加州，迎戰洛杉磯天使隊和大谷翔平。

　　八月底也是討論美國聯盟年度最有價值球員的時節，而今年也是吵得沸沸揚揚。在剩下一個月多一點的賽程，賈吉和大谷翔平都有機會角逐年度最有價值球員獎項。賈吉的進攻數據比較好，在打擊三圍上（打擊率、上壘率和長打率）比較突出，還有盜壘數和打點數也都贏過大谷翔平一些。

　　可是賈吉沒有上場投球，而這點讓討論有了變化。當時大谷翔平投了一百二十八局，自責分率二點六七，三振一百七十六次。大谷翔平是獨角獸，因為沒有人跟他一樣，他在未來每一年都會是年度最有價值球員的熱門人選。泰勒‧韋德後來加入天使隊，今年打了六十七場比賽，他說雖然很喜歡大谷在陣中，但他相信賈吉更值得奪下年度最有價值球員殊榮。

　　「我試著不要偏袒他。」韋德說。「但你打破全壘打紀錄，又帶領球隊拿下分區冠軍，甚至他有一度挑戰三冠王。我想我們以後也不容易看到這樣的表現，我想記者最後做出了正確的決定。考量場內場外，賈吉比其他人更值得拿獎。」

在週一晚上的比賽中，兩位重砲手相繼開轟，讓兩派支持者又有了新的素材可以唇槍舌戰一番。大谷翔平先在五局下半從孟塔斯手中擊出兩分砲。孟塔斯那天穿了一身萊姆綠的西裝抵達球場。對啦，他在紐約絕對是有時間找到西裝師傅。孟塔斯在洋基隊先發五場比賽，自責分率是七點零一。總經理凱許曼認為他能帶來改變，可是他的表現天差地遠。孟塔斯後來說他的肩膀在交易時「不是百分之百健康」，說自己「因為被交易到新球隊，希望能有所表現，並且會帶傷出賽。」

賈吉在那場比賽前三打席兩度被故意四壞保送，現場超過四萬四千名球迷發出噓聲。許多來自北加州的球迷，希望在南加州親眼見證歷史一刻。

第四個打席，賈吉上場時壘上沒有跑者，天使隊代理總教練菲爾·奈文（Phil Nevin）讓後援投手萊恩·特佩拉面對賈吉。賈吉大棒一揮，把一記滑球送往中外野的假山瀑布造景。「很難想像賈吉這一季到底有多猛。」布恩說。「這場比賽對手唯一一次正面對決，他就把球送到中外野的假山。」賈吉本季的第五十號全壘打，讓洋基隊只落後一分，可惜後繼無力，最後以三比四輸給了天使隊。

「你沒辦法用速球壓制他，而且如果你的變化球投高的話，你就只能去外野找球了。」洋基隊後援投手魯·崔威諾說。「對我來說能夠親身經歷這一切，真的很好玩。大家都在說貝瑞·邦茲當時沒有好球可以打，我想現在賈吉也是。如果是我來投，我不會讓他有球可以打，我會一直塞內角，最後看有沒有機會讓他去追打壞球。可是他一出棒就是要完全咬中。」

這一趟西岸之旅讓媒體記者想起比利·克里斯多的電影《棒壇雙雄》，其中還發生小插曲，在天使球場客隊休息室，有一位記者和電視台攝影記者，兩人為了在賈吉置物櫃前卡位，起了衝突。賈吉眼睜睜看著他們，露出疑惑和困擾的表情。接受採訪時，他說就算擊出了全壘打，達成里程碑，但球隊輸球，他一點也開心不起來。

「我沒有要裝低調的意思，但是我真的不喜歡討論全壘打紀錄。」賈吉說。「我們輸了比賽，討論全壘打沒有意義。我們可以在球季結束後再來討論數據，但現在，對我來說最重要的是贏球。」

'61 FLASHBACK: THE M&M BOYS
回顧一九六一年：M&M 男孩

　　一九六一年的洋基隊在前往世界大賽路上，最大的障礙是底特律老虎隊，就跟現在的休士頓太空人隊一樣。當年的老虎隊人才濟濟，有艾爾‧科萊（Al Kaline）[119]、諾姆‧凱許（Norm Cash）、洛基‧科拉維托（Rocky Colavito）和吉姆‧邦尼（Jim Bunning）[120]。即便在八月戰績嚇嚇叫，洋基隊在三十一場比賽中贏得二十二場，但他們還是無法撼動老虎隊的領先地位。

　　隨著賽季進到九月，在前往華盛頓特區的火車上，馬里斯和打擊教練瓦利‧摩斯西斯（Wally Moses）長談之後，得到不少幫助。「我在廁所遇到馬里斯，我們聊了起來。」摩斯西斯說。「我知道聽起來很扯，但我們在廁所裡聊打擊聊了四個小時，馬里斯很怕會重演在一九六〇年九月衝刺期那樣失速，也害怕自己失去打擊上的信心。」

　　馬里斯對於華盛頓參議員隊的主場葛里夫球場有心理障礙。而摩斯西斯的一席話，幫助他克服了心魔。馬里斯在華盛頓特區的四場比賽，場場開轟，接下來面對白襪隊的二連戰，他再加上三支全壘打。在九月十五日之前，馬里斯已經擊出五十一發全壘打，而曼托轟出四十五支。

　　「我希望看到兩位球員都能打破紀錄。」總教練勞爾夫‧浩克說。

　　老虎隊在九月一日作客洋基球場開啟三連戰，結果洋基隊橫掃了老虎隊，把勝差從一場半拉開到四場半，自此之後洋基隊揚長而去，取得十三連勝，而老虎隊一蹶不振，連輸八場，美國聯盟冠軍爭奪戰塵埃落定。但是，洋基隊在與老虎隊的三連戰中，付出了代價。曼托在要揮不揮的情況下扭傷了左前臂，雖然如此，他後來還是在三連戰最後一場雙響砲，讓他的全壘打數累積到五十支。

　　棒球界所有的焦點都在馬里斯和曼托身上，他們連在打擊練習都有球迷鼓掌。當年那個時代，球迷是可以橫跨球場散場的，因此警衛

---

119. 名人堂球員。
120. 名人堂右投手。

必須要在比賽結束後，立刻圍起來，好讓馬里斯和曼托能夠順利離開球場。在休息室裡，隊友則是近距離欣賞兩人之間的張力。曼托一直都是媒體寵兒，他也注意自己的一言一行。曼托經歷過全壘打產量驚人的球季，他曾經在一九五六年單季敲出五十二支全壘打，領先全聯盟，而且拿下三冠王。而另一方面，馬里斯生涯單季最多的全壘打數是一九六○年的三十九支，他在今年七月一日就已經追平去年球季的總數。

「羅傑在賽前賽後都會抽菸，抽得很凶。」隊友湯尼‧庫百克說。「可是一旦他進行打擊練習、走進休息室後，他就只專心研究當天的投手。這就是羅傑‧馬里斯。他是棒球選手，不是天生要來當英雄的，只不過他後來變成了英雄。我不知道其他人會怎麼面對他所承受的環境束縛。」

馬里斯和曼托組成的「M&M男孩」激烈纏鬥到九月十日，那天他們的對手是克里夫蘭印第安人隊，當時馬里斯以五十六支全壘打領先曼托的五十三支。曼托那天重感冒、呼吸道發炎和眼睛感染。這些症狀一直持續到客場之旅，從芝加哥、底特律再到巴爾的摩。洋基隊的主播梅爾‧艾倫（Mel Allen）說他知道有醫生可以治療他的症狀。

麥克斯‧雅可布森醫師（Dr. Max Jacobson）（艾倫稱他「奇蹟麥克斯」），在上流社會大家稱他為「舒服醫師」。他曾經用安非他命和維他命混合物當作仙丹，來醫治約翰‧F‧甘迺迪總統（President John F. Kennedy）、艾迪‧費雪（Eddie Fisher）[121]、強尼‧麥西斯（Johnny Mathis）[122]和田納西‧威廉斯（Tennessee Williams）[123]。曼托在九月二十五日休兵日那天，去找人在紐約的雅可布森醫師，醫師在他的臀部上注射了菸灰色的液體。

那一針並沒有打好，曼托感覺「像是被鐵烙了一樣」，幾天後曼托發高燒到華氏一百零四度（約攝氏四十度），被送進了雷諾克斯山醫院（Lenox Hill Hospital）。根據不同來源轉述，他的傷口感染化膿，膿瘡跟拳頭一樣大，也有人說跟高爾夫球一樣大。所有人都同意他無法在大聯盟出賽，後來曼托還是在世界大賽上場，還打了一支全壘打。只不過這次事件之後，就是馬里斯與魯斯兩人之間的競爭了。

「我想我在一九六一年時有機會破紀錄。」曼托說。「我在一九五六年時打出五十二轟。羅傑那年打得很好，我也打得不錯。大家都忘了魯斯在九月的時候打了十七支全壘打。所以你在七月時進度超前，八月還是保持領先，突然之間你必須每天都打全壘打，因為魯斯在九月狂趕進度。」

這時媒體陣仗也越來越大。巴比‧理查森回想起當時有五十到六十位記者到現場採訪。不管馬里斯有沒有開轟，他們都會問同樣的問題，好像鬼打牆一樣。即便他聽過不同的問法，馬里斯依舊坐在置物櫃前，乾了一罐啤酒然後等到聯訪結束。

「有好幾次羅傑說：『你們為什麼不去問艾利‧霍華德（Ellie Howard）[124]？他的打擊率三成五。』」投手鮑伯‧托利說。「去問懷特尼‧福特（Whitey Ford），他有二十勝欸。去問路易斯‧阿洛尤（Luis Arroyo）、去問巴比‧理查森，他每場都表現得很棒啊。」

那可是是棒球界歷史性的一個月，但是主角本人無法享受其中。當時的洋基隊媒體公關總監鮑伯‧費雪爾（Bob Fishel）後來說他很後悔當年沒有每天固定舉辦記者會的規定。費雪爾在一九八八年過世，但他曾經在一九八五年見證彼得‧羅斯追逐泰‧科布（Ty Cobb）[125]的大聯盟最多安打紀錄[126]，他相信如果在有記者會的規定之下，馬里斯可能會受惠。

「對於馬里斯當年的遭遇，鮑伯很有風度地扛起所有的責任，但他其實完全不需要承擔。」馬提‧艾波說。「當時就沒有這些記者會的規定。他可以建立這些制度，但是當年就沒有人想到。美式足球聯盟在一九七〇年代才有記者會專用會議室，而棒球隨後跟進，但只有在明星賽和世界大賽才有，更別說球隊自己來了。」

馬里斯的身體在全壘打追逐戰中也出現狀況，他的平頭上出現鬼剃頭，身上出現紅疹。游擊手湯尼‧庫百克說，他相信當時沒有任何運動員長時間所承受的壓力比馬里斯還大。

「我跟你說，我對於球迷和記者怎麼形容羅傑感覺到很難過。」曼托說。「你可以看到他內心非常壓抑，他開始掉頭髮，身上長滿紅疹。而且他並沒有喝很多，他只喝一些啤酒而已，不是那種暴飲。我記得

124. 在大聯盟登錄的名字是艾斯頓‧霍華德（Elston Howard），「艾利」是馬里斯稱呼他的小名。
125. 名人堂球員。
126. 當時羅斯超越柯布保持的四千一百八十九支安打紀錄。羅斯生涯最終安打數是四千兩百五十六支安打。

我跟羅傑說：『你不能一直壓抑自己，你會爆炸的。你要找方法釋放壓力。我們去喝幾杯吧。』但在客場比賽的時候，晚上羅傑都待在自己的房間。」

對於馬里斯來說，一時半刻的寧靜是奢侈的，但他會好好把握。九月十七日，洋基隊作客底特律，那天馬里斯擊出第五十八號全壘打。十二局上半，比數四比四平手，輪到馬里斯打擊時，庫百克在二壘上跳來跳去，馬里斯退出打擊區，望向右外野上層看台，那邊大概有兩百五十隻加拿大雁飛來飛去。

馬里斯脫下他的球帽，擦了擦眉毛，看著那些鳥。主審奈斯特·齊拉克（Nestor Chylak）讓馬里斯好整以暇地調整，投手泰瑞·福克斯（Terry Fox）在投手丘上不耐煩地站著等他，不斷地摩擦手中的棒球。當比賽恢復進行，馬里斯真的把球送向右外野上層看台，就在加拿大雁盤旋的下方。

「到現在，那些鳥還歷歷在目。」馬里斯在好幾十年之後告訴庫百克說。「看著牠們讓我感到很平靜。」

第五十九轟發生在九月二十日，是洋基隊的地一百五十四場比賽，正好在貝比·魯斯出生地 [127]。那天因為天氣溼冷而取消打擊練習，所以馬里斯賽前在置物櫃前面走來走去抽著菸，有時候會去通道看看球場。那天曼托已經知道無法再和馬里斯競爭，他告訴馬里斯說：「我沒了，結束了。我們全部人都會挺你。」

第一局馬里斯面對右投手梅爾特·帕帕斯（Milt Pappas），擊出右外野深遠飛球被接殺。第二打席他在一好兩壞時把一顆速球狠狠地掃向右外野，當時風往內野吹，可是馬里斯這球打得夠強勁，最後落在距離本壘三百八十英尺的觀眾席裡。馬里斯在繞壘時，心想：「這是第五十九號了，我還有兩三個打席的機會。」但是接下來馬里斯被三振和高飛球被接殺。巴爾的摩金鶯隊的總教練魯曼·哈里斯（Luman Harris）在第九局換上蝴蝶球投手霍伊特·威爾海姆。

馬里斯在九局上半站進打擊區，捕手葛斯·崔安鐸斯（Gus Triandos）對他說：「好了，這是你最後一次機會囉。」馬里斯說：「別小看我啊。」馬里斯面對威爾海姆的第二顆蝴蝶球，要揮不揮地把球

127. 指巴爾的摩·魯斯的出生地距離現在的金鶯隊卡曼登球場不遠。他的出生地目前保留完善，成為貝比·魯斯博物館（Babe Ruth Birthplace and Museum）。

打成投手丘前的軟弱滾地球出局。後來那天晚上馬里斯說：「聯盟主席弗雷克已經說明規則，如果我的紀錄要加上星號，我也沒問題。」

關於第五十九號全壘打，後來有一段插曲。一名三十二歲的巴爾的摩男子名叫做羅伯特‧瑞茲（Robert Reitz）接到了全壘打球。他在賽後和馬里斯合照，馬里斯提議用兩顆新球跟瑞茲交換全壘打球，但瑞茲拒絕，馬里斯只能祝他好運。隔天，瑞茲聯絡洋基隊希望能換兩張世界大賽門票，後來又改要四張，看來當時他拿不定主意。最後球隊開給他二十五元美金的條件，瑞茲反提兩千五百元。馬里斯告訴瑞茲把球留著就好，瑞茲也真的就算了。

「我如果有那顆球當然很好。」馬里斯說。「但我不想要花那麼多錢。」

10

THE GREATEST SHOW ON DIRT

無與倫比

　　一九六一年夏天，羅傑·馬里斯和米奇·曼托你來我往，追逐著貝比·魯斯的全壘打紀錄，受到全國矚目，他們的隊友尤吉·貝拉、艾爾斯頓·霍華德（Elston Howard）和摩爾·史勾朗在一旁親眼見證。亞倫·賈吉的隊友也有同感，他們非常幸運，能夠在近距離欣賞棒球界最引人入勝的獨角戲。

　　賈吉在賽季進行到一百二十九場時，已經擊出五十支全壘打，超越馬里斯在一九六一年和貝比·魯斯在一九二七年的進度。打破美國聯盟單季最多全壘打紀錄近在咫尺。

　　「當他達到五十轟的時候，新聞版面全部都是亞倫·賈吉了，通通都是。」洋基隊轉播單位 YES 聯播網的記者梅爾迪絲·馬拉科維斯說。「不可能不報他。在那個時候，我們梭哈了，『他就是目標，大家都想要看亞倫·賈吉。我們雖然負責報導洋基隊，不管比賽結果如何，他就是頭條新聞。』」

　　這太瘋狂了。很少人能夠像賈吉一樣經歷這些事情，除了吉安卡羅·史坦頓之外。

2
2
3

在二〇一七年，史坦頓效力於邁阿密馬林魚隊時，他以五十九轟成為大聯盟單季全壘打王。禁藥時代結束後，一直到賈吉出現，中間只有史坦頓和萊恩‧霍華德（Ryan Howard）[128] 曾經有機會挑戰單季六十轟里程碑。

回顧當年季末，史坦頓說他也許還可以多打幾支。第五十八號、第五十九號全壘打是在九月二十八日，面對亞特蘭大勇士隊的比賽時所擊出，那時馬林魚隊還剩三場比賽。雖然後面三場比賽史坦頓擊出五支安打，但只有一支長打，是一支二壘安打。

「這跟比賽本身的情況有關，關乎到你的對手是誰，如果他們正在拚季後賽，如果比數已經拉開之類的。」史坦頓說。「有很多事情要考量進去。還有誰在你後面打下一棒？隨著比賽進行，你可能只有兩次機會能有好球打，或是好一點可能有四次，也有可能一次都沒有。然後在下一個打席你如果被三振或是開轟，你會有其他的功課要做，你永遠都不會停下腳步的。」

當賈吉還在消化他成為隊史上第三位達成單季五十轟的新聞時，史坦頓認為賈吉的結局會和自己的截然不同。賈吉是繼貝比‧魯斯（一九二〇年、一九二一年、一九二七年、一九二八年）和米奇‧曼托（一九五六年、一九六一年）後，第三位達成五十轟里程碑的洋基隊球員。

「我想他能成就不凡。雖然他已經不是凡人了。」史坦頓說。「我們還有一個月的好戲可看。」

比起那些誇張的全壘打，史坦頓更敬佩賈吉的準備功課，賈吉在賽前花好幾個小時準備，那些是球迷和攝影機看不到的。「我每天看他準備，也看到他不在最佳狀態的樣子。」史坦頓說。「其他人不會知道他下了多少工夫，只有我們每天看他的人才知道。他每天健康地上場為球隊貢獻，我想這對他是除了數據以外更重要的事情。」

「我最敬佩的可能是他堅持做一樣的準備工作。」洋基隊助理打擊教練凱西‧戴克斯說。「他很看重在打擊籠裡的打擊練習，但也保持彈性。會根據之後的對戰組合、主客場安排還有他的睡眠品質來調整。我想這對於他能打滿整個球季來說非常重要。」

128. 霍華德曾經在二〇〇六年單季擊出五十八支全壘打。

「負載管理」（load management）是美國職籃前幾年最火熱的詞彙之一，這對於賈吉來說也很重要。他在職業生涯早期吃了不少苦頭，後來他才知道在打擊練習一天打個幾百球，還有守備練習，一整季下來需要付出多少代價。他同時把注意力放在休息和復原上，來對抗日積月累的比賽消耗。

「當你剛被叫上大聯盟，你還很年輕，打完比賽洗個澡，離開球場，準備下一場比賽。」賈吉說。「在球季中，我和很多訓練員聊天，他們幫助我保持好身體狀態。我已經不是二十四歲、二十五歲，可以跑來跑去的年紀了。我只會越來越老。我要專注在細節上，確保我的身體能夠準備好，準備好上場打九局的比賽，然後充分恢復、伸展，做任何事情來幫助我迎接下一場比賽。」

第五十一號全壘打：八月三十日
投手：洛杉磯天使隊的麥克・邁爾斯（Mike Mayers）（第四局，三分砲）
擊球初速：時速一百零七點五英里
預期飛行距離：三百七十八英尺
擊球仰角：三十六度
在三十座大聯盟球場中，只有六座會形成全壘打。

八月底，洋基隊把進攻火力帶到了南加州。安東尼・瑞佐和安德魯・班尼坦迪在第一戰靠著全壘打先馳得點。可是現場四萬兩千六百八十四位球迷要看的是賈吉。當賈吉瞄準麥克・邁爾斯的速球，擊出一支飛越右外野大牆的反方向全壘打時，洋基隊休息區比觀眾席還要瘋狂。

這只不過是邁爾斯第三次擔任正式的先發投手。第一次是他在二○一六年聖路易紅雀隊時，大聯盟初登板，投不滿兩局就狂失九分，後來被調往牛棚。天使隊在六天前派他先發對上坦帕灣光芒隊，結果不錯，可是他對上洋基隊這場比賽就讓人失去信心。「他們靠打擊領薪水，就像我們靠投球討生活一樣。」邁爾斯說。「結果證明他們實力比我強。」

邁爾斯說他懊悔對瑞佐和班尼坦迪失投，但他對上賈吉時是精準地執行，投在想要的位置。「他手感正熱。」天使隊代理總教練菲爾·奈文說。「你可以從一旁看到他的揮棒，擊球時間有多精準。所有東西都做到位了。他真的很難對付。」洋基隊投手詹姆森·泰陽同意奈文的觀點，他覺得賈吉每次上場打擊都能帶來驚喜。「我從來沒看過這樣的打擊表現。情蒐報告和執行是否到位根本不重要了。」泰陽說。「你就算投得再好，他照樣可以轟出全壘打。這太難得了。很高興能參與其中，看他打球太爽了。他每天健康出賽，準備充足，然後繳出好表現。他還能夠保持平靜，不會讓外界的聲音干擾他。他真的太棒了。」

　　現在賈吉只差十支全壘打就能追平馬里斯的紀錄了，依照現在的進度，他能夠達到六十三轟，而且他還有一整個月的比賽可以打。瑞佐跟史坦頓一樣，對於賈吉每天的準備工作覺得非常佩服，他稱這是「賈吉最特別之處」。

　　「每天看他的日常準備工作，和他聊天，真的是賞心悅目。」瑞佐說。「看他準備是一種享受，繳出的成績固然很精彩，但他的準備工夫更厲害。」

　　賈吉是當時全聯盟裡最危險的打者，可是洋基隊卻一落千丈，八月戰績一塌糊塗。在二比三輸掉系列賽最終戰後，也輸掉了系列賽。對上運動家隊和天使隊，七場比賽輸了四場，而且這兩隊都已經沒有季後賽希望了。洋基隊一度在分區領先十五場半，結束西岸之旅，要返回東岸時，勝差只領先六場。

　　賈吉就像閃電麥坤（Lightning McQueen）[129]一樣，試著扛起全隊衝向終點線，前進季後賽。洋基隊在近二十八場比賽只拿下十勝，勝率只有三成五七，是一九九一年九月以來，單一月分最差的成績。一九九一年九月，洋基隊繳出九勝十九敗的成績，總教練史當普·梅瑞爾（Stump Merrill）也因此下台。而賈吉依然屹立不搖，對於球隊的未來有信心。

　　「我們該有的都有了。」賈吉說。「外面沒有人可以幫我們，也不會有人為我們的成績感到遺憾。態度很重要，如果你覺得不太對，

129. 動畫電影《汽車總動員》（Cars）裡的主角。

有點累，你上場還是要拿出態度。」

　　洋基隊九月開始也不太順。總教練布恩在第八局下半，走上純品康納球場的投手丘，記分板上對手光芒隊已經得了九分，而且壘上還有跑者，布恩決定派野手上來收拾殘局。

　　二〇〇九年時，尼可‧史威許在一場慘輸的比賽上場投球，也是他職業生涯唯一一次登板。史威許後來回想起當時，捕手荷黑‧普沙達的話像是「匕首」一樣銳利，他告訴新來的球員，在洋基隊輸球可一點也不好玩。十幾年過去，情況還是一樣。內野手馬文‧岡薩雷茲（Marwin González）投球拿到一個出局數，但一點也不開心，最後收拾掉殘忍的第八局，光芒隊從牛棚投手葛瑞格‧懷瑟特（Greg Weissert）和安東尼‧班達（Anthony Banda）手中靠著斷棒安打、失誤和滿壘保送得到三分。

　　洋基隊吞下零比九完封敗，布恩說球隊應該要「感到生氣和羞愧」，這九局就是球季的谷底了。如果還不是的話，整隊的球員皮都要繃緊了。

　　「我們球隊有更高的標準。」布恩說。「而我們必須要達到那個標準。」但在懷瑟特和班達搞砸之前，洋基隊幾乎沒有任何進攻的氣焰。更慘的是，安德魯‧班尼坦迪在第三局揮棒時，感覺到啪的一聲，右手腕受傷。

　　班尼坦迪之前右手鉤狀骨出現骨裂，一直困擾著他。他以為在阿肯薩斯大學（University of Arkansas）大一球季動手術時，已經處理掉了，結果並沒有完全解決，原本的骨頭又長回來。雖然班尼坦迪嘗試著加快復健速度，但最後他趕不上賽季。總計他在洋基隊出賽三十三場比賽，打擊率兩成五四。

　　「這真令人沮喪。」凱許曼說。「我們怎麼會想到之前鉤狀骨手術移除的骨頭居然長回來？這很罕見，而且就發生在我們這邊。他是我們球隊重要的戰力。我很感謝安德魯有想要趕快歸隊的心。」

第五十二號全壘打：九月三日
投手：坦帕灣光芒隊的傑森‧亞當（Jason Adam）（第九局，陽春砲）

擊球初速：時速一百零三點五英里
預期飛行距離：三百九十二英尺
擊球仰角：二十六度
在三十座大聯盟球場中，有二十六座會形成全壘打。

洋基隊作客光芒隊主場的系列賽前兩戰打得並不理想，球隊的火力無法有效得到分數，現在距離第二場比賽結束還剩三個出局數，輪到賈吉拎著球棒上場打擊。洋基隊在下半季進攻崩盤，接近歷史新低，而賈吉每一次上場就是他們最好的得分機會，而這次賈吉把握住機會，擊出本季第五十二轟，在進度保持領先馬里斯。但是隊友依舊得不了分，接下來三名打者接連出局，最後洋基隊以一比二敗給光芒隊，在美國聯盟東區領先勝差被追到只剩四場，是自五月十一日以來最小的差距。

「這就是棒球。」賈吉說。「總是會有那些不如你意的時候，也有那些怎麼做都對的時候。而這兩種狀態中間，就是你討生活的能力，以及球隊本身的實力。度過這幾週的低潮，我相信會幫助球隊變得更強。」

雖然距離布恩在記者會上拍桌已經過了兩週，當時他大喊：「問題就在眼前！」但看來在這場輸球後，問題還是沒有解決，但布恩在賽後聽起來更像是無力而不是憤怒了。

布恩知道有很大一部分的球迷對於球隊感到「非常憤怒」，而戰犯就是最近幾週卡彈的打線。教練團指出球員表現不佳、壓力、受傷以及缺乏專注度，這些因素綜合起來，是洋基無法有效得分的原因。

這是布恩在第一次感覺到，在今年充滿希望和奇蹟球季打完之後，迎接洋基隊的有可能不是冠軍遊行。

「球員受傷和疲勞是主要原因，但每支球隊都一樣。」布恩說。「我們現在還是要找到方法得分。所以我跟你說，狀況我們都有掌握。整體來說，我們目前做得還不錯。如果我們最後沒有解決，你就有很多東西可以寫了。」

第五十三號全壘打：九月四日
投手：坦帕灣光芒隊的肖恩・阿姆斯壯（Shawn Armstrong）（第一局，陽春砲）
擊球初速：時速一百一十五點三英里
預期飛行距離：四百五十英尺
擊球仰角：三十度
在所有大聯盟球場都會形成全壘打。

即使他自稱沒有注意全壘打數字，但賈吉很清楚地知道現在的進度，和一九六一年的馬里斯跟自己二○一七年球季的進度相比之下，到底在什麼樣的位置。

那一年賈吉擊出五十二支全壘打，贏得美國聯盟年度新人王殊榮。他今年已經追平生涯單季最多，他公開表示接下來每一轟的全壘打球他都要收藏。被指派要去把球找回來的是兩位壯碩的洋基隊的安全部門人員，退役紐約警察艾迪・法斯圖克（Eddie Fastook）和馬克・卡法拉斯（Mark Kafalas）。

每當洋基隊球員轟出里程碑的全壘打，像是德瑞克・基特第三千支安打或是菜鳥年生涯首轟，法斯圖克或是卡法拉斯能夠辨別出是哪一位球迷接到球，然後提出一個合理的交易方案，通常是一顆簽名球、一支球棒或是和球員在賽後相見歡。不過也有幾次例外，像是知名的接球達人查克・漢波（Zack Hample）在二○一五年接到艾力克斯・羅德里奎茲三千安的全壘打球，雙方經過兩週的協商，球隊才以捐出十五萬美金給慈善機構的方案換到那顆具有歷史意義的球，同時還要邀請漢波參加記者會，送給他紀念品、門票和一些其他福利作為交換。

因此在賈吉踏進純品康納球場打擊區時，法斯圖克和卡法拉斯就保持警戒狀態。不過他們沒等太久，賈吉很快就把肖恩・阿姆斯壯投出的第二球打成左外野上層看台的全壘打，是本季的第五十三轟。

「我打第一棒的任務就是上壘，讓後面的隊友把我打回來。」賈吉說。「我第一局的策略就是這樣，特別是面對到阿姆斯壯，他有很好的伸卡球搭配卡特球，我試著把球打進場內，很幸運地逮到一個不

夠內角的好球。」

　　「他狀況很好，這一轟看起來很輕鬆。」記者馬拉科維斯說。「我有時候會跟他開玩笑，例如：『喔！今天只有一支全壘打而已嗎？就這樣？狀況不太好喔。』」

　　賈吉這一轟就夠洋基隊贏球了，加上先發投手法蘭基‧孟塔斯主投五局只被打出一支安打，然後格雷‧霍姆斯在九局下開劇場，被打了三支安打，致勝分還上到二壘，還好最後三振掉楊迪‧迪亞茲（Yandy Diaz），關門成功。洋基隊拿下今年球季的第八十勝。

　　三振掉迪亞茲的那顆速球，時速來到一百零一點七英里，是荷姆斯在大聯盟生涯投過最快的一球。在比賽的關鍵時刻，荷姆斯想的是：「如果他要打敗我，我也要輸在我最好的武器球種上。」

　　其實那一顆球並沒有進到好球帶，差一點點，但最後還是三振掉了打者，幫助洋基隊在慘澹的客場之旅最後能鬆一口氣。布恩在第五局時就被驅逐出場，他只能在休息室看電視。布恩說他的心率調整器因為比賽緊張到「快要爆表」了。（他在二○二一年春訓時，裝上心率調整器，當時他的心律一度低於每分鐘五十下，非常嚇人）

　　荷姆斯歪嘴笑著說：「我覺得那球投得很棒。」

第五十四號全壘打：九月五日
投手：明尼蘇達雙城隊的崔佛‧梅吉爾（Trevor Megill）（第六局，兩分砲）
擊球初速：時速一百零九點六英里
預期飛行距離：四百零四英尺
擊球仰角：三十四度
在所有大聯盟球場都會形成全壘打。

　　洋基隊在勞動節這天回到主場比賽，面對來訪的明尼蘇達雙城隊，將展開四連戰。雙城隊捕手蓋瑞‧桑切斯回到紐約，一如往常，他在擊出全壘打之後，慢慢繞壘，享受熟悉的感覺。他這一發全壘打非常深遠，預期飛行距離四百七十三英尺，直擊外野看台最後幾排。即便

桑切斯在洋基隊「菜鳥轟炸機」時期表現起起伏伏，球迷和球團內部對他的看法兩極，但沒有人會懷疑當他咬中球的時候，球會飛到外太空。

下一局，桑切斯的前隊友們很迅速地做出回應。賈吉面對右投手崔佛‧梅吉爾，在一好三壞時，把一記滑球打往左外野標竿方向。這不過只是梅吉爾大聯盟生涯第二個賽季，球一打出去，他肩膀下垂，眼睛盯著內野草皮。最後球落在上層看台。這一發全壘打讓賈吉成為洋基隊史上第二位單季五十四轟的右打者，另外一位是二○○七的艾力克斯‧羅德里奎茲，那一年他拿下美國聯盟最有價值球員獎。

加上這一發全壘打，賈吉已經連三場開轟，依照這個進度，他還剩下的二十七場比賽，有機會達成六十五轟。「只是保持每天做我能做的事情而已。」賈吉在賽後說。最終這場比賽洋基隊以五比二贏球。

「我覺得穩了。」《紐澤西進階媒體》（NJ Advance Media）的布蘭登‧庫提（Brendan Kuty）說。「感覺破紀錄勢所必然。他狀況超好，身體又健康。他在擊出全壘打之後聳聳肩膀，好像自己也不知道怎麼搞的就這麼強。媒體們邊看日曆邊算破紀錄的進度，大家說：『喔，天啊，這會破喔！太不可思議了。』」

就連布恩也不知道該說什麼了。對方投手開始投得很閃，雖然不是直接故意四壞保送，但至少沒有認真對付他，因為洋基隊打線因傷殘破不堪，沒有什麼威脅性。「我能怎麼辦呢？拿球棒砸地板嗎？」賈吉說。「現況就是這樣了。」

遲早對方的投手還是要正面對決的，但賈吉總是準備好給對手迎頭痛擊。

「他是球隊的領袖。」艾西亞‧凱納弗拉法說。「他用正確的方式打球，大家都看得到，隊友被他的活力和敬業精神所感染，很難不注意到。我很開心他有機會挑戰紀錄。」

第五十五號全壘打：九月七日
投手：明尼蘇達雙城隊的路易‧法蘭德（Louie Varland）（第四局，陽春砲）

擊球初速：時速一百零二點一英里
預期飛行距離：三百七十四英尺
擊球仰角：二十八度
在三十座大聯盟球場中，有二十一座會形成全壘打。

　　賈吉近況銳不可擋，對方投手無計可施，唯一能擋住賈吉的只有大自然了。系列賽第二戰因雨延賽，雨大到連紐約市的學校都停課。隔天週三進行雙重戰，第一場午場比賽時，洋基球場幾乎一片空蕩蕩。

　　雙城隊派出二十四歲的右投手路易·法蘭德先發，這是法蘭德在大聯盟的初登板，他剛從雙城隊小聯盟 AAA 的聖保羅升上來而已。幾個月後，法蘭德在一場與小球員的座談中，回想起那天的經驗，他想到賽後豐富的餐食還是忍不住流口水，有大蝦、淡菜、干貝和肋眼牛排。喔，對了，他也記得對決賈吉的那個打席。

　　其中一個小球員對他喊：「亞倫·賈吉敲了你一發全壘打。」沒錯，他真的有。

　　法蘭德在那場比賽第一次對決賈吉，他把賈吉給三振出局。不過下一個打席就沒那麼幸運了，賈吉取得一好兩壞的球數領先，法蘭德的一顆變速球壓在外角，但偏中間一點，就被賈吉重擊，球飛越左外野全壘打牆，兩位前排球迷為了接球撞在一起，最後球反彈回到全壘打牆前的警戒區。

　　「我很高興幫助球隊得分。」賈吉說。「菜鳥投手投今天第一場，有一點壓制住我們打線，他明快的節奏控制得很好，也運用各種球路。這支全壘打能帶動全隊打線攻勢。」

　　賈吉這支全壘打幫助球隊從三分落後逆轉。而且這場比賽洋基隊因為傷兵，陣容殘破不堪，只看背號的話，看起來很像一場春訓客場比賽 [130]。整隊有五位球員的背號是九字頭的：賈吉（九十九號）、奧斯瓦多·卡布雷拉（九十五號）、奧斯華德·佩拉薩（九十一號）、朗·馬里納西歐（九十七號）和艾思塔凡·佛洛羅（Estevan Florial）（九十號）。

　　但這些九字頭球員表現可好了，蓋雷伯·托瑞斯擊出全壘打，最

130. 春訓的客場比賽通常都是小聯盟球員，搭配幾個年輕的大聯盟球員。大聯盟資深主力通常都只在主場出賽，減少舟車勞頓。而且小聯盟球員通常都穿數字比較大的背號。

後由卡布雷拉在十二局下半擊出再見安打，拿下雙重戰首戰的勝利。在晚場的比賽，艾西亞‧凱納弗拉法轟出滿貫砲。「不管我們的重砲手有沒有在陣中，」賈吉說。「我們上場穿著洋基隊條紋球衣，上面寫著『NY』，每一位球員都能把工作做好。這些年輕球員每天都把自己準備好，毫無畏懼，從比賽一開始就盡其所能地表現。」

　　隨著破紀錄越來越近，也越來越多人來到洋基球場現場看球，把第一百六十一街和河流大道（River Avenue）[131] 擠得水泄不通，洋基隊根本不需要做什麼特別宣傳活動。加上那天是球迷期待已久的德瑞克‧基特二〇二〇年名人堂梯次的慶祝儀式，因為新冠肺炎疫情延到今年，基特在二〇二一年七月底就已經完成美國棒球名人堂的入主儀式了。

　　在基特還是球員的時候，他不太看跟自己無關的比賽。艾力克斯‧羅德里奎茲有一次拜訪基特在佛州坦帕的家，他不敢相信基特居然沒有購買含有 YES 聯播網的方案 [132]。不過基特今天在包廂會議室受訪時，這位前隊長表示他有關注賈吉挑戰馬里斯紀錄的進度。

　　「五十五轟欸。我沒辦法感同身受。」基特說。「要打安打已經夠難了。我不是全壘打專家，但我確定如果你要刻意要追求全壘打，會有反效果的。但不可思議的是，賈吉還能維持高打擊率，這是當今棒球比較不重視的部分。他還是有不錯的打擊率、打點數，而且能擊出全壘打。他無所不能，而且他有機會破紀錄。」

　　賽前的表揚儀式是基特的粉絲大會。基特在球員生涯入選十四次全明星賽，為洋基隊贏得五次世界大賽冠軍。基特和他的太太漢娜（Hannah）還有他們小孩坐在高爾夫球車上，緩慢地從外野開進內野，一家人向現場球迷揮手致意。基特下車站在內野草皮上，走上靠近本壘板的講台，現場充滿著懷舊的氛圍，基特把大家帶回到當年洋基王朝的年代。現場球迷高喊他的名字「德——瑞克‧基——特（拍、拍、拍拍拍）」。基特知道這是他的主場。

　　「我真的想念這裡，這是我的家。」基特說。「我在這裡待了二十年，從原本的老洋基球場跨個街又到這裡。這二十年來我幾乎天天上場，這裡讓我感到無比自在。」

　　CC‧沙巴西亞、提諾‧馬丁尼茲、安迪‧派提特、荷黑‧普沙達、

131. 其實已經改名為「里維拉大道」。二〇一四年，紐約市政府為了表揚剛退休的馬里安諾‧里維拉，在原本 River 後面加一個 a，成為 Rivera Avenue。
132. 洋基隊的有線電視轉播單位，老闆也是史坦布瑞納家族。

馬里安諾‧里維拉和前總教練喬‧托瑞都來了，臉上充滿笑意，互相拍背致意。基特的父母查爾斯（Charles）和多爾希（Dorothy）也都來了，姊姊肖里（Sharlee）和外甥杰倫（Jalen）一同出席。

不過典禮在小老闆海爾‧史坦布瑞納出現後開始走味。史坦布瑞納從主隊休息區走上球場，手上拿著超大的支票，上面寫著二十二萬兩千兩百二十二點二二元（$222,222.22），要捐給基特的 Turn 2 基金會。現場球迷以噓聲伺候小老闆，基特對此不太開心。

基特拿回麥克風，嚴肅而且慎重地提醒球迷：「大家聽好，現在要歡呼，相信我。」基特向布萊恩‧凱許曼道謝，引來不少訕笑。基特看到球迷的反應，他說：「我想大家已經準備好季後賽的情緒了。」

基特後來說，他對於球迷以激烈的方式回應史坦布瑞納和凱許曼，他感覺到很驚訝，特別是在賈吉要挑戰紀錄的球季，雖然球隊在下半季打得不好，但還在分區領先。基特說完還嘆了口氣。

「但是球迷們不管是誰都噓。有一次我沒有阻止他們噓球員，結果我還惹上麻煩。」基特說的是二〇〇五年，當時艾力克斯‧羅德里奎茲被球迷罵爆，而基特沒有為隊友挺身而出，反遭批評。那年羅德里奎茲打滿一百六十二場比賽，是美國聯盟全壘打王、得分王，而且在長打率、整體攻擊指數上，都領先全美國聯盟。最後他贏得生涯第二座年度最有價值殊榮。

基特偶爾會想到，是不是洋基王朝九〇年代的常勝軍把標準設得太高了。他開玩笑地說，如果他說「洋基隊有一年沒有拿冠軍，那就是失敗的一年」，他現在覺得這算是一種失言。但事實上，這種沒拿冠軍就算失敗的心態，是大老闆喬治‧史坦布瑞納所建立的，並不是基特本人。大老闆無法接受就算是超強的職棒球隊，每三場比賽也會輸一場，畢竟這不是美式足球。老洋基人對於大老闆的往事總是津津樂道，他們說如果大老闆看電視，看到洋基隊在春訓比賽輸球，都會氣到想要開除人。

即使是基特告誡，現場球迷也沒有停止噓聲。那天晚場比賽，卡洛斯‧柯瑞亞在比賽後段擊出超前全壘打，球迷以噓聲伺候。柯瑞亞是當年二〇一七年休士頓太空人隊冠軍隊重要成員，生涯因此染上汙

點。柯瑞亞說：「身為反派角色，在洋基球場這種大舞台打球我會更有動力。」基特在職業生涯從沒有這樣的經驗，他在紐約可是萬人迷，舉手投足都被球迷愛戴。

「洋基球迷追求完美，永遠不會滿足，這其實是好事。」基特說。「洋基球迷會噓，是因為他們想贏。」

基特並不是唯一一位特別關注賈吉全壘打紀錄的退役球星。

距離一九九八年馬克・麥奎爾和山米・索沙席捲全美的全壘打追逐戰，已經過了二十四年。馬里斯家族還在當年九月八日晚上，在聖路易布希球場現場觀戰，那天擊出第六十二號全壘打，是一發剛好過牆的左外野平射砲，苦主是芝加哥小熊隊投手史蒂夫・崔索（Steve Trachsel）。在擊出破紀錄的全壘打之後，比賽暫停了十一分鐘，麥奎爾和現場四萬九千九百八十七位球迷一起慶祝，紅雀隊送給高大粗壯的麥奎爾一台一九六二年復刻版的雪弗蘭，作為打破單季最多全壘打紀錄的禮物。後來麥奎爾單季打出七十轟，他是第一位打破馬里斯紀錄的球員，後來還有五次不同球員單季超越馬里斯六十一轟 [133]。

麥奎爾在十二年前承認，他在球員時期有使用增強表現藥物，包括神奇的一九九八年。麥奎爾後來有致電馬里斯的遺孀派特（Pat）向她道歉。據轉述，馬里斯太太表示很遺憾。

「她不想要去相信這件事。」麥奎爾說。「我跟他說，我必須據實以告，我跟她說很抱歉，向她本人、她的家人還有羅傑表達歉意。」

麥奎爾的自白加上禁藥疑雲，也籠罩在索沙和邦茲上，促使了馬里斯家族後來爭取六十一轟才是大聯盟最純全壘打紀錄的正當性。麥奎爾在二〇〇一年球季結束退休，她十六年大聯盟生涯效力過奧克蘭運動家隊和聖路易紅雀隊，總共擊出五百八十三支全壘打。在他取得名人堂被提名資格的十年期間，他從沒一年得票率超過百分之二十三點七。過關門檻是拿到美國棒球作家協會（Baseball Writers' Association of America）成員百分之七十五的選票 [134]。

名人堂資深委員會也沒有給麥奎爾補考的機會，雖然後來球界還是接納他，麥奎爾曾經在洛杉磯道奇隊和聖地牙哥教士隊短暫擔任過教練。現在麥奎爾住在加州聖胡安卡皮斯崔諾（San Juan Capistrano），

---

133. 麥奎爾在一九九五年擊出六十五轟，此外山米・索沙在一九九八年最終擊出六十六轟，也超越馬里斯。索沙在一九九九年和二〇〇一年分別擊出六十三支全壘打和六十四支全壘打。再來就是貝瑞・邦茲在二〇〇一年轟出大聯盟單季新紀錄七十三支全壘打，至今仍是大聯盟紀錄。而本書主角賈吉則在二〇二二年擊出六十二轟，是最近一位超越馬里斯紀錄的球員。
134. 每一位投票人每一年最多能選十位球員，最少可以都不選。

他的生活就是看他的兒子在高中打球。賈吉在二〇一七年菜鳥年擊出五十轟,打破了麥奎爾在一九八七年創下的新人球季最多全壘打紀錄。綽號「大麥克」的麥奎爾傳訊息給麥特·哈樂戴[135],問他賈吉的電話號碼。

麥奎爾後來留了一封語音訊息恭喜賈吉。麥奎爾當時跟記者說:「他這位全壘打好手,未來前途無量。誰知道他一個球季能轟出多少支全壘打?小心囉!單季七十三轟也有可能被他打破,我說真的。」

二〇二二年,麥奎爾看到賈吉火力四射,全壘打滿天飛,他更是預測賈吉「篤定」會打破馬里斯的紀錄。

「我真的相信他有一天也會打破貝瑞·邦茲的紀錄。」麥奎爾曾經這樣說,而且還不是在二〇二二年時說的。麥奎爾認為賈吉才要起飛而已,他預測賈吉在二〇二二年最終能敲出六十五支全壘打,並且說賈吉,「能在未來的五到八年,單季敲出七十三轟到七十四轟。」

「我真的相信他有機會。」麥奎爾說。「他會非常接近那個數字,並且會思考:『我要怎麼再多打出九支全壘打?』上帝會保佑他健康,他會的。」

而當談到禁藥時代的球員表現,麥奎爾冷淡地表示,他支持邦茲在二〇〇一年單季七十三轟的紀錄,是大聯盟歷史紀錄,而大聯盟官方也是如此認定。

「七十三轟就是紀錄。」麥奎爾說。「賈吉有一天會超越邦茲,成為紀錄保持人。」

跟麥奎爾、索沙、邦茲和近期回春而意外達標的亞伯特·普侯斯(Albert Pujols)一樣,這些七百轟俱樂部成員巔峰時期一樣,賈吉每一次上場打擊都是焦點,每當輪到他上場打擊,洋基球場買食物和上廁所的人就少了很多,球迷可能晚點再去晃晃。

這樣的景象讓總經理布萊恩·凱許曼想到九〇年代晚期,戴瑞·史卓貝瑞(Darryl Strawberry)在老洋基球場打球的時候。「當他打擊的時候,球迷都靜止不動。」凱許曼說。如果你要去買啤酒或爆米花,聽到史卓貝瑞的名字,你就會停下來,因為大事要發生了,全場都關

135. 二〇一七年效力洋基隊,是賈吉的隊友。

注他的一舉一動。跟現在亞倫一樣。」

　　雖然接下來的主場比賽，賈吉沒有再開轟，但是他快馬加鞭，離馬里斯障礙近在咫尺。洋基隊最終在三連戰中拿下兩勝，第一場比賽洋基隊慘輸，而且左外野手亞倫·希克斯連續漏掉兩球，奉送二壘安打，最後希克斯被換下場罰坐板凳。

　　三連戰第二場，賈吉在第一局上來兩次，都擊出一壘安打，創下六分大局，狠狠地教訓了老朋友柯瑞·庫魯伯（Corey Kluber），最後以十比三大勝光芒隊。賈吉單場三安，把打擊率提升到三成零七。總教練布恩感覺到對方投手越來越閃賈吉，不投給他好球打，所以布恩建議他「順應比賽」。布恩說這是他當時在費城人隊休息室，從名人堂球員麥克·史密特（Mike Schmidt）那聽來的。

　　「亞倫做得很好。」布恩說。「你不能去追打那些壞球，這樣你是自尋死路，他很清楚這點。他上場是帶著策略上去執行的，保持好自己的好球帶，這點他可以說是做到極致了。」

　　隔天三連戰最後一場，是九月十一日，賈吉穿上客製的尺寸十七號釘鞋，左鞋後方寫著「9/11 愛國者日」，而右鞋則是寫著「9─11─01」。在大聯盟生涯第一年，賈吉在那年九月和菜鳥泰勒·奧斯丁和勞勃·勞夫史奈德（Rob Refsnyder）一起去參觀世貿遺址，看著雙子星大樓原本所在地，現在是一片水池。他記得當時讀著牆上逝者的名字，想要了解當時這裡發生的事情。幾年之後，他說想起當年造訪，背脊還是會感受到一陣涼意。「在那裡你感覺特別不一樣。」他說。「你可以感覺到他們的痛苦，那邊真的有東西。當我經過雙子星遺址，了解歷史之後，我永遠忘不了那次經驗。」

　　二〇〇一年九一一事件發生時，賈吉才九歲。他在加州林登家裡吃早餐的時候，母親佩蒂當時已經醒了，他在廚房看電視，看到紐約、華盛頓特區和賓州尚克斯維爾（Shanksville）遭受到攻擊。他到學校的時候，大家都聚在學生餐廳看電視，電視上不斷重播世貿中心和五角大廈遭受攻擊的畫面。

　　「老師和我們解釋到底發生了什麼事，還有事情有多嚴重。」賈

吉說。「在當時那個年紀，我還感受不到嚴重性，我記得當時大家有多震撼，電視上每一台都在報導，不管是新聞頻道還是體育頻道，都在報導同一件事情。」

在恐攻事件發生後的幾天，美國國旗出現在每一台汽車上，賈吉所在的林登也是。賈吉在國立九一一紀念碑博物館深深地感受到美國人的愛國情懷。

「我覺得最酷的是，我記得美國是如何從谷底振作起來的。」賈吉說。「不管你是誰，不論你來自哪裡，親眼見證全國團結一心，彷彿在說：『這次不會把我們擊倒的。』我記得小時候，大家因為這件事情團結再一起，不管種族、膚色或是其他條件，我們都是美國人，我們互相扶持。」

洋基隊投手多明哥．赫曼則用不一樣的方式表達敬意。來自多明尼加的赫曼，記得他在看電視上看到索沙拿著小面的美國國旗，奔跑在瑞格里球場外野草皮上。那天是芝加哥小熊隊在九一一事件後，第一場回到主場的比賽。二十一年後，先發投手赫曼因為下雨，他在右外野牛棚等了將近兩小時，他拿出國旗在外野奔跑，引起全場球迷歡呼。「這是表達支持美國的一種方式，向人民致意，向那些亡者致意。」赫曼說。

總教練布恩把賈吉和史坦頓排在第一棒和第二棒，他說這兩枚核彈頭能「引爆攻勢」。在過去的四場比賽中，賈吉選到七次保送，布恩解釋把他排在第一棒「試著能夠讓他得到更多保護」。DJ．拉梅修和安德魯．班尼坦迪都受傷缺陣，布恩認為賈吉是現有球員最適合打第一棒的人選。這場比賽，賈吉一次在滿壘的機會擊出高飛犧牲打，最後以十比三大勝坦帕灣光芒隊。接下來他們將飛往波士頓，也因為這一勝，飛機上的氣氛好了許多。

「關注他的人很多，但其實還是跟球隊的戰績有關。」格雷．荷姆斯說。「我想這展現出他的領導能力，他散發出『我們要上場贏球』的企圖心，對於大家來說氣氛很好，全隊都很有參與感。這段時展現出他是如何做好一個職業球員，以及待人處事的風格。」

第五十六號全壘打：九月十三日
投手：波士頓紅襪隊的尼克‧佩維塔（第六局，陽春砲）
擊球初速：時速一百零九點七英里
預期飛行距離：三百八十三英尺
擊球仰角：二十四度
在三十座大聯盟球場中，有十四座會形成全壘打。

第五十七號全壘打：九月十三日
投手：波士頓紅襪隊的蓋瑞特‧維特拉克（Garrett Whitlock）（第八局，陽春砲）
擊球初速：時速一百點五英里
預期飛行距離：三百八十九英尺
擊球仰角：三十五度
在三十座大聯盟球場中，有二十九座會形成全壘打。

　　賈吉保持他單純的比賽策略，每天就是全心全意地準備，結果是好是壞，他都拋在腦後，好好為下一場準備。天氣溫和的週二晚上，洋基隊作客波士頓，賈吉終於第一次覺得自己有機會打破馬里斯的紀錄。

　　「直到爬到五十多，接近六十的時候我才有感覺，我們有可能做得到。」賈吉說。

　　在洋基隊作客波士頓的比賽中，賈吉在第六局和第八局分別擊出全壘打，都是追平轟。他先從尼克‧佩維塔手上，把一顆偏高的曲球，掃出第五十六號全壘打，球最後落在紅襪隊的牛棚裡。「他的曲球很慢，」賈吉說。「如果偏高就要出棒，而放掉看起來像是速球的低角度球路。」

　　八局上，賈吉又開轟，把蓋瑞特‧維特拉克的滑球打成飛越綠色怪物的全壘打，這是第五十七號全壘打。球被打中的瞬間，維特拉克瞬間肩膀垮了下來，知道這球留不住了。雖然賈吉說他「在等待上場打擊時，被現場的紅襪隊球迷伺候」，但當他擊出全壘打，在繞壘的時候，

還是聽到現場有球迷為他鼓掌。本季第十場雙響砲，加上第五十七號出爐，離馬里斯的紀錄又更近一點了。

賈吉回到休息區時，他和坐在旁邊的球迷擊掌，那位球迷是布朗大學的學生，叫做西瑟利亞‧傑卡伯斯（Cecilia Jacobs）。在擊掌後，傑卡伯斯瘋狂地慶祝，他用手機拍下整個過程，放到網路上變成爆紅影片。

「他一擊出全壘打我就開始錄影。」傑卡伯斯說。「我們一直大吼大笑，很興奮。他第一支全壘打的時候，我們要跟他擊掌，但沒有成功，第二次他真的和我擊掌，我們簡直瘋了。」

在賽後訪問時，有人問賈吉是不是很享受追逐全壘打紀錄的瘋狂之旅？

「嗯，我們贏球了，而且還在分區第一名。」他回答說。「一直都很好玩。」

底特律老虎隊的米格爾‧卡布雷拉在二〇一二年時拿下最近一次的三冠王，他當年繳出打擊率三成三、四十四轟和一百三十九分打點的成績單，三項數據領先全美國聯盟。在米奇‧曼托一九五六年贏得三冠王之後，除了一九六七年紅襪隊的卡爾‧亞斯川姆斯基（Carl Yastrzemski）[136]之外，沒有人達成過三冠王的成就。

賈吉開始被大家認為有機會挑戰打擊王，他落後第一的明尼蘇達雙城隊打者路易斯‧阿雷亞茲還差九個千分點。而全壘打和打點方面，賈吉則是遙遙領先聯盟中其他打者。但他常常提醒自己：「如果你老盯著數據看，你就會被追上。數字順其自然就好。如果我有充足的計畫、好的策略，在打擊區做好我該做的事情，其他事情就會水到渠成。」

對於賈吉來說，卡布雷拉的三冠王球季令他印象深刻，那一年他在弗雷斯諾州大念大三，學期剛開始的時候，他和球隊隊友在教室裡被指派作業，要求他們看影音平台上卡布雷拉在二〇一二年所有安打的集錦。

校隊總教練麥克‧巴斯托希望透過影片，讓賈吉和其他球員學習卡布雷拉輕鬆掌握好球帶的能力。「那部影片很長，但很值得一看。」賈吉說。「他真的把每件事情都簡化了，不會揮棒過猛，不會想要一次

136. 名人堂球員。

做太多事情，特別是在壘上有人的時候，你會看到他打反方向的安打，然後打回兩分，他就是把基本工作好。如果你一百六十二場都做得到，一年下來的成績就會很漂亮。」

而洋基隊隊友們每天晚上都在親眼見證「史上最猛的攻擊表現」。如同蓋瑞特‧柯爾說的：「就是歷史級的表現，太棒了，我能身在其中，真是太不可思議了。」

蓋雷伯‧托瑞斯在第十局滿壘時，給後援投手傑瑞斯‧法密利亞（Jeurys Familia）致命一擊，擊出清壘的二壘安打。下個半局洋基隊後援投手萬迪‧佩洛塔上來關門，雖然有點抖，但最後還是收下勝利。隔天，托瑞斯跑出一支三分打點的「少棒全壘打」，原本是一支右外野方向的一壘安打，但是右外野手艾力克斯‧維杜格（Alex Verdugo）從右外野邊線附近，轉身長傳給捕手康納‧王（Connor Wong），結果暴傳，讓托瑞斯回到本壘。跑壘是很刺激，但爆滿的主場球迷可不想看到這個。洋基隊最後以五比三獲勝。

「我想那些偶爾關注棒球的球迷，」布恩說。「今晚來看球會想說：『我今天要看到賈吉轟出全壘打。』」而事實上他雖然沒擊出全壘打，但是他選球做得很好，有幾次不錯的揮棒，全壘打遲早會來的。這就是一個偉大的球員厲害之處，他還是靠著選球上壘和外野守備幫著球隊贏球，即便周遭充滿喧嘩和雜音，他還是能夠把每一個打席給做到最好。

接下來賈吉和洋基隊作客密爾瓦基。洋基隊自從二〇一四年就沒有造訪過威斯康辛州的密爾瓦基了。繁榮的密爾瓦基曾經是美國聯盟球隊，當時密爾瓦基釀酒人隊名將保羅‧莫利特（Paul Moliter）[137] 和羅賓‧楊特（Robin Yount）[138] 穿著藍金戰袍。後來在一九九八年，釀酒人隊被移到國家聯盟中區，好讓兩聯盟都是十五隊。對於洋基隊來說，他們樂見釀酒人隊回到美國聯盟，把天敵休士頓太空人送回國家聯盟。在太空人隊來到美國聯盟之前，他們在國家聯盟其實已經打了五十一個球季。不過轉換聯盟的想法，看起來近期是不可發生的。

洋基隊在密爾瓦基下榻的飯店是菲斯特旅館（Pfister Hotel）。菲

137. 名人堂球員。
138. 名人堂球員。

斯特旅館在一八九三年就蓋好了，是全美最可怕的飯店。幾十年來，球員常常談起在旅館裡遇到的鬼故事，像是莫名的腳步聲和敲門聲，衣服洗好被人移動還有門被打開，以及閃爍的房間燈光。吉安卡羅‧史坦頓曾經說過：「嚇死人了。房間裡都是肖像畫，還有老舊的布簾。好像迪士尼遊樂園裡的鬼屋。我最好不要待在那家旅館裡。」

事實上，來來去去有太多球員都說在走廊遇到鬼。剛好週二是休兵日，晚上有空出去逛逛。賈吉為史坦頓和其他隊友安排了一個行程。

嘻哈歌手波茲‧馬龍（Post Malone）的巡迴演唱會剛好來到密爾瓦基，在離旅館只有一英里遠的費哲體育館（Fiserv Forum）舉辦，費哲體育館也是籃球隊密爾瓦基公鹿隊的主場。反正大家也沒有理由待在房間裡，所以賈吉就帶隊友去享受九十五分鐘的音樂饗宴。

「這不是你會預期發生的事情，」凱爾‧東岡說。「他帶大家去看演唱會，這其實遠超過他該做的，這像是隊長才會做的事情。我們會有團體活動沒錯，但我覺得在二○二二年好像更多，因為賈吉把這個責任扛下來。」

「能把隊友聚在一起，我覺得很棒。不管是吃飯、喝酒或做其他事情，對於大家聯絡感情很有幫助。」亞倫‧希克斯說。「特別是全隊都一起，真的很好玩。」

他們一行人在演唱會唱金曲〈Circles〉和〈Sunflowers〉，賈吉也很開心他最要好的隊友泰勒‧韋德也一起加入。韋德原本在球季初加入洛杉磯天使隊，後來被釋出，和洋基隊簽下小聯盟合約。韋德是大聯盟隨行的預備球員，當時和洋基隊一起到客場征戰，以防有球員受傷，他可以及時補上空缺。也正好趕上跟賈吉一起看演唱會的行程。

「感覺他每次上場，都好像在打季後賽。」韋德說。「我們有幾次出去吃飯，聊聊生活、聊他的打擊策略。我問到他這球季的感覺，他說：「老兄啊，我覺得很棒，因為我很健康。」如果你看到他每天的準備有多細，他的敬業態度真的令人佩服。從小聯盟的時候你就看得出來他將成就非凡。」

賈吉在與釀酒人隊的系列賽首戰，單場擊出兩支安打。釀酒人隊菜鳥蓋瑞特‧米丘（Garrett Mitchell）在第九局從洋基隊終結者格雷‧

荷姆斯手中擊出帶有打點的安打，幫助球隊以七比六打敗洋基隊。隔天米丘又擊出三支二壘安打，而且先發投手布蘭登·伍卓夫（Brandon Woodruff）封鎖洋基隊攻勢，以四比一再下一城。那個系列賽中間，有幾位洋基隊的教練受邀去公鹿隊的訓練基地參觀並聽取簡報。公鹿隊簡報裡提到，贏球最重要的關鍵是球員能不能上場，而賈吉幾乎場場都上，而且也不打算休息。

第五十八號全壘打：九月十八日
投手：密爾瓦基釀酒人隊的傑森·亞歷山大（Jason Alexander）（第三局，陽春砲）
擊球初速：時速一百一十一點六英里
預期飛行距離：四百一十四英尺
擊球仰角：三十五度
在所有大聯盟球場都會形成全壘打。

第五十九號全壘打：九月十八日
投手：密爾瓦基釀酒人隊的路易斯·波多摩（Luis Perdomo）（第七局，陽春砲）
擊球初速：時速一百一十點三英里
預期飛行距離：四百四十三英尺
擊球仰角：三十度
在所有大聯盟球場都會形成全壘打。

　　星期天下午，天氣微陰，系列賽第三戰，釀酒人隊的美國家庭球場現場湧入三萬五千名球迷，打開了開闊式屋頂，微風徐徐，風從右外野往左外野吹。賈吉再度擔任開路先鋒，他仔細選球，在這裡因為燈光和環境顏色，他看球看得特別清楚。釀酒人隊這場比賽派出的先發投手，是二十九歲的菜鳥右投傑森·亞歷山大。

　　沒錯，他和在影集《歡樂單身派對》（Seinfeld）飾演主角喬治·科斯坦薩（George Costanza）的演員同名同姓，他已經被球迷問過無數

遍了，但他跟演員傑森・亞歷山大沒有任何血緣關係。投手亞歷山大的職業生涯很坎坷，二十四歲時，他還在最低階的新人聯盟投球，職業生涯並不被看好，一路克服傷痛才站上大聯盟舞台。他面對賈吉的第一個打席，賈吉擊出中外野方向的強勁平飛球，中外野手泰隆・泰勒（Tyrone Taylor）往全壘打牆急奔，把球攔下來，幫投手守住一記可能形成長打的飛球。

這看起來是個好兆頭。第二局，輪到賈吉上場到守備時，他跟著一群牛棚投手往外野移動，他和隊友們點點頭，並說：「嘿，包在我身上，我等會打到你們那邊。」

第三局上半，賈吉再度面對亞歷山大，他看了一記伸卡球和變速球，兩球都往內角低的方向下竄，都是壞球。球數落後的情況下，亞歷山大必須搶好球，他投了一顆外角低的伸卡球，賈吉猛力一揮，把球打到右外野反方向的上層看台，是一發超大號的全壘打。

「他那球飛過了牛棚。」後援投手魯・崔威諾說。「我們很震驚：『天啊，他說到做到欸！太酷了吧！』」

「你必須用最好的武器球種對付他。」亞歷山大說。「我覺得我投得不差，都已經投到邊邊了，他的擊球初速還超過時速一百一十英里，把球轟出場外。投手根本沒有犯錯的空間。」

隨後安東尼・瑞佐也補上一發全壘打，這是他短暫躺在傷兵名單後回來的第一場比賽。洋基隊在第七局又出現一次背靠背連續兩支全壘打，亞倫・希克斯先擊出全壘打，又輪到賈吉。這次賈吉面對的是二十九歲的右投路易斯・波多摩。波多摩很小心地對付賈吉，第一球是內角滑球，差一點進到好球帶，第二球低角度滑球，讓賈吉揮棒落空。

賈吉把第三球紅中偏低打成界外球，這球波多摩幸運逃過一劫。可是下一球偏高的滑球就被賈吉狙擊，球棒擊中球的瞬間，波多摩憤怒地高舉雙手。今年有許多被賈吉痛擊的投手都有這樣的反應。那一球被打到外野走道，反彈之後彈到球場左外野後方二三六區，吉祥物伯尼（Bernie）的溜滑梯[139]下方，一群球迷衝過去要強求。

「就是看他表演了。」波多摩邊說邊嘆氣。「當你對他失投，他

139. 每當主場釀酒人隊球員擊出全壘打，伯尼就會溜滑梯慶祝。

絕對不會放過的。」

自從第五十二號全壘打開始，洋基隊安全部門總監艾迪．法斯圖克提議要把全壘打球收起來給賈吉，可是第五十九號全壘打球卻無法成功和球迷交換。一位名叫彼得．西艾拉（Peter Sierra）的球迷在球反彈之後接到球，他一開始想要簽名球和球帽，但另一位球迷布萊恩．姜科（Bryant Junco）出一千五百元美金，立刻轉帳給他，西艾拉同意交易，但姜科說大聯盟官方拒絕認證那一顆全壘打球。賈吉的全壘打球人人都想要。

「每一天都像是破紀錄一樣。」《博根紀錄》記者彼特．卡德拉說。「我們隨隊跟著到波士頓和密爾瓦基，每一篇報導都很緊繃，他打出第五十八號的時候，覺得：『哇，好酷！』然後他又打出第五十九號，你會想說：『好像要成真了。』」

那場比賽賈吉還有一次上場打擊的機會，這次是第一次使用特殊記號的球。主審蓋比．莫拉瑞斯（Gabe Morales）拿的球上面，都有一組神祕序號，可以在黑暗透過螢光辨識，好確保用球是貨真價實的。主審把球丟給投手崔佛．凱利（Trevor Kelley）。凱利拿到球，好奇地看了看。

「我記得有人告訴我：『球來了。』」《紐約每日報》的克莉絲提．阿克爾特說。「他們給我看那些特殊用球，如果他在密爾瓦基打出全壘打，下一打席球就會換成這些。我那時在想：『哇賽，真的要來了嗎，太厲害了吧。』」

賈吉準備臨去秋波，但他最後擊出中左外野的深遠二壘安打，帶有兩分打點，這是他單場第四支安打。

「他已經單場雙響了，然後他差一點又擊出另一支。」格雷．霍姆斯說。「隊友都在說：『這太瘋狂了。』我記得大家都在想：『這紀錄一定會破了。』我們都在想他還剩幾支，這個系列賽他又趕進度，這表現真的太強了。」

洋基隊打完系列賽，要準備飛回紐約。安東尼．瑞佐對賈吉的表現讚不絕口，說賈吉的全壘打追逐戰比起近代的麥奎爾、索沙和邦茲的競爭難度，還要更上一層樓。

「現在這個世代還沒有人辦到過。」瑞佐說。「他會乾乾淨淨地擊出六十一轟，完全不用懷疑他的品格，今年就是賈吉年，你看他每一個打席，你根本不會知道他只差一轟就能達標六十轟了。他的事前準備和場內場外的為人處事，還有隊友相處的方式。他就是個完人。」

11

追到你了

I'VE GOT YOU, BABE

站在東一百六十一街和馬科姆斯水壩大橋交叉的十字路口，人行道上有一個洋基隊的商標，你站在那裡，可以想像某一天下午貝比‧魯斯從福特 T 型車下來，頭上戴著報童帽，準備開始一天的工作。如今雄偉新洋基球場，跟當年的老洋基球場外觀幾乎一模一樣，這並不是巧合。新球場復刻了當年一九二三年的外觀，沿用花崗岩和石灰岩，還有老鷹圍繞的勳章，外牆刻上金色的「洋基球場」英文字母 YANKEE STADIUM。

當然，新舊球場只相隔一條街，就在對面，但是如果魯斯還活著的話，他可能也看得出來這是洋基球場。米奇‧曼托和羅傑‧馬里斯也可以認出來。一九八四年，馬里斯和家人來洋基隊參加「老洋基人」活動，馬里斯看著自己的九號背號被退休、在紀念碑公園立碑，他非常感激。但其實那時整建過後的球場內部，跟他當年擊出第六十一轟的時候已經截然不同了。

新洋基球場的燈光才剛開啟，球員們在草皮上做最後衝刺暖身，晚場的比賽即將開打。小羅傑‧馬里斯此刻的心情很複雜。前天，賈

247

吉在密爾瓦基擊出第五十八號和第五十九號全壘打時，史坦布瑞納家族邀請馬里斯一家人來現場，接下來有兩個主場系列賽，分別對上匹茲堡海盜隊和波士頓紅襪隊。

馬里斯一家人之前曾經在二〇一一年和二〇一六年造訪過新洋基球場，當年是紀念一九六一年冠軍球季五十週年和五十五週年。馬里斯的四個兒子穿著父親的九號球衣，看著中外野大螢幕上播放熟悉的畫面，搭配主播菲爾‧瑞祖托（Phil Rizzuto）[140]的聲音，馬里斯從崔西‧史多爾德手中擊出右外野方向的全壘打，球飛進到觀眾席造成一陣混亂。馬里斯繞壘之後回到休息區再被隊友推出來接受歡呼。

現在跟一九六一年當年一樣，球迷都站起來迎接賈吉。「我想那天對我父親來說，感覺已經麻木了。」小馬里斯說。「每當他擊出全壘打，我記得他繞壘的樣子。就是感到麻痺了，你知道你剛剛開轟，但你就是跑壘而已，你甚至不記得有跑，然後就是握手什麼的。隨著時間推移，你回想起來，『我到底做了什麼？剛剛發生什麼事情？』」

馬里斯一家人從佛羅里達州蓋茲維爾飛來紐約觀賽，這和之前紀念週年參加典禮和拿搖頭娃娃那兩次不一樣。這次他們還帶了親戚凱文（Kevin）、理查（Richard）和珊卓拉（Sandra）。小馬里斯期待他父親的紀錄被打破，他很高興是由洋基隊球員打破，如果是在洋基球場破紀錄，對於棒球界和紐約是一件喜事。「他最近狂轟猛炸，所以我們不確定到底什麼時候會看到。」小馬里斯說。

小馬里斯希望現場有人當時也在一九六一年那場比賽。電台球評蘇西‧沃德曼（Suzyn Waldman）當時人不在現場，可是她還記得透過波士頓的WHDH 850調幅電台聽到馬里斯的全壘打。即使在新英格蘭地區，球迷也分成支持馬里斯和曼托兩派，爭論誰最後會打破貝比‧魯斯的紀錄。

「我媽常會讓我帶弟弟去芬威球場看球，我們在球場邊看到洋基隊球員走下巴士。」沃德曼說。「一九六一年洋基隊打得很好，而紅襪隊就不怎麼樣。我弟弟當時十歲，我們搭電車去球場。我們看到米奇和羅傑到球場，當時米奇開的是敞篷車。他們會幫小朋友簽名，羅傑有幫我弟弟簽名，我弟弟驚訝到傻住，一句話也說不出來。羅傑‧

140. 過去是洋基隊球員，也以球員身分入選名人堂。

馬里斯就弄亂他的頭髮，摸摸他的下巴哈癢逗他笑。」

沃德曼想起當時關於馬里斯的故事，她說：「我很高興我可以告訴你這個故事，因為簽名已經弄丟了。我弟是個退休律師和老師，但他已經七十二歲了，還是會提起當年馬里斯摸他頭髮的事情。」

小馬里斯聽到這故事很感動，他覺得賈吉跟他父親有一些相似的地方，讓他很難不幫賈吉加油。因為身為球員，他們總是準備就緒來到球場，保持專業態度，把團隊的成功與冠軍擺在自我成就和數據之前。更重要的是，小馬里斯喜歡賈吉每次擊出全壘打時的態度。

「他就把球棒放下，然後開始跑壘。」小馬里斯說。「他繞壘時頭也低低的，低調地跑回本壘。就跟我爸一樣。亞倫不喜歡浮誇，他就默默把工作做好，上場把比賽打好，就像我爸一樣。」

第六十號全壘打：九月二十日
投手：匹茲堡海盜隊的威爾‧克勞（Will Crowe）（第九局，陽春砲）
擊球初速：時速一百一十一點六英里
預期飛行距離：四百三十英尺
擊球仰角：二十四度
在所有大聯盟球場都會形成全壘打。

馬里斯一家人在球場上層包廂俯視球場，現場擠滿四萬零一百五十七人歡迎洋基隊回到主場，這也是洋基隊本季倒數二次的主場系列賽。賈吉前四打席有兩次滾地球出局，選到一次保送，和被三振一次。九局下半，洋基隊還落後四分，賈吉在第八局差一點在右外野全壘打牆前，攔截到海盜隊內野手羅多佛‧卡斯楚（Rodolfo Castro）的三分全壘打，那一發全壘打讓現場球迷像是洩了氣的皮球。

雖然四分很難追上，但是九局下半會輪到賈吉上來打擊，所以還有很多球迷留在現場看球。根據數據網站 FanGraphs 計算，洋基隊在賈吉上來打擊之前，依過往的歷史數據，推估的勝利期望值只剩下百分之一點六（勝利期望值是根據比數、所在局數、出局數、壘上人數以及得分環境來做計算）。在投手丘上的是右投手威爾‧克勞。二十八

歲的克勞來自田納西州鴿鍛市（Pigeon Forge），他的家族還跟洋基隊有些關聯。

克勞向洋基隊博物館總監布萊恩‧理查斯解釋，他的曾舅公是瑞德‧雷芬（Red Ruffing），雖然血緣關係錯綜複雜，但克勞很確定雷芬是他的家族一員。雷芬是名人堂右投，他在大聯盟從一九二四年打到一九四七年，其中有十五年效力洋基隊。雷芬和魯斯在一九三〇年到一九三四年是洋基隊隊友。雷芬親眼見證過魯斯在一九三二年世界大賽在瑞格里球場的「預測全壘打」[141]。雷芬在一九八六年過世，洋基隊在二〇〇四年在紀念碑公園設立他的牌匾。

這是克勞第一次來到洋基球場，他帶了太太希拉蕊（Hilary）和兒子科亞（Koa）同行，一起參觀紀念碑公園。賽前下午，理查森帶他們參觀，分享雷芬的職業生涯和軍旅生活。就克勞所知，雷芬不只是一名很厲害的投手，他也是洋基隊在三〇年代最強的代打。雷芬則因為礦區意外，失去了四隻腳指，因此無法擔任外野手，但是他臂力超群，而且很能打，才有長久的職業生涯。他們邊聊邊參觀，克勞說起他的兒子中間名也是雷芬。

「我們大概聊了十分鐘吧。」理查森說。「很短但很棒的一次經驗，他說明跟克勞的關係，他對此感到非常自豪。」

回到比賽，攝影機拍到九局下洋基隊球員在休息區靠著圍欄，現場球迷幾乎都站著等待。賈吉把球棒扛在右肩上，球迷紛紛拿出手機拍打擊區。同一時間球場各個角度，數以兆計的位元組資料量記錄著。

面對打擊區的賈吉，克勞先投了一記紅中的伸卡球，賈吉沒有出棒，接下來兩顆滑球偏低，一好兩壞。接著一記內角高的速球，賈吉為了閃球，身體向後仰，現場發出躁動聲。一好三壞，賈吉站上方，他握棒的手指跳動著，準備迎接下一球。握有四分領先，克勞此時不想要保送首棒打者。

「他現在是棒球界最強的打者，但我不能送他上壘。」克勞說。「我要正面對決。」

捕手傑森‧迪雷（Jason Delay）要一顆伸卡球，把右膝蓋貼在地上，

250

141. 世界大賽第三戰，第五局上半，魯斯指著中外野，最後在那個打席擊出中外野方向全壘打。但影片和照片都無法證明魯斯當時到底是指哪裡，真實性眾說紛紜。

要克勞投低一點。克勞投到捕手要的位置，可是賈吉已經設定好了，猛力一揮，把球送過左外野大牆。球迷為了搶球亂成一團。

「貝比，借過一下，有人來囉。」YES聯播網的主播麥可·凱在轉播時說。「亞倫·賈吉追平喬治·赫曼『貝比』·魯斯的六十轟紀錄了！」

凱覺得自己完美地呈現了轉播的當下的情境，但他後來說，當時他在等待賈吉擊出全壘打時感到壓力山大，非常焦慮。

「當他擊出第五十九號全壘打時，大家都開始討論接下來全壘打要怎麼播才好。」凱說。「這是他今年第一個重要的全壘打里程碑沒錯，可是在網路上有一堆鍵盤主播出一張嘴指指點點，對我來說最重要的是，像是德瑞克·基特挑戰三千安的時候，我好像在把他的畫作裱框，深怕搞砸這一切。」

賈吉在洋基隊打了一百四十七場的時候，就擊出第六十號全壘打。在馬里斯的時代，聯盟主席福特·C·弗雷克宣布只要超過一百五十四場之後，所達成的全壘打紀錄都應該要和魯斯在一九二七年的六十轟紀錄有所區別。在洋基隊電台WFAN轉播中，主播約翰·史達林用他招牌的全壘打播報「這球很高、很遠，出去啦。他追平貝比了！這是一發賈氏全壘打！本季第六十轟！哇！全體肅立！法官來了！」

「我心想：『在我的轉播生涯中，我從來沒有想過有一天，我會播到有人擊出單季第六十號全壘打。』」史達林說。

賈吉繞完三個壘包，他習慣回到本壘時手指天空。他回到休息區時隊友開始慶祝，但卻像無聲電影，因為洋基隊現在還落後三分。總教練布恩催促賈吉，不要耽誤下一棒打者，賈吉看起來不太情願地走出休息區，再次接受全場歡呼。

「我那時開玩笑說：『我已經在洋基隊打了六年，只有一次被請出來再次接受全場歡呼。』」賈吉說。上一次是二〇一七年，他擊出第五十轟，打破馬克·麥奎爾新人單季全壘打紀錄的時候。「我想說，要六十轟才能再來一次。」

下午才帶克勞去參觀紀念碑公園的博物館總監理查斯，說他看到這一支全壘打時百感交集。

「我第一時間想到：『喔，天啊，我真是烏鴉嘴。』」理查斯說。「我想到克勞友善的一家人，他表示感激而且很開心，能夠造訪紀念碑公園。就在幾小時後，他成為歷史紀錄的另一邊，他的名字會永遠被記住，只不過是配角。可是總是有人要挨轟的。」

洋基隊依舊以五比八落後，但 FanGraphs 不會加入現場興奮的程度或歷史意義做為計算因子。在賈吉擊出全壘打之後，勝利期望值從百分之一點六，提高到百分之三點七。但對於今晚的洋基隊來說，這樣的機率已經夠了。安東尼・瑞佐掃出一支反方向的左外野二壘安打，把海盜隊的投手教練奧斯卡・馬林（Oscar Marin）打上投手丘。馬林拍拍克勞的肩膀，希望能幫助投手穩定下來。

蓋雷伯・托瑞斯後來選到保送，耗掉投手五球。一二壘有人的情況下，代表追平分的喬許・唐諾森上場打擊，唐諾森擊出一個懶洋洋的右外野飛球，落在右外野手傑克・蘇溫斯基（Jack Suwinski）前方，形成安打。這時輪到吉安卡羅・史坦頓上場打擊，形成滿壘局面。史坦頓在打完在洛杉磯的全明星賽之後，因為左腳阿基里斯腱疼痛，缺席八月大部分時間，從傷兵名單回來之後也沒有太多貢獻，打擊率只有一成二五，僅僅擊出兩支全壘打而已。而且他一直被三振，在六十九個打數中，被三振二十七次，這場比賽他已經海盜隊投手被三振三次了。

幾週之前作客純品康納球場時，與光芒隊的系列賽中，史坦頓說他回歸後，「毫無貢獻，我非常沮喪。我需要找回感覺，我需要提升自己，不能成為打線中的黑洞。」

可是就像瑞吉・傑克森常說的，手中握有球棒，就有機會改變命運。賈吉坐在休息區板凳上，往隊友詹姆森・泰陽靠過去，賈吉和泰陽分析說：「如果對方沒有把球壓低，史坦頓就會讓他們付出代價。」球數來到兩好兩壞，現場球迷幾乎都站起來了。克勞打算把變速球丟在內角低的位置，可是他失投了。

史坦頓大棒一揮，把球送往左外野深處，克勞彎下了腰，瞬間祈禱球不會飛過左外野八英尺高的大牆。這是史坦頓招牌的平射砲，球飛進了觀眾席，是一發再見滿貫全壘打。史坦頓把球棒一甩，招開雙

臂，看向他的隊友興奮地衝出休息區。

「我整個瘋了。」賈吉說。「這是吉安卡羅·史坦頓招牌的平射砲，離地面只有十英尺。而且我的位置很好，看得很清楚。我想整隊都瘋了，全場球迷也高潮了。這太特別了，球隊將士用命，在史坦頓前四棒做得很好，我會永遠記得前面三棒和史坦頓的再見滿貫砲。」

史坦頓在繞壘時，經過一壘指導教練崔維斯·查普曼（Travis Chapman），他高舉右手，心想：「是時候了吧。」賈吉和其他隊友享受的勝利的滋味，在本壘迎接史坦頓時露出燦爛的笑容，好像是少棒球員那樣熱情。全隊興奮地圍繞著本壘板，拍打史坦頓的頭盔慶祝。

和賈吉在洛杉磯安納罕擊出單季第五十轟不同，當時球隊輸球，他低調而哀傷地說這只是一個整數里程碑。而這次追平魯斯在一九二七年的紀錄又逆轉勝，讓賈吉可以自在地表達想法。布恩說他覺得賈吉的全壘打「神奇地點燃攻勢」。史坦頓則說賈吉「進入了神馳狀態」。

「今晚太不可思議了。」史坦頓說。「大家都很興奮，今晚有很多好事發生，最重要的是我們在六十轟的這場比賽贏了。不能糟蹋這第六十號全壘打。」

洋基隊轉播單位 YES 聯播網的製作人特洛伊·班傑明（Troy Benjamin）當晚在轉播車上負責切換畫面，他說那場比賽的第九局「可能是我製作過最精彩的一局」。

「前面八局有點辛苦，」班傑明說。「不過我們在主場轉播，有所有的攝影機角度，剩下等好戲上場。賈吉那一轟振奮了士氣，史坦頓的平射砲幫助洋基隊逆轉勝。全場球迷都嗨到最高點。」

現在洋基隊史上只有三位球員單季擊出六十支以上全壘打，全部都是右外野手：一九二七年的魯斯、一九六一年的馬里斯和二〇二二年的賈吉。當然，我們不需要提醒賈吉這個紀錄，雖然他聽到的時候還是看起來不太自在。

「當你談到魯斯、馬里斯和曼托這些偉大的洋基隊前輩時，在我小時候根本沒想過會與他們齊名。」賈吉說。「這是至高無上的榮耀，我很慎重地看待。但我們的任務還沒結束呢。」

麥可‧凱斯勒（Michael Kessler）和他三位朋友在最後一刻才決定搭上地鐵，希望能親眼看賈吉第六十轟。這趟地鐵旅程是他們此生最棒的決定。凱斯勒是紐約城市學院（City College of New York）的學生，也是棒球校隊的球員，當他接到了賈吉第六十號全壘打球時，他把球緊緊抱在懷中。當洋基隊安全人員和他接洽時，他立刻答應交易，洋基隊開出的條件包括了可以到休息室和賈吉見面、四顆簽名球和一支實戰球棒（並不是賈吉打出第六十轟那支）。

在拍照時，凱斯勒的其中一位朋友把握機會跟賈吉說：「拜託跟洋基隊簽約。」賈吉大笑回應，沒有多說，準備擺好笑容拍下一張照片。

雖然那一顆第六十號全壘打球在紀念品市場價值上萬美金，凱斯樂說他完全不後悔當下立刻做出的決定。後來洋基隊聯絡他，要給他剩下賽季的門票，包括可能的季後賽所有主場賽程。和賈吉在新冠疫情期間有廣告合作的連鎖潛艇堡廠商「澤西麥克」（Jersey Mike）也提供凱斯勒一千元美金的禮物卡。

「賈吉對於洋基隊來說很重要，特別是今年。」凱斯勒說。「他太不可思議了。他值得拿回那顆球。我一點也不後悔。」

在這個球季，賈吉擊出六十支全壘打，遠遠超過聯盟的平均值，在六十轟當天，費城費城人隊的凱爾‧史瓦伯（Kyle Schwarber）也擊出單季第四十轟，在大聯盟排第二。自從一九二八年魯斯領先第二名的吉姆‧巴特姆利（Jim Bottomley）和漢克‧威爾森（Hack Wilson）二十三支全壘打以來，一直到二○二二年之前，沒有任何一位聯盟全壘打領先者在球季結束那天，領先第二名超過二十支全壘打。

「重點是你不會知道，」瑞佐說。「你看不出來他已經打了六十轟，他每天來球場就是把他該做的事情做好，完成他的工作。這就是他值得欣賞的地方。」

'61 FLASHBACK: 10/1/61
回顧一九六一年：十月一日

在第一百六十三場比賽賽前，羅傑‧馬里斯忙著分裝世界大賽[142]門票給服務生、巴士小弟和廚師們，為了感謝他們一年來的辛勞，以門票做為禮物。當天早上馬里斯靜靜地，有點緊張，他和太太派蒂在洛伊斯中城（Loews Midtown Hotel）飯店三二四號房悠閒地享用早餐。接下來到聖派翠克教堂（St. Patrick's Cathedral）參加彌撒，然後再北上前往布朗克斯區的洋基球場。他心中一直想著貝比‧魯斯。

馬里斯在前幾場比賽狀況不佳。即便是沒什麼看球的球迷，都看得出來馬里斯揮棒跟以往不同，追打太多壞球，形成滾地球和內野沖天炮。馬里斯希望在第一百五十四場之後釋放壓力，可是事與願違。他說：「現在是最糟的狀態。」

「在米奇受傷之後，就剩他來打破紀錄了。」隊友湯尼‧庫百克說。「他知道這並不輕鬆，但他還是可以做到。他在場上很平靜，場外反而吵得沸沸揚揚的。」

馬里斯在九月二十六日擊出第六十號全壘打，苦主是巴爾的摩金鶯隊的傑克‧費雪（Jack Fisher）。馬里斯在兩好兩壞時，轟出一發上了第三層看台的大號全壘打，距離右外野標竿只有六呎。馬里斯站在打擊區，看著球飛行，確定球有留在界內。當他追平魯斯紀錄時，他說「這是我人生中最興奮的時刻。」魯斯太太克萊兒（Claire）目睹了全壘打彈回場內，外野手厄文‧羅賓森（Earl Robinson）把球撿了起來。於此同時，她擦去臉上的淚水。

可是全國上下對於馬里斯追平魯斯的紀錄並沒有大肆報導。《美聯社》的新聞是這樣開頭的：「羅傑‧馬里斯在週二晚上擊出本季第六十轟，但是他比貝比‧魯斯當年在一百五十四場賽制的球季多用了四場才追平，這項全壘打紀錄已經高懸三十四年。」隔天早上馬里斯到了球場，直接去總教練勞爾夫‧浩克的辦公室報到。「我累壞了，

---

142. 當時季後賽就是兩聯盟冠軍直接打世界大賽。直到一九六九年擴編增加四隊，並分為東西區之後，才有聯盟冠軍系列賽。

我需要休息一天。」馬里斯說。

浩克沒理他：「你不能休息，你要挑戰紀錄。」馬里斯說他不想打，如果媒體問起，浩克可以說，「他去釣魚了。」浩克對這理由不埋單，他用「這陣子太喧鬧」來當作理由，讓他請假休息一天。後來事情的發展出乎馬里斯意料之外，當時很多批評他敢膽挑戰魯斯紀錄的記者，開始同情他，支持他休息一天。這反而幫助了馬里斯下定決心要拚第六十一轟。

十月一日，馬里斯回到先發名單中，洋基球場只有兩萬三千一百五十四人，大部分觀眾都集中在右外野。有傳聞說，接到馬里斯的全壘打球可以換五千元（以二〇二三年的價值來算的話是五萬元美金），所以球迷都想要天外飛來的橫財。投手懷特尼‧福特說當天每一位洋基隊的先發投手都在牛棚帶著手套等著接全壘打球，除了先發投手比爾‧史坦福（Bill Stafford）以外。

「弗雷克的說法還是影響了大家對於紀錄的看法，所以那天進場人數才沒有那麼多。」馬帝‧艾波說。當年艾波才十三歲，是洋基隊鐵粉。「在第一百五十四場之後，就沒那麼重要了。現在看起來滿哀傷的。不過當時那個週日下午，我哥哥和我在家前車道傳接球時，電視正在轉播，我打開收音機收聽。當下我覺得沒有一定要親眼目睹歷史。」

第四局下，馬里斯從紅襪隊菜鳥投手崔西‧史多爾德手中擊出第六十一號全壘打。他手握三十五英寸、三十三盎司的路易斯維爾球棒，把一顆膝蓋高度的速球打向右外野的觀眾席。馬里斯快速地繞壘，他在二壘附近從觀眾席的陰影跑進了陽光下。三壘指導教練法蘭克‧克洛斯提（Frank Crosetti）之前習慣拍拍馬里斯的背，但這次沒有，他握了握馬里斯的手。如果克洛斯提沒記錯的話，他人生只有兩次在球員繞壘時握手，另一次是幾年後米奇‧曼托擊出生涯第五百轟的時候。

下一棒尤吉‧貝拉在本壘等待馬里斯，他肩膀上扛了三支球棒，一旁還有球僮法蘭克‧普魯丹提（Frank Prudenti）。兩人都向馬里斯致意。有一位球迷從觀眾席跑出來，馬里斯也和他握了手，然後就回到休息區。現場球迷鼓譟大喊，腳踩地板希望馬里斯出來。海克特‧洛培茲（Héctor López）、慕斯‧史勾朗和喬‧迪梅斯崔三人把馬里斯推

上休息區階梯，但馬里斯不知道該做什麼。隊友大喊：「脫帽致意啦！」

馬里斯害羞地和球迷致意。魯斯把全壘打當成一種表演，在繞壘的時候揮舞球帽，但奔放外顯不是馬里斯的風格。馬里斯回到休息區，隊友和他握手和拍背致意，他後仰靠著牆，嘆了口氣。休息區一片安靜，隊友們看到馬里斯雙眼無神，感覺到這場追逐戰讓他心力交瘁。

「沒人知道我有多累。」馬里斯那天說。「我很高興破了六十轟的紀錄，但我真的好累。」

馬里斯的陽春砲得到洋基隊那天唯一的一分。隊友史坦福和後援投手海爾‧瑞尼福（Hal Reniff）以及路易斯‧阿洛尤合力完封了紅襪隊。洋基隊以一比零的比數打敗紅襪隊。史多爾德吞敗，但可能是他職業生涯最好的一場比賽，他投七局，只讓洋基隊擊出五支安打，三振五名打者。可是就是那一顆球讓他在歷史留名。「我不會因此失眠的。」他說。「我寧可挨轟也不想保送他。」那場比賽史多爾德面對馬里斯另外兩個打席，讓馬里斯吞下一次三振還有一次飛球出局，沒有讓他擊出第六十二號全壘打。

接到第六十一號全壘打球的幸運兒是十九歲的沙爾‧杜蘭特（Sal Durante），杜蘭特是一名來自紐約州康尼島的載汽車零件的卡車司機，也會在社區打棒球。杜蘭特那天和朋友四人約會，當天他的女伴羅絲瑪麗‧卡拉布里斯（Rosemarie Calabrese）後來成為他的太太。卡拉布里斯還借他十元買了四張門票。第四局時，杜蘭特看到史多爾德第一球偏高，第二球挖地瓜，第三球進到馬里斯鎖定的好球帶內。

「我盯著他投球動作和出手瞬間，看著球接觸到羅傑的球棒。」杜蘭特說。「我眼睛一秒都沒有離開球過。」

杜蘭特跳上座位，把手伸長，球打到他的手掌，他接到了球。賽後杜蘭特受邀到休息室，親自把球拿給馬里斯，沒有要求任何回報，只想得到一句謝謝。馬里斯告訴杜蘭特說：「孩子，留著吧。把它放上拍賣會，有人會出很多錢。然後那個人會把球放在家裡幾天，再把球還給我。」

馬里斯說得沒錯。後來一位來自加州沙加緬度，名叫山姆‧高登（Sam Gordon）的餐廳老闆真的這樣做。杜蘭特收到來自高登的支票，

高登後來把球還給了馬里斯。那顆球（上面還有杜蘭特姓名的縮寫，當時認證的方式就是這樣）一直在馬里斯家，直到一九七三年，馬里斯把它捐給了名人堂博物館。杜蘭特還保留了那天其他的紀念品，像是馬里斯簽名的票根，還有他和馬里斯抽菸時共用的打火機，以及一顆馬里斯與史多爾德共同簽名的棒球。

「現在你怎麼看這小朋友？」馬里斯說。「他最後拿了支票。他當時原本想結婚，寧可不要錢而把球給我。這件事告訴我們世界上還是有好人的。」

杜蘭特在二〇二二年十二月過世，享年八十一歲。他生前罹患失智症，也沒有注意到賈吉追逐紀錄的過程。但在二〇一一年，杜蘭特在洋基球場參加活動，被問到在禁藥時代的馬克·麥奎爾、山米·索沙和貝瑞·邦茲之後，他是否認為馬里斯的全壘打應該被視為大聯盟紀錄。

「我會說羅傑值得擁有這項紀錄。」杜蘭特說。「他是靠自己的實力打出來的。」

馬里斯在破紀錄當晚，在劇院區的西二十四街兩百五十四號的史賓多塔普（Spindletop）餐廳慶祝，他和太太佩蒂共進晚餐，席間還有他的兩位摯友茱莉與薩爾曼·艾賽克森（Selma Isaacson）夫妻，以及《紐約郵報》的記者米爾頓·葛洛斯（Milton Gross）。

根據葛洛斯的記錄，馬里斯點了鮮蝦沙拉、五分熟的牛排、法式沙拉、烤馬鈴薯、兩杯紅酒、一片起司蛋糕、兩杯咖啡和抽了三根菸。對於馬里斯來說可是一份大餐。馬里斯後來說，如果沒有破紀錄，他的人生會輕鬆許多。

馬里斯請服務生結帳，他希望趕在雷諾克斯山醫院探視時間結束前，到四一一號病房看曼托和鮑伯·瑟夫。在結完帳後，一位青少女走近到馬里斯的桌邊，請馬里斯在菜單上簽名。

「可以請你寫上日期嗎？」她說。「今天幾號？」馬里斯問。

他的餘生永遠都不會忘記，那天是一九六一年十月一日。

12

　　球場鴉雀無聲，安靜到不可思議。

　　當亞倫‧賈吉越來越接近馬里斯障礙時，他上場的每一個打席都扛著前輩的壓力。洋基球場彷彿變成正在舉行大師賽的高爾夫球場。全場雖然擠進爆滿的球迷，每個人都站著屏息以待。手上拿著手機，想要記錄歷史一刻。球場安靜得像是圖書館。

　　在主場很少這樣子，你想像大紐約地區所有人都在看同一個人，看他下一球會不會擊出全壘打。如果投手投了一個外角壞球，現場球迷馬上以噓聲伺候，刺激投手正面對決當今最可怕的打者。如果賈吉揮棒落空，全場瞬間發出哀嚎。有時候就連賈吉擊出安打，可能是一壘或二壘安打，全場還是會發出哀嚎。因為他們在等的是不是這個。

　　他們來現場只為了一件事，就這麼一件事。

　　「這滿瘋狂的，有一點不真實。」賈吉說。「在洋基球場，全場不發出一點聲音，球迷都站起來。天啊，我真的很不習慣這麼安靜。」

　　從賽前賈吉離開主場休息區開始，在右外野淺處做伸展和衝刺熱身，結束後再單膝跪地祈禱，現場球迷關注他的一舉一動。星期三晚

上的比賽，超過四萬六千名的球迷湧入洋基球場，這場比賽的對手還是有望單季破百敗的弱隊匹茲堡海盜隊。海盜隊當時在國聯中區落後龍頭聖路易紅雀隊三十一場。賈吉在這場比賽被排在第一棒，在首打席的第五球，他打出左外野邊線方向的二壘安打，當賈吉離開打擊區，跑向一壘時，現場發出一陣嘆息。

「在他擊出第五十五號全壘打後，因為他承受的壓力，讓這一切變得很不尋常。」亞倫·希克斯說。「球迷從四面八方搭飛機過來，球場永遠是滿的。要打全壘打不是一件容易的事情，可是當他安打上壘時，球迷會發出『喔』的嘆息聲，你知道我的意思嗎？從第五十五轟到第六十二轟，要承受多少壓力啊。那一段時間令我印象深刻。」

在同一局，奧斯瓦多·卡布雷拉接著擊出生涯首支滿貫全壘打，讓球迷有更多機會可以看到賈吉上場打擊。隨著比賽進行，現場球迷又陷入一陣寂靜，在休息區的柯爾用力揮手大喊：「我們不要這麼安靜啊！這只是一場例行賽！」賈吉在下一個打席又打出一支左外野方向的場地規則二壘安打，全場又發出一陣嘆息聲。賈吉站在二壘上，一面調整他的頭盔，一面露出困惑的表情望向一壘的主隊休息區，好像在說：「你們相信這是真的嗎？」

「雖然他不會承認，但我認為他累了，特別是全場安靜的時候。」電台球評蘇西·沃德曼說。「我每天都見到他，他的表情開始出現變化，那壓力太大了。全場五萬人鴉雀無聲，大家都在拍照，感覺很可怕。我記得我某個時候說出：『大家用眼睛看比賽啊，你們都在看手機螢幕，當你不是透過眼睛看的時候，你不是用真心在感受一切。』」

紐澤西先進媒體的記者布蘭登·卡第補充說：「我們在體育媒體界沒看過這樣事情，沒有人看過派崔克·馬洪姆斯（Patrick Mahomes）[143] 準備傳球時，全場卻安靜的情況。沒有人看到勒布朗·詹姆士（LeBron James）在禁區拿到球而不發出聲音的。如今賈吉上場打擊，一個打席的時間全場安靜，萬籟俱寂，而且維持很長一段時間，令人覺得毛骨悚然。」

打完海盜隊之後，輪到紅襪隊來紐約打客場，如果賈吉在面對紅襪隊時打出第六十一轟有多棒？當年在一九六一年十月一日，馬里斯

143. 職業美式足球隊堪薩斯酋長隊四分衛。他的父親派特·馬洪姆斯（Pat Mahomes）曾經大聯盟球員。

就是面對紅襪隊投手崔西‧史多爾德時，擊出右外野方向全壘打。賈吉看過那一支全壘打的黑白影片好幾次，最近他也和太太莎曼珊一起看過電影《棒壇雙雄》，早在二〇〇一年，賈吉在 HBO 頻道剛上線就看過了。不管是黑白轉播影片還是貝瑞‧派波演的角色，賈吉對於馬里斯在生涯最重要的時刻，保持低調的形象感到敬佩。

「我知道你在說哪一段。隊友把他推出休息區的那個時刻，」賈吉說。「說明了他是怎麼樣的一個領袖，還有他是哪一種球員。那是發生在他在洋基球場打破全壘打紀錄，是非常重要的紀錄，但他總是以團隊至上。我從影片中看出來，他是一個很棒的隊友，從來不會只想到自己。」

而棒球之神和紅襪隊都想讓這段「馬里斯與賈吉」的故事延續下去。

在與紅襪隊系列賽第一戰中，洋基隊在第十局靠著喬許‧唐諾森的再見安打拿下勝利。賈吉在這場比賽獲得三次保送，還有一次被三振。在第九局下半，他面對後援投手麥特‧巴恩斯（Matt Barnes）時，總算碰到球了，他把球打成高飛球，因為飛得太高，最後被中外野手安立奎‧赫南德茲（Enrique Hernández）在全壘打牆前四英尺處接殺。

「當他打出六十轟的時候，我就感覺到：『喔，這下子真的有機會了。』洋基隊打擊教練勞森說。「第一號到第五十九號滿輕鬆的，但第六十號就……我知道會發生，所以要特別準備好的那種感覺。你很緊張，就是一直等待，一直等。對我個人來說，我的確有所期待，但這些期待這一點也不影響他。」

賈吉在那場比賽的亮點在防守上，他從外野傳回二壘，在第九局阻止了紅襪隊的跑者湯米‧范姆（Tommy Pham）跑出一支二壘安打。「沒有多少人能做到那樣的守備。」范姆說。「賈吉是少數能做到的外野手，這是他的優勢，他是棒球界最全能的球員之一。」

那場比賽是透過福斯體育台全國聯播。有些比賽則是因為 Apple TV ＋串流服務選播的關係，導致紐約當地球迷無法透過有線電視收看洋基隊比賽。據報導，蘋果支付八千五百萬美金購買轉播權，每一週

能夠獨家轉播一場比賽。即便蘋果提供免費試用的方案（只需要有一個可以使用的電子郵件信箱就可以申請 Apple ID），但還是有不少球迷打電話到電台的運動節目抗議，說他們不了解該怎麼收看，也不想去申請免費帳號。

許多在大紐約地區的酒吧也無法播放這場比賽，因為他們不見得有智慧電視可以連網。紐約洋基隊球迷經歷一季的狂歡和焦慮交替之後，到了最後階段卻有點虎頭蛇尾，而且多數球迷還無法看到賈吉全壘打追逐戰最關鍵的階段，只有相對少數的球迷能透過串流收看。想像賈吉擊出第六十一號全壘打時，不是 YES 聯播網的主播麥可・凱播報，而是蘋果轉播團隊的史蒂芬・尼爾森（Stephen Nelson）、杭特・潘斯（Hunter Pence）和凱蒂・諾蘭（Katie Nolan）的聲音。球迷遊說 YES 聯播網去爭取轉播那場比賽，可是這樣就會違約，或是找凱暫時加入蘋果轉播團隊播那場比賽。球迷的提議促使了凱打電話給 YES 聯播網製作和工程部門總裁約翰・菲利佩里。凱在電話中強硬地表達他的立場。

「我不支持球迷的請求。」凱說。「我打給菲利佩里，我說：『不管是誰打算這樣做，拜託不要，我不會去播那場比賽的。』史蒂芬・尼爾森才是主播，如果賈吉在那天開轟，就是他播到，不是我。我不會不管三七二十一就撤換掉尼爾森，因為我也不希望被換掉的是我。有不少人會想要這次歷史性的轉播機會，但我不會霸王硬上弓的。我認為轉播第六十一轟是一件非常重要的事情。」

最後比數是五比四，賈吉還是沒有開轟，他在四打數中，擊出一支一壘安打，一次飛球出局，吞下兩次三振。總的來說，這是個雙贏局面：Apple TV ＋播了一場洋基隊贏球的比賽，而凱也沒有錯過播到歷史性全壘打的機會。洋基隊後來在連贏紅襪隊兩場，最終以四勝零敗橫掃了紅襪隊。賈吉還是沒有什麼好球可以打。

「我討厭大家對他投得那麼閃，因為他們都不想要成為歷史紀錄的配角。」捕手凱爾・東岡說。

「他們有點怕了。如果你是大聯盟投手，你投得閃是因為害怕挨轟，在某些時刻這是對的，但在壘上無人，沒有人出局的時候？你嘛

幫幫忙。」

　　接下來週六下午的比賽又回到 YES 聯播網轉播，ESPN 體育台當天轉播大學美式足球賽，在兩場大學比賽中（奧本大學與密蘇里大學、克萊門森與威克森林大學），利用分割畫面直播賈吉的每一個打席。結果大家緊盯著螢幕，兩邊都沒有發生任何歷史事件，賈吉被三振兩次，選到一次保送，最終洋基隊以七比五獲勝。在 YES 聯播網開台史上，前十名最多人收看的比賽，有九場落在今年九月二十日到球季最終戰，在洋基隊的十二戰區間內，大紐約地區有十場超過五十萬人收看直播。ESPN 在九月二十五日全國轉播的基襪大戰則由兩百二十萬人收看。

　　「大家參與度很高。你可以用每一分鐘的收看數來看出他什麼時候上場打擊。」凱說。「有時候會衝到九十萬人到一百萬人。那段時間你知道你必須戰戰兢兢，而且不能請假。你知道洋基隊會打進季後賽，這真的能夠讓你保持投入。」

　　現在大家都壓力山大，而洋基隊也只剩下一場主場比賽了，接下來就要到客場迎戰多倫多藍鳥隊。

　　「這讓我壓力更大。」賈吉說。「我希望為我的隊友、家人和支持我的球迷擊出全壘打。我的親友飛來看我，我自己對於紀錄是還好，但我想到：『有很多人來看我打全壘打欸，我最好要把任務完成。』」

　　就連大聯盟官方看起來也是如此。基襪大戰最終戰在週日晚間開打，由 ESPN 全國轉播，但天氣預報不太樂觀。外野擠滿了人，大家買了十六塊錢的啤酒和炸雞桶，想要見證歷史的一刻。可是現場因雨延誤了九十八分鐘，這段時間賈吉都在地下室的室內打擊籠裡練習。

　　上場前，賈吉把自己準備好了，第一個打席就擊出強勁的滾地球，形成二壘安打；第二打席選到保送，再來是高飛球出局。第六局時又下起傾盆大雨，馬文·岡薩雷茲擊出一記平凡無奇的右外野飛球，右外野手勞勃·勞夫史奈德漏接，讓壘上跑者回到本壘得分。裁判看起想要先忍過這一局，讓賈吉有再上來打擊的機會，可是第九棒打者奧斯華德·佩拉薩被三振，成為六局下半的第三個出局數，然後比賽就因雨暫停了。比賽很快就宣判提前結束，洋基隊二比零獲勝，科提斯投出一安打完封勝。四萬多名球迷在離場時，因為比賽提前結束而怨

2
6
3

聲載道。

　　「我們快接近目標的時候，是你第一次感受到群體壓力。」洋基隊投手教練麥特・布雷克說。「他的每一個打席，所有人都站著看。我知道他已經打了很多發全壘打，但他看起來非得在每一個打席都開轟，不然洋基隊就算失敗。看著他每天上場戰鬥，最後達成六十二轟的目標，我想這對他來說，是一個無比艱難的挑戰。」

　　在兩度因雨暫停後，而且又是週日晚上的比賽，洋基隊在九月二十六日凌晨四點才抵達多倫多，下午鬧鐘響起，準備出發到球場前，球隊已經準備好加倍濃縮咖啡給大家提神了

　　「亞倫是深思熟慮的人，」卡第說。「他沒穿連帽上衣，也覺得沒關係。我想這透露了某些訊息。」

　　或許吧，但記者問他為什麼不穿保暖衣物時，他沒有正面回答。不管如何，他準備在羅傑斯中心大展身手了。在第一打席，把凱文・高斯曼投出的第四球掃成一壘安打，後來靠著隊友，他回到本壘，幫助洋基隊先馳得點。看來藍鳥隊敢對決賈吉，但也非常小心。高斯曼說：「我不想成為未來冷知識的答案。他顯然是一名優秀的球員，有一個非常不可思議的球季，所以我要在投球上要智取才能獲勝。我會想辦法解決其他洋基隊打者。」

　　賈吉後來再選到一個保送，然後被三振兩次。比賽來到延長賽，這不是洋基隊想看到的劇本，在長途飛行、極度疲勞的情況下還要打延長賽。十局上半，輪到賈吉打擊，壘上有兩名隊友，但是藍鳥隊總教練約翰・史奈德（John Schneider）比出手勢，要故意四壞保送賈吉，把壘包塞滿，來對付下一棒的安東尼・瑞佐。

　　史奈德還上前跟主審拉茲・迪亞茲（Laz Diaz）說，不需要換上特殊標記的球了：「你不用換球啦，我們要保送他。」迪亞茲還是照著規定走，跟工作人要球。而藍鳥隊的賭博式策略奏效，瑞佐擊出右半邊滾地球，一壘手小維拉底米爾・葛雷諾自踩壘包，結束半局。

　　「當球賽很緊繃的時候，你想要上場打擊貢獻。」賈吉說。「這就是我全心訓練的原因，希望能在關鍵時候幫助球隊贏球。但我也相

信球隊中先發和板凳的球員能挺身而出。」

幾分鐘之後，克拉克‧史密特被小葛雷諾擊出再見安打，洋基隊以二比三輸給了藍鳥隊。布恩開綠燈，在二壘有人而且一壘空著時[144]，選擇讓史密特面對小葛雷諾，而不是故意四壞保送他，好抓下一棒的捕手阿雷漢卓‧克爾克。布恩說這是「拆彈二選一」的情況，後來布恩也有解釋為什麼會這樣做。當然，小葛雷諾比克爾克有名氣，但布恩指出克爾克的打擊率比較高，在壘上有人時打擊表現比較好，而且他在九月的數據也比較好看。雖然事與願違，但選擇的背後是有邏輯支持的。

「長話短說，我認為我們要賭小葛雷諾這一棒。」布恩說。

賈吉前一天在賽前報到時，身上穿著「除了紐約，哪都不去」（New York or Nowhere）的長袖上衣，引起大家注意，隔天他的穿搭又在賽後激起討論。

在羅傑斯中心的客隊休息室，賈吉把球帽反戴，開心地打開香檳噴向隊友，他全身溼透像是穿著衣服去游泳一樣，而衣服上用白色的粗體字寫著「東區冠軍是我們的。」（The East Is Ours.）

六個月前，這群洋基隊球員第一次在球季前聚在一起，訓練結束後，一起享受陽光普照的春天下午。在之前，還因為封館的關係，不確定什麼時候春訓才會開始。當時布恩和大家擘劃今年的期望，第一要務是拿下美國聯盟東區冠軍。在今天以五比二打敗藍鳥隊後，洋基隊已經確定完成第一步。雖然賈吉這場比賽沒有開轟，已經連續七場沒有擊出全壘打，但他被保送四次，追平生涯單場新高。他說封王時刻對他來說很重要：「尤其是隊上有很多人沒有嘗過封王滋味。」

洋基隊在休息室徹夜狂歡，現場布置得像是曼哈頓鐵路公寓的樣子，置物櫃用塑膠布套住，現場大聲放著嘻哈音樂，球員們戴滑雪眼鏡，雙手拿著罐裝百威啤酒，幫旁邊的隊友洗啤酒浴。蓋雷伯‧托瑞斯在休息室跑來跑去，頭頂著紐約市消防員的安全帽，而菜鳥奧斯瓦多‧卡布雷拉則大喊：「我的美夢成真啦！」

「現在我們可以說我們是大聯盟最強分區的最強球隊。這一路走

2
6
5

---

144. 當時兩人出局，二壘跑者是畢吉歐，因為延長賽突破僵局規則而站上二壘。

來真不容易。」布恩說。「隊上每一位球員都知道這件事，我們經歷過一些低潮，但今晚是值得慶祝的。要在美聯東區生存下來真的很難，現在我們完成第一步了，接下來就是拿下冠軍。這是我們的目標。」

有工作人員請球員快回到球場上，球員和教練聚在投手丘和本壘板之間，拍一張封王照。在大家鬧哄哄的時候，布恩走向賈吉，問了他一個問題。賈吉已經連續出賽四十八場比賽，中間有幾天是球隊休兵日，而且賈吉也沒有要挑戰小卡爾・瑞普肯（Cal Ripken Jr.）的鐵人紀錄[145]，加上棒球界開始注重負載管理，尤其是快要到球季末了，還有全壘打追逐戰的壓力。

「你明天要休息嗎？」布恩問。

賈吉毫不遲疑地說：「不要，我要上。」

好吧，如同賈吉所要求的，三連戰的第二場比賽先發名單上有賈吉的名字，雖然這不是布恩想做的決定。布恩在球員時期，只有一年效力於洋基隊，那是在二○○三年，當時的總教練喬・托瑞遵循他的習慣，在球季最後一場的時候，讓隊上老將來擔任一日總教練。

那一年是羅傑・克萊門斯當一日教頭。克萊門斯走上投手丘，把投手大衛・威爾斯換下場，那場比賽威爾斯有機會拿下生涯第兩百勝。威爾斯跟克萊門斯說，下投手丘要走慢一點，這樣看起來才像教練。「現在我知道為什麼總教練會有胃潰瘍的問題了。」克萊門斯當時靠在總教練辦公室托瑞的皮椅上說。「我無法想像自己未來有一天會做這個工作，但這還滿好玩的。」

昨晚的香檳味道還殘留在客隊休息室的地毯上，大家還沉浸在封王的喜悅中。布恩決定指派瑞佐擔任當天的一日總教練，請他到總教練辦公室，一起過洋基隊先發打序。他們決定排賈吉擔任指定打擊，排在第一棒，然後把奧斯瓦多・卡布雷拉放在第二棒，喬許・唐諾森則是打第三棒。

瑞佐對於游擊手人選則有不同想法。洋基隊在九月初從 AAA 把奧斯華德・佩拉薩升上大聯盟，但還沒有讓這位新人有太多上場機會，多半認為他可以在比分差距過大時，在比賽後段擔任代打或帶跑，但

2
6
6

---

145. 小瑞普肯在一九八二年到一九九八年間，連續出賽兩千六百三十二場。打破原本由魯・蓋瑞格所保持的兩千一百三十場連續出賽紀錄。

瑞佐要讓這位二十二歲的新秀有機會感受大聯盟，這場比賽或許是他職業生涯的序曲。

「至少現在我們希望他能待在球隊中，希望未來他有更多上場機會。」布恩說。

很多球迷對此感到不滿，可是球隊高層很保守，不想讓沒有經驗的菜鳥在季後賽衝刺期擔綱重任。隔年春訓，小老闆海爾·史坦布瑞納談到安東尼·沃皮在開季就上大聯盟的可能性，他說：「我跟你說，我們都特別觀察小聯盟球員，關注他們是不是準備好了，因為我們不是在紐約，春訓比賽也不是例行賽。」總教練布恩在七八月時受到不少抨擊，但他還是讓艾西亞·凱納弗拉法上場，凱納弗拉法一直到九月底都還是先發的游擊手，布恩說球隊內部的數據指標評估凱納弗拉法是「全聯盟防守前五名到前七名的游擊手」。

但現在已經在東區封王，瑞佐想說服布恩，讓佩拉薩先發，而且安排在第四棒。瑞佐不是鬧著玩的，一確認好先發打序，他就快步地到休息室跟每一位後援投手們溝通。奈斯特·科提斯和蓋雷伯·托瑞斯則戴上手錶，今天他們是瑞佐的「助手」。不只如此，瑞佐還請休息室工作人員，把長袖連帽上衣的袖子剪掉，因為布恩在比賽日都是這身打扮，這個舉動逗樂了布恩。

新打線新氣象，在第一局就從藍鳥隊先發投手米契·懷特（Mitch White）手中得到三分，其中佩拉薩打出帶有打點的安打。瑞佐看到佩拉薩擊出安打很開心，興奮地舉起左手晃動食指，還和科提斯擊掌慶祝。另一邊的藍鳥隊則還在爭取外卡席次，所以沒有放棄，他們在第六局面對柯爾拿到三分，扳平戰局。七局上半，藍鳥隊總教練約翰·史奈德決定啟動牛棚。

他先派左投提姆·梅薩（Tim Mayza）上場。在系列賽第一戰，梅薩在延長戰拿下勝投，他故意四壞保送賈吉，然後讓瑞佐擊出滾地球出局。而這一次他將會再次面對到賈吉。

第六十一號全壘打：九月二十八日
投手：多倫多藍鳥隊的提姆‧梅薩（第七局，兩分砲）
擊球初速：時速一百一十七點四英里
預期飛行距離：三百九十四英尺
擊球仰角：二十二度
在三十座大聯盟球場中，有二十九座會形成全壘打。

　　賈吉站在一壘側的休息區階梯旁邊，看著梅薩在投手丘上熱身完。賈吉嚼著口香糖，準備面對來自左投梅薩。三十歲的梅薩來自費城郊區的紅丘（Red Hill），他在二○一三年第十二輪被選上，主力球種是伸卡球和滑球。

　　梅薩在生涯中也有幾次和洋基隊交手的經驗。最印象深刻的是在二○一九年時，他面對游擊手迪迪‧葛雷格里斯（Didi Gregorius）時，一球丟到葛雷格里斯背後，投出之後，他立刻痛得蜷縮在地上，他的左手尺側副韌帶斷裂，需要做重建手術[146]。梅薩在新冠肺炎疫情期間復健，順利地在二○二一年回到大聯盟，回來的第一場比賽正是面對洋基隊，他繳出一局無失分的表現。

　　亞倫‧希克斯在賈吉前一棒。左右開弓的希克斯面對左投手站在右打擊區，他在右打擊區表現也比占左打好。梅薩取得兩好球的球數領先，希克斯把第三球打成中外野方向平飛球，形成安打。當賈吉走上打擊區時，現場球迷開始鼓譟起來，但是他們雖然沒有像洋基球迷在主場那樣，整個打席都站著看，他們同樣拿著手機錄影。

　　梅薩把伸卡球控制在低角度，整個打席都只投伸卡球。梅薩當時在面對賈吉時，他對自己的滑球沒有信心，後來他在休賽季苦練滑球。「我想要對決他，尤其是在一壘有人時，希望讓他擊出內野滾地球。」

　　第一球伸卡球，賈吉沒有揮棒。第二球，他揮棒落空，一好一壞。第三球太外角，放掉，第四球賈吉猛力一揮，但是形成本壘後方界外球，把廣告看板打凹了。梅薩在兩好兩壞時，瞄準好球帶下緣，他希望這球主審撿起來，尤其是捕手丹尼‧簡森（Danny Jansen）偷好球的功力不錯。

---

146. 俗稱的「湯米‧約翰手術」（Tommy John Surgery）。

多年以來，賈吉面對這個進壘點時，常常被主審判好球拉掉，布恩就會上來抗議然後被驅逐出場。而今天的主審布萊恩‧歐諾拉（Brian O'Nora）沒有撿，然後賈吉又接連打了兩個界外球。這個打席，梅薩已經投了八球。

梅薩再一次把手套放在腰際，抬起右腳，準備投出。這球投到紅中心臟地帶，賈吉大棒一揮，球飛向左外野，梅薩高舉雙手，他知道自己即將成為歷史的配角。

「他那個打席的品質很好。」梅薩說。「我只有一顆失投球，而他完全掌握住了。恭喜他。」

YES 聯播網主播麥可‧凱轉播時說：「這球飛向左外野，有可能是全壘打！再見啦！他做到了！第六十一號全壘打！他一直追逐紀錄，現在追平了！他和羅傑‧馬里斯並列單季六十一轟，是美國聯盟史上單季最多的紀錄！」

在凱的播報中，含有向當年轉播馬里斯六十一轟的主播菲爾‧瑞祖托致敬的巧思。「當他擊出第五十九轟的時候，我上 YouTube 找出瑞祖托的影片。」凱說。「我聽了幾次。他說的是：『有可能是全壘打，飛得好遠。』我希望引用當年瑞祖托的話，向瑞祖托和馬里斯致敬，但賈吉這球是一記平射砲。觀眾會以為你可以事先安排好要說什麼，但其實無法，球一下就飛出去了，我能說的就只有：『有可能是全壘打！』」

電台主播約翰‧史達林已經高齡八十四歲，客場旅行對他來說越來越艱難，可是這位鐵人主播自從德瑞克‧基特上大聯盟之後，沒有錯過任何一場基特的比賽，他的聲音依然有精神，不想要減少轉播工作場次。原本沒有安排他轉播藍鳥隊的系列賽，但是史達林拒絕公司的安排，堅持要轉播。

當賈吉打中球，史達林說：「這球很高，很遠，出去啦！第六十一號全壘打！他追平馬里斯的美國聯盟單季最多全壘打紀錄，六十一轟！這是一發兩分砲！法官來啦！這一發兩分砲幫助洋基隊取得五比三領先。」

「我不能錯過任何一場賈吉可能創紀錄的比賽。」史達林說。「你可能幾週都沒有擊出全壘打，有時候報導就會開始講一些有的沒的。要開轟可不容易。當他擊出全壘打的時候，我承認，這可能是我五十多年轉播生涯最興奮的時候。」

蘇西‧沃德曼坐在史達林隔壁，他看著史達林，另外「我感覺到全場都嘆了一口氣。至少賈吉追平了馬里斯的紀錄。你不會每天都看到歷史性的一刻，而我們整個球季都在見證歷史，這段我來說很重要。」

賈吉跑向一壘時，電視台畫面拍到佩蒂‧賈吉和小羅傑‧馬里斯比鄰而坐。賈吉的媽媽佩蒂開心地高舉雙手，同時鬆了一口氣。幾乎同一時間，小馬里斯擁抱了佩蒂。

「毫無疑問，她就是經典時刻的主角。」YES 聯播網製作人特洛伊‧班傑明說。「你看，他們的飛吻、大家都喜歡棒球媽媽的形象。她是我們全壘打故事線的主角。第六十一號全壘打發生的時候，他就坐在休息區後方，在電視畫面中呈現出很棒的效果。」不只在座位區，賈吉隊友們從休息區衝出來，在他回到本壘時迎接他。布恩稍微退開人群一些，他想要「看看大家的反應」。他後來說賈吉在二○二二年的表現是「史上最佳賽季」，可以跟傳奇球星貝比‧魯斯、美式足球員「貨櫃火車」吉姆‧布朗（Jim Brown）、籃球大帝麥可‧喬丹（Michael Jordan）以及冰球得分王韋恩‧格雷茨基（Wayne Gretzky）等人相提並論。每一位隊友都和賈吉擁抱，興高采烈地恭喜賈吉。

最後輪到布恩張開雙臂擁抱他陣中的巨星，他對賈吉說：「我真替你開心。」

「我們還沒完成目標。」賈吉很快就回話。「還有很多關要過呢。」

第六十一號全壘打球預估價值兩百萬美金，差一點被左外野一三七區的前排球迷接到。賈吉打到欄杆下方幾英尺處，球迷伸長手臂也接不到，最後掉進藍鳥隊的牛棚裡。有一位球迷自稱是法蘭基‧拉薩安亞（Frankie Lasagna）說：「你不敢相信自己做了什麼，當下震驚又驚喜，『我的老天，我差點就接到了。』」

另外一位穿著波‧比薛特球衣的球迷，把手套摔在地上表達不滿，

他雙手抱胸，眼神空洞地盯著球場，拒絕受訪。過了幾天之後「千層麵先生」拉薩安亞[147]受訪，說他是多倫多市區一家義大利餐廳 Terrazza 的老闆。

「這幾天我接過此生最多的簡訊和電話。」拉薩安亞說。「比我結婚和小孩出生那天還多，太瘋狂了。」

球彈進了藍鳥隊牛棚，被牛棚教練麥特‧布許曼（Matt Buschman）撿到。球上面靠近大聯盟標誌的地方寫著「T9」。三十八歲的布許曼過去曾經是亞歷桑納響尾蛇隊的投手，在二〇一六年曾經出賽過三場。布許曼表示他不想要自己留著，把球丟給藍鳥隊的投球策略師大衛‧霍威爾（David Howell）。這顆球好像燙手山芋一樣，霍威爾跟布許曼說他也不想拿。

「我們站在那邊面面相覷，想著『現在我們該怎麼辦？』」布許曼說。「我不想丟到觀眾席，我真的不想這麼做。」

球最後丟給了藍鳥隊終結者喬丹‧羅曼諾。羅曼諾在五月十日才慘遭賈吉擊出再見全壘打。羅曼諾保護那顆球幾分鐘之後，洋基隊安全部門人員馬克‧卡法拉斯找到主隊牛棚後方的座位，盯著羅曼諾看。卡法拉斯以前是紐約市警察，他發揮過去的訓練本能，死盯著諾曼諾看。

洋基隊後援投手查克‧布里頓（Zack Britton）很好奇為什麼搞這麼久，從客隊牛棚跑到主隊牛棚看看，想說搞不好可以談個交易。「當我到那邊的時候，羅曼諾看著我，好像是說：『嘿，這給你吧。』」布里頓說：「他人很好，一下就搞定了。」

布里頓跟羅曼諾說，如果藍鳥隊想開出什麼條件，要賈吉給他們什麼的話，他可以去談。

「我們不想把這球給了錯的人。」羅曼諾說。「我相信我把它給了對的人。球掉進來的時候，大概有十五個人過來這裡，都說他要那顆球。當布里頓過來，我很確定他是對的人。」

「這很酷欸，我手中握著歷史。」布里頓說。「牛棚裡有些隊友開玩笑說，我們應該要跟賈吉討點什麼東西來換。」

布許曼後來也開玩笑地表示，他們應該要求賈吉在球季後跟美聯

147. Lasagna 是義大利千層麵。

2
7
1

東區以外的球隊簽約，唯一的例外是可以跟藍鳥隊簽約。賈吉已經想好，如果他拿到球要怎麼處理。洋基隊的資深球員休息室經理羅伯·庫庫薩已經把球放在賈吉的置物櫃裡。賈吉在賽後到一壘觀眾席下方的通道，把球拿給母親佩蒂。在二〇一六年時，賈吉也把生涯首轟的球給了母親。

「她一直在我身邊。」賈吉說。「從打少棒開始，送我上學，但我去練球和比賽，我第一場職業比賽她在現場，我大聯盟首秀她也在，而現在她有機會見證這特別的一刻。不過，我們還沒達成目標呢。」

佩蒂賽後拿著球，讓攝影記者們拍照時，小馬里斯在一旁等著。佩蒂和小馬里斯在過去幾天變成朋友，分享彼此的人生和棒球連結。對於小馬里斯來說，能認識賈吉一家人很好玩。「你可以了解亞倫是怎麼走到這一步的，你可以看到有其父母必有其子，他們一家人腳踏實地，和他的父母接觸就知道賈吉會是怎樣的人，他能有這樣的成就，要歸功於他的父母。」馬里斯一家人之前決定直到賈吉擊出第六十一轟後再和他談話。因為這一段時間有太多人想要訪問賈吉，而球隊也還在競爭季後賽順位，但現在六十一轟出爐，而且洋基隊已經在美聯東區封王，所以馬里斯一家人終於和賈吉見面。

小馬里斯離開佛羅里達州蓋茲維爾已經九天了，每一天的緊張程度越來越高。小馬里斯在談訪時提到數字上的巧合，他等了九天，父親馬里斯穿的是九號背號，而賈吉則是九十九號。在第六十轟和第六十一轟之間，相隔了三十五個打席。小馬里斯和賈吉握手時，他開玩笑地說：「為什麼拖這麼久？」

賈吉向小馬里斯表達謝意，因為他從洋基球場跟到多倫多，而且能跟他的父親的名字連結在一起，是「至高無上的光榮」。小馬里斯跟賈吉說，他的父親如果看到賈吉打球的方式，和他如何準備好身心條件，如果最後還把冠軍帶回紐約的話，他一定非常驕傲。

「這就是洋基隊特別的地方，有很多前輩親身示範該怎麼正確地打球、如何待人處事，如何在場上把球打好。」賈吉說。「能有機會和這些偉大的前輩相提並論，我實在找不到形容詞來描述我的心情。」

小馬里斯後來很快地表示，他相信賈吉能夠擊出第六十二轟，打破單季全壘打紀錄，成為全壘打王。

　　「他很乾淨，他又是洋基隊球員，他規規矩矩地打球。」小馬里斯說。「他不只是單季六十二轟，創下美國聯盟紀錄的球員，他應該要被認為是大聯盟單季全壘打紀錄的保持人。因為這就是他應得的。」

　　雖然馬里斯已經不是單獨保有單季全壘打紀錄的球員，可是賈吉今年的成就幫助大家更了解馬里斯的生涯成就。大家了解到馬里斯當年在一九六一年夏天承受的壓力，對抗著支持魯斯和曼托的輿論，在六十一年後，他的成就終於受到大家正面看待。

　　也因為賈吉的單季全壘打追逐，新世代的球迷有機會了解馬里斯當年的成就、堅毅的決心、名聲和一個充滿鬥志的隊友。

　　「很高興看到大家開始認可馬里斯的成就。」洋基隊博物館總監布萊恩‧理查斯說。「大家在回顧歷史時，很容易把人分成『好人』和『反派』兩類。如果你看電影《傳奇四十二號》（42）（42），傑奇‧羅賓森是好人，費城人隊總教練班‧查普曼（Ben Chapman）是壞人。一旦把人二分法，很難去看另一邊的真實面貌。而現在羅傑‧馬里斯現在從反派區，爬到了好人區。」

　　即便離開洋基隊好幾年，馬里斯還是對於洋基隊那段時期耿耿於懷。在一九七八年春天，馬里斯受邀和曼托一同參加開幕戰升一九七七年冠軍旗的儀式。馬里斯一開始不願出席。「我為什麼要去給大家噓呢？」馬里斯跟洋基隊球團工作人員說。後來必須動用到大老闆喬治‧M‧史坦布瑞納，來說服馬里斯出席，而且確保一切都順利進行，甚至把司儀鮑伯‧雪帕德（Bob Sheppard）預備好的講稿都給他看。

　　後來馬里斯站在中外野，穿著深色西裝打著領帶，接受現場的歡呼。馬里斯當時還是留著小平頭，曼托站在他旁邊，馬里斯舉起右手，揮手回應大家，臉上帶著輕鬆的笑容。那可以說是洋基隊和馬里斯破冰的序曲，而賈吉的全壘打追逐戰就是休止符。當賈吉和馬里斯出現在同一個新聞標題時，是一個雙贏的局面，棒球界也因此變得更美好。

　　在兩人結束聊天之前，小馬里斯還有最後一個請求，他跟賈吉說：

「回到洋基球場，來一發超遠的第六十二號全壘打吧！一定很爽的！」

13

法官結案
CHASE CLOSED!

賈吉感覺到自己的揮棒有一點點跑掉，可是他已經沒有時間去調整了。

追平馬里斯單季六十一轟的紀錄後，已經過了六天，最夢幻的情境是，賈吉在洋基球場擊出破紀錄的第六十二轟，全場都想記錄歷史性的一刻，相機快門聲此起彼落，閃光閃個不停，亮到連球衣都看不清楚。

可惜，如果還有機會見證第六十二轟，只可能發生在距離紐約西南方一千五百英里的德州阿靈頓了。十月二日下午，賈吉在洋基球場的例行賽最終戰，對手是金鶯隊，是他最後一次有機會在紐約打破馬里斯記錄的機會，結果他獲得三次保送。

以紐約球迷和媒體的角度來說，前面對上金鶯隊的系列賽，賈吉是最重要的看點，因為洋基隊已經在美國聯盟東區封王，主力球員都在調節體力，為季後賽養精蓄銳。要不是為了全壘打追逐，根據氣象預報，當時佛羅里達州的颶風伊恩（Ian）外圍環流夾帶水氣，可能會因為天氣而取消比賽。不過後來比賽還是在潮溼的細雨中照常進行。

2
7
5

洋基隊結束了主場最終戰後，開拔到德州阿靈頓。賈吉穿著球隊發的休閒服上飛機，他接受訪問時提到，他對於沒有在洋基球場滿場球迷殷殷期盼下打出全壘打，感到有些遺憾。

　　「能在球迷面前擊出破紀錄全壘打是別具意義的，但最重要的是，我還是得把該做的做好。」賈吉說。「我必須為季後賽做好準備。雖然沒有在洋基球場破紀錄，但球季還沒結束。」

　　球季的確還沒結束。在金鶯隊三連戰中，他首戰擊出一支一壘安打，選到兩次保送，被三振一次。第二戰，十月一日，是馬里斯第六十一轟的六十一週年紀念日，但是賈吉沒有跟著前輩的腳步開轟。賈吉沒有擊出任何安打，還被三振兩次，選到一次四壞球保送。那天也是美國廣播公司（American Broadcasting Company）和 ESPN 兩家電視台連續兩週在轉播大學美式足球時，插播賈吉每一個打席的實況轉播。

　　而美式足球的球迷有點厭倦插播。主播肖恩·麥可當諾（Sean McDonough）在轉播密西西比大學與卡肯塔基大學的比賽時，看到洋基球場因雨蓋著帆布，他語帶諷刺地說：「喔，好可惜啊。」麥可當諾上週轉播克萊門森大學與威克森林大學比賽就被中斷，他不太滿意這樣的安排。

　　當然，賈吉本人跟電視台要怎麼轉播一點關係都沒有，雖然他能夠大幅提升收視率。金鶯隊投手群面對賈吉時，餵他外角球吃到飽，滑球和速球交替，但沒有進到好球帶，只有幾球讓賈吉有機會可以打，但沒有任何一球打進場內。賈吉在第一局面對金鶯隊先發投手凱爾·布萊迪許（Kyle Bradish）時看著第三個好球進壘，被三振出局。第二個打席，賈吉在第三局揮棒落空被三振。賈吉在第五局上來，布萊迪許則是投了五球保送賈吉。這可不是現場四萬四千三百二十二名球迷來球場想看到的，只要布萊迪許沒有投到好球帶紅中，爆滿觀眾就開始鼓譟。第七局輪到後援投手布萊恩·貝克（Bryan Baker）面對賈吉，結果他把賈吉三振出局，全場球迷發出嘆息聲。

　　賈吉堅稱他不受到超高關注度的影響，不過他知道他的揮棒有一些跑掉，那些問題用肉眼無法察覺，但足以影響他的表現，更何況季後賽馬上就要到了。這幾週下來，他有點擔心自己的狀況。原本賈吉

的揮棒機制是用來擊出強勁安打，而不是追求全壘打，而賈吉現在開始傾向後者。

賈吉的打擊率持續下探，而對手路易斯·阿雷亞茲則是保持不變。雙城隊的阿雷亞茲因為左腿筋不適，缺陣了幾場比賽，所以賈吉還是有機會角逐三冠王。賈吉不能強迫雙城隊讓阿雷亞茲上場打擊（阿雷亞茲本人說希望「能夠光明正大贏得打擊王」），但他可以嘗試自己讓自己專注在擊出安打，而不是追求長打上。

「如果我有好的打擊策略，全壘打自然而然就會出現了。」賈吉說。「重要的是上壘，還有用安打把隊友打回來。三冠王近在咫尺，我在想如果我每場比賽可以打四到五支安打，我就可以幫助球隊贏球，這是一個挑戰沒錯，但我覺得很刺激。我們已經在美國聯盟東區封王了，所以接下來幾場比賽，全隊就是調整好狀態，迎接季後賽。」

離開紐約，洋基隊還剩下四場比賽，要在德州遊騎兵隊主場全球人壽球場打四連戰，其中有兩場是一日雙重戰。賈吉跟總教練布恩說他希望每場都能上場，但或許不會在雙重戰打滿整場。打完例行賽之後，距離季後賽的美國聯盟分區系列賽還有幾天時間，賈吉跟布恩說：「那時候我會好好休息。」

這幾週以來，賈吉的每個打席都承載了歷史的重量，但到了系列賽首戰，他很高興可以把鎂光燈焦點讓給他的隊友。右投手路易斯·賽維里諾在第一戰先發面對遊騎兵隊，有機會挑戰無安打比賽紀錄。他曾說如果有機會完成無安打比賽，他會拿出「百分之一千的實力」來達成。

這場比賽是賽維里諾在球季結束前最後一次調整，他主投七局，沒有被遊騎兵隊打者打出任何安打，而且只面對低消二十一名打者，可是他的用球數太多 [148]，讓教練必須要啟用牛棚，最後洋基隊以三比一打敗遊騎兵隊。在這場比賽中，賽維里諾三振七名打者，包含他面對的最後一位打者納森尼爾·洛爾（Nathaniel Lowe），讓他揮棒落空三振出局。總教練布恩休息區階梯上擋住賽維里諾，他搭著賽維里諾的肩膀說：「你覺得如何？」賽維里諾回答：「我可以投到死。」布

148. 用球數九十四球。

恩搖搖頭，堅定地說：「我不能讓你這樣做。」賽維里諾撇過頭去，試著按捺住情緒，看都沒有看教練一眼。

　　這不過是賽維里諾從傷兵名單回來的第三場大聯盟比賽而已。他在七月時因為右背闊肌扭傷，離開戰線。回到球場前，球隊有和他溝通用球數限制。雖然布恩表示把賽維里諾換下場有點掃興，但他也說如果賽維里諾要達成無安打比賽的話，考慮現實，可能要投一百二十球到一百三十球。然而無安打比賽的成就很稀有，誰也不能保證賽維里諾未來還有沒有機會名留青史。

　　比賽結束後，賽維里諾站在客隊休息室正中央向大家說話，他說把他換下場是「正確的決定」。「我不想因為續投而受傷，這樣不利於球隊的季後賽佈局。」

　　當賽維里諾和隊友們還在惋惜無安打比賽時，賈吉正在為他的低潮找解方。首戰他只有一個收棒的幸運內野安打，他在賽後傳訊息給他的打擊顧問理查・史蓋恩克。史蓋恩克一直在密蘇里州的家中看比賽關注賈吉。賈吉傳給史蓋恩克他最近打擊練習的影片連結。

　　「我覺得我的方向有點跑掉，這影片看起來比較好一點。」賈吉寫道。

　　史蓋恩克看了影片，回訊寫道：「對啊，我同意。」賈吉向史蓋恩克道謝，繼續為明天的比賽做筆記。

第六十二號全壘打：十月四日

投手：德州遊騎兵隊的黑素斯・提諾可（Jesús Tinoco）（第一局，陽春砲）

擊球初速：時速一百點二英里

預期飛行距離：三百九十一英尺

擊球仰角：三十五度

在三十座大聯盟球場中，有二十九座會形成全壘打。

　　十月四日這天，阿靈頓陽光普照，溫度偏高，大約在華氏八十五度[149]上下，因此遊騎兵隊當天宣布雙重戰第一戰將關閉屋頂。遊騎兵

---

149. 約攝氏三十度。

隊主場全球人壽球場是全世界最大的一片式的開闊屋頂，屋頂重達兩千四百萬磅。當初遊騎兵隊要斥資十一億美金建造新球場，就是因為氣溫太高，而舊球場沒有屋頂，只有局部空調。因此在舊球場對面，在東倫東坊路（East Randol Mill Road）對街興建有空調的新球場，

　　這天雙重戰分別在中午和晚上開打，要不是因為賈吉有可能破紀錄，不然沒有人會看這場比賽。因為洋基隊原本要在德州阿靈頓開季，但封館拖到春訓，導致例行賽晚開打，所以和遊騎兵的開幕系列賽變成收官戰。而兩隊的隊職員在漫長賽季的尾聲還要一日兩戰，實在是開心不起來。在第一場比賽中，賈吉擊出一支一壘安打，洋基隊以五比四獲勝。賈吉在比賽中有幾次機會，但沒有把握住，顯得非常沮喪。他面對遊騎兵投手強・格雷（Jon Gray）時，把一顆可以攻擊的球打成沖天炮，他氣到怒砸頭盔，後來不好意思地撿起來，好好地放回頭盔櫃裡。賈吉通常會克制自己的情緒，直到鏡頭拍不到的休息室通道才會發洩出來。而這一次他忍不住了。

　　「這是我第一次看到他有一點生氣。」柯爾說。「我們都很期待看到好結果。」

　　賈吉會在深夜傳訊息給史蓋恩克不是偶然，他是真的遇到小低潮。他從海盜隊投手威爾・克勞手中擊出第六十轟之後，他在三十九個打數中，只有九支安打，其中一發是全壘打，打擊率兩成三一，選到八次保送，還被三振十五次。有些投手對到賈吉投得很閃，但是遊騎兵隊投手正面對決。遊騎兵隊的代理總教練湯尼・比斯利（Tony Beasley）說：「我們會正面對決，不會刻意保送他。我們會執行投球策略，想辦法讓他出局。因為在他後面的棒次也有一棒定江山的能力，不好解決。我們會制定投球計畫，攻擊好球帶。」

　　賈吉仍然保持高度專注力，只需要大棒一揮，就能把低潮拋在腦後。雙重戰第一戰，有三萬零五百五十三名球迷進到全球人壽球場觀戰，很多球迷在比賽結束後，留在旁邊的德州現場酒吧（Texas Live!）等待第二場比賽。在客隊休息室裡，布恩走到賈吉的置物櫃前，和賈吉確認下一場狀況，一如布恩所料，很快就談完了，賈吉說他還可以打。布恩點頭表示同意，回到總教練辦公室，填寫打序表，他把賈吉

排在第一棒，右外野手。

　　晚上的氣溫降到華氏八十一度，遊騎兵隊決定在晚場比賽把屋頂打開，當地球迷都認為在屋頂打開的情況下，球可以飛得比較遠。布恩也認同這樣的論點。開賽時間表定是美中時區七點〇五分。資深的球場播報員查克‧摩根透過麥克風宣布：「比賽即將開打。」賈吉是最後一個離開地下室打擊練習籠的球員，他完成了賽前的準備工作。他站進打擊區，眨了眨眼，雙腳保持固定距離，把球棒舉在右肩後方，用如常的打擊姿勢面對投手。

　　在雙重戰第二場比賽擔任「開局投手」的是右投火球男黑素斯‧提諾可，他身高六呎四吋，體重兩百五十八磅。提諾可來自委內瑞拉的聖安東尼奧德馬圖林（San Antonio de Maturín），他在大聯盟效力過科羅拉多洛磯隊、邁阿密馬林魚隊和遊騎兵隊，總共出賽四十七場。提諾可大聯盟生涯第四十八場比賽，是他人生中最受到關注的一場。

　　提諾可最擅長的球路是伸卡球和滑球，有時候會搭配曲球和四縫線速球。面對賈吉，他壞球走在前面，再補上一顆好球，形成一好一壞。捕手山姆‧賀夫（Sam Huff）擺好手套位置，要提諾可投外角低的滑球，結果投到紅中，被賈吉咬中，球像火箭一樣往左外野方向射出去，左外野手巴巴‧湯普森（Bubba Thompson）退到左外野三百七十二英尺的標示前面，眼睜睜地看著歷史一刻在面前發生。

　　「打出去的感覺很好。」賈吉說。「我只是不知道會落在哪裡或打中什麼東西。」

　　「高飛球！左外野方向！開轟啦！」YES 聯播網的主播麥可‧凱在轉播中大喊。「轟進歷史！他做到了！他破紀錄了！第六十二號出爐！亞倫‧賈吉現在是美國聯盟單季全壘打紀錄保持者！」

　　電台主播約翰‧史達林則用招牌的全壘打台詞：「很高！很遠！出去啦！」[150] 還加上：「這是破美國聯盟單季全壘打紀錄的第六十二轟！亞倫‧賈吉的第六十二號全壘打出爐，所有洋基隊隊友都出來迎接他。你想想，洋基隊的三位右外野手，貝比在一九二七年擊出六十轟，海盜羅傑 [151] 在一九六一年轟出六十一發全壘打，現在輪到亞倫‧賈吉敲出第六十二號全壘打，成為美國聯盟單季全壘打王。美國聯盟

150. "It is high, it is far, it is gone!"。
151. Jolly Roger。

歷史長達一百二十年。而今天是法官審判日，在此宣布結案¹⁵²！」

當天和史達林搭配的球評是前洋基隊投手傑夫‧尼爾森（Jeff Nelson），他來代班蘇西‧沃德曼的位置，因為那天沃德曼要參加贖罪日（Yom Kippur）¹⁵³。「我很幸運能參與，」他說。「我就在一旁享受約翰的那一刻的播報。我們的轉播室很高，約翰還說：『我其實不知道那球有沒有飛出去。』我說：「還好你沒有停下來。』」

賈吉從頭到尾盯著球，看著球飛過牆，進到觀眾席裡。他鬆了一大口氣，過去幾週心中的一塊大石頭終於可以放下了。

現場三萬八千八百三十二位球迷情緒瞬間沸騰，賈吉的父母韋恩和佩蒂也都在現場，他的太太莎曼珊穿著 Mitchell & Ness 復古的一九九六年世界大賽冠軍短袖上衣。洋基隊球員跨過休息區的圍欄，衝進場內，在賈吉繞壘的時候興奮地大聲尖叫，互相擊掌慶祝。賈吉露出大大的笑容，左腳踏上本壘板，隊友紛紛用力和他擁抱。通常你只有在機場或車站看到與心愛的人分離才會看到的那種擁抱。喬許‧唐諾森說那感覺「好像在大學裡」，隊友藉此向賈吉和他的成就表達敬意。

「我們都很期待，加上球季快到尾聲，」史坦頓說。「所以每一個打席越來越重要。球隊裡都很低調不談，刻意壓抑興奮的心情。我們要讓他感覺到越自在越好，不要太強調這件事，就試著保持平常的樣子。外界看待他的方式隨著紀錄越來越近，開始越來越不同，但我們在球隊裡就還是當作日常比賽。可以每天看到他挑戰紀錄的過程，我感覺到很榮幸。」

然而洋基隊所有的打擊教練都沒有親眼看到破紀錄的全壘打，他們都還在打擊籠裡撿球，是賈吉上場前練習的球。打擊教練迪隆‧勞森是從電視上看到提諾可對決賈吉。「我們面面相覷，想著：『比賽已經開始了嗎？』」他說。「我們跑出地下室，從休息室通往場邊休息區的大門沒關，我們到的時候觀眾已經在歡呼了，剛好有看到球進到觀眾席的瞬間，但沒目睹擊球的那一刻。」

凱爾‧東岡也沒看到，他和幾位球員待在休息室。「老實說，追逐戰拖得有點久。我當時在想說有沒有什麼可以改改運，用一些非科

152. 這裡是一個雙關語，和本章標題原文 "Chase Closed" 一樣，是源自「結案」"case closed" 中的 "case" 替換成 "chase"，"chase" 在這裡是「追逐紀錄」的意思。
153. 猶太人每年最神聖的日子，當天會全日禁食和恆常祈禱。

學的方式，借助一些超自然力量。每個人都想要親眼目睹，而我想說：『我待在裡面好了。』結果他真的開轟了，我就想說：『我犧牲了自己的機會，換來他擊出第六十二號全壘打。』」

在場上慶祝完之後，布恩說他還是很興奮，不只是為了賈吉感到興奮，也為他的家人感到興奮。布恩稱賈吉的二〇二二年賽季是「一個歷史性的賽季，等到我們這一代都離開了，後人還會談論這個賽季。」就像魯斯和馬里斯受到的待遇一樣。賈吉終於成為美國聯盟單季（同時也是洋基隊史單季）全壘打紀錄保持人，在大聯盟史上，單季全壘打數則是排名第七。第一名的是貝瑞・邦茲在二〇〇一年的七十三轟，馬克・麥奎爾在一九九八年的七十轟居次。麥奎爾在一九九年也曾經擊出六十五轟，排名第四。山米・索沙則是在一九九八年六十六轟排在第三，二〇〇一年的六十四轟排在第五，一九九九年的六十三轟排第六。

「真的是鬆一大口氣。」賈吉說。「大家總算可以好好坐下來看球了。今年真的是太刺激了。」

來自達拉斯，三十五歲的科瑞・尤曼斯（Cory Youmans）拿著朋友給他的門票，想要親眼目睹賈吉本人。他在停車場換掉工作服，穿上短袖上衣，戴上藍色的遊騎兵隊球帽，上面有個隊徽 T。尤曼斯進到球場裡，即將成為破球場紀錄的三萬八千八百三十二人中，最幸運的球迷。

賽前尤曼斯原本還在猶豫要不要戴手套去球場，但他說朋友告訴他：「如果你有機會去，你就一定要帶手套。」

進場時，尤曼斯把棒球手套夾在腋下，還覺得有點尷尬，然後走到左外野的座位，享受地坐在位置上。「當我到了外野區，每一個球迷都跟我一樣。」他說。「不管是大人還是小朋友，大家都準備好幹活了。現場鬧哄哄的，大家都在討論接到全壘打球的話要做什麼。」他看了看周遭的球迷朋友，然後盯著投手投了前兩球。

他的左手邊三個位置還是空的，可能是去買啤酒，還在排隊，或是卡在進場過安檢的隊伍中。他瞇了瞇眼，觀察球場的 LED 燈光，然後試著計算自己和本壘板的距離。有夠遠。然後提諾可準備把球投出，

球棒擊中球的瞬間，全場都聽得到。

　　第六十二號全壘打從擊球的瞬間到飛進觀眾席，總共五點七秒，飛過全壘打牆廣告看板哈利斯科之星啤酒（Estrella Jalisco）和州立農業保險（State Farm）上方。

　　尤曼斯坐在第三十一區第一排三號座位，當時他先聽到賈吉的擊球的巨響，然後才看到球飛過來，他盯著球飛越游擊手科瑞·席格（Corey Seager）上方，然後一直盯著球越來越近。

　　「我一聽到聲音，心想：『這球要飛出去了。』」尤曼斯說。「我不知道球飛去哪，但我知道是一支全壘打。然後我看到席格往上看，我想說：『喔天啊，這球可能往我們的方向飛過來。』我超緊張，因為球直朝我而來。我要嘛接到球，或是如果我漏掉的話，一定會超級丟臉。」

　　雖然尤曼斯在青少棒時也守過外野和一壘，但他年輕時主要是打籃球的。他移動了幾步，把手套舉起，球掉進手套裡，發出巨大的聲響。同時有另外一位球迷，距離尤曼斯一個區，靠近左外野界外標竿，他從觀眾席跳下去，掉到全壘打牆後方的通道。他原本是想說如果球打到座位，反彈回去，掉進通道的話，他就有機會拿到球。尤曼斯接到球的瞬間，第三十一區立刻變成派對區，球迷紛紛拍尤曼斯的背，向他擊掌恭喜。

　　「我永遠不會忘記那種感覺。」他說。「我從來沒有在比賽中接到過球，更別說全壘打了。那感覺太棒了，我不知道該怎麼反應，真的是超爽的，超級開心。感覺像是全場都盯著我看，可是我很內向，不喜歡對大眾說話，我連生日都不喜歡慶祝了。不過我還是跟大家碰拳慶祝，這是我人生的第一次。」

　　警衛很快把尤曼斯從座位區帶到私密空間，就在轉播單位攝影師的後方，問他打算怎麼處理這顆全壘打球。尤曼斯回答說他沒想過。「這是真的，」他說。「我回想起來，當時沒想到現場攝影機在拍我，而且那段還上了新聞。我覺得我自己穿越人群時，走路的樣子很好笑。」

後來阿靈頓警方把尤曼斯帶到中外野後方屏幕後面的小房間，裡面有野餐桌和幾張折疊椅。尤曼斯原地走來走去，走了幾分鐘，他的電話響個不停，簡訊有如雪片般飛來。「接到球的爽感開始慢慢變成『喔天啊，這是一件大事』。」尤曼斯說。

官方認證工作人員過來確認全壘打球，上面用黑筆寫著「C13」，旁邊繞著遊騎兵隊隊史五十週年的標誌。同時也把球拿到暗處，檢查隱藏的特殊記號，確認那一顆球真的是提諾可投出去的。工作人員把標有編號「YP 188527」的雷射貼紙貼在球上。

洋基隊安全部門執行總監艾迪‧法斯圖克進到小房間裡，然後和尤曼斯握手。肩膀寬闊的法斯圖克留著鬍子，他們兩人聊了五分鐘，法斯圖克說球隊願意用紀念品、合照機會或是季票來換球。「如果你想要拍賣那顆球，」法斯圖克說。「那就不干我們的事了。」尤曼斯說那段談話過程很愉快，可是法斯圖克知道最後不會成交。第六十二號全壘打球最後不會到賈吉手上。

尤曼斯問工作人員他能不能離開之後，他就搭著高爾夫球車在球場離開球場，途中他還巧遇遊騎兵隊老闆雷‧戴維斯（Ray Davis）。尤曼斯回到自己的車上，他接到太太的電話，太太感覺很煩躁。他的太太是專跑達拉斯獨行俠隊和達拉斯牛仔隊的體育記者布里‧阿瑪拉瑞瑟斯（Bri Amaranthus）。

「嘿，你快到家了嗎？」她說。「我們家的地址被公開在網路上，現在外面有一些人。我沒辦法把他們趕走。」

尤曼斯這才發現，他的個人資訊已經在網路上流傳，甚至連他的身價都有。《今日美國》的記者鮑伯‧奈特吉爾（Bob Nightengale）在推特上寫說尤曼斯「不缺錢」，補充說尤曼斯是費雪投資公司（Fisher Investment）的副總裁，並且「管理全球超過一千九百七十億美金的資產」。但奈特吉爾在搜尋引擎上找到的資料只有部分事實。尤曼斯的名片上寫的是銷售部門的副總裁，名下沒有公司也沒有管人，他身上最有價值的卡是好市多的會員卡。

「我開始擔心了。」尤曼斯說。「大家以為你身價兩千五百萬美

金，口袋裡還有價值兩百萬的棒球。但事實上，我住的只是公寓而已。我也沒有槍，只有廚房裡的菜刀而已。現在一堆陌生人在我家外面。事情變得很棘手。」

尤曼斯回到家以後，擁抱他的太太，她已經打包好過夜的行李，家裡的狗也準備出門。他們決定到幾英里外的朋友家避一下。在車途中，尤曼斯的手機一直響個不停，美國廣播公司的《早安美國》（Good Mornign America）想要訪問他。

「我心想：『我現在要先安置好我家人在哪裡過夜比較重要。』」他說。

他開始研究各種價碼。在一堆胡亂出價中，有人出三百萬美金，還有人用 Instagram 私訊的。有人自稱是車行老闆，說尤曼斯可以任選一台車來交換。另外一個來自南達科塔州的農場主人，要拿出保險箱裡的兩百萬，乍聽之下很像很狗血的電影劇情。尤曼斯需要有人幫忙，於是他和戴夫・巴倫（Dave Baron）簽約合作。巴倫是來自加州棕櫚泉（Palm Springs）的律師，是阿瑪拉瑞瑟斯父母的大學同學。他們把棒球放在銀行的保險箱裡，巴倫再來研究該選擇哪些出價提案。

一個多月後，最終夫妻倆決定把球送到高丁（Goldin）的拍賣會上公開拍賣。巧合的是，當天晚上新聞報導他們拒絕了三百萬的出價，同一時間賈吉獲選為美國聯盟年度最有價值球員。

「那是一大筆錢。」賈吉說。「我想他有更好的計畫，可以拿到更多錢，但無論如何，球是他接到的。他是唯一一個在左外野接到球的人，所以他有這個權利決定該怎麼處理它。希望他和他的家人做出正確的決定。」賈吉說他不會參與競標，開玩笑地說在簽新合約之前「他還付不起」。拍賣史上最貴的比賽用球紀錄是馬克・麥奎爾在一九九八年第七十轟全壘打球，當年以美金三百零五萬元標出，得標的是以漫畫《閃靈悍將》（Spawn）聞名的漫畫家陶德・麥法蘭（Todd McFarlane）。

聖誕節前八天，賈吉的第六十二號全壘打球以美金一百五十萬元標出。得標的是一位「來自威斯康辛州的喬（Joe）」。尤曼斯說他打算用這筆錢買第一間房子、出國旅遊和幫在奧勒岡州的父親蓋一間修

車工作室。

　　回頭看這一切，他保持著感恩的心，但同時也因為身分曝光，還被媒體錯誤報導。他無法像當年接到球的沙爾·杜蘭特一樣，還能和馬里斯一起在洋基隊休息室抽根駱駝牌香菸。

　　「你想到沙爾的故事，多浪漫啊。我很嚮往。」尤曼斯說。「我希望有機會能跟他一樣，我想要做點好事，同時對於賈吉的成就時刻保持敬畏。但我跟沙爾還是不一樣，我不後悔接到球，而且我很感謝最後我拿到一大筆錢。」

　　「但我有點失望的是，大家認為我『接到球就獲得一筆橫財』。我希望大家可以用其他方式來描述這件事情。」

　　小馬里斯在紐約和多倫多跟了十幾場比賽，見證了賈吉第六十號和第六十一號全壘打之後，就沒有繼續了。第六十二號全壘打時，他人在佛羅里達州蓋茲維爾的家中看電視轉播。小馬里斯在推特上發文，說賈吉是「乾淨的」單季全壘打王，還說賈吉「打球很有風度，應該要受到敬重」。雖然賈吉本人也認為邦茲才是單季全壘打紀錄保持者，他還是感謝馬里斯家族對他的支持。

　　「我知道這滿難受的，因為影響到的是他父親的成就，而且你想要捍衛它。」賈吉說。「和他們見面，知道他們一家人都是很棒的人。我的名字能放在偉大的球員羅傑·馬里斯、貝比·魯斯和其他人旁邊，真是一種不可思議的榮耀。」

　　當馬里斯在一九六一年擊出第六十號和第六十一號全壘打時，球迷和名人祝賀的電報湧入洋基隊的休息室裡。來到二〇二二年，電報換成了推特上的貼文。從全美四面八方來的恭賀貼文，包括電影明星、名人堂球員和美國總統喬·拜登（Joe Biden）。拜登的貼文寫：「寫下歷史新頁，還有更多歷史等你創造。」前美國總統比爾·柯林頓（Bill Clinton）則是感謝賈吉「給了棒球迷一個精彩的球季」。而洋基迷導演比利·克里斯多說看到賈吉的第六十二號全壘打，「讓我感覺好像回到十三歲」。

「我是曼托的球迷，但我看到馬里斯破紀錄時，還是很高興。」克里斯多說。「我很欣賞馬里斯的成就，後來也變成他的粉絲，開始欣賞他全能的實力。二〇二二年的全壘打追逐戰，少了曼托這個角色，沒有對手相互砥礪。我們能看到一位超強而且閃閃發光的球星，他能達到這樣的境界，要付出多少努力，才能看起來輕鬆寫意而且優雅。我們正目睹一個超凡球員的極致表現。」

小老闆海爾·史坦布瑞納也稱讚他旗下最強的球員。「一九六一年時我還沒有出生，但我很了解當時的故事。」他說。「聊到洋基隊偉大隊史紀錄，只要提到羅傑·馬里斯，一定就是偉大的紀錄。」

就連帝國大廈也用洋基隊條紋圖樣來慶祝破紀錄的第六十二號全壘打，用藍色和白色的光線，打在一百零二層的建築物上，時長六十二秒。而對於賈吉來說，同輩球員的公開肯定是最別具意義的。

「對我來說，除了我自己之外，隊友和同儕的肯定是至高無上的。」

下個半局，賈吉回到右外野守備，後方出現「M—V—P」的加油聲，賈吉向他們致意，看到有些洋基隊球迷也在現場。賈吉說他很遺憾沒有能在洋基球場破紀錄，有高達十三萬七千名球迷在洋基隊最終系列賽入場，希望能看到賈吉在主場創造歷史。

「投手投壞球，球迷就用噓聲伺候投手。我從來沒看過這種事情。」賈吉邊說邊忍不住笑來。

遊騎兵隊最後以三比二打敗了洋基隊，但比賽結果一點也不重要。洋基隊全隊回到休息室時，長桌上放著黑色上衣，還有一些等著裝香檳的塑膠杯。今天沒有要噴香檳了，香檳是用來恭喜賈吉和柯爾的。瑞佐把大家集資買的勞力士手錶拿給賈吉，賈吉立刻戴上手腕。

「這一切實在太神奇了，我以後會一直跟我的孩子說這件事情。」荷西·崔維諾說。「我會一直跟他們說這個故事，或許以後會拍成電影，搞不好我還可以挑選演我的演員。你知道我的意思嗎？我想比利·克里斯多現在應該在寫劇本了吧。這太不可思議了。賈吉每天這麼努力，他值得這一切，完全值得。」

287

柯爾在這場比賽三振九名打者，以兩百五十七次三振改寫洋基隊單季紀錄，光芒有點被賈吉今晚的表現掩蓋了。之前是朗·古德瑞在一九七八年創下的兩百四十八次三振，那一年他也拿下賽揚獎。安東尼·瑞佐主持賽後表揚，他說「路易斯安那閃電」正在電話上。

　　電話用藍牙音響擴音，好讓所有球員都聽得到。古德瑞跟柯爾說：「從你加入洋基隊以來，我一直在等這一刻，我知道你遲早有一天會破紀錄的，這是你應得的。」

　　「當你想到洋基隊球員，大部分人會想到在紀念碑公園裡的那些偉大球員，還有他們創造的紀錄。」柯爾後來說。「即便是追平單季三振數，都已經有點不可思議了。當然，今晚更特別，『哇嗚，我們創造了好多歷史紀錄。』」

　　賈吉回到場上和親友合照，柯爾也加入他的拍照行列，沾一點光。達拉斯牛仔隊的線衛米卡·帕森斯（Micah Parsons）也加入了賈吉在左外野拍照的行列。帕森斯是職業美式足球球員，但此刻他是一位球迷。帕森斯拿著他的門票請賈吉用簽字筆簽名。

　　「我欣賞偉人。」帕森斯說。「他就是這麼偉大，他把比賽提升到另一個層次。我只是想跟他聊兩句而已，他居然知道我是誰，我當時超興奮。」

　　一個小時後，休息室的長桌上還有五個塑膠杯等待著賈吉。賈吉脫掉灰色的客場球衣，準備好好享受，和家人分享當下的喜悅，同時思考接下來的事情。

　　賈吉認為直到季後賽結果塵埃落定之後，他才能完全地回顧第六十二號全壘打這件事情。他說：「這是我們球隊主要的目標，我們全心全意的專注在目標上。」但是隊友們希望他好好享受當下。史坦頓說球隊在達拉斯四季酒店的達拉斯俱樂部租了一個私人空間，好讓球員可以繼續慶祝。

　　「我們都去了，」史坦頓說。「我們跟他說：『你已經達成了，不用擔心明天啦，你終於可以放個假了，現在就準備好打季後賽吧。』」

88

　　球季剩下最後一場比賽，好像暑假前最後一天上學，兩隊匆匆忙

忙打完九局比賽。布恩原本在想，安排賈吉擔任指定打擊，有可能在打擊王爭奪戰中一舉超過路易斯‧阿雷亞茲，但最後他決定讓賈吉休息。最終阿雷亞茲以三成一六的打擊率勝過賈吉的三成一一。

賈吉能夠接受最終的結果，整季結算下來，他在得分（一百三十三分）、全壘打（六十二支）、打點（一百三十一分）、上壘率（四成二五）、長打率（點六八六）、整體攻擊指數（一點一一一）和標準化整體攻擊指數[154]（兩百一十一）和壘打數（三百九十一）都是領先全大聯盟。保送方面，他也以一百一十一次領先全美國聯盟的打者。那天早上，全球人壽球場客隊休息室的電視上播放著大聯盟聯播網的節目，幾位名嘴在討論賈吉的數據，而賈吉本人正在聽他們怎麼說。你不需要那些專家名再說一次那些成績有多誇張，跟打電動遊戲一樣扯，更何況這個球季聯盟整體進攻火力還不如往年。

「你看球員卡後面的數據，看他們打破過的紀錄。」賈吉說。「對我來說，真正重要的是和隊友、和球迷的連結。我希望大家記得我不只是一個好隊友，而是一個優秀的鬥士和可以依賴的朋友。」

在接受一些人祝賀後，賈吉在那天早上去找主播凱，感謝他對第六十二號全壘打精彩的播報。而其實凱本人比較喜歡第六十號和第六十一號的全壘打播報，他覺得他在播第六十二號時太趕，因為球飛得太快了。無論如何，他知道賈吉喜歡他的播報還是很開心。

「這對我來說太重要了。我只在乎他怎麼說。」凱說。「他跟我說：『那真的播得很讚。幹得好。』這讓我很開心，因為他是世界上唯一一個必須喜歡那段播報的人，他的家族以後會常常聽到，聽到就會想到他。他的稱讚讓我很自豪，我感覺到我有把工作做好。」

而洋基隊要邁向季後賽，準備和外卡戰勝出的一方打分區系列賽，外卡賽將由克里夫蘭守護者隊對上坦帕灣光芒隊，如果洋基隊順利勝出，很有可能會對上太空人隊。在球季的最後一場比賽進行時，賈吉待在球員休息室休息，他說他沒有聽到球迷希望他上場打擊，在第九局大喊「我們要賈吉！」的聲音。

---

154. OPS+。標準化整體攻擊指數一百就是聯盟平均，高於一百就是高於聯盟平均，低於一百就是低於聯盟平均。如果一名球員的標準化整體攻擊指數為一百二十五，則表示該球員的攻擊指數在經過相關校準過後，優於聯盟平均百分之二十五。

賈吉已經打完球季最後一場例行賽了。現在他唯一在乎的數字是二十八。

14

　　在美國聯盟分區系列賽開打前四天，洋基隊在洋基球場結束訓練，總經理布萊恩‧凱許曼往總教練亞倫‧布恩的辦公室走去，辦公室就在球員休息室出口處，他看起來怒氣沖沖，還有些悵然若失，但他本人對於剛剛得知到消息不太意外。

　　凱許曼剛剛才和布恩通過電話，他們談到左投阿洛迪斯‧查普曼無故缺席球隊練習。他們姑且相信查普曼是因為家庭因素缺席，或是其他球隊沒有注意到的原因。他們聯絡上人在佛羅里達州邁阿密家裡的查普曼，他在十月五日結束例行賽後，就從德州阿靈頓回到邁阿密家中。這不打緊，球隊允許球員在球季結束後不搭專機，可以回家，只要在球隊練習前回到紐約就可以。

　　在凱許曼帶領洋基隊的二十四年中，沒記錯的話，查普曼是第一位無故缺席練習的球員。今年球季中，查普曼在球場上的信心受到打擊，加上受傷和表現不理想，格雷‧荷姆斯取代了他，成為洋基隊的終結者。他告訴布恩和凱許曼，如果把他放進美國聯盟分區系列賽的二十六人名單中，他才會回到紐約報到。

「我當時心想：『你是在跟我開玩笑嗎？他剛剛說了什麼？』」凱許曼說。「除非我們保證會帶他進季後賽名單，不然他不會回來。我們連賽前會議都還沒開，接下來還有五天的休兵日。我們跟他說，這週結束才會做出決定，他那時候才會知道會不會在名單中。」

查普曼在洋基隊的七個球季，入選過三次全明星賽，拿下一百五十三次救援成功。這位來自古巴的火球男，是透過二〇一五年賽季後和辛辛那提紅人交易來到洋基隊的，後來在二〇一六年球季中被交易到芝加哥小熊隊，在小熊隊拿下世界大賽冠軍後，又回來洋基隊，如今看來他的洋基隊生涯即將畫下難堪的句點。查普曼在洋基隊生涯最被大家所記得的是他在重要時刻砸鍋，尤其是在二〇一七年美國聯盟冠軍系列賽第七戰，他被荷西·阿圖維擊出再見全壘打之後，臉上露出震驚的表情。除此之外，今年八月他在季中刺青的腳遭到感染，因此進到傷兵名單。這難堪程度僅次於阿圖維的全壘打。「其實我們可能會帶他進季後賽。」凱許曼說。他表示因為牛棚投手史考特·艾弗洛斯和朗·馬里納西歐都受傷，不會打季後賽。不過最後球隊還是沒有把查普曼放到名單裡。幾個月之後，查普曼和堪薩斯皇家隊簽約，他解釋當時是「溝通不良」，自己也犯了錯。「當你把他的種種行為考慮進去，他會這樣做並不意外。」凱許曼說。「我們不確定他是全心投入還是想怎麼樣，他說他想打，但他的行為看起來不像。」

在進行整年最重要的比賽之前，亞倫·賈吉在紐約市的 TAO 餐廳訂了一間包廂，邀請隊友和球隊工作人員一起去享用亞洲新式融合菜。賈吉在席間舉杯，發表簡短的談話，希望能在賽前激起大家的鬥志。

震耳欲聾的音樂陪伴大家享用壽司和小食，隊友再次舉杯向賈吉祝賀，恭喜他在這個別具意義的賽季中創造歷史，擊出六十二支全壘打，全隊也成為歷史的一部分。

「那天晚上真是太棒了。」克拉克·史密特說。「氣氛很好，有點出乎意料。幾乎所有人都到了，能和大家一起聚餐一起慶祝真的很棒。我想信對他來說是很感動的時刻。很高興他太太莎曼珊也出席，還有從一開始就陪伴他的夥伴們也都共襄盛舉。」

美國聯盟分區系列賽在十月十一日開打，由總教練泰瑞・法蘭科納（Terry Francona）領軍的克里夫蘭守護者隊迎戰紐約洋基隊。守護者隊在三戰兩勝制的外卡系列戰中，兩戰橫掃坦帕灣光芒隊，挺進分區系列賽。外卡系列戰第二戰，兩隊鏖戰到第十五局才分出勝負，守護者隊的奧斯卡・岡薩雷茲（Oscar Gonzalez）擊出再見全壘打，攻下整場比賽兩隊唯一的一分。

這讓守護者還沒跟洋基隊正面對決，就已經先落居下風。缺乏長打火力的守護者隊，要對上全聯盟全壘打最多的洋基隊。洋基隊在例行賽和守護者隊的六次交手中，得了三十八分，只讓守護者隊得到十四分，拿下五勝一敗的成績。以帳面成績來說，洋基隊看起來占了優勢，守護者隊則看起來是志在參加的。法蘭科納說如果有人在春訓時說，守護者隊一定會殺進美國聯盟分區系列賽，他會說：「屁啦，如果成真，我跑步去紐約。」

第一戰賽前，球場關燈暗了下來，此時還有幾個球員在外野上跑步。當燈開始亮起時，球場廣播正放著歌曲〈七國聯軍〉（Seven Nation Amry）。尼克・史威許走出來，身上穿著背號九十九號的賈吉的條紋球衣，揮舞著一面上面寫有「NY」標誌的大旗。

史威許是洋基隊在二〇〇九年奪冠的重要人物，這位左右開弓的外野手每把一天都過得像是十歲生日派對。當然，把他當成球隊吉祥物是有點好笑，但也真的滿新鮮有趣的。以往在洋基球場季後賽賽前，很少看到這麼激情的進場方式，以前就是小跑步進場而已。

「這是我做過最酷的事情之一了。」史威許說。「那時我在和西點軍校的學生擊掌，他們還提醒我：『老兄，時間到了，要出去了！』然後我出去揮舞大旗，全力衝刺，跑到膝蓋都哀嚎了。我還把當時的照片設定成手機螢幕畫面呢。有多少人可以炫耀自己做過這種事？」

第一場比賽中，哈瑞森・貝德和安東尼・瑞佐都擊出全壘打，而第一次在洋基球場代表洋基隊在季後賽先發的投手蓋瑞特・柯爾，也表現稱職。柯爾在二〇一九年十二月的一個冬日早晨，和洋基隊簽下史上最大張自由球員投手合約[155]。他沒有想到居然要等這麼久才有機會才能在紐約打季後賽。二〇二〇年賽季受到新冠疫情影響，賽季縮

2
9
3

---

155. 總值三億兩千四百萬的九年合約。當時是自由球員投手總值最高的合約，這個紀錄在二〇二三年年底被打破，洛杉磯道奇隊以三億兩千五百萬的十二年合約，簽下日籍投手山本由伸。

水，在二○二一年洋基隊很快就在季後賽被淘汰出局[156]，柯爾無法一償宿願。當他退場時，全場起立鼓掌，掌聲震耳欲聾。柯爾用手輕頂了一下帽沿，向大家致意。他完成使命，封鎖了對手的攻勢[157]。

「那對我來說別具意義。」柯爾說。「比賽還沒結束，不太適合向觀眾致意，但我還是很感激他們。他們每一球都很投入。有他們在後面挺我們，真的是很棒的經驗。」

大聯盟在今年五戰三勝的賽制中，安排第二天是休兵日，所以兩隊在週三下午晴朗的天氣只能休息，等待週四晚上的比賽。而到了預定比賽開打時間，從四點開始雨就下個不停，而且濃霧瀰漫在紐約布朗克斯區，因此延賽。多獲得了一天的在旅館休息的守護者隊，隔天在延長賽第十局以四比二打敗了洋基隊。洋基隊知道對手也不是省油的燈，他們還是謹慎看待，布恩稱之為「最高層級的競爭」。吉安卡羅·史坦頓在開局就從守護者隊先發投手謝恩·畢伯（Shane Bieber）手中擊出全壘打，這也是大家預期的洋基隊長打火力優勢。但是洋基隊轟炸機部隊接下來就熄火了。守護者隊打者荷西·拉米瑞茲（José Ramírez）和奧斯卡·岡薩雷茲在第十局兩個外野小飛球落地形成幸運安打，得到分數，最終守護者靠這兩分贏球。賈吉並不慌張，他說：「這一季我們打得不順，最後還是拿下美國聯盟東區王座。這又不是我們第一次面臨逆境。」

第二戰先發投手奈斯特·科提斯主投五局，表現中規中矩。他說洋基隊很快就會「反擊」。不過看得出來賈吉在例行賽的史詩級表現，並沒有帶到季後賽。他在第二戰被三振四次，在系列賽前兩戰，八打數零安打，還被三振七次，選到一次保送，甚至被洋基球場四萬七千五百三十五名球迷以噓聲伺候。這在一週前是想都想不到的畫面。「我有點跟不上。」賈吉說。「當你揮棒有點晚，你沒辦法掌握著失投球。你反而會去揮那些你原本不會出棒的球。」

福斯體育台的分析師艾力克斯·羅德里奎茲大聲疾呼，建議總教練布恩把賈吉調離第一棒，而羅德里奎茲不是唯一一位這樣建議的。曾經三度獲選為年度最有價值球員的羅德里奎茲在轉播時說，洋基隊的打線是「搞噱頭」，任何一支打進季後賽的球隊都不會把最好的打

156. 二○二一年季後賽外卡賽只打一場，洋基隊在客場輸給宿敵波士頓紅襪隊，敗戰投手是柯爾。
157. 主投六局只失一分。最後洋基隊以四比一打敗守護者隊。

者擺在第一棒。

「貝比·魯斯不會打第一棒，貝瑞·邦茲也不會。」羅德里奎茲說。「以前沒有這樣過。因為你要保護賈吉。就像下西洋棋一樣，他是棋盤上的皇后。你把好的打者擺在前兩棒，然後更好的打者擺在三四棒，才有保護的作用。洋基隊把最差的打者排在第八棒和第九棒，讓第一棒的賈吉承擔很大的壓力。」

在到克里夫蘭打第三戰時，布恩看起來灰頭土臉，但他說不是因為受到羅德里奎茲的影響來安排打序。在九月中，到密爾瓦基比賽時，布恩一直咳嗽，當時客場征途來回，大家身體狀況不好，幾位記者也停止抱怨整季必須戴口罩的規定。布恩坐在克里夫蘭進步球場客隊休息室裡，他指著吃了一半的日夜用感冒藥，跟大家說他的狀況已經漸漸好轉。不過看起來並非如此，在賽前聯訪時，還有一位好心的記者還給了他喉糖。

「我的老天，他一直在生病。」《紐約每日報》的記者克莉絲提·阿克爾特說。「我記得在德州的時候，他接受電視採訪時一直咳。我口袋裡有喉糖，給他了他幾顆：『拜託，吃一個吧。』我們有從愛爾蘭來的特製喉糖，名字是傑克曼斯（Jakemans），在美國也買得到，但並不是強效藥。後來我看到他，他好像是說：『你還有帶好東西來嗎？』」

布恩在寫打序表的時候，吃了一顆薄荷喉糖。他說他沒有聽到羅德里奎茲在電視上說了什麼，但今天賈吉不會打第一棒。從九月九日開始，連續二十五場比賽，布恩都把賈吉排在開路先鋒。布恩把蓋雷伯·托瑞斯排在今天的第一棒，作為進攻的發動機。在洋基隊失去 DJ·拉梅修和安德魯·班尼坦迪這兩支高擊球率的可靠球員之後，整條打線變得很不一樣。布恩堅稱自己是「醒過來」，認為賈吉打第二棒會比較適合。他補充說，即使在拉梅修和班尼坦迪缺陣的情況下，跟十天前相比，先發打線陣容已經相對完整了，這是他今天更動打序的原因之一。

賈吉用本季第六十三號全壘打來回應總教練的調度，是三局上半一發追平比數的兩分打點全壘打，苦主是守護者隊的先發投手崔斯頓·麥肯錫（Triston McKenzie）。這發全壘打是賈吉季後賽的第十二支全壘

打，追平隊史季後賽第五多的紀錄，和尤吉・貝拉與瑞吉・傑克森並列。洋基隊在這場比賽雖然轟出三支全壘打，最後還是以五比六輸給了守護者隊。布恩說這場敗仗有如「肚子挨了一拳」。

洋基隊在九局上半結束還保有兩分領先，但是疲累的萬迪・佩洛塔明顯狀況不穩。此時客隊牛棚區的電話響起，洋基隊投手教練麥特・布雷克打給牛棚教練，要克拉克・史密特開始熱身。格雷・荷姆斯非常驚訝，總教練布恩居然跳過明星終結者不用，選擇讓二十六歲的史密特，來處理他職業生涯最關鍵的場面。

結果不如洋基隊的意。一出局，一三壘有人的情況下，阿美德・羅沙里歐（Amed Rosario）擊出左外野方向的一壘安打，帶有一分打點。洋基隊只領先一分。荷西・拉米瑞茲一個小飛球安打，形成滿壘。兩出局後[158]，又輪到奧斯卡・岡薩雷茲。岡薩雷茲因為用海綿寶寶的歌曲，讓他廣受受球迷歡迎。洋基隊在滿壘時，還是把史密特留在投手丘上，最後看著岡薩雷斯在兩好球擊出中外野方向安打，穿過史密特的手套旁，形成兩分打點的再見安打。

史密特退場時一臉驚訝，隊友跟著他的腳步走回休息區。守護者逆轉勝，讓洋基隊瀕臨被淘汰的邊緣。賽後，大家都在討論選擇史密特關門的調度。當然，洋基隊牛棚因傷所苦，也早就沒有超強的馬里安諾・里維拉坐鎮，他一出場，球場響起搖滾樂團金屬製品（Metallica）的名曲〈睡魔來襲〉（Enter Sandman）。布恩也沒有可以查普曼和布里頓可以用，這兩位前終結者是布恩任內救援成功次數最多的兩位投手。

而今年球季陣中最多次救援成功的投手是格雷・荷姆斯。荷姆斯在之前到多倫多打客場時，右肩膀扭傷，他在賈吉擊出第六十一號全壘打前兩天開始缺陣。洋基隊很小心地保護他，加上他復出後在分區系列賽第二場已經投了十六球，布恩不想讓他連續兩天出賽。可是他並沒有和荷姆斯溝通，讓荷姆斯坐在牛棚裡看著隊友史密特試著為球隊拆彈解除危機。

「我覺得我可以上。」荷姆斯說。「什麼時候叫我上場，我都會全力以赴。他們有問我，我說我可以上。就只有說這樣，不是我能決定的。」

158. 拉米瑞茲下一棒喬許・奈勒遭到三振。

溝通不良的情況在季初也發生過，那時路易斯‧賽維里諾被無預警地放到六十天傷兵名單。賽維里諾強烈抗議，堅持稱他早就復原，可以投球了。凱許曼試著和他說明球隊操作，而賽維里諾不想理他。被媒體問到這次荷姆斯的事情，賽維里諾則說：「在季後賽大家應該都要可以出賽，你們應該要問布恩或是投手教練布雷克，到底是怎麼一回事。」

布恩說荷姆斯只有「緊急狀況」才會上場，但他們本來就不想讓他上場投球。如果荷姆斯不能上，為什麼洋基隊第七局讓強納森‧羅艾西加上來用十五球抓兩個出局數？為什麼是派史密特而不是更有經驗的米格爾‧卡斯楚或是多明哥‧赫曼呢？他的回答留下更多問號，現在洋基隊背水一戰，必須要連贏兩場才能避免被在休賽季一直討論這個調度。

「我當然相信亞倫‧布恩。」凱許曼說。「他領薪水就是來處理這些困難的問題。我知道事情很複雜。他做的每一個決定我都認同嗎？當然不是。但我顯然也不能以總教練的身分帶一支大聯盟球隊，這是極少見的才能，只有少數人才具備，我想他是其中之一，而且做得很好。剩下的就是接受批評，告訴大家你為什麼這樣的決策。」

艾西亞‧凱納弗拉法在游擊區的守備也越來越讓人擔憂。雖然總教練布恩不斷讚美凱納弗拉法在進階數據上的表現，在游擊區的防守算是聯盟頂尖。可是即便是在例行賽時，肉眼所看到的與進階數據 Total Run Saved[159] 和 RngR[160] 反映出來的，從來都對不上。有一位不具名的美國聯盟球探說，因為這些進階數據會給難處理的球更高的權重。的確，凱納弗拉法的運動能力很優異，可以讓他從游擊區深處接到球之後，傳一壘刺殺打者，成為電視轉播的精彩畫面。他的問題在於當球直直朝他而來時，和沒有把握好可以製造雙殺的滾地球，這會讓投手很失望。凱納弗拉法也同意球探的說法。「我可以做到一些高難度守備動作，而且抓到出局數。」他說。「但是普通的守備機會，我就會告訴自己說：『別搞砸。』，而不是『我一定能幫球隊守住勝利。』」

而如今，凱納弗拉法看起來在大聯盟賽場上打得很掙扎。在第一

159. 這裡指的是 Defensive Runs Saved（DRS）的總和。DRS 是數據公司 Sports Info Solutions 所開發的數據。考量失誤、守備範圍、臂力以及雙殺能力……等等。凱納弗拉法在二〇二二年的 DRS 為十分，在全大聯盟游擊手排名排名第五。
160. .Range Runs。由數據網站 FanGraphs 開發的進階數據，主要呈現防守者在球打到管區時，能比平均水準的防守者手下多少分數。凱納弗拉法在二〇二二年的數據為零點四，是全大聯盟游擊手的第十一名。

局時，喬許‧奈勒打出一記游擊方向的滾地球，他沒能撲下來，球打到手套彈到左外野，讓守護者隊攻下第一分；在第六局兩出局時，在安祖斯‧西梅內斯打擊時又出現暴傳；第九局下，邁爾斯‧史卓擊出左外野方向鳥安，他輕鬆地用拋物線傳給三壘手，結果讓史卓趁傳上到二壘。布恩說他察覺到凱納弗拉法有點猶豫，太在乎「不要犯錯」。

第四戰賽前的早上，凱納弗拉法收到布恩的簡訊，通知他不會在第四戰先發，改由新人奧斯瓦多‧卡布雷拉接替游擊工作，亞倫‧希克斯則去守左外野。第四戰沒贏就要放寒假了。第七局上半，柯爾的手腳感覺到疲憊，他在今年季後賽裡已經做到不理會外界雜音的目標，而且保持高度專注力。不過柯爾榨乾身上的腎上腺素，還是繼續投下去。他投了一百一十球，最後一球還是一顆三振打者的好球，本場的第八次三振，他振臂大吼一聲。在背水一戰的情況下，這位王牌投手展現出三億兩千四百萬鉅約的身價，助洋基隊以四比二贏球，扳平系列賽戰局。

「他們告訴我要投第四戰的時候，你知道那可能是背水一戰。」柯爾說。「我還是保持平常心，上場做好我的工作。」

這場比賽中，哈里森‧貝德又擊出全壘打，是他今年在美國聯盟分區系列賽的第三支，苦主是守護者隊投手卡爾‧匡楚歐（Cal Quantrill）。荷姆斯和佩洛塔合力拿下最後六個出局數。喬許‧奈勒在第四局從柯爾手中擊出全壘打，在繞壘的時候奈勒還做出「搖嬰兒」的動作，柯爾說他當時沒看到，但後來有人告訴他，他不以為意。

「好吧，隨便啦。滿可愛的。」柯爾說。

洋基隊結束第四戰之後飛回紐約。第五戰賽前，因雨延後兩個半小時開打，最後因為天氣預報接下來會下雨，所以大聯盟官方決定延後一天。球迷在等待期間買啤酒和炸雞桶，讓球場美食街生意興隆。而球員們也待在球場等候官方決定。布恩和官方人員視訊，討論是否要延賽，賈吉走進總教練辦公室，他已經穿好球衣，顴骨上也塗上遮陽膏，問布恩說：「現在狀況怎麼樣？」

雷達回波圖顯示紐澤西州上空有一大片綠綠的雲層覆蓋著，但洋基球場所在的布朗克斯區，目前是可以進行比賽的狀態。在等待的期

間中，守護者隊的外野手邁爾斯‧史卓，也就是在四月時在洋基球場和球迷爭吵的球員，後來還稱洋基球迷是「世界上最糟糕的球迷」，他在等待時拿了一顆美式足球，和一些球迷在三壘側休息區後方傳球。後來球場警衛出來制止，還引發一片噓聲。

大部分球迷隔天還是回到球場，欣賞分區系列賽第五戰，而且這場很精彩，真的值得等待。史坦頓和賈吉相繼開轟，奈斯特‧科提斯繳出好投表現，洋基隊以五比一打敗守護者隊，讓守護者隊打包回克里夫蘭。洋基隊挺進美國聯盟冠軍系列賽，將要飛到休士頓，對上太空人隊，這是他們在六年內第三度在聯盟冠軍系列賽面對到太空人隊，贏了就可以打進世界大賽。第五戰的一局下半，一出局時，史坦頓面對守護者隊先發投手亞倫‧希瓦利（Aaron Civale），擊出三分打點全壘打，他興奮地甩棒。

「我們先給對手下馬威，讓他們整場比賽都苦苦追趕。」史坦頓說。

第二局下半，賈吉轟出陽春全壘打（今年第六十四號），挨轟的投手是接替上來的山姆‧漢特吉斯（Sam Hentges）。回到一壘側休息區時，賈吉往攝影機走去，抓起左胸前的洋基隊隊徽，親了一下。這反常的舉動讓大家好奇，他在進入自由球員市場前，是不是已經心有所屬了。賈吉當時說那是為了球迷做的，他「很常看英格蘭足球超級聯賽」，才會做出這樣的動作。

幾個月後，賈吉再度被問到那個動作，他說當時不只是模仿英超足球員的動作而已：「我想我從第一天就表態了，我想成為終身洋基人，在洋基隊退休。當下興奮之情讓我做出那個動作，我不確定那是不是洩漏出了我的意向，但我真心真意地想要為洋基隊效力。」

一如預料，在前進世界大賽的冠軍途中，要先過休士頓太空人隊這一關。太空人隊在今年以一百零六勝稱霸美國聯盟西區，其他進到季後賽的球隊包括紅雀隊、藍鳥隊、大都會隊、道奇隊和勇士隊都已經被勝場數更少的對手淘汰出局。洋基隊也希望成為下一個下剋上的球隊。在第五戰賽後，洋基球場外的貝比‧魯斯廣場擠滿了球迷，大家在走進到地鐵站前，齊聲高喊口號。

「我們要休士頓！我們要休士頓！」這些球迷如今得償所望。

美國聯盟冠軍賽第一戰，第一局上半，羅傑·克萊門斯站在美粒果球場的記者室後方，穿著牛仔褲，緊身的黑色馬球衫，頭頂著迷彩棒球帽，上面是德州大學奧斯丁分校美式足球隊的牛角隊徽。他剛剛才為太空人隊在賽前開球。他和記者閒聊，他身為七屆賽揚獎得主，他在巔峰時期會怎麼面對洋基隊最強的打者。

「要非常非常小心。」克萊門斯咯咯地笑著說。「你看，你往外角投比內角容易一點。我好奇像賈吉和史坦頓這樣的打者，能怎麼面對內角球，特別是左外野特別近的美粒果球場。即便是在老洋基球場，還算是一發短距離的全壘打。就像電影《熱血英雄》（Cobb）中的經典台詞：『我的妹妹弗羅倫斯（Florence）都可以在洋基球場轟出右外野全壘打。』當然，這些重砲手能在任何球場都轟出全壘打，我會很小心面對他們。只讓他們擊出陽春砲就還好，要避免被他們轟出三分砲。」

克萊門斯也和太空人隊投手群分享他的建議。洋基隊要能在美國聯盟冠軍系列賽爆冷打敗太空人隊，看起來得靠壘上有人時來一發長打。在十月十九日，系列賽第一戰賽前的下午，洋基隊總經理凱許曼在看打擊練習時，和太空人隊總教練達斯提·貝克和總經理詹姆士·克里克（James Click）談笑風生。他當時還不知道洋基隊必須拿出近乎完美的表現，才有可能打敗勁敵太空隊。

以實力來說，洋基隊並沒有被視為下駟，但是在對戰上看起來太空人隊確實比較強。安德魯·班尼坦迪的右手腕還有沒有復原。右腳大拇指籽骨骨折的 DJ·拉梅修堅稱他可以打，而醫療團隊則說他太過樂觀。總經理凱許曼說他會用現有的陣容全力以赴。

第一戰太空人隊先發投手賈斯丁·韋蘭德（Justin Verlander）技壓洋基隊詹姆森·泰陽，太空人隊以四比二獲勝。泰陽在家鄉登板，這座球場曾經是他的兒時英雄奮戰的地方。泰陽投到第五局，對上火力凶猛的太空人隊打者完全不敢鬆懈，太空人隊名人堂球員傑夫·貝格威爾（Jeff Bagwell）和克雷格·畢吉歐（Craig Biggio）在觀眾席觀看球賽，

泰陽試著不要受到兒時英雄影響，但太空人隊的先發投手韋蘭德也不是省油的燈，同樣也是準名人堂球員。

「這打線很強，而且季後賽經驗豐富。」泰陽說。「這已經是他們連續第六年打進美國聯盟冠軍系列賽了。他們經歷過大風大浪，能在壓力下有所表現，而且和我們交手過好幾次。我必須要拿出最好的表現。」

泰陽在第五局一出局時，被打了一支二壘安打。總教練布恩立刻換上史密特上來拆彈。史密特距離上次出賽已經過了四天，前一次他在美國聯盟分區系列賽第三戰砸鍋，現在他得到補償的機會。他用伸卡球讓凱爾·塔克（Kyle Tucker）擊出內野滾地球形成雙殺 [161]，化解危機，結束五局下半。

史密特興奮地振臂大吼，這讓布恩決定留他在場上，希望能延續氣勢。洋基隊帶了十三名投手到聯盟冠軍系列戰，但總教練布恩不知道何時該換投。太空人隊在第六局下半展開攻勢，史密特被尤里·古利爾（Yuli Gurriel）和切斯·麥可柯爾米克接連敲出全壘打，然後被換下場。布恩說洋基隊「知道比賽中段將會很難熬」，事實真的如他所料。

韋蘭德的表現無懈可擊，雖然一開始有點抖，他還是三振了十一名洋基隊打者。第一局賈吉有美技演出，飛撲攔殺了艾力克斯·伯格曼可能形成長打的飛球，守下兩分。而貝德在第二局再開轟，已經是他在今年季後賽的第四發全壘打。貝德是在交易大限和紅雀隊換來的球員，凱許曼用稱職的先發投手喬丹·蒙哥馬利單換來的。貝德前幾週還穿著保護靴，在休息室一拐一拐地走著。現在看起來凱許曼的操作真是一筆神交易。洋基隊因為比較晚結束分區系列賽，直到清晨才抵達休士頓備戰。在賽前洋基隊大概沒人想到，他們能在韋蘭德手中取得領先。

馬丁·馬東納多在二局下半擊出追平的二壘安打，而洋基隊再靠安東尼·瑞佐選到保送，加上吉安卡羅·史坦頓的二壘安打，形成大好得分機會，不過喬許·唐諾森和麥特·卡本特都遭到三振。卡本特單場被三振四次。卡本特並不是在最佳狀態，他剛從腳傷復原，要在季後賽面對頂尖的投手顯得有點吃力。從唐諾森開始，韋蘭德一連三

---

161. 史密特上來先故意四壞保送尤丹·艾爾瓦瑞茲，形成一二壘有人。

振六名洋基隊打者，只讓洋基隊擊出三支安打。

來到第二戰，洋基隊試圖扳平戰局，賈吉在第八局擊出一記反方向的右外野深遠飛球，讓美粒果球場全場球迷倒抽一口氣，就像他在例行賽那六十二支全壘打一樣，洋基隊的隊友衝上休息區的階梯上準備看著球飛進觀眾席。但賈吉當時認為逆風會讓球留在場內，看到右外野手凱爾·塔克衝到警戒區時，跳起來，後來的結果大家都知道了。洋基隊浪費掉最後四個出局數，最後以二比三再度落敗。

這一敗對洋基隊來說非常傷。根據大聯盟 Statcast 數據顯示，賈吉那記深遠飛球，飛球距離是三百四十五英尺，在大聯盟所有球場中，只有在洋基球場會形成全壘打。凱爾·東岡好奇擊球初速是多少，數據顯示是時速一百零六點三英里，東岡點點頭說：「我很訝異居然沒飛出去。」吉安卡羅·史坦頓說如果屋頂關著，可能會飛出去。在開賽當下，球場測量到的氣溫是華氏七十八度，當時天空一片晴朗。但不管如何，環境因素無法控制。「誰能想到會這樣。」布恩說。「我認為屋頂打開讓我們輸球了。」

但要不要開屋頂是大聯盟官方決定的，不是太空人隊。太空人隊通常偏好關上屋頂，讓球場更吵，炒熱氣氛。但洋基隊並不是因為逆風才轟不出全壘打，洋基隊打者更大的問題是在前兩場十八局總共揮空三十次。第一場總共被三振十七次，而第二場又吞了十三次三振，其中太空人隊先發投手弗蘭柏·瓦德茲（Framber Valdez）貢獻九次。

「我們不是只要碰到球而已，要的是得到分數。」布恩說。「要從他們手上得分很難，但我們一定要找到辦法突破。」

第三戰移師到洋基球場進行。洋基隊在今年的主場戰績是全大聯盟最佳，五十七勝二十四敗，勝率七成零四，但太空人絕非等閒之輩。布恩在第三戰走上投手丘的時候，好像慢動作一樣，彷彿旁邊會驚動柯爾身旁的鵝群一樣。換投時，是滿壘無人出局的情況，總教練布恩還有點猶豫，最後伸出右手食指，告訴牛棚裡的右投手上來滅火。崔威諾上來，結果把壘上的三名跑者都送了回來，比賽就從此定調，最後洋基隊被完封，零比五輸球。

後來，布恩在解釋為什麼不讓柯爾續投的原因時說，他希望崔威

諾能夠製造軟弱滾地球，抓一次雙殺，比要求柯爾三振下一名打者[162]更實際。

「那一個調度，」布恩說。「現在想起來我應該要讓柯爾繼續面對下一棒打者。」

以結果來說，那也不重要了，因為洋基隊沒有得到任何分數。讓人想起六月的時候被太空人隊合力無安打（同時也預告了太空人隊在世界大賽再次投出無安打比賽），這場比賽洋基隊面對克里斯森‧哈維爾和四名後援投手的投球，前八局只擠出一支安打。

賈吉四個打席繳了白卷，還吞了兩次三振，還聽到球迷以噓聲伺候他，不過比噓唐諾森溫和多了。但是太空人隊的牛棚投手們看到那一幕，實在難以置信。

「我不懂為什麼你們會噓一個給你們帶來歡樂的球員，特別是他今年的表現。」太空人隊終結者萊恩‧佩雷斯里說。即便在一個歷史性賽季之後，球迷對賈吉的在季後賽的表現還有所不滿，總教練布恩認為是太超過了。

「聽好，他在這裡很受到球迷喜愛。他自己也知道。」布恩說。「他喜歡紐約，喜歡這裡的球迷。他是少數不會受到噓聲影響的球員。他知道只要在洋基隊待得夠久，不管你多偉大，都會遇到這種時候。」

賈吉提醒隊友們，洋基隊一整季下來都是退無可退的，「即便在今年季後賽，當我們一勝兩敗落後克里夫蘭時也是」。貝德說洋基隊面前「有一座大山」要過，但要四連勝太空人，這座山可能是喜馬拉雅山。

在大聯盟歷史中，有三十九支球隊在七戰四勝的系列賽中陷入零勝三敗的絕境。只有一隊最後大逆轉，是二〇〇四年的波士紅襪隊。

十八年前的十月，上鏡的凱文‧米拉（Kevin Miller）在美國聯盟冠軍系列賽第四戰打擊練習時，在內野草皮上受訪，他警告大家：「今晚最好不要讓我們贏球。[163]」

回到十月二十三日，美國聯盟冠軍系列賽第四戰賽前早上，在洋基隊的休息室的牆上，播放著當年的畫面。

162. 下一棒打者是右打的崔伊‧曼西尼（Trey Mancini），擊出高飛犧牲打。
163. 作者這邊原文是 "Don't let us win one."，當時原句是 "Don't let us win today."。米拉在場邊跟記者丹‧蕭納西（Dan Shaughnessy）談話時所說，有被攝影機拍到。

影片中出現米拉的演說、戴夫‧羅伯茲（Dave Roberts）那一次關鍵的盜壘，還有波士頓紅襪隊克服逆境擊敗對手。沒錯，對手正是洋基隊。那影片播給洋基隊所有球員和教練們看。寄出這影片的是洋基隊的心理教練查德‧寶林（Chad Bohling），寶林平常會寄給大家各種影片，不管是各種運動還是在講各行各業的。季初時，球員和教練還收到他寄來的科比‧布萊恩（Kobe Bryant）的激勵影片。他寄這影片的目的是告訴大家，零勝三敗是很難爬出的深淵，但並非完全沒機會。

但影片主角是二○○四年的紅襪隊？算了吧。別的球隊隊還可以。

「我想，他是要告訴我們當時紅襪隊的信念。」布恩說。「他們很信心。你看米拉，『今晚最好不要讓我們贏球。』」

大家開始談論當年的打破魔咒的「一群白痴」[164]，ESPN 的球評愛德瓦多‧培瑞茲（Eduardo Pérez）去總教練辦公室拜訪布恩時，大衛‧歐提茲正好出現在電視螢幕上。歐提茲穿著美式足球費城老鷹隊的球衣，在 NFL 美式足球比賽前做賽前節目。培瑞茲注意到布恩從小就是老鷹隊的球迷，他的私人房間還掛著一件綠白配色的布萊恩‧道金斯（Brian Dawkins）[165] 復古球衣。培瑞茲突發奇想，打了一通視訊電話給「老爹」歐提茲，而且老爹還真的接了。

「他當時說：『老兄！你們要像我們一樣大逆轉喔，』」培瑞茲說。「『保持好體力，一場一場贏下來』這是歐提茲跟布恩說的話。但是我沒辦法模仿他說這些話時那種熱情。但布恩回覆：『嘿，兄弟，我們就上場開心打球啦，基本上就這樣囉。』」所以？大衛‧孔恩此時正站在洋基球場中，等待 YES 聯播網的賽前節目開播。孔恩在二○○四年退休，他在職業生涯時和洋基隊幾位重要成員同隊過，像是德瑞克‧基特、荷黑‧普沙達、伯尼‧威廉斯和馬里安諾‧里維拉。孔恩說他的老隊友們，大概沒辦法接受用二○○四年的紅襪隊當作雞湯。

「我知道紅襪國[166] 現在聽到這消息有人會大笑出來。」孔恩說。「我知道他們想要絕地大逆轉，零勝三敗的情況並不多，可是我想他們應該少不了酸言酸語。」

以心靈雞湯的角度來說，基特表示：「我連二○○四年美聯冠軍賽都不想提，我一想到就覺得不舒服。」

164. 當時紅襪隊的強尼‧戴蒙（Johnny Damon）自嘲紅襪隊都是「一群白痴」。" We're a bunch of idiots, we don't care about any of the stuff that's happened before." 「我們就是一群白癡，一點也不在乎之前的歷史紀錄怎麼說。」
165. 名人堂球員。效力費城老鷹隊十三年，主要位置是防守後衛。
166. 紅襪隊球迷組織。

普沙達補充說：「時空背景不同，球隊的態度和球員組成都不同了。」

最終洋基隊沒有完成大逆轉。跟二〇一七年和二〇一九年的交手結果不一樣，這次洋基隊在美國聯盟冠軍人列賽面對太空人隊，一場都拿不下來。太空人隊近十一場對戰洋基隊，總共贏了九場，包括系列賽的第四戰。在六年之內，太空人隊第三度宣判洋基隊可以放寒假了。

「我說我們需要扳倒大魔王。我們還沒做到過，這感覺很痛苦。」布恩說。「這也是未來砥礪我們的動力。我看太空人隊的陣容，他們的四位先發投手、兵強馬壯的牛棚陣容，我覺得他們都在巔峰狀態。」

凱許曼對於球季戛然而止，他表示：「對大家來說都很難受，球迷和老闆都很難受」。賈吉同樣有話直說，他一如往常地說：「如果我們不是最後的贏家，前面做再多都不重要了，就是一個失敗的球季。我們最在關鍵時刻沒有打出來，沒有完成終極目標。」

第四戰因為下雨，遲了九十分鐘開打。洋基隊在一開始就從先發投手小蘭斯·麥可勒斯的手上拿到三分，終止了自從第二戰第四局以來，連續十四局無法得分的乾旱期。但是洋基隊先發投手奈斯特·科提斯在第三局因為鼠蹊部受傷而退場。哈里森·貝德雖然繼續延續好手感，擊出今年季後賽的第五支全壘打，可是蓋雷伯·托瑞斯在第七局發生要命失誤，沒有抓到雙殺，讓太空人隊後續多得兩分。

托瑞斯說洋基隊「浪費掉太多機會」。小老闆海爾·史坦布瑞納心想如果班尼坦迪或是拉梅修在陣中的話，可以幫助他們對抗堅強的太空人隊投手陣容，或許能夠得到更多分數。但事實上沒人能保證光靠這兩位球員，就能夠改變戰局。

「在任何運動都一樣，用不完整的陣容打季後賽真的很困難。」史坦布瑞納說。「我們在上下半季是不同的球隊。受傷是職業運動的一部分，但我不會每年都強調這件事，今年特別不同，受傷真的影響很大。你如果深究原因，你不會否認傷情影響了我們的戰力。」

這一年下來，洋基隊圍繞著賈吉在轉，從他打破羅傑·馬里斯的

美國聯盟單季全壘打紀錄開始，到他成為美國聯盟年度最有價值球員獎項熱門人選，再到他懸而未決的合約（甚至連球隊在例行賽的勝場數也是九十九）。由賈吉來擔任最後一個出局數看起來也很合適。他站上打擊區，擺出一貫的打擊姿勢，此時他是洋基隊最後的希望，此時在紐約已經是超過午夜十二點了，洋基隊很快就要就要放寒假了。

賈吉大棒一揮，結果形成投手前軟弱的滾地球，投手佩雷斯里接到後，往一壘跑去，用下手的方式拋給一壘手。賈吉踏上一壘壘包的同時，往左看到太空人隊全隊已經衝上球場慶祝，而且是在他的主場慶祝。

實際上來說，這已經不是他的主場了。比賽結束的當下，他就成為自由球員，是他職業生涯的第一次。賽後在休息室接受訪問時，他幾次談到洋基隊時，都是用過去式。對於團隊至上的賈吉來說，這樣離開的方式有點突然。

「能穿上條紋球衣，在洋基球場守右外野，是很光榮的事情。」賈吉在賽後說。「我沒有覺得這一切理所當然，每場賽前我準備時都會禱告，我望向球場，捏捏自己，提醒自己，每一次上場，都是全新的我，要把握在球場上奔跑，在球迷們面前表現的機會。」

賈吉在季後賽的表現並不理想。雖然他永遠不會承認，但有可能是全壘打追逐戰讓他氣力放盡。布恩後來說可能是全壘打追逐戰讓賈吉比以往球季都還疲累。在今年九場的季後賽比賽中，賈吉打擊率一成三九（三十六打數五安打），有兩發全壘打和三分打點。在聯盟冠軍系列賽最後一場，他沒有擊出任何安打，獲得一次保送。

「當然疲勞可能是一個原因。」布恩說。「但他不可能說出口的。大家有在揣測說，他是不是打到最後累了？我想他身體狀況是好的，但大家有疑問也是正常的。今年賈吉為大家樹立了高標，我們當然希望他能在季後賽有超強的表現。」

凱許曼後來提到，雖然賈吉面對到太空人隊投手，十六個打數只擊出一支安打，但是球隊認為「過程比結果重要」。他也說，教練團和數據分析部門不會因為被太空人隊橫掃而丟掉工作。

「只因為亞倫・賈吉在季後賽沒打好，你就說他是一個很爛的球

員嗎？當然不會。」凱許曼說。「我想大家不了解季後賽是會被一波帶走的。我們打出美國聯盟第二的戰績，是大聯盟中數一數二的強隊，這點我們很自豪。大家想要用傷兵當作我們無法攻頂的藉口，我也無法說洋基隊就算全員健康，就能有機會打敗太空人隊。」

凱許曼在洋基隊工作的第一個十年，他看到大老闆喬治‧史坦布瑞納因為沒能奪冠，就魯莽地裁掉有才能的球團人員，做為失敗的懲罰。巴比‧考克斯（Bobby Cox）[167] 和派特‧吉利克（Pat Gillick）[168] 兩位都是名人堂成員，因為他們幫助過球隊拿下過世界大賽冠軍。凱許曼說考克斯和吉利克「在那段期間也有打得很好，但沒有奪冠的時候，只是我們沒有注意到那些時候，那些才是球隊真實的週期狀況。」

「紐約的評分標準很高。」凱許曼說。「要奪冠才能拿到 A，不然就是 F。中間沒有其他分數了。」

小老闆史坦布瑞納說他沒有和布恩討論，而布恩會繼續在二〇二三年帶領洋基隊。凱許曼不理會球迷嗜血的聲音，繼續讓布恩組建他來年的教練團陣容。凱許曼記得他在電視上看到美式足球水牛城比爾隊的比賽，後來他才在公開場合說到：「過程比結果重要。」他心想：「如果把比爾隊陣中八位主力球員拿掉，他們還能打出這樣的成績嗎？」答案當然是否定的。「所以我不懂大家為什麼會說：『你不能這樣說啦！』這是事實，我們球隊是一年一年變強的，這是一個過程，我們曾有機會奪冠，我對此很自豪。」

距離世界大賽冠軍，賈吉已經第三度欠缺臨門一腳了。凱許曼這一席話對他來說有一點點安慰的效果。他討厭有人說他今年有了歷史級的賽季表現，沒有冠軍戒指也應該滿足了。在魯斯轟出六十支全壘打的一九二七年，洋基隊奪冠。馬里斯擊出六十一轟的一九六一年球季，洋基隊成功攻頂。賈吉的六十二轟賽季值得更好的結局。

當賈吉被問到，他曾經在春訓時說想當終身洋基人，這個想法有沒有改變時，他頓了一下。賈吉此刻正在談判階段，他無法自信地回答，必須再三衡量他所說出的話。

「對，我從穿上條紋球的第一天開始就說得很清楚了。」賈吉有點不耐煩地說。「但我們在春訓前沒有談成，現在我是自由球員了，

167. 名人堂教練。
168. 名人堂總經理。

我們等著看吧。」

賈吉在置物櫃前和球隊工作人員和多位記者握手致意。《紐約每日報》的記者克莉絲提・阿克爾特說：「感覺好像婚禮還是喪禮的招待。」

「在輸球後，休息室一片寂靜。對球員來說，那是最糟的感覺。」賈吉說。「你不知道該說什麼，該做什麼。突然之間，你從準備人生中最重要的比賽，到比賽結束，要去放寒假了。你開始回想比賽中有哪些可以做得更好的地方，做好一點有可能會贏嗎？但後來你還是得接受，繼續訓練。」

在走出休息室的路上，賈吉到布恩的辦公室致意，布恩感謝今年賈吉的付出，還有他們越來越緊密的關係。賈吉點點頭，表示同意。

布恩突然主動地問賈吉，今年開幕戰之前的記者會上，凱許曼公開賈吉拒絕的延長合約價碼。賈吉說他對於事情的發展感到很失望。布恩能理解，他跟賈吉說，希望賈吉二〇二三年還能在陣中，他想不到有更好的人可以帶領球隊。賈吉感謝他的肯定，他們握手然後相互擁抱。

賈吉離開休息室，走向右外野看台區下方的球員停車場。他一路經過通道白牆上二十二個退休背號，有尤吉・貝拉的八號、懷帝・福特的十六號、瑟曼・蒙森的十五號，當然，還有羅傑・馬里斯的九號。

賈吉眼睛直視前方，心想這可能是他最後一次走這個通道。

「我當然會擔心。」賈吉說。「你永遠不知道未來會發生什麼事。」

15

情定紐約

NEW YORK OR NOWHERE

　　亞倫‧賈吉搭乘的私人專機從坦帕國際機場起飛，他看著窗外藍天，飛機以時速五百英里飛往目的地加州，此時大約在德州聖安東尼奧西部上空。賈吉此時是棒球界最關注的自由球員，他看著塞斯納獎狀十號（Cessna Citation X）專機機艙上的奶油與桃花木配色裝潢，試圖放輕鬆卻徒勞無功。因為這班飛機乘載了足以影響未來的重大決定。

　　距離賈吉在美國聯盟冠軍系列賽，在洋基球場最後一個軟弱的滾地球出局，已經過了六週多，這段時間是他職業生涯最混亂的休賽季。休士頓太空人隊最後擊敗費城費城人隊，在第六戰拿下世界大賽冠軍的那一天，賈吉正式成為不受限的自由球員。

　　一如預料，十一月十八日，官方宣布賈吉獲選為美國聯盟年度最有價值球員。在美國棒球作家協會（Baseball Writers' Association of America）投票中，賈吉獲得二十八張第一名選票，而洛杉磯天使隊的大谷翔平拿到剩下的第一名選票[169]（這兩票都來自於洛杉磯地區的記者）[170]。雖然大谷翔平打出三十四支全壘打，同時在二十八場先發中，繳出自責分率二點三三的成績，但投票結果不如外界當初預期的接近。

309

---

169. 總共三十張第一名選票，大谷翔平拿到兩張，以及二十八張第二名選票。賈吉則是拿到兩張第二名選票。
170. 美聯社的記者葛瑞格‧畢曲漢姆（Greg Beacham），以及《The Athletic》記者山姆‧布朗姆（Sam Blum）。

《紐約郵報》的喬爾‧雪曼（Joel Sherman）說：「大谷翔平今年的成績是很棒，但是當你想起二〇二二年時，你第一個想到的不是他，而是賈吉，這是賈吉的歷史賽季。」而休士頓太空人隊的重砲手尤丹‧艾爾瓦瑞茲則排名第三。

　　賈吉成為自二〇〇七年艾力克斯‧羅德里奎茲以來，第一位拿下美國聯盟年度最有價值球員殊榮的洋基隊球員，同時也是一九六二年米奇‧曼托以來，第一位獲得此獎的洋基隊外野手。在宣布年度最有價值球員的那晚，賈吉人在紐約市，在第四十二街西普安尼（Cipriani）餐廳，在大理石柱和超高挑高的餐廳裡，處理他 ALL RISE 基金會的慈善晚會事宜。他後來在私人電影包廂時，得知了獲獎的消息，手牽著莎曼珊，父母韋恩和佩蒂也在一旁，臉上露出引以為傲的表情。

　　（賈吉接到視訊電話時，人在電影院。那家電影院平常是播放院線片的，巧合的是，剛好搭上春訓時藍鳥隊小維拉底米爾‧葛雷諾吹噓地預告美國聯盟東區將會「看他們（藍鳥隊）上演好戲」。）

　　「我當時超級緊張。」賈吉說。「你要跟尤丹‧艾爾瓦瑞茲競爭，他是聯盟頂尖的打者，還有當今地表最強的棒球員大谷翔平，你不會預想結果，他們兩位這幾年都打得很好，能夠和他們競爭實在很刺激。」

　　賈吉將會在一月時，於美國棒球作家協會紐約分部的記者晚宴領取他的獎座。而現在他需要做的是搞定他的下一張合約。洋基隊已經公開表示，留住賈吉是他們休賽季最重要的任務。在結束美國聯盟冠軍系列賽的隔天，小老闆海爾‧史坦布瑞納和總經理布萊恩‧凱許曼已經跟賈吉當面對話，史坦布瑞納向賈吉表示，球隊有多想要留下他。賈吉和他的經紀人佩吉‧歐德當時收到來自洋基隊的八年三億零四百萬合約提案，比起春訓時他拒絕的合約長度還多一年，而且平均年薪也比較高。後來洋基隊還加碼，把合約提高到八年三億兩千萬。

　　史坦布瑞納得知賈吉會在坦帕度過休賽季時光，於是邀請他到家裡一對一聊聊。在賈吉進門後的五分鐘之內，史坦布瑞納就積極表示球隊當下的態度。

　　「對於我來說，你現在並不是自由球員。」史坦布瑞納跟賈吉說。「你將會是終身洋基人，現在我們要把合約搞定。」

賈吉感覺到心跳加速，但他保持鎮定，維持一貫的撲克臉。

「他問我要不要來他家坐坐，我們才開始真正建立關係，這對我來說很重要。」賈吉說。「我和隊友說，我希望回到洋基隊，和大家成為一家人。海爾一開始就遞出橄欖枝，希望我們有一個良好的互動。」

兩人談了大概六十分鐘，賈吉說如果他留下來，他希望球隊年年都有衝擊冠軍競爭力。「不只是打季後賽而已，我希望是最強的球隊。」

史坦布瑞納答應賈吉，洋基隊金源無虞，可以滿足他的條件，而且可以「安排其他簽約」。當時洋基隊管理階層已經鎖定火球左投卡洛斯・洛東（Carlos Rodón），賈吉則希望洋基隊可以續簽外野手安德魯・班尼坦迪。班尼坦迪在被交易到洋基隊後，只出賽一段時間，就因為傷勢報銷。賈吉說那次會面是「一個很好的徵兆」，但他還沒有打算在合約上簽字。

在合約結束的這一年，他好不容易超越所有人的期待，打出史詩級的成績，賈吉在休賽季期間還想做點其他事情，而最享受的莫過於品嘗美酒和佳餚。這段時間，洋基隊也沒有閒著，他們第一筆操作就是簽回了安東尼・瑞佐，給他一張兩年三千四百萬的合約。瑞佐是賈吉在球隊中最好的朋友之一，瑞佐的太太艾蜜莉（Emily）也是賈吉夫婦的好友。

「我其實沒有很努力招募他。」瑞佐說。「我只是跟他說：『你覺得怎樣才能讓你開心呢？』我的角色比較像是朋友而不是隊友。我跟大家一樣都有點焦慮，但最終他還是要去想怎樣做對他自己最好。我有寄了幾張我們兩家的狗合照，剛好我跟他都養臘腸狗，我留言寫說：『我們不能拆散他們這一對。』」

實務上來說，總經理凱許曼也是自由之身，他的合約在萬聖節就到期了。五年前，史坦布瑞納和他只有握手之約，並沒有白紙黑字的合約。如今凱許曼算是義工，他在十一月十五日查看銀行存款時，洋基隊還是按時付他薪資。凱許曼和史坦布瑞納之後才會再重談總經理的合約，在此之前，要先把最重要的事情先搞定，也就是賈吉的合約。

凱許曼知道賈吉是洋基隊未來藍圖中重要的角色，他對外說賈吉是「我們最強的球員」。這一年六十二轟的神奇表現，洋基隊上下都

只是搭了順風車沾光而已，而且大家都期待還有更多趟順風車。但是凱許曼並不想過度樂觀，他想起之前在家裡的農場，手提著一桶氨水和大刷子打掃畜舍的日子。

「我從小在肯塔基州長大，我不會對任何事情設限。」凱許曼說。「唯一真正知道結局的是賈吉本人。」

而賈吉還是讓外界繼續摸不著頭緒。國家廣播公司（NBC）的《今夜秀》（The Tonight Show）也跟賈吉一樣，跟美國東西岸都有地緣關係。過去的主持人強尼·卡爾森（Johnny Carson）、杰·雷諾（Jay Leno）和短暫待過的康納·歐布萊恩（Conan O'Brien）都是來自加州，但是現在的主持人吉米·法洛（Jimmy Fallon）接棒後，節目製作團隊搬回到了紐約市的洛克斐勒中心 6B 攝影棚，也涵蓋了賈吉上大聯盟之後的職業生涯時期。

節目製作單位中，有許多成員是洋基迷，包括主持人法洛 [171] 在內。法洛常常和製作人洛恩·麥可斯（Lorne Michaels）坐在洋基球場本壘後方第一排看球。賈吉也曾經在二〇一七年五月在《今夜秀》外景節目中亮相，他在布萊恩公園訪問路人，這次他再上節目，出現在第六大道上大聯盟官方專賣店，給球迷來一個「名人亂入」的橋段。

轉播單位邀請球迷到專賣店裡的拍照區，站在打擊區和洋基球場的布幕背景合照。賈吉裝扮成裁判，套上一九七〇年代超大的護胸，而法洛穿上洋基隊球衣，戴上捕手面罩，蹲在本壘板後面，賈吉則站在法洛後面。賈吉一脫下面罩，總是能嚇到球迷。

在拍照時，賈吉和法洛還假裝為好壞球判決爭吵，一旁的女球迷摀住嘴，一臉不敢置信的樣子，大喊：「別鬧了，我全身發抖！」另一位男球迷則對著賈吉說：「你是在跟我開玩笑嗎？」還有兩位小男孩，都穿著洋基隊九十九號上衣，分別站在左打區和右打區。法洛大喊一聲：「好球。」賈吉則大吼：「那明顯是顆壞球。」小朋友看到脫下面罩的賈吉，手指著他說不出話來。另一對情侶還沒看到賈吉脫下面罩，光聽他說：「四壞保送。」，就嚇得把棒子丟在一旁大聲尖叫。還有兩位年輕女子在拍照時，捕手和裁判在自拍，其中一位還抱了一下賈吉，並且對他說：「感謝你為紐約市的付出。」

---

171. 法洛曾經在電影《愛情全壘打》（Fever Pitch）中飾演死忠的紅襪迷。

賈吉上《今夜秀》是在暗示他會留在紐約嗎？或只是最後的溫柔呢？球迷都還在等待答案揭曉。

巨人隊也同樣想知道答案。巨人隊總經理法罕‧薩伊迪（Farhan Zaidi）拒絕和媒體透露任何細節，但是他也沒有必要透露。在十一月初時，大聯盟三十隊的總經理們都到了拉斯維加斯，他們在康萊德拉斯維加斯名勝世界飯店（Conrad Las Vegas at the Resorts World complex）開會，當時的話題也包含賈吉。當遊客們在賭場玩吃角子老虎時，薩伊迪正在處理上億的資金。報導指出，舊金山巨人隊已經準備好銀彈，打算在市場上用最大張合約網羅賈吉。薩伊迪也不掩飾球隊的企圖心。

「我想，以財務的角度來說，」薩伊迪說。「在合約金額上，沒有人能和我們抗衡。」

這對賈吉來說非常有吸引力。經紀團隊安排了兩天的西岸之旅，要到舊金山和巨人隊會面。當時是感恩節前三天，賈吉一家人在豪華的高譚俱樂部（Gotham Club）享用私廚晚餐，還有從納帕（Napa）來的酒侍服務。晚餐後，球隊也安排他們參觀巨人隊主場甲骨文球場。賈吉在導覽中問了很多很細的問題，他幻想自己打出反方向全壘打，球飛進右外野的麥可科威海灣（McCovey Cove）[172] 的樣子。巨人隊還提供研究報告，過去被認為是投手天堂，在調整之後，已經變得比較中性。巨人隊需要一個重砲手，在二○二二年，巨人隊的全壘打王是賈克‧皮德森（Joc Pederson），他只擊出二十三支全壘打。自從二○○四年的貝瑞‧邦茲以後，沒有任何一位巨人隊打者單季擊出過三十支全壘打。

在結束參觀後，賈吉回到下榻的聖瑞吉斯飯店（St. Regis Hotel），被一位女性拍攝了十三秒像是八卦影片的風格的影片。賈吉跟拍攝者說，他只是來這裡拜訪親戚和朋友，還對她眨了眨眼。後來大聯盟聯播網公開了這段影片，巨人隊不懂這段影片代表了什麼，洋基隊也是。

「我感覺這一段時間，我們好像摸黑飛行。」凱許曼說。「我不知道現在身在何方，事情到底進展到哪裡了。」

賈吉從來不掩飾自己跟加州的家鄉林登還有很深厚的情感，雖然他人住在東岸，但是父母還是比較喜歡灣區，他們並不想要影響賈吉

---

172. 以巨人隊名人堂球員威利‧麥可科威（Willie McCovey）命名的海灣。全壘打球如果直接飛進海灣，稱之為「浪花全壘打」（Splash Hit）。至今沒有任何一位右打者在正式比賽中揮出過浪花全壘打。

的決定，但賈吉自己感覺到他們希望兒子和媳婦莎曼珊，還有未來的兒孫能留在西岸。

「我後來有問他們，『你們覺得如何？』」賈吉事後有透露這段。「他們說：『我們不想跟你談這個。』」他們接觸過很多洋基隊球團的人，美食街的工作人員、管理階層的職員和家人們，他們人都很好。我的父母有提到這些，他們還說如果能離家近一點也不錯。」

巨人隊想要趁勝追擊，安排退役球員瑞奇·奧瑞亞（Rich Aurilia）和賈吉見面，奧瑞亞是賈吉十歲時的偶像。不只如此，巨人隊還找來金州勇士隊控球後衛史帝芬·柯瑞（Stephen Curry），但因為勇士隊專機在紐奧良時起飛延誤，所以沒碰上。後來柯瑞和賈吉互傳訊息，柯瑞說「身為一個紅襪隊鐵粉只能做到這樣」，柯瑞在北卡羅來納州長大，但二〇〇四年時，他為大衛·歐提茲和紅襪隊加油，甚至曾經在二〇一一年時，在芬威球場舉辦單身派對。

貝瑞·邦茲原本也要來給賈吉一個驚喜的，但他因為確診新冠肺炎，只能作罷。「你說我會押寶在他身上嗎？當然。」邦茲說。「我想談約的過程應該很有趣，我希望我們能贏得他的青睞。」在球場導覽結束後，巨人隊管理階層帶賈吉和莎曼珊參觀球場附近比較好的區域，希望能喚起賈吉塵封已久的巨人夢。賈吉回想起他還在念林登高中時，他曾經預想自己十年內能和莎曼珊結為連理，而且成為巨人隊的球員。這兩個夢想已經完成其中一個了，現在在後者只剩他自己要不要接受了。巨人隊提出九年三億六千萬的合約，這讓賈吉很難做決定。

「我想贏，」賈吉說。「我想在一個有贏球文化的球隊裡，而且球團願意為勝利投注心力。不只是在接下來的職業生涯，我希望在未來的球隊也能有歷史地位。」

洋基隊可以滿足賈吉的期望，雖然他們自二〇〇九年以來，就再也沒有打進過世界大賽了，在賈吉的六個完整大聯盟賽季裡，每一年他都能參與季後賽，洋基隊在季後賽豐功偉業，可是其他球隊望其項背的。他才剛結束一整年全壘打追逐戰，超越了貝比·魯斯和羅傑·馬里斯的單季全壘打紀錄，當然，他在洋基球場的紀念碑公園已經預定了一個席位。而且職業生涯從一而終，待在同一支球隊，也非常有吸

引力，他的前輩基特、荷黑·普沙達、馬里安諾·里維拉和伯尼·威廉斯都是終身洋基人。但是「四核心」的安迪·派提特曾經短暫待過休士頓太空人隊。賈吉想起有些偉大的球員穿上其他球隊的球衣，感覺有點怪，像是吉米·羅林斯（Jimmy Rollins）曾經打過洛杉磯道奇隊，還有穿著坦帕灣魔鬼魚隊的球衣，在純品康納球場擊出生涯第三千支安打，親吻本壘板的韋德·伯格斯（Wade Boggs）[173]。

　　而巨人隊這邊也很有競爭力，總經理薩伊迪擘畫出以賈吉為核心的勁旅藍圖。前一年巨人隊才拿下單季一百零七勝的成績，在國家聯盟分區系列賽敗給了洛杉磯道奇隊。總教練蓋比·凱普勒（Gabe Kapler）在巨人隊的第三年就帶領球隊起飛。今年一開始，在前六十四場比賽中，贏了三十七場，不過下半季戰績下滑，最後打出五成戰績，八十一勝八十一敗，在國家聯盟西區排名第三，雖然季後賽外卡名額增加，但還是沒有晉級季後賽。巨人隊也有輝煌的歷史，球星包括威利·梅斯（Wille Mays）[174]、威利·麥可科威（Willie McCovey）[175]、奧蘭多·瑟佩達（Orlando Cepeda）[176] 以及邦茲。在洋基隊拿下最近一次世界大賽冠軍之後，巨人隊已經在二〇一〇年、二〇一二年和二〇一四年贏得三次世界大賽，正好是賈吉職業生涯萌芽的時期。

　　「因為聽到很多球隊報價，我真的很難做出決定。」賈吉說。「媒體都在談論這件事，朋友也會告訴你該怎麼選比較好，特別是我回到加州的家鄉時，他們也會給我建議。」

　　大聯盟一年一度的冬季會議在十二月四日展開，地點在聖地牙哥的曼徹斯特君悅酒店（Manchester Grand Hyatt）。隨著會議揭開序幕，有一些大牌的自由球員已經陸續找到新東家。王牌投手傑克伯·迪格隆（Jacob deGrom）離開紐約大都會隊，選擇給他五年一億八千五百萬的德州遊騎兵隊。遊騎兵隊看起來已經跟洋基隊在例行賽最後一個系列賽有所不同，陣容越來越強。

　　撒錢不手軟的紐約大都會富豪老闆史蒂夫·柯恩（Steve Cohen）則作出回應，以兩年八千六百七十萬的合約，延攬美國聯盟賽揚獎得主賈斯丁·韋蘭德加盟。而賈吉的大合約也在等著他。凱許曼說這個

173. 名人堂球員。
174. 名人堂球員。
175. 名人堂球員。
176. 名人堂球員。

六十二轟的賽季，將會讓賈吉盆滿缽滿，只待他自己揭露情歸何處，合約到底有多大一張。

當棒球圈的人都擠在聖地牙哥四星級的飯店大廳時，賈吉和太太人在佛羅裡達州的坦帕，他們在美式足球坦帕灣海盜隊的主場雷蒙·詹姆士球場（Raymond James Stadium）場邊，準備欣賞海盜隊迎戰紐奧良聖徒隊。賈吉身穿紅黑配色的海盜隊球衣，背號是十三號，是外接員麥克·伊凡斯（Mike Evans）的號碼。賈吉因為伊凡斯有去現場看他擊出第六十二轟，而且還被拍到，所以穿伊凡斯的球衣致意。

在達陣區後方的通道口，賈吉和四分衛湯姆·布雷迪握手並擁抱。布雷迪問他：「今晚你想不想來當我們的近端鋒？」賈吉大笑回應。最後布雷迪帶領海盜隊逆轉，以十七比十六打敗對手。

當時現場的人都不知道，布雷迪再打六場比賽就要退休，為他輝煌的職業生涯劃下句點，而賈吉還有大好前程等著他。他的隊友和前隊友們也一起觀賽，包括了奈斯特·科提斯、麥可·金恩、柯瑞·庫魯伯、麥克·塔克曼（Mike Tauchman），賈吉偷偷地和隊友們分享他的最終決定。

「這一切都是意料之外的發展。」科提斯說。「我來坦帕是為了一個簽名活動，我傳了一封簡訊給他，『嘿，小賈，我人在坦帕，不知道你在不在。』他回我。『耶，我在，我明天要去看海盜隊比賽，你要來嗎？』他當晚就把票傳給我，我也沒問他最後要跟誰簽約，我尊重他的決定，也給他空間。我希望他能為自己和家人們做出正確的決定。」

「我不想煩他。」金恩說。「我感覺當時他的生活只剩下談約了，如果能去看一場美式足球賽，完全不去想合約的事，應該是很不錯的選擇。所以我不會特別去提起，我不想要他對我們撒謊，或是顧左右而言他。」

這一群人沒有想到的是，有一支看起來不太可能的球隊，居然有開合約給賈吉，而且就離他們看球的地方只有幾英里遠，跨過聖彼得堡的霍華·法蘭克蘭橋（Howard Frankland Bridge）就到了，那支球隊是坦帕灣光芒隊，沒錯，光芒隊。他們認為賈吉會是純品康納球場的吸

票機，而且賈吉本來就住在當地了，如果賈吉效力光芒隊，會帶來人潮，拯救聖彼得堡的棒球產業。

賈吉很感激光芒隊的提案，但最後選擇婉謝。因為在人工草皮上打八十一場比賽，這實在不太吸引他。

雖然賈吉不會加入光芒隊，但洋基隊簽回賈吉的信心因為《時代》雜誌的文章而受到打擊。那篇文章表揚賈吉成為二○二二年年度運動員。裡面引述賈吉為什麼在春訓時，拒絕了洋基隊的兩億一千三百五十萬延長合約，而且言詞相當犀利。雜誌裡寫到賈吉認為洋基隊在談判時「帶風向，讓球迷和媒體站在球團那方」。賈吉後來表示遺憾，「因為我記得當時我說那些話，和後來他們刊出的有所出入。」

當《時代》雜誌的文章在發酵時，賈吉和太太莎曼珊正準備去夏威夷度假，慶祝結婚紀念日。在打包行李時，賈吉接到經紀人的電話，經紀人說有新的合約提案，需要他本人親自確認。聖地牙哥教士隊願意出私人飛機的錢，然後賈吉改變計畫，先去聖地牙哥。而當時布恩人在聖地牙哥君悅酒店洋基包廂，收到了賈吉要來聖地牙哥的消息，立刻打電話通報給他的老闆凱許曼。

洋基隊還沒有和賈吉安排會面，如果賈吉到了聖地牙哥，肯定不是來找洋基隊的。布恩感覺到無比緊張，胃劇烈翻攪著。

「我感覺不太妙。心想：『現在是發生什麼事了？』」布恩說。

當時是西岸時間下午兩點二十分，《紐約郵報》記者強·海曼（Jon Heyman），他同時也是大聯盟聯播網分析師，他在推特上發出了轟動武林、驚動萬教的一則貼文：「縱火犯賈吉看來要去巨人隊了。」洋基隊管理階層頓時陷入恐慌，布恩回到房間快速地沖個澡，準備穿上藍色襯衫和格子外套，去接受事先安排好的媒體訪問。他看了手機裡的簡訊，然後很快打給凱許曼，驚慌失措地詢問凱許曼是否真有其事。

「我不知道。」凱許曼回覆。凱許曼問布恩說這消息是否來自被業界認可的帳號。布恩注意到海曼把賈吉的名字打錯了，打成 Arson（縱火犯），看起來是手機裡的自動拼字校正功能的關係，除此之外，海曼是業界中可以信賴的消息來源。

凱許曼原本打緊急求救電話給小老闆海爾·史坦布瑞納，但他後

來選擇打給賈吉的經紀人歐德，歐德劈頭就說：「他在胡說八道，不是真的。」凱許曼鬆了一口氣，回撥電話給布恩，跟他說洋基隊還有機會。洋基隊戰情室裡突然從緊急狀態的張力，舒緩成日常的焦慮模式。

貼文發出的七分鐘之後，海曼收回那篇貼文，重新公告說：「巨人隊說他們沒有還得到賈吉的回覆，對於搶快我很抱歉。」

「我從一些人那邊聽到他要去巨人隊拜訪，以為這證據就很足夠了。」海曼說。「然後我為了搶快出錯了。」

洋基隊管理團隊雖然還有機會簽回賈吉，但士氣滿低迷的。「我們失去他了嗎？」一位洋基隊資深員工在飯店大廳擔憂地問起，他聳聳肩，看起來風向是這樣沒錯。凱許曼知道時間不多了，尤其是知道巨人隊已經開出九年合約。雖然消息不正確，但無風不起浪，有煙就有火，而且有時候還真的有人縱火。

「我很緊張。」蓋瑞特・柯爾說。柯爾正好也是巨人隊游擊手布蘭登・克勞福德（Brandon Crawford）的妹夫。「顯而易見地，巨人隊被賈吉給吸引，對吧，他的魅力無法檔。布蘭登說他們的會面一切都很順利，我希望平靜一點，但這事情真的很大條，我當時真的緊張到冒汗，其他人也是。」

安東尼・瑞佐說：「我在跟隊友傳訊息，其中有人說：『我覺得他應該留不住了。』我心想：『怎麼可能？』我前幾天才打電話給他和傳訊息，剛好那天我沒用網路，所以沒看到新聞，我直接打給亞倫，然後我才看到新聞，我感覺像個白癡一樣。」

在賈吉抵達聖地牙哥時，洋基隊開出的條件依然還是之前的八年合約。賈吉在下午四點十五分降落，肚子很餓，他問經紀人能不能去速食店 In-N-Out Burger 買個漢堡，當時飛機上也沒有無線網路，降落之後，賈吉把飛航模式關閉，發現語音訊息和簡訊排山倒海而來。

「大家在說：『我們會想你，祝你在那邊一切愉快。』」賈吉說。「我心想：『愉快？我只是搭個飛機而已，他們在說什麼？』我還會回去啊。那幾個小時真的很奇怪。」

已經有很多記者守在君悅飯店大門等待，等賈吉和他的經紀團隊隨時到來。在二十年前，艾力克斯・羅德里奎茲可能會用盛大的排場

來出現，不過賈吉的作風不來這一套。

賈吉後來神不知鬼不覺地到教士隊主場沛可球場，和教士隊管理階層會面。教士隊的提案嚇到了賈吉和歐德，他們只提出粗略提案，但長度是十四年，合約總值四億一千四百萬，比起洋基隊和巨人隊的好上許多。合約長度之所以拉長，主要是為了避免奢侈稅影響。投效費城費城人隊的游擊手崔伊·透納，原本是教士隊鎖定的對象，爭取加盟失利之後，轉向競逐賈吉。教士隊目前是市場上提供最長合約，總值也最高的買家。賈吉說他看到那個數目，頭都「有點暈了」。

外界有人認為賈吉跟教士隊會面只是為了抬價，但是教士隊總經理 A. J. 佩雷勒（A. J. Preller）不認同這種說法，他說：「我們如果認為沒機會的話，就不會安排會議了。我們保持開放態度，看看接下來會怎麼發展。我們雙方都聊了目前的狀況，還有彼此的目標，還聽到什麼可能對他來說是重要的。大概就是這樣。」

在南加州度過接下來的十年還算不錯。教士隊帶賈吉逛了一下主隊的休息室、重量訓練室和打擊籠，賈吉心想如果他接受了教士隊的合約，可能會被球迷認為是見錢眼開，影響他在棒球界的歷史地位。

「我一直都知道我想去哪裡。」賈吉說。「能經歷這些過程是很有價值的，可以看到其他球團是怎麼想的。我覺得如果我沒有去談，就浪費掉這次機會了。經過這幾次會面，幫助我更確定了自己的決定，我最終還是選擇紐約。」

當教士隊偷偷來的時候，洋基隊還在黑暗中摸索，他們完全不知道賈吉去了沛可球場（如果知情，他們會走九個街區去攔截他），巨人隊的價碼也是從媒體上得知的。布恩說當時和球隊高層共進晚餐時，心情非常低落，當時同桌的球團管理階層成員有麥特·達利（Matt Daley）、杰·達尼爾（Jay Darnell）、吉姆·漢卓（Jim Hendry）和提姆·納林（Tim Naehring）。布恩越想越悲觀，他提到二○二三年開幕戰的對手就是巨人隊。席間的人打了個冷顫，想像在洋基球場開幕戰那天，賈吉被介紹出場，站在客隊三壘邊線，穿著橘黑配色的球衣。

「我天性是滿樂觀的，但這個時候我很擔心。」布恩說。

當帳單送到桌上時，布恩問大家：「我該打給他嗎？」其他人點

點頭，齊聲說：「打給他。」

布恩打給賈吉，賈吉接起電話，布恩聽到賈吉的聲音很開心。賈吉打招呼說：「嘿！教練。」跟在美國聯盟冠軍系列賽第四戰之後一樣，布恩又向賈吉提起了他對於球隊的重要性，對布恩個人來說，賈吉也很重要。賈吉很感激布恩這麼看重他，他說：「這對我來說意義重大。」他會再思考接下來的決定。掛掉電話之前，布恩麻煩賈吉，在和任何球隊簽約之前，先通知小老闆史坦布瑞納，給他一個機會加碼。賈吉答應說好。「跟他聊過以後，我確定不會某天一早起來才知道他和別隊簽約。」布恩說。

棒球界最經典的畫面之一：洋基球場牛棚大門打開，終結者馬里安諾‧里維拉從裡面緩緩地跑出來，看著他四十二號的背影，準備上場為洋基隊守住勝利，全場近五萬球迷為他吶喊。此刻，小老闆海爾‧史坦布瑞那人正在米蘭和法國的山區邊界，他把車停在高速公路的休息區，跟里維拉一樣，準備拯救洋基隊，只不過一幕並沒有被拍下來。

九個小時之前，史坦布瑞納和太太克莉絲丁（Christina）在歐洲度假。他們還見到了教宗法蘭西斯方濟各（Pope Francis），是一趟非常難忘的旅程。在途中，凱許曼希望史坦布瑞納能在和賈吉談約的過程中，扮演關鍵的角色。遠在天邊的史坦布瑞納知道風向不對，開始直接傳訊息給賈吉。

「是什麼讓你還沒做出決定呢？你還在猶豫什麼？」史坦布瑞納傳訊息給賈吉。

接著他又傳了幾封簡訊：「你方便的時候，隨時都可以打給我。」來回了幾個小時，史坦布瑞納把車停在路邊，一邊看著壯觀的白雪靄靄的白朗峰，一邊在找哪裡手機訊號比較強。

「我不知道為什麼，但感覺就是不太對勁。」史坦布瑞納說。

此時在美國西岸是凌晨三點鐘，賈吉在一個半小時前剛從聖地牙哥飛到史塔克頓（Stockton）回到林登老家。他接到了史坦布瑞納的電話，在家裡聊了二十分鐘，中間沒有任何干擾，就像幾週前在坦帕那些一對一談話。

史坦布瑞納直球對決，就問賈吉說：「你想當一個洋基人嗎？」賈吉說他想，跟春訓時的回答一樣。史坦布瑞納再接著問：「你就坦白跟我說，我想要知道，對你的父母、太太還有你自己來說，什麼是重要的？還有什麼是最重要事情？」

賈吉和莎曼珊最近幾週都在外地，他明白自己心繫紐約，他認為自己壯志未酬，但他不想白白奉獻。兩人對話中，賈吉向史坦布瑞納談到第九年，他相信自己在合約第九年，二〇三一年時還能打。

「我知道有些運動員年過不惑還能打，我覺得自己到四十幾歲還能拚。」賈吉說。「但對我來說，我希望我整個職業生涯都在高峰，我不希望在生涯尾聲成為球隊的負擔。讓球隊去想：『我們該把這傢伙放在哪裡？我們要擺他在哪一棒，好減少傷害？』我希望持續能為球隊帶來正面影響力，我想九年是合理的。」史坦布瑞納則回說：「我們希望你在洋基隊陣中，如果九年合約是你想要的，那就九年吧。我們來簽約。」

搞定了。剩下就是體檢和一些行政作業了。賈吉是終身洋基人了。「最後就是我跟海爾在電話中就談完了。」賈吉說。「我想如果休賽季只和他談的話，兩天就能搞定了。」

史坦布瑞納說當他們談妥後，他注意到賈吉「非常感恩，而且情緒激動」。在掛掉電話之前，史坦布瑞納還有一個重要的問題要問。

「瑟曼‧蒙森是我小時候最喜歡的球員，然後我想任命你為洋基隊長，就像他一樣。」史坦布瑞納說。

賈吉說他聽到這個問題時，情緒澎湃到說不出話來，他心裡湧現洋基隊過往輝荒的歷史。賈吉從選秀一路養成、茁壯到現在成為終身洋基人，他很清楚洋基隊長代表的意義。

「我不記得我有說任何東西。感覺像是沉默了五分鐘，但其實只有幾秒鐘。」賈吉說。「我當下就是傻了。」

賈吉和莎曼珊擁抱親吻，然後去搖醒他的父母。「我把他們搖醒，我說：『我們有你想聽的好消息。』」賈吉說。

史坦布瑞納用僅有的國際電話額度，再打給凱許曼，當時已經是西岸時間凌晨三點三十七分。小老闆告訴總經理說：「我們搞定了。」

史坦布瑞納的假期還剩下一天，他要好好把握。現在輪到凱許曼把工作完成了，他開始熬夜，和賈吉的經紀人歐德把合約細節談妥。「如果我看起來有一點渙散，」凱許曼隔天早上說。「那是因為我真的很累。」

巨人隊總經理法拉罕·薩伊迪那晚也失眠了。他在清晨五點接到電話和簡訊，他害怕的壞消息發生了。賈吉陣營開始感謝各隊的提案，暗示他決定回到洋基隊。

薩伊迪說他為賈吉和賈吉的家人感到開心，而且駁斥巨人隊作為賈吉陣營抬價工具的言論。

「洋基隊的人都稱讚他的為人，還有對球隊的忠心。」薩伊迪說。「他對於老東家忠心耿耿，還有球迷和球員。這正是我們真正喜歡和重視他的原因，這可能是他的一種特質，他能和人建立長久的關係。」

西岸時間清晨五點二十分，大聯盟官網的記者強·保羅·摩洛西（Jon Paul Morosi）公布了這個消息，他在推特上寫道：「消息來源指出，亞倫·賈吉和洋基隊達成協議。」當時還有很多細節尚未談妥。不過摩洛西成為第一個揭露消息的人，他的太太艾莉西斯（Alexis）是幕後功臣。人在西岸的摩洛西一早設了鬧鐘，要祝福人在密西根州的艾莉西斯生日快樂。

「那天我非常早起，還好我沒把字打錯。」摩洛西說。「這一切都要歸功於我太太。」

賈吉的鬧鐘也在一早就響起，天還沒亮，他準備離開林登，前往機場。雖然還有體檢相關事宜要處理，但跟卡洛斯·柯瑞亞和巨人隊、大都會隊體檢的狀況不一樣，賈吉從二〇一三年就在洋基隊系統裡，球隊很清楚賈吉的身體狀況。

終於他和莎曼珊終於可以享受夏威夷度假時光，慶祝他們的結婚週年。

「我們就在沙灘上坐著，什麼也不做。」賈吉說。「我們澈底放鬆，享受這一切。這一年下來太多事情了，每件事情都一閃而過，然後就到休賽季談簽約了，還有一點刺激。我想搞定合約以後，再來度假，可以暫時好好遠離那一切。」

16　洋基隊長
CAPTAIN

　　十二月十四日，這天名義上是記者會，但當亞倫‧賈吉在早上走進洋基球場通道時，他感覺像是慶典和加冕儀式。今天是賈吉確定成為終身洋基人的一天，而且小老闆海爾‧史坦布瑞納一諾千金，任命賈吉為隊史第十六任隊長。

　　幾天之前，人在邁阿密家中的德瑞克‧基特，接到洋基隊公關部門總監傑森‧齊洛的電話，說明洋基隊正在討論一些組織計畫。基特的太太漢娜當時正在照顧三個小孩，基特很專心地聽著電話另一外一頭的在說什麼。史坦布瑞納希望在簽約儀式上宣布賈吉擔任洋基隊長，齊洛跟基特說，他應該要出席記者會，象徵性地把隊長的榮耀接棒給賈吉。

　　討論很快就結束了，大概十分鐘。基特說只要洋基隊願意負擔旅行支出，他很樂意參加。史坦布瑞納立刻就打給基特，親自說明活動的細節，並且讓基特搭乘私人飛機前往紐約。基特搭乘私人飛機，回到熟悉的布朗克斯。

　　在夏威夷享受陽光後，賈吉一家人也前往紐約。賈吉左手腕上戴

著閃閃發光的勞力士「虎眼」（Eyes of the Tiger）手錶，外框有三十六顆鑽石，錶面上還有兩百四十三個鑽石，呈現出虎斑的樣子（如果你想知道價格，我只能告訴你，你付不起的）。

聖誕假期前夕，曼哈頓島上聚集著購物人潮和遊客。洛克斐勒中心外，有一棵八十二英尺高的挪威雲杉聖誕樹，就在溜冰場旁邊。雖然曼哈頓島上充滿著佳節氣氛，但位在布朗克斯區的洋基球場，主隊休息室旁的房間，已經設立好講台，準備迎接棒球季。

講台上擺著球隊管理階層的名牌，從右至左，分別是首席營運長隆・楚奧斯特（Lon Trost）、總教練亞倫・布恩、總經理布萊恩・凱許曼、球隊總裁藍迪・拉維、賈吉、莎曼珊以及經紀人佩吉・歐德。在莎曼珊和歐德中間有一個空位，大家在猜可能是神祕嘉賓。「有人偷偷告訴我，『我想可能是基特，基特可能會來。』」麥可・凱說。「我想他回來應該是真的，因為他有一席之地，他本來就是隊長，球隊安排一個位置給他，是給大家一個驚喜，但不算意料之外。」

「我在廣播中有一直提到，『球隊有邀請神祕嘉賓出席。』」蘇西・沃德曼說。

在兩個月前，洋基隊任命賈吉為下一任隊長的話題就已經傳開。美國聯盟冠軍系列賽某場比賽前，奈斯特・科提斯就大聲疾呼說：「如果他明年還回來的話，他就是我們的隊長。」

「我們會追隨他的腳步，他總是以身作則。」科提斯說。「他不是那種會站出來大聲說話的人，但如果需要的話，他會這麼做。我認為隊長的榮耀是他應得的，他是一個很棒的球員，但他是一個更好的人。他對所有人一視同仁，每天都關心大家。在客場時，他是最後一個球員休息室的人，我們也會等他離開才發車。我想他是棒球員的完美典範。」

科提斯沒有單方面決定誰當隊長的權力，跟他有志一同的安東尼・瑞佐也沒有。「最合適的做法是在他的加盟記者會上，不只宣布他的合約，也讓他接下隊長的頭銜。」

顯然老闆史坦布瑞納家族有聽進去，因為記者會當天真的如瑞佐

所建議的方式進行。

「你不會隨便任命一個球員成為隊長。」史坦布瑞納說。「而他完全符合隊長的條件。今年不管球隊狀態高或低，亞倫展現出來的領導力是有目共睹的。他總是備受尊敬，加上他場上的表現，未來九年，前途一片光明。」

在記者會開始的三十分鐘前，賈吉到史坦布瑞納位在球場包廂層的辦公室，正式簽下九年三億六千萬的合約。賈吉坐在紅木大桌前，那張大桌是大老闆喬治‧M‧史坦布瑞納留下來的，洋基隊史上很多重要的合約都是在這張桌子上完成的。賈吉這張合約也是富豪等級的，年薪四千萬，成為史上最高薪的野手。

凱許曼說小老闆史坦布瑞納的動作「讓我想起以前他爸的風格。」沒有比在這裡簽約更合適的地方了。「毫無疑問，」小老闆談起他的父親。「換作是他，他也會這樣做的。」

在攝影師們就定位後，賈吉右手拿筆，快速掃過合約，全場陷入一片尷尬的寧靜。賈吉注意到了，他說：「哇，好安靜。」凱許曼坐在賈吉旁邊，他回說：「耶，就像你上場打擊的時候一樣。」凱許曼說的是當賈吉在追逐馬里斯美國聯盟單季全壘打紀錄時，每一個打席都很安靜。凱許曼的一席話打破了尷尬，破紀錄的全壘打已經飛出場外，合約也簽好了。

「我已經和太太列好接下來回到家鄉、弗雷斯諾州大和紐約要做什麼了。」賈吉說。「有好多人有好多事情需要我們幫助。三級棒球對我來說很重要，能有機會用這些錢幫助他們，我們真的很幸運。」

一行人往樓下移動，這時 YES 聯播網和大聯盟聯播網已經準備好了，要進行記者會現場直播。今天是紐約棒壇的大日子，大都會隊預定在今天舉辦卡洛斯‧柯瑞亞的加盟記者會，柯瑞亞接受了大都會隊提出的十二年的長約。可是大都會隊因為體檢報告對於柯瑞亞的右腳踝有所疑慮，所以取消了加盟記者會和合約，跟之前提出合約，後來也因為健康疑慮收手的舊金山巨人隊一樣。最終柯瑞亞回到了原來的母隊雙城隊。

賈吉的體檢報告沒有問題。記者會之前，有人說威利‧藍道夫會坐在前排，藍道夫是洋基隊在一九七〇年代、一九八〇年代的內野班底，當時他和朗‧吉德里在一九八六年到一九八八年共同擔任隊長，再把隊長火炬交給唐‧麥丁利（一九九一年到一九九五年）和基特（二〇〇三年到二〇一四年）。在幾分鐘之內，賈吉就會成為下一任洋基隊隊長。

　　「完美的選擇。」藍道夫說。「沒有比他更好的人選了。看著他這幾年來的成長，他終於成為了隊長。你可以看到他在場內外的敬業態度，我參與了他的成長，我以此為榮。他會是一位很棒的隊長，他的隊友其實早就知道了。」

　　對於基特來說，那天早上感覺很微妙，感覺像是在自己家作客。他看著球隊高層面對媒體說明合約，他試著回想他第一次見到賈吉的時候，大概是在二〇一五年，當時他才退休不到六個月。在基特生涯最後一場在洋基隊球場的那場比賽，他擊出再見安打。賈吉則說他們第一次碰面是在佛羅里達州坦帕的春訓基地，當時基特剛從腳踝傷勢復原，在坦帕打復健賽。

　　無論如何，他們兩人都記得有一次碰面是在基特的「隊長營」，那是一個為期一週的訓練營，由球員發展部門主管蓋瑞‧丹波（Gary Denbo）發起的。丹波後來跟著基特到了邁阿密馬林魚隊，負責球員發展。丹波邀請基特在訓練營中擔任客座講師，並且和洋基隊新秀們共進晚餐，看來賈吉完全記住基特的諄諄教誨。

　　「他的身材鶴立雞群。你很少看到棒球員有那種身材。」基特說。「每一個在訓練營裡的球員都很安靜，不太說話，但你可以看得出來他特別不一樣，你看得出來有些人只是左耳進右耳出，而他是真的專心在聽。」

　　基特露出招牌的紐約笑容，開玩笑地說把隊長交接給賈吉，他會「扛下所有責任」。基特從二〇〇三年六月三日接下隊長，當時是跨聯盟系列賽，對手是辛辛那提紅人隊，洋基隊作客辛辛那提，大老闆史坦布瑞納透過電話告訴基特說：「保持現在的你，不要改變。」

「我很高興我當時沒搞出什麼麻煩。」基特說。他想起和老闆在那年春訓時拍的 Visa 的搞笑廣告，裡面老闆指責他的場外生活（廣告結尾時，在史坦布瑞納的要求下，還特別拍他跳康加舞搖屁股的畫面）。基特說他相信賈吉很會面對鎂光燈，而且時時保有贏家心態，這跟他這二十年來擔任洋基隊先發游擊手是一模一樣的。

　「你和他的隊友、教練、總教練聊，他們會告訴你所有你需要知道的事情。」基特談到賈吉時說。「聽著，我是洋基隊史專家，這是一個歷史性的時刻，大家過了二十年、三十年、四十年還是會談到此刻。洋基隊史上，並沒有很多隊長，這不是一個很輕鬆就可以得到的榮耀。」

　接著快門聲此起彼落喀嚓喀嚓地響，賈吉身穿銀色西裝，白色襯衫，洋基藍的領帶，胸口是白色的手帕巾。莎曼珊穿著灰色的西裝外套和黑色高領毛衣。布恩也穿著黑色高領毛衣，開玩笑地說他們很有默契。當基特走進會場，坐在莎曼珊和歐德中間時，現場發出驚訝的聲音。基特下巴留著短鬍，跟他在洋基隊乾淨的形象不同，以球隊的標準，肯定不會過關。大家看到基特就知道，他出席肯定是為了交棒隊長給賈吉。

　齊洛先發言，他歡迎現場大約有一百多位媒體從業人員前來，還有許多在家裡收看直播的球迷。齊洛說在完成簽約後，賈吉從二〇一三年到二〇三一年的都會是洋基隊的一分子，這時賈吉露出笑容。凱許曼依著講稿說到，賈吉是「很稀有的例子」，球隊從選秀、養成到自由球員簽約，整個生涯都待在同一隊，他也提到麥丁利、荷黑・普沙達、伯尼・威廉斯和馬里安諾・里維拉。他甚至還提到了安迪・派提特，把派提特在休士頓太空人隊那三年忽略掉。賈吉現在也成為終身洋基人了。

　輪到布恩時，他先問主持人他可以說多久，接著說：「我可以聊賈吉聊好幾個小時。」他把時間拉回八天之前，當他看到「縱火犯賈吉」時，那種悵然若失的無助感。

　「在那天之前，大家總是問我，在簽約之前我的感覺是怎樣。」布恩說。「我用白話文來說，那種感覺就像你掉了手機、家裡鑰匙、

皮夾和平板電腦。全部都不見了。結果隔天早上，有人敲門說，『這是你掉的東西嗎？』有點像那種感覺。」

布恩和基特分別獻花給莎曼珊和佩蒂‧賈吉，並且握手致意。布恩把麥克風交給史坦布瑞納，史坦布瑞納說：「這是我的榮幸，非常感謝大家，雖然我剛剛缺席了一下，但我在這邊歡迎亞倫不只是回到洋基隊，也歡迎他成為偉大的洋基隊第十六任隊長。這是他應得的榮耀和頭銜。」

當賈吉脫下西裝外套時，台下出現掌聲，史坦布瑞納和他握手，遞上九十九號的條紋球衣。「這件，你之前穿過了。」

賈吉花了二十秒把球衣的釦子解開，套在襯衫和領帶上之後，再把釦子扣上。「還很合身。」賈吉說，台上台下爆出一陣笑聲。在那件球衣上並沒有代表隊長的「C」[177]，基特時代也沒有，所有洋基隊過去的隊長也都沒有。賈吉後來說：「我們這裡不會這樣做。」他戴上球帽，把帽簷弄彎，就像等會要上場打滿九局一樣。賈吉把手放在台上的木桌上，往前靠近麥克風，說出他在隊長時期的第一個字。

「哇。」賈吉說。「首先我要感謝史坦布瑞納先生，史坦布瑞納家族和洋基隊全體隊職員，這六年來對我的信心，甚至應該從二〇一三年算起，他們一直相信我的能力。當年身為一個從弗雷斯諾州大來的小伙子，到把我帶來紐約大蘋果。能夠有機會繼續待在洋基隊，而且球隊的歷史地位這麼輝煌，真的是非常幸運和光榮。能在世界上最棒的城市、最棒的棒球城市，在最棒的球迷前面延續我的職業生涯，是至高無上的榮耀。」

賈吉停頓了一下，準備要談到接任隊長。在二十世紀初期，球隊被要求每隊要有一位隊長，並穿著球衣，以現在的角度來說，就像是總教練的角色，負責調度投手和野手，以及和裁判吵架。在當時總教練的職責只有管理球員在休息區的事務。一直到一九一〇年代中期，隊長的角色才開始變成非必要的。

統計到二〇二二年，總共有一千七百五十九位球員曾經在洋基隊大聯盟在場賽有出賽紀錄，其中只有十五位獲選為隊長：

177. 有些球隊的隊長球衣上會有一個「C」，例如紅襪隊，C代表英文「隊長」Captain。

一九〇三年到一九〇五年的克拉克‧葛里芬（Clark Griffith）、一九〇六年到一九〇八年的「小孩」諾曼‧艾伯菲爾德（Norman "Kid" Elberfeld）、一九〇九年的「威威利」奇勒（ "Wee Willie" Keeler）、一九一〇年到一九一一年的海爾‧切斯（Hal Chase）、一九一三年的法蘭克‧切恩斯（Frank Chance）、一九一三年的羅林‧薩伊德（Rollie Zeider）、一九一四年到一九二一年的羅傑‧佩金包（Roger Peckinpaugh）、一九二二年的貝比‧魯斯、一九三五年到一九三九年的盧‧蓋瑞格、一九七六年到一九七九年的瑟曼‧蒙森一九八二年到一九八四年的葛瑞格‧奈托斯（Graig Nettles）、一九八六年到一九八八年的威利‧藍道夫、一九八六年到一九八八年的朗‧吉德里、一九九一年到一九九五年的唐‧麥丁利，還有二〇〇三年到二〇一四年的德瑞克‧基特。

「我看這張名單，真的是很厲害。」賈吉說。「不只是很強的球員，而是棒球界的代表人物，也是紐約洋基隊的代表人物。他們每天都對於自己的工作感到自豪，把同樣的態度帶到場外，代表了洋基隊的精神。」

在離開洋基球場之前，賈吉穿上背後繡有六十二號的洋基隊球衣，呼應當年馬里斯在一九六一年最後一場比賽後，他和沙爾‧杜蘭特一起拿著六十一號球衣的照片。賈吉也到紀念碑公園參觀，他特別注意到馬里斯的匾額上寫著「遲來的認可」，上頭刻著一九八四年七月二十一日。而記者會這天，正好是距離洋基隊開幕日九十九天的日子。那一天賈吉將會穿著洋基隊條紋球衣，從一壘側休息區，帶領著洋基隊隊友一起上場。

「我腦中真的一直有個畫面，我想像我們在洋基球場拿下冠軍。」賈吉說。「全場爆滿的球迷，世界大賽第六戰，我想像我在右外野，第九局，最後一局，一出局，你感覺到全場觀眾越來越興奮。突然之間，打者擊出游擊方向滾地球，兩人出局。」

「我腦中之所有那個畫面一定有什麼原因。我從右外野衝向內野，大家疊在一起，整座城市都瘋了。我希望有些觀眾像七〇年代那樣衝進場內，你聽過之前有人做過，你也幻想有一天會遇到。這些畫面是

我每天打球的動力。」

而六十二轟已經是過去式。該創造新的歷史了。

亞倫‧賈吉六十二轟全壘打數據紀錄

亞倫・賈吉二〇二二年全壘打追逐紀錄

日期	球種	球速 （英里）	投手	對戰球隊	擊
2022.04.13	伸卡球	92	Berríos, José 右投手	多倫多藍鳥隊	1(
2022.04.22	四縫線速球	91	Morgan, Eli 右投手	克里夫蘭守護者隊	1
2022.04.22	四縫線速球	92	Tully, Tanner 左投手	克里夫蘭守護者隊	1
2022.04.26	曲球	72	Wells, Alex 左投手	巴爾的摩金鶯隊	98
2022.04.28	滑球	84	Fry, Paul 左投手	巴爾的摩金鶯隊	1
2022.04.29	四縫線速球	98	Coleman, Dylan 右投手	堪薩斯皇家隊	1(
2022.05.01	四縫線速球	94	Lynch, Daniel 左投手	堪薩斯皇家隊	1
2022.05.01	伸卡球	98	Staumont, Josh 右投手	堪薩斯皇家隊	1(
2022.05.03	四縫線速球	96	Manoah, Alek 右投手	多倫多藍鳥隊	1
2022.05.10	滑球	84	Romano, Jordan 右投手	多倫多藍鳥隊	12
2022.05.12	四縫線速球	95	Burr, Ryan 右投手	芝加哥白襪隊	1
2022.05.13	四縫線速球	93	Velasquez, Vince 右投手	芝加哥白襪隊	1(
2022.05.17	四縫線速球	92	Watkins, Spenser 右投手	巴爾的摩金鶯隊	1(
2022.05.17	滑球	79	Krehbiel, Joey 右投手	巴爾的摩金鶯隊	1
2022.05.22	伸卡球	97	Graveman, Kendall 右投手	芝加哥白襪隊	1
2022.05.23	伸卡球	90	Lyles, Jordan 右投手	巴爾的摩金鶯隊	1
2022.05.23	滑球	80	Lyles, Jordan 右投手	巴爾的摩金鶯隊	1(
2022.05.29	四縫線速球	91	Poche, Colin 左投手	坦帕灣光芒隊	1(
2022.06.02	滑球	86	Ohtani, Shohei 右投手	洛杉磯天使隊	1(
2022.06.03	四縫線速球	94	Rodriguez, Elvin 右投手	底特律老虎隊	1
2022.06.04	四縫線速球	95	Brieske, Beau 右投手	底特律老虎隊	1

預測飛行距離（英尺）	當下球數	局數	打席結果
413	零好零壞	五局下半	第一號，中左外野方向全壘打
397	一好三壞	三局下半	第二號，右外野方向全壘打，DJ‧拉梅修得分
364	兩好三壞	五局下半	第三號，右外野方向平飛球全壘打
392	一好零壞	八局下半	第四號，左外野方向全壘打
415	一好三壞	八局下半	第五號，中左外野方向全壘打，凱爾‧東岡得分，DJ‧拉梅修得分
389	一好零壞	七局上半	第六號，中右外野方向全壘打，凱爾‧東岡得分，DJ‧拉梅修得分
453	零好一壞	一局上半	第七號，右外野方向全壘打
395	零好兩壞	九局上半	第八號，中右外野方向全壘打
427	兩好三壞	六局上半	第九號，左外野方向全壘打
414	兩好一壞	九局下半	第十號，中左外野方向全壘打，荷西‧崔維諾得分，DJ‧拉梅修得分
456	兩好三壞	七局上半	第十一號，中左外野方向全壘打
355	兩好零壞	四局上半	第十二號，右外野方向全壘打
410	兩好兩壞	三局上半	第十三號，右外野方向全壘打
422	零好一壞	五局上半	第十四號，右外野方向全壘打
431	兩好零壞	八局下半	第十五號，左外野方向全壘打
418	一好一壞	一局下半	第十六號，右外野方向全壘打
405	兩好兩壞	五局下半	第十七號，左外野方向全壘打，安東尼‧瑞佐得分
420	零好一壞	八局上半	第十八號，右外野方向全壘打
405	兩好一壞	三局下半	第十九號，中左外野方向平飛球全壘打
420	一好兩壞	三局下半	第二十號，右外野方向全壘打
405	零好零壞	一局下半	第二十一號全壘打，中右外野方向全壘打

亞倫‧賈吉二〇二二年全壘打追逐紀錄（續）

日期	球種	球速 （英里）	投手	對戰球隊	擊球 （英里
2022.06.07	四縫線速球	93	Sands, Cole 右投手	明尼蘇達雙城隊	10?
2022.06.11	四縫線速球	90	Swarmer, Matt 右投手	芝加哥小熊隊	10?
2022.06.11	四縫線速球	91	Swarmer, Matt 右投手	芝加哥小熊隊	11?
2022.06.15	曲球	84	McClanahan, Shane 左投手	坦帕灣光芒隊	10?
2022.06.22	滑球	86	Baz, Shane 右投手	坦帕灣光芒隊	99.
2022.06.22	曲球	75	Poche, Colin 左投手	坦帕灣光芒隊	10?
2022.06.26	滑球	80	Martinez, Seth 右投手	休士頓太空人隊	11?
2022.06.29	伸卡球	91	Irvin, Cole 左投手	奧克蘭運動家隊	11
2022.07.06	伸卡球	94	Bañuelos, Manny 左投手	匹茲堡海盜隊	11
2022.07.14	四縫線速球	95	Hoffman, Jeff 右投手	辛辛那提紅人隊	11
2022.07.16	滑球	86	Pivetta, Nick 右投手	波士頓紅襪隊	10
2022.07.16	滑球	86	Ort, Kaleb 右投手	波士頓紅襪隊	10
2022.07.21	伸卡球	94	Bielak, Brandon 右投手	休士頓太空人隊	11
2022.07.22	四縫線速球	94	Wells, Tyler 右投手	巴爾的摩金鶯隊	10
2022.07.22	變速球	87	Wells, Tyler 右投手	巴爾的摩金鶯隊	11
2022.07.24	曲球	76	Kremer, Dean 右投手	巴爾的摩金鶯隊	11
2022.07.26	四縫線速球	97	Walker, Taijuan 右投手	紐約大都會隊	11
2022.07.28	四縫線速球	95	Barlow, Scott 右投手	堪薩斯皇家隊	10
2022.07.29	變速球	81	Bubic, Kris 左投手	堪薩斯皇家隊	11
2022.07.29	變速球	86	Kowar, Jackson 右投手	堪薩斯皇家隊	10
2022.07.30	四縫線速球	95	Heasley, Jonathan 右投手	堪薩斯皇家隊	10

預測飛行距離（英尺）	當下球數	局數	打席結果
431	兩好兩壞	一局上半	第二十二號，右外野方向全壘打，DJ・拉梅修得分
383	零好一壞	一局下半	第二十三號，左外野方向全壘打
431	零好一壞	五局下半	第二十四號，中左外野方向平飛球全壘打
364	兩好三壞	一局下半	第二十五號，中右外野方向全壘打
396	零好零壞	四局上半	第二十六號，左外野方向全壘打
406	兩好一壞	七局上半	第二十七號，左外野方向全壘打
417	一好零壞	十局下半	第二十八號，中左外野方向平飛球全壘打，亞倫・希克斯得分，麥特・卡本特得分
429	兩好三壞	一局下半	第二十九號，左外野方向全壘打，DJ・拉梅修得分
419	一好零壞	八局上半	第三十號，左外野方向滿貫砲，艾西亞・凱納弗拉法得分，凱爾・東岡得分，DJ・拉梅修得分
435	一好兩壞	八局下半	第三十一號，右外野方向全壘打
401	兩好三壞	五局下半	第三十二號，中左外野方向全壘打
444	零好零壞	六局下半	第三十三號，右外野方向全壘打，DJ・拉梅修得分
410	一好兩壞	九局上半	第三十四號，左外野方向全壘打，艾西亞・凱納弗拉法得分，DJ・拉梅修得分
436	一好兩壞	三局上半	第三十五號，右外野方向全壘打，喬伊・蓋洛得分，DJ・拉梅修得分
465	一好兩壞	五局上半	第三十六號，右外野方向全壘打
456	一好一壞	三局上半	第三十七號，左外野方向全壘打，DJ・拉梅修得分
423	兩好三壞	一局上半	第三十八號，中右外野方向全壘打
431	零好零壞	九局下半	第三十九號，右外野方向全壘打
449	零好兩壞	三局下半	第四十號，中左外野方向全壘打，DJ・拉梅修得分
370	零好零壞	八局下半	第四十一號，中右外野方向滿貫砲，亞倫・希克斯得分，艾西亞・凱納弗拉法得分，DJ・拉梅修得分
364	兩好兩壞	二局下半	第四十二號全壘打，中右外野平飛球全壘打，荷西・崔維諾得分

亞倫・賈吉二〇二二年全壘打追逐紀錄（續）

日期	球種	球速 （英里）	投手	對戰球隊	擊 （英
2022/08/01	卡特球	87	Gonzales, Marco 左投手	西雅圖水手隊	10
2022/08/08	滑球	89	Borucki, Ryan 左投手	西雅圖水手隊	10
2022/08/10	滑球	80	Murfee, Penn 右投手	西雅圖水手隊	10
2022/08/12	四縫線速球	93	Eovaldi, Nathan 右投手	波士頓紅襪隊	11
2022/08/22	四縫線速球	96	Scherzer, Max 右投手	紐約大都會隊	10
2022/08/23	伸卡球	95	Walker, Taijuan 右投手	紐約大都會隊	11
2022/08/26	滑球	79	Sears, JP 左投手	奧克蘭運動家隊	10
2022/08/29	滑球	81	Tepera, Ryan 右投手	洛杉磯天使隊	11
2022/08/30	四縫線速球	95	Mayers, Mike 右投手	洛杉磯天使隊	10
2022/09/03	變速球	90	Adam, Jason 右投手	坦帕灣光芒隊	10
2022/09/04	伸卡球	94	Armstrong, Shawn 右投手	坦帕灣光芒隊	11
2022/09/05	滑球	88	Megill, Trevor 右投手	明尼蘇達雙城隊	10
2022/09/07	變速球	85	Varland, Louie 右投手	明尼蘇達雙城隊	10
2022/09/13	彈指曲球	76	Pivetta, Nick 右投手	波士頓紅襪隊	10
2022/09/13	滑球	87	Whitlock, Garrett 右投手	波士頓紅襪隊	10
2022/09/18	伸卡球	92	Alexander, Jason 右投手	密爾瓦基釀酒人隊	11
2022/09/18	滑球	87	Perdomo, Luis 右投手	密爾瓦基釀酒人隊	11
2022/09/20	伸卡球	95	Crowe, Wil 右投手	匹茲堡海盜隊	11
2022/09/28	伸卡球	95	Mayza, Tim 左投手	多倫多藍鳥隊	11
2022/10/04	滑球	88	Tinoco, Jesús 右投手	德州遊騎兵隊	10

預測飛行距離（英尺）	當下球數	局數	打席結果
420	零好零壞	二局下半	第四十三號，右外野方向全壘打，DJ‧拉梅修得分
423	兩好兩壞	九局上半	第四十四號，右外野方向全壘打
412	零好零壞	七局上半	第四十五號，左外野方向全壘打
429	零好一壞	三局上半	第四十六號，中左外野方向全壘打
383	一好一壞	三局下半	第四十七號，右外野方向全壘打
453	兩好三壞	四局下半	第四十八號，左外野方向全壘打
427	零好零壞	五局上半	第四十九號，右外野方向全壘打，奧斯瓦多‧卡布雷拉得分，DJ‧拉梅修得分
434	一好一壞	八局上半	第五十號全壘打，右外野方向全壘打
378	兩好一壞	四局上半	第五十一號，中右外野方向全壘打，DJ‧拉梅修得分，安德魯‧班尼坦迪得分
392	零好一壞	九局上半	第五十二號，中右外野方向全壘打
450	零好一壞	一局上半	第五十三號，左外野方向全壘打
404	一好三壞	六局下半	第五十四號，左外野方向全壘打，蓋雷伯‧托瑞斯得分
374	一好兩壞	四局下半	第五十五號，左外野方向全壘打
383	零好零壞	六局上半	第五十六號，中右外野方向全壘打
389	一好一壞	八局上半	第五十七號，左外野方向全壘打
414	零好兩壞	三局上半	第五十八號，中右外野方向全壘打
443	兩好一壞	七局上半	第五十九號，中左外野方向全壘打
430	一好三壞	九局下半	第六十號，中左外野方向全壘打
394	兩好三壞	七局上半	第六十一號，左外野方向全壘打，亞倫‧希克斯得分
391	一好一壞	一局上半	第六十二號，左外野方向全壘打

亞倫‧賈吉 Aaron Judge

全名：亞倫‧賈吉	右打
守備位置：外野手	右投
六呎七吋，兩百八十二磅	出生於一九九二年四月二十六日，加州林登

選秀經歷：二〇一〇年，在選秀會第三十一輪被奧客蘭運動家隊選中（加州林登高中）。二〇一三年，在選秀會第一輪被紐約洋基隊選中（加州州立大學弗雷斯諾分校）。

年分	球隊	出賽場次	打數	得分	安打	壘打數	二壘安打	三壘安打	全壘打	打點	保送	故意四壞	三振	盜壘	盜壘失敗	打擊率	上壘率	長打率	攻擊指數
2016	紐約洋基隊	27	84	10	15	29	2	0	4	10	9	0	42	0	1	.179	.263	.345	.608
2017	紐約洋基隊	155	542	128	154	340	24	3	52	114	127	11	208	9	4	.284	.422	.627	1.049
2018	紐約洋基隊	112	413	77	115	218	22	2	27	67	76	3	152	6	3	.278	.392	.528	.920
2019	紐約洋基隊	102	378	75	103	204	18	1	27	55	64	4	141	3	2	.272	.381	.540	.921
2020	紐約洋基隊	28	101	23	26	56	3	0	9	22	10	0	32	0	1	.257	.366	.554	.890
2021	紐約洋基隊	148	550	89	158	299	24	0	39	98	75	2	158	6	1	.287	.373	.544	.917
2022	紐約洋基隊	157	570	133	177	391	28	0	62	131	111	19	175	16	3	.311	.425	.686	1.111
大聯盟生涯		729	2638	535	748	1537	121	4	220	497	472	39	908	40	15	.284	.394	.583	.977

生涯成就

洋基隊史第十六任隊長

美國聯盟年度最有價值球員：二〇二二年

全明星賽入選：二〇一七年、二〇一八年、二〇二一年、二〇二二年、二〇二三年

美國聯盟漢克‧阿倫獎：二〇二二年

美國聯盟年度新人獎：二〇一七年

美國聯盟銀棒獎：二〇一七年、二〇二一年、二〇二二年

美國聯盟單季全壘打紀錄：六十二支全壘打（二〇二二年）

《美聯社》年度男性運動員：二〇二二年

威爾森年度防守獎，右外野手：二〇一九年

《棒球美國》年度球員：二〇二二年

《棒球美國》年度新人：二〇一七年

《體育新聞》雜誌年度球員：二〇二二年

《體育新聞》雜誌年度新人：二〇一七年

大聯盟第一隊：二〇二一年、二〇二二年

亞倫·賈吉第六十二號全壘打比賽紀錄

ACKNOWLEDGMENTS

致謝

亞倫‧賈吉忍不住笑了。

那天我在洋基球場,在賈吉的置物櫃前,跟他說我正在思考寫一本關於他六十二轟全壘打的書,他看起來不為所動。市面上已經有其他關於賈吉的書,他在世界中心紐約打球,而且又是明星球員,有這樣的待遇並不意外。

然後我開始解釋我的構思,我想寫的不只是以偉大紀錄為主的傳記,也不是記錄賽季中每一場比賽的表現。這會是一本關於洋基隊的書,記錄他的洋基隊在這一年高低起伏的過程。

從洋基隊輝煌的右外野歷史開始談起,貝比‧魯斯、羅傑‧馬里斯到亞倫‧賈吉。把過去的傳奇重新帶回到現代,讓這一代的球迷再度回顧歷史。

聽到這裡,賈吉露出靦腆的笑容,跟二〇一三年那年我在奧克蘭競技場看到的笑容一樣。那個球迷喜愛的招牌笑容。

為了這本書,我訪問賈吉的隊友們,聊聊二〇二二年除了六十二轟之外最喜歡的時刻,這是一個很好開啟話題的方式。我是真的很好

340

奇，在球季結束之後，什麼對他們來說才是印象深刻的事情。很多人都說賈吉在五月十日面對藍鳥隊擊出的再見全壘打是印象最深刻的。而我們對此有不同的看法。

對我來說，那一發全壘打不是印象最深刻的，也不是在多倫多的第六十一轟，甚至不是在德州的第六十二轟。而是九月在密爾瓦基的系列賽。

那個週末我開著家裡的休旅車，載著我的太太康妮和我的兩個女兒佩妮和梅迪，到波士頓看基襪大戰。我們原本計畫在忙碌的季後賽之前，要去新英格蘭地區度假，而那時賈吉在芬威球場擊出第五十六號和第五十七號全壘打。大聯盟官網的編輯希望我能去密爾瓦基一趟，萬一賈吉擊出第六十號、第六十一號或是第六十二號全壘打時，我能在現場。

沒問題，我也不想錯過歷史一刻。但我要解決家裡的休旅車和小孩的問題。康妮說她願意自己開回紐約，這樣我就可以從波士頓飛去密爾瓦基。但我太愛我太太和我們一家人了，和一家人總是開心地開車旅行的時光。所以當賈吉和隊友去看波茲‧馬龍演唱會時，我們一家四口，正在前往密爾瓦基的路上，這一趟路要開十六小時，橫跨六大州。抵達密爾瓦基的時候，大約是清晨四點鐘。

那趟旅程很棒。我們和佛茲[178]銅像拍照，還教兩個女兒唱影集《拉維恩和雪莉》（Laverne & Shirley）的主題曲，還品嘗了威斯康辛州許多種切達起司。真正精彩的發生在那個週末，我在記者室裡工作，康妮和小孩們在釀酒人隊的美國家庭球場走走晃晃。在局間時，賈吉拋球給我六歲的女兒佩妮，而且他們目睹了第五十八號和第五十九號全壘打。

這真的贏得人心啊。二十年後，佩妮和梅迪靠著這本書的版稅養大，念到了大學（嘿，這的確有可能），她們可能還會記得那個週末。就像一九六一年，那些看到馬里斯從崔西‧史多爾德手中擊出全壘打的球迷一樣。棒球能夠神奇地連結各個世代，看著馬里斯和米奇‧曼托長大的球迷，能夠欣賞和討論瑟曼‧蒙森、唐‧麥丁利、德瑞克‧基特和賈吉時代的表現。我衷心希望這本書也能連結不同世代的球迷。

341

178. 《歡樂時光》（Happy Days）影集裡的角色。

每一個球季都代表了不同的挑戰，很幸運地我們擁有絕佳的全明星陣容，包括了我的父母親、雷（Ray）、艾莉（Eileen）、喬安（Joan）、艾力克斯（Alex）、艾莉森（Allison）、布萊恩（Brian）、丹娜（Danna）、厄尼（Ernie）、法蘭西斯卡（Francesca）、葛里芬（Griffin）、哈洛德（Harold）、潔絲琳（Jacyln）、賈克伯（Jacob）、傑利（Jerri）、茱莉亞（Julia）、喬安娜（Joanna）、喬（Joe）、琳達（Linda）、路卡（Luca）、雷蒙（Raymond）、莎曼珊（Samantha）、賽斯（Seth）、肖恩（Shawn）、史蒂夫（Steve）和所有「史瓦幫」（Schwab Mob）的成員們，你們幫助了這本書的誕生。我們感謝你的愛與支持。

很榮幸在一月的時候，有機會擔任紐約棒球作家協會晚宴的司儀，宣布賈吉成為美國聯盟年度最有價值球員獎，但對於我來說，我的 MVP 永遠屬於康妮。我愛你，我對你的感謝超過文字能表達的。這世界沒有人比你更瞭解我。謝謝你在截稿前，總是提醒我保持輕鬆和歡樂。就像布魯斯・史普林斯汀（Bruce Springsteen）所說的：「某天當我們回首，一切就像喜劇一樣。」

佩妮和梅迪，你們是我的年度最佳新人。佩妮，你開朗的個性是一種稀有的天賦，你對人生充滿熱情，為我們家帶來很多歡樂。梅迪，你有一顆溫暖的心，機智風趣，還有充滿感染力的笑聲，這些特質能讓你有很美好的未來。老爸老媽，我永遠以你們為榮，我只希望你們長慢一點。你是我們的月亮和星星，我們愛你。

謝謝你，亞倫・賈吉、莎曼珊・賈吉、佩蒂・賈吉和韋恩・賈吉，你們幫助我完成紐約運動史上最引人入勝的故事之一。

我非常感謝小羅傑・馬里斯和亞倫・布恩，感謝你們寫的前言和序文。

沒有紐約洋基隊的球員們、教練們和管理階層工作人員們願意接受我的採訪，這本書不會問世。累積好幾個小時親自面對面訪談，以及用電話和視訊採訪。我希望我們能有抓到你們對於此生難得經驗的看法。我也要感謝傑森・齊洛和洋基隊公關團隊這幾年來的幫助。

感謝轉播人員、記者和專欄作家們，因為你們的轉播和報導，提供了這本書很多的資料來源。你們幫助我們完整地了解棒球界在二〇

二二年的樣貌。我想要表揚我在大聯盟官網的同事和編輯，他們都是業界最棒的。尤其是葛雷格‧克雷曼（Gregg Klayman）、吉姆‧班克斯（Jim Banks）和亞圖羅‧帕達維拉（Arturo Pardavila）幫助我特別多。

我在洋基球場記者室優秀的記者同業們，每天不斷激勵我挑戰自己，來完成這本書。很榮幸能被優秀的大家督促，我很珍惜我們的革命情感。

感謝史黛西‧格利克（Stacey Glick）和 Dystel, Goderich & Bourret 的出版團隊，還有阿崔亞公司（Atria）尼可拉斯‧西阿尼（Nicholas Ciani）和衣芙歐瑪‧阿諾庫（Ifeoma Anyoku），有你們的協助才能讓這本書出現在書架上。蘿拉‧懷斯（Laura）和羅伯‧史騰尼斯基（Rob Sternitzky）在編輯工作上貢獻很多，讓這本書更上一層樓。

最重要的是，感謝棒球迷分享這一路的過程。沒錯，賈吉是轟出全壘打的人，但這段經驗不只是他一個人擁有，我們所有人都參與其中，我希望我們永遠不要忘記這段旅程。

AFTERWORD 譯後記

　　我不知道棒球之神是不是真的存在，如果真的存在的話，祂怎麼會讓紅襪迷去翻譯洋基隊長的書呢？當二十張出版社的主編秉哲傳訊息來，問我有沒有興趣翻譯《62》這本書時，我心中第一個念頭是「你怎麼會問一個紅襪迷呢？」

　　「雖然你是紅襪迷，但這趟旅程總是珍貴的，哈哈哈。」秉哲接著傳來訊息。

　　二〇二〇年接下《不完美的墜落：羅伊・哈勒戴》的翻譯工作時，我想到之前二〇一八年還是駐美記者的時候，因為採訪陳偉殷的任務到了費城，剛好遇上費城人隊表揚哈勒戴進入球隊名人堂的賽前儀式（那天是八月四日），感覺似乎冥冥之中有註定。而且那天還巧遇旅居美國的棒球作家方祖涵，我們一起在觀眾席觀禮，至今仍歷歷在目。

　　而就這麼剛好，亞倫・賈吉擊出平紀錄的第六十一號全壘打和破紀錄的第六十二號的全壘打的那兩場比賽，我都在緯來體育台陪大家一起看球。因為賽評並不是全職工作，屬於接案性質，雖然二〇二二年球季尾聲，體育台幾乎場場鎖定賈吉，但能恰好最重要的兩轟都排

3
4
4

到我，也算是一種緣分。

　　我印象比較深刻的是追平紀錄那一轟，因為在那之前賈吉已經連續七場沒有全壘打了，轉播的重點都在談論投手都對他投得很閃（十二次保送），打出去的瞬間就知道有了，鏡頭馬上帶到賈吉的母親和小馬里斯，那一陣子他們是曝光度最高的球迷，小馬里斯的發言也非常具有話題性。破紀錄那轟則是發生在例行賽倒數第二場的第一局，首打席的第三球就完成大家願望，來得非常快。第一時間除了看球飛出去，我注意到有現場球迷為了搶到全壘打球，奮不顧身地跳下去，但不確定最後到底是誰撿到了球，反而比較擔心跳下去的人有沒有受傷。在比賽過程中，就傳出幸運球迷非常有錢的錯誤傳聞（當時還不知道是錯誤的），我和當時搭配的張暘主播還在轉播中聊起這件事情。

　　我們和 YES 聯播網的資深主播麥可‧凱不同，在台灣播報大聯盟關鍵一刻的重要性相對並沒有那麼高，書中提到凱如何準備全壘打台詞，還有他對於自己的表現評價，以及聲音將隨著歷史畫面永遠流傳，就算資深如凱，瞬間反應還是有可能搞砸，一切無法重來，可想而知他的壓力有多麼巨大。

　　對了，既然這本書你已經拿在手中，也表示我最後還是答應主編秉哲接下翻譯工作。誠如他所說，這趟旅程的確讓我覺得很珍貴，從中學習到非常多東西，特別是歷史的部分，有些細節是我從來都不知道的。

　　平常每週一集的《Hito 大聯盟》節目，我和好搭擋李秉昇每一週都會選幾個主題深入討論，隨著翻譯這本書的進度，好像又再一次深度複習二〇二二年賽季，常常會想起我們在節目裡聊的內容，是一種很奇妙的感覺，好像旅程中似曾相識的畫面，一種既視感，既陌生又熟悉。

　　作者霍克是大聯盟官網的隨隊記者，不只記錄了賈吉本人在二〇二二年破紀錄的過程，還把周遭的大小事都記錄下來，可以說是一部紐約洋基隊編年史。對於剛開始看棒球的球迷朋友來說，不只能欣賞賈吉的史詩級表現，還能充分了解大聯盟和球隊運作的方式，見樹也見林。更重要的是，能透過賈吉來了解棒球的歷史、洋基隊的歷史（還

有洋基隊球迷）。作者把一九六二年的羅傑‧馬里斯和二〇二二年的賈吉做了很好的前後呼應，兩位洋基隊右外野手的個性和當時評價有很大的對比，但卻恰好地因為棒球史上最重要的紀錄之一而連結。巧合的是，電影《棒壇雙雄》的導演比利‧克里斯多正好為二〇二二年開幕戰開球，那時候誰又能料到這個球季正好跟馬里斯的紀錄息息相關呢？真的夠巧吧！

　　作者利用編排巧思，穿插歷史和現代，讓讀者感受到棒球跨時代的巧合，也是一種別具情懷的傳承，彷彿棒球之神真的存在。

　　我不知道棒球之神是不是真的存在，如果真的存在的話，祂怎麼會讓紅襪迷去翻譯洋基隊長的書呢？

譯者　王啟恩
ADAM WANG

NOTES

NOTES

註釋

前　言

P.015——「六十了！寫下來，六十轟！……」: Robert W. Creamer, Babe: The Legend Comes to Life (New York: Simon & Schuster, 1992), 309.

P.016——「魯斯無疑是棒球界最強的打者……」: "Babe Ruth Accepts Terms of Yankees," New York Times, January 7, 1920.

P.016——「我很高興不用再面對到他……」: Bill Francis, "One Hundred Years Later, Sale of Ruth to Yankees Remains Pivotal Point in History," National Baseball Hall of Fame, https://baseballhall.org/discover/sale-of-ruth-to-yankees-shookbaseballworld. Accessed: March 17, 2023.

P.019——「需要在紀錄本上特別註記貝比……」: Shirley Povich, "Frick's 'Asterisk' Demeaned Maris," Washington Post, September 7, 1991.

P.020——「當我擊出第六十一號全壘打的時候……」: Anthony Rieber, "Roger Maris' Home Run Chase a Far Cry from Aaron Judge's Experience," Newsday, Se ptember 17, 2022.

P.020——「因為我這一年做得比他好。」: Dave Anderson, "Baseball Finance Sets a Gall Standard," New York Times, February 11, 1990.

P.023——「不管大家怎麼看待那個時候的棒球……」: Tom Verducci, "Inside Aaron Judge's Season in the Shimmer," Sports Illustrated, September 13, 2022.

01.「好啦，我可以出去玩了嗎？」

P.028——「要記住，我們是一台明星跑車……」: John Cassidy, "Yankee Imperialist," New Yorker, June 30, 2002.

P.029——「全家人相親相愛，小孩能平安長大……」: "Patty Jacob Judge: 'Life Is Full of Surprises!'" HERLIFE Magazine, April 27, 2022, https://www.herlifemagazine.com/centralvalley/inspirations/patty-jacob-judge-life-is -full-of-surprises/.

P.029——「我們笑他像是米其林輪胎寶寶。」：Kevin Kernan, "'Blessed' Yankees prospect elicits Stargell, Stanton comps," New York Post, March 11, 2015.

P.029——「亞倫從小就知道要做什麼，他很早就知道是非對錯。」：Ibid.

P.030——「某一次練習時，有個人說……」：Randy Miller, "Aaron Judge's Path to Yankees Captain Traces to His Roots; Here Are His Favorite Stories," NJ Advance Media, March 18, 2015.

P.030——「這就是一切的意義。」：Ibid.

P.030——「我們在礦脈聯盟的美式足球比賽中……」：Mike Klocke, "A Linden Legend," Stockton Record, January 13, 2019.

P.031——「他們都是老師……」：Bob Klapisch, "Yankees' Aaron Judge Never Forgot His Roots," Bergen (NJ) Record, June 23, 2017.

P.031——「我就把名字輸入到系統裡……」：Ian O'Connor, "Former Yankees Scout Tim McIntosh on Aaron Judge: 'There Was Nothing There,'" New York Post, September 21, 2022.

P.032——「我父親常常提到他……」：Mike Mazzeo, "Aaron Judge Has a Big Fan in Yankees Great Dave Winfield," New York Daily News, April 23, 2017.

P.032—「我那時想：『這哪來的六呎七呆驢？……」：Jake Saldate and had Rothford, "Jordan Ribera," Hit or Die podcast, episode 172, September 13, 2022

P.033——「在他大一的時候……」：Jon Schwartz, "Aaron Everlasting," Yankees Magazine, March 23, 2020.

P.034——「好像在拿牙籤揮棒……」：Bryant-Jon Anteola, "Yankees See Judge Fit for First Round," Fresno Bee, June 7, 2013.

P.034——「當時很多球員用盡全力……」：Mark Feinsand. "Oral History of Yankees Drafting Aaron Judge," MLB.com, October 4, 2022, https://www.mlb.com/yankees/news/featured/oral-history-of-yankees-drafting-aaron-judge-c278026828.

P.036——「如果你去聽賈吉的訪問，他從來不會提到自己……」：Jake Saldate and Chad Rothford, "Jordan Ribera," Hit or Die podcast, episode 172: "Jordan Ribera," September 13, 2022.

P.036——「我很喜歡他的團隊精神……」：Anthony McCarron, "How Aaron Judge Became a Yankee: From Small-Town California Kid to Bombers Superstar," New York Daily News, October 5, 2022.

P.037——「不確定能不能適應這裡的生活。」：Bryant-Jon Anteola, "Yankees See Judge Fit for First Round," Fresno Bee, June 7, 2013.

P.038——「我永遠記得那一刻……」：Dan Martin, "Did He Call His Shot? Great Stories of an Older Derek Jeter," New York Post, May 13, 2017.

P.039——「即便我在查爾斯頓……」：Nathan Maciborski, "Might at the Museum," Yankees Magazine, July 12, 2022.

P.042——「他當時好像是說：『我該用九十九號嗎？』」：Ryan Ruocco and CC Sabathia, "Aaron Judge on the 2022 Lockout Offseason & His Baseball Future," R2C2 podcast, February 17, 2022.

02 快速啟動

P.047──「亞倫在二〇一六年打得很掙扎……」: Andy McCullough, "Before He Was Aaron Judge's Agent, David Matranga Was a Literal One-Hit Wonder," The Athletic, April 9, 2020, https://theathletic.com/1733815/2020/04/09/before-he -was-aaron-judges-agent-david-matranga-was-a-literal-one-hit-wonder/.

P.049──「當時有很多負面的反饋……」: Marc Carig, "If I'm going to fail, I'd rather fail my way." The Untold Story Behind the Rise of Aaron Judge," The Athletic, May 29, 2018, https://theathletic.com/369532/2018/05/29/if-im-going-to-fail-id-rather-fail-my-way-the-untold-story-behind-the-rise-of-yankees-superstar-aaron-judge/.

P.050──「亞當‧賈吉」: "Aaron Judge Asks Yankees Fans About Aaron Judge," The Tonight Show Starring Jimmy Fallon, May 15, 2017.

P.051──「我度過了全世界最棒的一段時光。」: "Sotomayor Joins Yankees Booth," MLB.com, August 31, 2017, https://www.mlb .com/video/sotomayor-joins-yankees-booth-c1796548483.

03 倒數計時

P.064──「棒球這項運動，你必須要反覆練習……」: Ryan Ruocco and CC Sabathia, "Josh Donaldson on Learning to Play Free," R2C2 podcast, April 13, 2022.

P.065──「我知道他們不以為意了。」: George A. King III, "Yankee Prank Catches Roger," New York Post, February 27, 1999.

P.065──「我當時是希望能聽到他的說法……」: Ryan Ruocco and CC Sabathia. "Josh Donaldson on Learning to Play Free," R2C2, April 13, 2022.

P.066──「去年只是預告片而已……」: Shi Davidi, "Guerrero Jr. Captures Blue Jays Outlook Perfectly with Trailer for Movie Quip," Sportsnet.ca, March 17, 2022, https://www.sportsnet.ca/mlb/article/guerrero-jr-captures-blue-jays-outlook-perfectly-with-trailer-for-movie-quip/.

P.070──「我們當時說的大概是……」: Sean Gregory, "Athlete of the Year: Aaron Judge," Time, December 6, 2022.

P.072──「有一位客人走過來跟我說……」: Associated Press, "Roger Surprised, Sorry to Leave KC," Binghamton Press and Sun-Bulletin, December 12, 1959.

P.072──「他告訴媒體來到洋基隊一點也不開心」: Maury Allen, Roger Maris: A Man for All Seasons (New York: Donald J. Fine, 1986), 104.

P.073──「聽好，小伙子……」: Tony Kubek and Terry Pluto, Sixty-One: The Team, the Record, the Men (New York: Simon & Schuster, 1989), 9.

P.073──「管他去死啦！」: Ibid.

P.074──「沒有人可以追到全壘打紀錄。」: Associated Press, "Despite 8 More Games in '61, Ruth Record Safe, Says Maris," Buffalo News, January 24, 1961.

P.075──「我再也不會在七十歲時犯錯了。」: George F. Will, "The Wonders of Being 70," Washington Post, May 6, 2011.

P.075──「我當時很用力地追……」: Ken Plutnicki, "Mantle's Knee Injury Was Just the Start," New

York Times, May 4, 2012.

P.076──「我希望很多事能夠重來。」: Tony Kubek and Terry Pluto, Sixty-One: The Team, the Record, the Men. (New York: Simon & Schuster), 1989, 241.

P.076──「我希望他能夠打一百六十二場⋯⋯」: Miles Coverdale Jr., The 1960s in Sports (Lanham, MD: Rowman & Littlefield, 2020), 65.

04 全力揮擊

P.079──「當你打開瑞吉巧克力⋯⋯」: Mike Downey, "Reflections on Reggie, Number 44," Los Angeles Times, August 2, 1993.

P.080──「他在谷歌上面找到我們。」: Jeff Seidel, "Crazy Story of Why a Waterford Baseball Facility Shut Down for a Pair of New York Yankees," Detroit Free Press, April 21, 2022.

P.080──「我對天發誓⋯⋯」: Ibid.

P.081──「全壘打會來的⋯⋯」: Dan Martin, "Aaron Judge Reveals Early Regrets about Tu0rning Down Yankees Offer," New York Post, November 10, 2022.

P.083──「他很適合洋基球場。」: Jake Saldate and Chad Rothford, "Mike Batesole," Hit or Die podcast, episode 35, January 6, 2020.

P.084──「他們對關說的有些話⋯⋯」: Paul Hoynes, "Guardians' Oscar Mercado, Myles Straw Go Toe-to-Toe with Yankee Stadium's Bleacher Creatures." Cleveland.com, April 24, 2022, https://www.cleveland.com/guardians/2022/04/guardians-oscar-mercado-myles-straw-go-toe-to-toe-with-yankee-stadiums-bleacher-creatures.html.

P.084──「嘴巴長在別人身上。」: Mark W. Sanchez, "Guardians' Myles Straw Got Death Threats after Ugly Yankees Fan Incident," New York Post, October 10, 2022.

P.086──「這幾年來，我從瑞佐身上學到⋯⋯」: Leadership in the Clubhouse, Aaron Judge and Anthony Rizzo, All Rise Foundation, January 24, 2023.

P.087──「有很多次在我打出全壘打之後⋯⋯」: Ibid.

P.084──「老實說，他就跟我們預期的一樣。」: David Haugh and Bruce Levine, "Brian Cashman Shares What He Learned from Ryan Poles, Calls Jameson Taillon 'A Gamer,'" Inside the Clubhouse, 670 The Score, February 4, 2023.

P.092──「還需要再研究一下」: Paul Sullivan, "Anthony Rizzo draws backlash for opting not to get the COVID-19 vaccine," Chicago Tribune, June 11, 2021.

05 最佳視野

P.103──「我差不多該退休了。」: Erik Boland, "Rob Thomson, Kevin Long remember Aaron Judge's noisy first impression," Newsday, October 29, 2022.

P.106──「如果你失投了，他們會把握住機會。」: Tim Stebbins, "Yankees Providing Tough Early Test for White Sox," NBC Sports Chicago, May 14, 2022, https://www.nbcsports.com/chicago/white-sox/yankees-rough-white-sox-vince-velasquez

-providing-tough-test.

P.106——「要觸他的時候，往他身上靠了一下……」：Scott Merkin,〝Velasquez Guts It out amid Tough Stretch for Sox,〞MLB.com, February 8, 2023, ttps://www.mlb.com/news/vince-velasquez-strong-against-yankees.

P.110——「手不黏就沒用了啦！」：Steven Taranto.〝Ozzie Guillen Unloads on Josh Donaldson for Accusing White Sox's Lucas Giolito of Cheating,〞CBSSports.com, July 1, 2021, https://www.cbssports.com/mlb/news/ozzie-guillen-unloads-on-josh-donaldson-for-accusing-white-soxs-lucas-giolito-of-cheating

P.110——「我覺得自己像是現代的傑奇‧羅賓森。」：Stephanie Apstein,〝Tim Anderson Is Going to Play the Game His Way,〞Sports Illustrated, April 30, 2019.

P.112——「如果你有些小圈圈才懂的笑點……」：LaMond Pope,〝〝Utter bull(bleep)〞：Chicago White Sox Closer Liam Hendriks Rejects Josh Donaldson's Explanation for His〝Jackie〞Comment,〞Chicago Tribune, May 22, 2022.

P.113——「在某一天，警察到家裡來找我爸……」：Susan Slusser,〝A's Donaldson Takes Nothing for Granted,〞San Francisco Chronicle, May 23, 2013.

P.114——「他媽的給我閉嘴。」：Andy McCullough,〝Tim Anderson Silences Yankee Stadium as White Sox Sweep Doubleheader,〞The Athletic, May 22, 2022, https://theathletic.com/3328174/2022/05/22/tim-anderson-silences-yankee-stadium-as-white-sox-sweep-doubleheader/.

P.122——「我沒坐到椅子。」：Maria Guardado,〝Eppler〝Stunned〞by Ohtani Choosing Angels,〞MLB.com, December 10, 2017, https://www.mlb.com/news/angels-billy-eppler-stunned-by-ohtani-news-c263195818.

P.126——「打擊率連他早餐錢一塊七都還不到……」：Phil Pepe, 1961: The Inside Story of the Maris-Mantle Home Run Chase. (Chicago: Triumph, 2011), 67.

P.127——「我們希望你不要再擔心打擊。」：Maury Allen, Roger Maris: A Man for All Seasons (New York: Donald I. Fine, 1986), 130.

P.127——「不管你怎麼說……」：Tony Kubek and Terry Pluto, Sixty-One: The Team, the record, the Men (New York: Simon & Schuster, 1989), 25.

06 難關將至

P.134——「休賽季是我奠定基礎和建立肌力的時期。」：Matthew Jussim,〝Yankees Star Aaron Judge Is Already a Home Run–Hitting Goliath. Here's How He Trains to Get Even Better,〞Muscle & Fitness, May 16, 2018, https://www.muscleandfitness.com/athletes-celebrities/interviews/yankees-star-aaron-judge-already-home-run-hitting-goliath-heres-how/.

P.135——「老爸總是說紀錄就是要被打破的。」：Dan Martin,〝Roger Maris Jr. Would Be〝Very Happy〞If Aaron Judge Breaks Dad's Record,〞New York Post, June 9, 2022.

P.136——「我學會在場上面對打者時調整策略……」：Ted Schwerlzer,〝Cole Sands Finding Success through Consistency, Twins Daily, July 1, 2022, https://twinsdaily.com/news-rumors/minnesota-twins/cole-sands-finding-success-through-consistency-r12588/.

P.137——「我顯然沒有很想念紐約。」: Maddie Lee, "Cubs' Clint Frazier: Hard to Understand 'Where It Went Wrong' with Yankees," Chicago Sun-Times, June 9, 2022.

P.138——「我非常挑食……」: Gordon Wittenmyer, "Cubs' Frazier Reveals Newly Discovered Weight-Loss Secret," NBC Sports Chicago, May 29, 2022, https://www.nbcsports.com/chicago/cubs/cubs-clint-frazier-reveals-effective-new-iowa-weight-loss-plan.

P.142——「老實說，這像是內野手手套。」: Nathan Maciborski, "Might at the Museum," Yankees Magazine, July 12, 2022, https://www.mlb.com/news/yankees-magazine-might-at-the-museum.

P.144——「有時候只是旁邊的人說了一句……」: Leadership in the Clubhouse, Aaron Judge and Anthony Rizzo, All Rise Foundation, January 24, 2023.

P.154——「你看到他的照片……」: Peter Botte, "Aaron Judge, Yankees Get Taste of Roberto Clemente's Legacy in Pittsburgh," New York Post, July 5, 2022.

P.154——「回到球場看到這些球迷，讓我很開心。」: Kevin Gorman, " 'It Gives Me a Thrill' :1960 World Series Hero Bill Mazeroski Returns for Pirates-Yankees Opener," Pittsburgh Post-Gazette, July 5, 2022.

07 好萊塢巨星

P.162——「我第一球丟滑球想搶好球數……」: Chris Kirschner, "Inside Aaron Judge's Astonishing March to MLB, and Yankees, History, One Home Run at a Time," The Athletic, October 4, 2022. https://theathletic.com/3615387/2022/10/04/aaron-judge-hr-chase/.

P.164——「讓我愛上棒球的地方」: Austin Laymance, "Stanton doubles down on #ASGWorthy case." MLB.com, May 21, 2017. https://www.mlb.com/news/marlins-giancarlo-stanton-hits-3-doubles-c231522656.

P.165——「我要去哪裡才接得到？」: Mark Saxon, "Mike Bolsinger Laughs Off Giancarlo Stanton's Blast," ESPN.com, May 13, 2015. https://www.espn.com/blog/los-angeles/dodger-report/post/_/id/14302/mike-bolsinger-laughs-off-stantons-blast.

P.167——「我知道他球速不快……」: Greg Joyce, "The Moments That Launched the Underdog Yankees Legend of Nestor Cortes," New York Post, May 26, 2022.

P.168——「為什麼我在小聯盟獲得成功的方式無法套用在大聯盟？」: Adam Kilgore, "Nestor Cortes Wasn't Sure He Had a Job. Now He's the Yankees' Best Pitcher," Washington Post, May 20, 2022.

P.169——「我在邁阿密長大。」: Ibid.

P.175——「我跟你說，我沒有想到過貝比魯斯……」: Tony Kubek and Terry Pluto, Sixty-One: The Team, the Record, the Men (New York: Simon & Schuster, 1989), 88.

P.175——「北方鄉巴佬羅傑」: Joe Trimble, "Rog the Red Thriving on Bad-Pitch Service," New York Daily News, June 20, 1961.

P.177——「我常跟馬里斯說……」, North Dakota" : Ibid.

P.177——「我喜歡皇后區的生活。」: Ibid.

P.178——「……堅稱棒球的構造三十五年來都沒有改變。」: Howard M. Tuckner, " '61 Ball May (Or May Not) Account for Homers," New York Times, August 14, 1961.

P.178——「研究結論完全不準確……」：Bradford William Davis, "Major League Baseball Used at Least Two Types of Balls Again This Year, and Evidence Points to a Third," Insider, December 6, 2022. https://www.insider.com/mlb-used-two-balls-again-this-year-and-evidence-points-to-a-third-2022-12.

08 再見一擊與魔法棒

P.180——「他們真的是我們的天敵。」：C. J. Nitkowski and Ryan Spilborghs, "Michael King," Loud Outs, MLB Network Radio on SiriusXM, February 3, 2023.

P.181——「我們現在是全聯盟戰績最佳的球隊。」：Randy Miller, "Yankees Realize They 'May Have to Slay the Dragon' after Astros Win 2 More 'Practice Tests,'" NJ Advance Media, July 22, 2022, https://www.nj.com/yankees/2022/07/yankees-realize-they-may-have-to-slay-the-dragon-after-astros-win-2-more-practice-tests.html

P.182——「最重要的是，我們要打敗大魔王，對吧？」：Ibid.

P.183——「看到他今年修正了打擊策略和揮棒機制……」：Chris Kirschner, "Inside Aaron Judge's Astonishing March to MLB, and Yankees, History, One Home Run at a Time," The Athletic, October 4, 2022, https://theathletic.com/3615387/2022/10/04/aaron-judge-hr-chase/.

P.183——「當你投在紅中……」：Andy Kostka, "Orioles Can't Overcome Aaron Judge's Two Homers in 7-6 Loss to Yankees to Start Second Half of S eason," Baltimore Sun, July 22, 2022.

P.184——「在聊過以後，我說……」：C. J. Nitkowski and Ryan Spilborghs, "Michael King," Loud Outs, MLB Network Radio on SiriusXM, February 3, 2023.

09 英雄與鬼魂

P.193——「當然，性愛是人的天性，而飲食也是。」："Frank Talk on Youth and Sex," Life, August 18, 1961.

P.194——「勞爾夫，你覺得我偷點怎樣？」："Math Muscles in on the Race against Ruth," Life, August 18, 1961.

P.195——「這是開給非明星球員的明星級合約。」：Buster Olney, "Baseball's Shyest Superstar; Highest-Paid Yankee Still Walks Alone," New York Times, July 15, 1999.

P.199——「以我來說，我會先自我介紹……」：Leadership in the Clubhouse. Aaron Judge and Anthony Rizzo, All Rise Foundation, January 24, 2023.

P.203——「我在紐約投球的時候很怕被噓。」：Ryan Ruocco and CC Sabathia, "Jordan Montgomery on Being Traded to Cardinals and Finding His Stride in St. Louis," R2C2 podcast, September 8, 2022.

P.206——「這不公平吧。」：Josh Horton, "Yank Aaron! Judge Hammers HR into Orbit," MLB.com, July 22, 2017. https://www.mlb.com/news/aaron-judge-s-homer-nearly-leaves-safeco-field-c243599652.

P.209——「如果他們不喜歡我……」：Brendan Kuty, "Yankees Fans Push It Too Far, Attack Isiah Kiner-Falefa's Father on Twitter," NJ Advance Media, August 15, 2022. https://www.nj.com/yankees/2022/08/yankees-fans-push-it-too-far-attack-isiah-kiner-falefas-father-on-twitter.html

P.212——「我知道他有多強。」: Anthony DiComo, "Scherzer's Birthday Gift: 3 K's of Judge," MLB. com, July 28, 2022. https://www.mlb.com/news/starling-marte-hits-walk-off-single-for-mets-vs-yankees.

P.213——「不管打得好還是不好，每天接受訪問其實很難熬。」: Leadership in the Clubhouse. Aaron Judge and Anthony Rizzo, All Rise Foundation, January 24, 2023.

P.215——「我還沒看過他用滑球對付我。」: Matt Kawahara, "A's, JP Sears fall 3-2 to Yankees on Aaron Judge's Blast," San Francisco Chronicle, August 26, 2022.

P.215——「在重播的時候……」: Leadership in the Clubhouse. Aaron Judge and Anthony Rizzo, All Rise Foundation, January 24, 2023.

P.215——「那天在奧克蘭競技場……」: Jake Saldate and Chad Rothford, "Jordan Ribera," Hit or Die podcast, episode 172, September 13, 2022.

P.218——「我在廁所遇到馬里斯，我們聊了起來。」: Tony Kubek and Terry Pluto, Sixty-One: The Team, the Record, the Men (New York: Simon & Schuster, 1989), 93.

P.218——「我希望看到兩位球員都能打破紀錄。」: Ibid., 96.

P.219——「像是被鐵烙了一樣」: Jane Leavy, "The Last Boy," Grantland, October 10, 2011. https:// grantland.com/features/the-last-boy/.

P.220——「我想我在一九六一年時有機會破紀錄。」: Tony Kubek and Terry Pluto, Sixty-One: The Team, The Record, The Men (New York: Simon & Schuster, 1989), 229.

P.220——「有好幾次羅傑說……」: Ibid., 29.

P.220——「我跟你說，我對於大家和記者怎麼說羅傑感覺到很難過。」: Ibid., 25.

P.221——「我沒了，結束了……」: Ibid., 116.

P.221——「好了，這是你最後一次機會囉。」: Ibid., 118.

P.222——「我如果有那顆球當然很好……」: Roger Kahn, "Pursuit of No. 60: The Ordeal of Roger Maris," Sports Illustrated, October 2, 1961.

10 無與倫比

P.225——「他們靠打擊領薪水……」: Jeff Fletcher, "Mike Mayers Allows 3 Homers in Rough Start, Ending Angels' Winning Streak," Orange County Register, August 30, 2022.

P.226——「他手感正熱。」: Ibid.

P.232——「亞倫·賈吉敲了你一發全壘打。」: Starter Sports Training, Twitter Post, December 29, 2022, 11:03 AM. https://twitter.com/starters_sports/status/1608493879191281670.

P.235——「身為反派角色……」: Scott Orgera, "Correa Answers Boos with Go-Ahead HR, Twins Top Yanks 4-3," Associated Press, September 9, 2022.

P.235——「她不想要去相信這件事。」: Mel Antonen, "McGwire Details Steroid Use," USA Today, January 11, 2011.

P.236——「他這位全壘打好手，未來前途無量……」: AJ Cassavell, "McGwire Congratulates Judge," MLB.com, September 25, 2017, https://www.mlb.com/news/mark-mcgwire-congratulates-aaron-judge-c256084264.

P.236——「我真的相信他有一天也會打破貝瑞‧邦茲的紀錄。」: Bob Nightengale, "Mark McGwire Thinks Aaron Judge Will Best Bonds and Pujols Is a Lock for 700," USA Today, September 11, 2022.

P.240——「他一擊出全壘打我就開始錄影……」: Chad Jennings, "'I Was in Disbelief': Yankees' Aaron Judge High-Fives Fan with Front Row Seat to History," The Athletic, September 14, 2022, https://theathletic.com/3592732/2022/09/13/aaron-judge-yankees-high-five-fan/.

P.242——「嚇死人了……」: Stacy Pressman, "The haunting of MLB's A-List," ESPN The Magazine, May 31, 2013. https://www.espn.com/mlb/story/_/id/9315544/justin-upton-more-mlb-players-spooked-milwaukee-haunted- hotel-espn-magazine.

P.244——「你必須用最好的武器球種對付他。」: Adam McCalvy, "Brewers on the wrong side of Judge's HR tear," MLB.com, September 18, 2022. https://www.mlb.com/news/brewers-lose-series-finale-allow-two-homers-to-aaron-judge.

P.244——「就是看他表演。」: Ibid.

11 追到你了

P.255——「現在是最糟的狀態。」: Tony Kubek and Terry Pluto, Sixty-One: The Team, the Record, the Men (New York: Simon & Schuster, 1989), 123.

P.255——「這是我人生中最興奮的時刻。」: Ibid.

P.255——「我累壞了,我需要休息一天。」: Ibid., 124.

P.276——「你不能休息,你要挑戰紀錄。」: Ibid.

P.256——「馬里斯住進精神病院」Ibid.

P.257——「我很高興破了六十轟的紀錄,但我真的好累。」Ibid., 129.

P.257——「我不會因此失眠的。」: Ibid.

P.257——「我盯著他投球動作和出手瞬間……」: Richard Sandomir, "Sal Durante, Who Caught a Bit of Baseball History, Dies at 81," New York Times, December 6, 2022.

P.257——「孩子,留著吧。」: Don Duncan, "Take 2: Sal Durante, Who Caught Roger Maris' 61st Homer, Remembers Trip to 1962 Seattle World's Fair," Seattle Times, October 11, 2016.

P.258——「現在你怎麼看這小朋友?」: Tony Kubek and Terry Pluto, Sixty-One: The Team, The Record, The Men (New York: Simon & Schuster, 1989), 129.

P.258——「我會說羅傑值得擁有這項紀錄……」: Richard Sandomir, "Sal Durante, Who Caught a Bit of Baseball History, Dies at 81," New York Times, December 6, 2022.

P.258——「可以請你寫上日期嗎?」: Mike Vaccaro, "Roger Maris Dished True Feelings to The Post after Breaking Home Run Record," New York Post, September 23, 2022.

12 六十一

P.261——「沒有多少人能做到那樣的守備……」: Randy Miller, "Red Sox Admit It: They're Also in Awe of Yankees' Aaron Judge, Who Just Burned Them with His Arm," NJ Advance Media, September 23, 2022. https://www.nj.com/yankees/2022/09/red-sox-admit-it-theyre-also-in-awe-of-yankees-aaron-judge-who-justburned-them-with-his-arm.html.

P.266——「現在我知道為什麼總教練會有胃潰瘍的問題了。」: Associated Press, "With Rocket

P.268——"「我想要對決他……」: Chris Kirschner, "Inside Aaron Judge's astonishing march to MLB, and Yankees, history, one home run at a time," The Athletic, October 4, 2022. https://theathletic. com/3615387/2022/10/04/aaron-judge-hr-chase/.

P.269——「他那個打席的品質很好。」: Ibid.

P.276——「你不敢相信自己做了什麼……」: Jordan Horrobin, "Fans Miss 61 HR Ball, Jays Bullpen Coach Gets It to Judge," Associated Press, September 29, 2022, https://apnews.com/article/mlb-sports-baseball-toronto-canada-3756f913e278b238e18cbe96e4bf5085.

P.271——「這幾天我接過此生最多的簡訊和電話。」: Gregory Strong, "Frankie Lasagna Back in the Kitchen at Italian Restaurant after Viral Baseball oment," Canadian Press, September 29, 2022.

P.271——「我們站在那邊面面相覷……」: Dan Patrick, "Matt Buschmann and Sara Walsh Discuss Aaron Judge's 61st Home Run," The Dan Patrick Show, September 29, 2022.

13 法官結案

P.277——「能夠光明正大贏得打擊王。」: Do-Hyoung Park, "With Batting Title in Sight, Arraez Forced to Sit with Hamstring Pain," MLB.com, February 28, 2023. https://www.mlb.com/news/luis-arraez-left-hamstring-pain -bat ting-title.

P.284——「不缺錢。」: Bob Nightengale, Twitter post, October 4, 2022, 9:38 PM, https://twitter.com/BNightengale/status/1577468154694889472.

P.286—— 寫下歷史新頁,還有更多歷史等你創造。」: Joe Biden, Twitter post, October 4, 2022, 8:56 PM, ttps://twitter.com/POTUS/status/1577462671582134272?s=20.

P.286——「給了棒球迷一個精彩的球季。」: Bill Clinton, Twitter post, October 4, 2022, 9:09 PM, https://twitter.com/BillClinton/status/1577465902874136577?s=20.

P.287——「我是曼托的球迷……」: Michael Kay, "Hour 3: Billy Crystal on Aaron Judge's Chase for 61," The Michael Kay Show, ESPN Radio, September 23, 2022.

14 壯志未酬

P.276——「我可以做到一些高難度守備動作……」: Brendan Kuty. "Why Yankees' Isiah Kiner-Falefa Believes That His Struggles Were a 'Blessing,'" The Athletic, February 24, 2023. https://theathletic. com/4245601/2023/02/24/yankees-isiah-kiner-falefa-benching/.

P.299——「我想我從第一天就表態了……」: YES Network. "Aaron Judge Discusses Why Returing to the Yamkees Means So Much," YouTube video, 3:26, Deacember 21, 2022, http://youtu.be/scpcv19G5To

P.303——「我不懂為什麼你們會噓一個給你們帶來歡樂的球員……」: Erik Boland, "Astros Players Surprised That Arron Judge Got Booed at Yankee Stadium," Newsday, October 28, 2022.

P.307——「紐約的評分標準很高……」: David Haugh and Bruce Levine, "Brian Cashman Shares What He Learned from Ryan Poles, Calls Jameson Taillon, 'A Gamer.'" Inside the clubhouse, 670 The Score, February 4,2023.

15 情定紐約

P.310——「大谷翔平今年的成績是很棒……」：Joel Sherman, "Aaron Judge Edges Shohei Ohtani for AL MVP in Post's Regular Season Awards," New York Post, October 1, 2022.

P.313——「我想，以財務的角度來說……」：Evan Webeck, "SF Giants make their case to Yankees free agent slugger Aaron Judge," The Mercury News, November 22, 2022.

P.314——「身為一個紅襪隊鐵粉只能做到這樣……」：Monte Poole, "How Steph's Pitch to Lure Judge to Giants Unfolded," NBC Sports Bay Area, November 24, 2022, https://www.nbcsports.com/bayarea/giants/how-steph-currys-pitch-lure-aaron-judge-giants-not-yankees-unfolded.

P.314——「你說我會押寶在他身上嗎？當然。」Barry M. Bloom, "Barry Bonds: Judge Should Break Record, Sign with Giants," Sportico, September 23, 2022, https://www.sportico.com/leagues/baseball/2022/barry-bonds-judge-should-break-record -sign-with-giants-1234689435/.

P.316——「今晚你想不想來當我們的近端鋒？」：Tom Dierberger, "Brady makes freeagent pitch to Judge at Buccaneers game," NBC Sports Bay Area. December 6, 2022. https://www.nbcsports.com/bayarea/giants/aaron-judge-receives-tom-bradys-free-agent-pitch-buccaneers-game.

P.316——「帶風向，讓球迷和媒體站在球團那方……」：Sean Gregory, "Athlete of the Year: Aaron Judge," Time, December 6, 2022.

P.318——「我從一些人那邊聽到他要去巨人隊拜訪……」：Damon Bruce and Ray Ratto, "Jon Heyman," Damon and Ratto, 95.7 The Game, December 6, 2022.

P.320——「消息來源指出，亞倫・賈吉和洋基隊達成協議……」：Maria Guardado, "Webb Optimistic Despite Giants' 'Weird' Offseason," MLB.com, February 5, 2023, https://www.mlb.com/news/logan-webb-talks-giants-offseason-at-2023-fanfest.

參考文獻
（書目）

Allen, Maury. Roger Maris: A Man For All Seasons. Boston: Dutton, 1986.

Appel, Marty. Pinstripe Empire: The New York Yankees from Before the Babe to After the Boss. New York: Bloomsbury USA, 2012.

Castro, Tony. Maris and Mantle: Two Yankees, Baseball Immortality and the Age of Camelot. Chicago: Triumph, 2021.

Clavin, Tom, and Danny Peary. Roger Maris. New York: Touchstone, 2010.

Hoch, Bryan. The Baby Bombers: The Inside Story of the Next Yankees Dynasty. New York: Diversion Books, 2019.

Kubek, Tony, and Terry Pluto. Sixty-One: The Team, the Record, the Men. New York: Macmillan, 1987.

Leavy, Jane. The Last Boy: Mickey Mantle and the End of America's Childhood. New York: Harper, 2011.

Pepe, Phil. 1961*: The Inside Story of the Maris-Mantle Home Run Chase. Chicago: Triumph, 2011.

Richardson, Bobby. Impact Player: Leaving a Lasting Legacy on and off the Field. Carol Stream, IL: Tyndale House, 2014.

Stout, Glenn. The Selling of the Babe: The Deal That Changed Baseball and Created a Legend. New York: St. Martin's Press, 2016.

（期刊）

Chicago Sun-Times

Detroit Free Press

Forbes

GQ

Life magazine

New York Daily News

New York Post

Newsday

New York Times

Pittsburgh Post-Gazette

San Francisco Chronicle

Sports Illustrated

Time magazine

USA Today

Wall Street Journal

Washington Post

（網站）

The Athletic

Baseball-Reference.com

BaseballSavant.MLB.com

MLB.com

NBC Sports Bay Area

NJ Advance Media

Outkic

〔flow〕^002

62：亞倫‧賈吉、紐約洋基，與追求卓越的賽季
62: AARON JUDGE, THE NEW YORK YANKEES, AND THE PURSUIT OF GREATNESS

作者　布萊恩‧霍克 BRYAN HOCH

譯者　王啟恩

副總編輯　洪源鴻

企劃選書　董秉哲

責任編輯　董秉哲

封面設計　adj. 形容詞

版面構成　adj. 形容詞

行銷企劃　二十張出版

出版　二十張出版 — 左岸文化事業有限公司（讀書共和國出版集團）

發行　遠足文化事業股份有限公司

地址　新北市新店區民權路 108 之 3 號 3 樓

電話　02‧2218‧1417

傳真　02‧2218‧0727

客服專線　0800‧221‧029

信箱　akker2022@gmail.com

Facebook　facebook.com/akker.fans

法律顧問　華洋法律事務所 — 蘇文生律師

製版　中原造像股份有限公司

印刷　中原造像股份有限公司

裝訂　中原造像股份有限公司

出版　二○二五年二月 — 二版一刷

定價　五五○元

ISBN ── 978‧626‧7445‧94‧5（平裝）、978‧626‧7445‧93‧8(ePub)、978‧626‧7445‧92‧1（PDF）

國家圖書館出版品預行編目（CIP）資料：62：亞倫‧賈吉、紐約洋基，與追求卓越的賽季
布萊恩‧霍克 BRYAN HOCH　著 ── 二版 ── 新北市：二十張出版 ── 左岸文化事業有限公司
（flow；2）　譯自：62：AARON JUDGE, THE NEW YORK YANKEES, AND THE PURSUIT OF GREATNESS
2025.2　360 面　16×23 公分　ISBN：978‧626‧7445‧94‧5（平裝）
1. 賈吉（Judge, Aaron, 1992- ）　2. 紐約洋基（New York Yankees [Baseball team]）　3. 傳記
4. 職業棒　5. 運動員　6. 美國　　785.28　　113000983

AKKER
二十張出版